CHINA, ÍNDIA e BRASIL:
O país na competição do século

XXIII FÓRUM NACIONAL

TEMA BÁSICO:
VISÃO DE BRASIL DESENVOLVIDO, PARA PARTICIPAR DA COMPETIÇÃO DO SÉCULO (CHINA, ÍNDIA E BRASIL). E O "SENTIDO DA VIDA"
16 A 19 DE MAIO DE 2011

PATROCINADORES - GRANDES BENEMÉRITOS

PATROCINADORES ESPECIAIS:

INSTITUTO NACIONAL DE ALTOS ESTUDOS - INAE
Rua Sete de Setembro, 71 - 8º andar - Centro - Rio de Janeiro/RJ - CEP: 20050-005
Telefone: 21 2212-5200 - Fax: 21 2212-5214
e-mail: inae@inae.org.br - *site:* www.forumnacional.org.br

Edmund S. Phelps, Guido Mantega, Luciano Coutinho, Sergio Amaral,
Luiz Fernando Furlan, Adilson A. Primo, Cláudio R. Frischtak, W. Moreira Franco,
Aloizio Mercadante, Marcio Pochmann, Glauco Arbix,
João Alberto De Negri e Fernanda De Negri, Armínio Fraga, Marcos Vasconcelos,
Luiz Barretto, Arno Hugo Augustin Filho, Affonso Celso Pastore e Maria Cristina Pinotti,
Raul Velloso e Marcos Mendes, José Augusto de Castro,
Mauro Arruda e Nelson Brasil, Francisco Eduardo Pires de Souza, Antonio Gil,
Antonio Carlos Valente, Eloi Fernández y Fernández e Bruno Musso,
Antonio Paes de Carvalho, Roberto Mendonça Faria, Paulo Roberto Feldmann

CHINA, ÍNDIA e BRASIL:
O país na competição do século

COORDENADOR
JOÃO PAULO DOS REIS VELLOSO

© *Edmund S. Phelps, Guido Mantega, Luciano Coutinho, Sergio Amaral, Luiz Fernando Furlan, Adilson A. Primo, Cláudio R. Frischtak, W. Moreira Franco, Aloizio Mercadante, Marcio Pochmann, Glauco Arbix, João Alberto De Negri, Fernanda De Negri, Armínio Fraga, Marcos Vasconcelos, Luiz Barretto, Arno Hugo Augustin Filho, Affonso Celso Pastore, Maria Cristina Pinotti, Raul Velloso, Marcos Mendes, José Augusto de Castro, Mauro Arruda, Nelson Brasil, Francisco Eduardo Pires de Souza, Antonio Gil, Antonio Carlos Valente, Eloi Fernández y Fernández, Bruno Musso, Antonio Paes de Carvalho, Roberto Mendonça Faria, Paulo Roberto Feldmann, 2011*

Reservam-se os direitos desta edição à
EDITORA JOSÉ OLYMPIO LTDA.
Rua Argentina, 171 - 3º andar - São Cristóvão
20921-380 - Rio de Janeiro, RJ - República Federativa do Brasil
Tel.: (21) 2585-2060 Fax: (21) 2585-2086
Printed in Brazil / Impresso no Brasil

Atendemos pelo Reembolso Postal

ISBN 978-85-03-01130-3

Capa: Luciana Mello & Monika Mayer
Diagramação: Abreu's System

CIP-Brasil. Catalogação-na-fonte
Sindicato Nacional dos Editores De Livros, RJ

C466
    China, Índia e Brasil: o país na competição do século / coordenador João Paulo dos Reis Velloso; Edmund S. Phelps... [et al.]. – Rio de Janeiro: José Olympio: INAE, 2011.
        23 cm.   -(Fórum Nacional)

    Trabalhos apresentados no XXIII Fórum Nacional
    Complementar de: O sentido da vida e a busca da felicidade
    ISBN 978-85-03-01130-3

    1. Desenvolvimento econômico – Brasil – Congressos. 2. Brasil – Política econômica – Congressos. 3. China – Política econômica – Congressos. 4. Índia – Política econômica – Congressos. 5. Brasil – Condições econômicas – Congressos. 6. Brasil – Política social – Congressos. 7. Inovações tecnológicas – Brasil. I. Velloso, João Paulo dos Reis, 1931-. II. Phelps, Edmund S. III. Instituto Nacional de Altos Estudos. IV. Série.

11-5261.
                                    CDD: 338.981
                                    CDU: 338.1(81)

SUMÁRIO

Apresentação   9
João Paulo dos Reis Velloso

Introdução
"Esta terra tem dono, a competição
do século e a 'Busca da Felicidade'"   13
João Paulo dos Reis Velloso

PRIMEIRA PARTE

A COMPETIÇÃO DO SÉCULO:
CHINA *VERSUS* ÍNDIA OU CHINA, ÍNDIA E BRASIL?

Subvertendo a revolução árabe   21
Edmund S. Phelps

O Brasil e o crescimento sustentável da economia   29
Guido Mantega

Desenvolvimento institucional e construção de consensos   37
Luciano Coutinho

A competição do século: China, Índia e Brasil?   41
Sergio Amaral

O Brasil em estágio superior de competitividade   51
Luiz Fernando Furlan

Competitividade, ambiente dos negócios e inovação no Brasil   57
Adilson A. Primo

China e Brasil: singularidade e reação   67
Cláudio R. Frischtak

SEGUNDA PARTE

VISÕES DE BRASIL DESENVOLVIDO: A ÓTICA DAS INSTITUIÇÕES

Visão de Brasil desenvolvido   97
W. Moreira Franco

Tecnologia e inovação para o Brasil desenvolvido   105
Aloizio Mercadante

Novo ciclo de expansão brasileiro   123
Marcio Pochmann

Um banco da inovação para elevar
a competitividade da economia   137
Glauco Arbix, João Alberto De Negri e Fernanda De Negri

Visão de Brasil: por um Estado mais eficiente   153
Armínio Fraga

A Caixa, síntese de banco público
voltado para a promoção do desenvolvimento   161
Marcos Vasconcelos

Visão de Brasil: o papel das micro e pequenas empresas   169
Luiz Barretto

TERCEIRA PARTE

POLÍTICAS MACROECONÔMICAS E COMPETITIVIDADE PARA TERMOS UM PAÍS DESENVOLVIDO

Política fiscal e competitividade   179
Arno Hugo Augustin Filho

O câmbio no Brasil: perguntas e respostas   203
Affonso Celso Pastore e Maria Cristina Pinotti

Ajuste fiscal inteligente: controlando a inflação e preparando o
crescimento de longo prazo   229
Raul Velloso e Marcos Mendes

O problema da estrutura de nossas exportações:
caminhos de saída   273
José Augusto de Castro

Reindustrializar o Brasil   291
Mauro Arruda e Nelson Brasil

Desindustrialização com pleno emprego: que milagre é esse?   331
Francisco Eduardo Pires de Souza

QUARTA PARTE

GRANDES OPORTUNIDADES ECONÔMICAS
PARA O BRASIL DESENVOLVIDO

Tecnologia da Informação e os desafios da competitividade   363
Antonio Gil

Plano Diretor de TICs para o Brasil   373
Antonio Carlos Valente

Oportunidades e desafios de uma política industrial
na área de petróleo: propostas para um novo ciclo
de desenvolvimento   383
Eloi Fernández y Fernández e Bruno Musso

Um novo Instituto Brasileiro da Biodiversidade:
tecnologia à base de biodiversidade   437
Antonio Paes de Carvalho

Eletrônica orgânica em direção ao chip orgânico:
sua importância para o Brasil   455
Roberto Mendonça Faria

Um plano diretor para o desenvolvimento
da pequena empresa moderna   475
Paulo Roberto Feldmann

Apresentação

*João Paulo dos Reis Velloso**

---

* Presidente do Fórum Nacional (Inae), presidente do Ibmec-Mercado de Capitais e professor da EPGE (FGV). Ex-ministro do Planejamento.

Publicamos dois livros complementares:

- *China, Índia e Brasil:* o país na competição do século.
- *O sentido da vida e a busca da felicidade.*

Reúnem eles o material relativo ao XXIII Fórum Nacional, de grande importância, na forma a seguir:

Se conjugarmos a participação na *competição do século* (China, Índia e Brasil, em lugar de apenas China *x* Índia) com a *visão de Brasil desenvolvido*, estaremos *mudando a história do país.*

Em número recente, *The Economist* publicou matéria de capa sobre o que denominou "The Contest of the Century: China *versus* India". E o Brasil, não está nessa disputa?

Esse foi o tema da Sessão de Abertura: A competição é entre China e Índia? Ou entre China, Índia e Brasil?

O Brasil pode entrar na disputa se passar a ter, através do governo, das lideranças políticas, empresariais e da sociedade, além das instituições de desenvolvimento, uma nova *visão estratégica, uma visão de país desenvolvido.*

E também se souber aproveitar as *grandes oportunidades econômicas* de que dispõe, notadamente o pré-sal e aquelas na área das *grandes tecnologias do século XXI* — principalmente TICs (Tecnologias da Informação e Comunicações) e biotecnologia com base na biodiversidade, além do impulso à inovação.

Para isso precisa manter bons fundamentos (especialmente na *área fiscal*) e construir dois pilares: *educação de qualidade* e um *Plano Diretor para desenvolver no Brasil a pequena empresa moderna*.

E também fazer uma opção: passar a considerar *a segurança como alta prioridade e com senso de urgência*, na articulação dos governos federal, estadual e municipal. A criação das UPPs foi só o ponto de partida.

Nessas condições, o Brasil poderá *acelerar o desenvolvimento social, eliminando a pobreza extrema e mantendo uma grande classe média*.

Finalmente, a visão do Fórum, com sentido humanista, além da prioridade ao d*esenvolvimento social*, é preciso debater "O Sentido da Vida", que se exprime na "Busca da Felicidade" (Sessão de Encerramento). A importância dessa discussão fica clara quando lembramos que na "Declaração de Independência" dos Estados Unidos, em 1776, já se colocava entre as verdades a serem sustentadas como evidentes em si mesmas (por serem direitos inalienáveis), "A Vida, a Liberdade e a Busca da Felicidade" ("*The Pursuit of Happiness*").

Introdução

"Esta terra tem dono, a competição do século e a 'Busca da Felicidade'"

João Paulo dos Reis Velloso

"ESTA TERRA TEM DONO"

I

Com essa colocação, em 1756, Sepé Tiaraju foi um dos líderes da Resistência, no território das Missões, aos invasores portugueses e espanhóis.

II

Com a mesma colocação, dizemos que *esse dono é o POVO* — o maior trunfo de um país como o Brasil.

III

Povo que deseja ser objeto de consideração e dedicação:

- Pelo Executivo;
- Pelo Legislativo;
- Pelo Judiciário.

Consideração e dedicação, principalmente, pelo sistema político.

IV

E só há uma forma de obter essa consideração e dedicação — converter-se em uma Sociedade Ativa e Moderna. Bertrand de Jouvenel assinala: "Uma sociedade de cordeiros tende a gerar um governo de lobos".

Povo e Sociedade — um casamento indissolúvel.

V

Povo e sociedade que querem uma *educação de qualidade* (a educação transforma) e emprego decente.

Também apoio ao espírito empreendedor, para termos a pequena empresa moderna, como instrumento para redução da pobreza.

VI

Povo e Sociedade que querem ver as favelas e periferias metropolitanas convertidas em *comunidades com segurança pública e integração social nas cidades.*

VII

Povo e sociedade que querem a reindustrialização do Brasil. Em 1978, a indústria de transformação constituía 33% do PIB. Em 2010 apenas 16%, menos da metade.

VIII

Para isso, faz-se indispensável o uso da economia do conhecimento (isto é, do conhecimento sob todas as formas), para o aproveitamento de grandes oportunidades.

Oportunidades como:

- Universalização da inovação.
- Usar o pré-sal para transformar a economia brasileira. E não apenas para produzir mais petróleo e gás.

- Construção de uma nova matriz energética para o Brasil, aumentando a participação da energia elétrica e desenvolvendo o carro elétrico.
- Transformação da biotecnologia, com base na biodiversidade, em uma das grandes tecnologias do século XXI.
- Usar o "modelo escandinavo" para construir grandes complexos industriais em torno dos setores intensivos em recursos naturais (agronegócio/agroindústria, mineração moderna/metalurgia, petróleo/petroquímica).
- Novas tecnologias de desenvolvimento de biocombustíveis.

IX

Aproveitando essas Grandes Oportunidades, o Brasil poderá participar da COMPETIÇÃO DO SÉCULO juntamente com a China e a Índia, e não apenas entre a China e a Índia como tem sido apresentado.

Só assim poderemos entrar, realmente, na ROTA DO DESENVOLVIMENTO, e, no espaço de duas ou três décadas, chegar à condição de PAÍS DESENVOLVIDO.

País desenvolvido, como fez a Coreia, nos anos 1970 e 1980.

X

Finalmente, POVO e SOCIEDADE que desejam encontrar o SENTIDO DA VIDA. E isso significa, essencialmente, a BUSCA DA FELICIDADE.

PRIMEIRA PARTE

A COMPETIÇÃO DO SÉCULO: CHINA *VERSUS* ÍNDIA OU CHINA, ÍNDIA E BRASIL?

Subvertendo a revolução árabe

Edmund S. Phelps*

---

* Prêmio Nobel de Economia (2006). Diretor do Centro sobre Capitalismo e Sociedade da Universidade de Columbia, Nova York.

AGRADEÇO AO MINISTRO Velloso por ter me convidado — pela segunda vez — para o Fórum Nacional. Com quase 1/4 de século de existência, o Fórum Nacional está começando a se tornar uma instituição. Acrescento que sou menos estranho ao Rio do que se pode supor. Lecionei na Fundação Getulio Vargas durante vários meses em 1982, a convite do ministro Simonsen.

Percebo que a questão principal do Fórum — qual a visão estratégica para o Brasil? — tem sido associada a uma outra: o sentido da vida. De certa forma, o tema deste estudo está relacionado às duas questões.

A vida não tem nenhum significado inerente. Temos de tentar dar sentido à nossa vida. Uma pessoa saudável e capaz irá procurar dar sentido à vida embarcando em uma jornada de excitação, exploração, desafio e experimentação — uma jornada levando a descobertas sobre o mundo, para a realização das próprias habilidades e, nos melhores casos, para descobrir a si mesmo e se transformar constantemente. Embora creditemos a Aristóteles a origem da concepção da Boa Vida, a versão rica que hoje conhecemos teve início nos tempos modernos com Cellini, Cervantes e Shakespeare. É a ética do *vitalismo*.

Os jovens manifestantes na Revolução do Jasmim, na Tunísia e no Egito, muitos deles universitários diplomados, derrubaram o antigo regime porque ele os impedia ou bloqueava o acesso a carreiras que ofereceriam trabalhos agradáveis e chances de crescimento pessoal. Eles reivindicaram oportunidades de fazer algo deles mesmos. Assim, a fonte essencial do descontentamento *não foi material*. Os manifestantes não estavam buscando mais conforto ou melhor infraestrutura.

Estavam à procura de meios com os quais pudessem buscar uma vida significativa.

Quanto a isso, os jovens árabes estavam sendo impedidos por dois motivos. Para conseguir bons empregos, era preciso ter ligações com os já estabelecidos, o que, para jovens comuns era difícil. Para empregos alternativos, como vender nas ruas, era necessário obter licenças, que, por sua vez, eram limitadas. Isto levou a uma ampla sobrequalificação ou ao subemprego, o que resultou no desemprego em massa. O esforçado vendedor ambulante de frutas e hortaliças Mohamed Bouazizi não conseguiria chegar a lugar algum nesse sistema, e decidiu atear fogo em si mesmo no intuito de chamar atenção para sua frustração e raiva. Ele se sacrificou para que outros pudessem em breve ter uma vida significativa.

Obviamente, uma alteração no sistema econômico se faz necessária, não apenas uma mudança de regime no nível governamental. Um grupo de economistas, em sua maioria europeus, está prestes a propor à reunião dos líderes do G8, em Deauville, um "plano" econômico para a Tunísia. Eles começam com um *diagnóstico*: ligam o sofrimento dos tunisianos à economia "fechada" do país, ao governo "autoritário" e à "pobre infraestrutura". Seguem suas *prescrições*: eles propõem "subsídios aos alimentos e à energia" imediatos e um plano de cinco ou dez anos de "investimento" no transporte do interior, no setor tecnológico, e em algumas "zonas industriais".

Mas este é um diagnóstico equivocado. O governo de Ben Ali não cometeu um erro ao não oferecer comida e energia de graça e não investir em infraestrutura. Nem foi falha sua a recusa em "fornecer" empregos, como a secretária de Estado dos Estados Unidos, Hilary Clinton, declarou. O erro que Ben Ali perpetrou foi o de privar as massas de cidadãos do seu desenvolvimento humano bloqueando aos menos favorecidos, de maneira proativa, o acesso ao emprego e à oportunidade de começar negócios e conquistar postos de trabalho que competiriam com os já estabelecidos. A Tunísia era um Estado mafioso. O diagnóstico equivocado leva a uma prescrição ruim. A distribuição de alimentos e combustível no lugar de empregos e investimentos para aumentar a produtividade do trabalho em relação às quais somente os privilegiados têm acesso deixa de abordar os problemas principais: essas medidas nada fariam para permitir e facilitar que as pessoas que estavam de fora competissem por melhores empregos, e para remover barreiras, tais como as licenças para os empregos alternativos. É possível argumentar, indo mais longe, que essa proposta pode realmente *ampliar* o abismo entre os estabelecidos e os não empregados — agravando assim a opressão dos mais desfavorecidos.

Estamos todos acostumados com a propensão europeia para a disponibilização de alimentos, calor, cuidados médicos etc. Nos últimos anos, alguns economistas criaram uma doutrina da satisfação que romperia o vínculo entre emprego e bens materiais — tendo somente a satisfação com o trabalho como recompensa. É uma ética do existencialismo — de antivitalismo — que enxerga no Butão um modelo de boa vida. A cultura europeia parece rica o suficiente para resistir a essa nova tendência cultural. Mas será desastroso se a Europa começar a exportar esse credo perigoso para o Norte da África. A tese principal do meu livro *Rewarding Work* é que os pagamentos de segurança social aos trabalhadores pobres potenciais prejudicam as normas clássicas de autossuficiência e realização; assim, eles levam à propagação de patologias sociais e à dependência de auxílios estatais. Até hoje, os tunisianos têm, evidentemente, mantido sua ânsia por autossuficiência e autoexpressão através do trabalho. Mas até mesmo a ética de trabalho dos tunisianos, que é tão preciosa nesse momento crucial, pode ser enfraquecida pelas distribuições no topo da exclusão econômica.

A reestruturação necessária da Tunísia e do Egito deve começar com dois passos óbvios. O primeiro é acabar com o *controle político* do setor empresarial pelos privilegiados — no caso da Tunísia, são os parentes e amigos de Leila Trabelsi, esposa do ex-presidente Ben Ali; no Egito, são os escalões superiores do Exército nomeados por Hosni Mubarak. O segundo passo é acabar com o *controle burocrático* do autoemprego através de licenças e outras barreiras. Então, a reestruturação deve avançar com a modernização da economia.

O sistema que seria mais adequado para a Tunísia e para o Egito é o capitalismo de base — capitalismo 1.0 —, como a Inglaterra e os Estados Unidos desenvolveram na primeira metade do século XIX em seu caminho rumo a economias altamente bem-sucedidas: direitos contra o governo, direitos de propriedade, direitos de contrato, Estado de Direito, bancos locais em contato com empresários da região, instituições financeiras fornecendo capital de risco, livre entrada de novas empresas em indústrias, e assim por diante.

Como é sabido, o sistema econômico da Tunísia e do Egito poderia ser chamado de corporativismo, mais precisamente corporativismo de direita — ou mesmo corporativismo de direita extremado. Infelizmente, Tunísia e Egito enfrentarão um perigo grave, uma vez que estas nações dependem — como devem depender — das forças e mecanismos democráticos para acabar com as características opressivas de seu corporativismo de direita sob os autocratas. O perigo é que essas forças geralmente bem-intencionadas possam criar um corporativismo de esquerda em que sindicatos e colaboradores bem-colocados venham a substituir as famílias dominantes, mas os requisitos de vínculos e licenças sobrevivam e continuem. Podemos dizer que a Europa, no final dos anos 1960, tinha conseguido reconstruir um corporativismo de esquerda para substituir o corporativismo de direita que governou, com algumas interrupções, da década de 1880 à década de 1940.

Eu posso ser concreto sobre os perigos. Sob a autocracia de Ben Ali, uma empresa dirigida por já estabelecidos na sociedade tinha de se preocupar apenas com o fato de que Ben Ali exigiria alguns de seus lucros ou ativos. Mas, sob uma democracia sem as garantias de uma Constituição e com uma forte cultura de direitos individuais, as empresas podem ficar mais temerosas em ver seus lucros ou ativos tomados do que o eram sob os regimes de Ben Ali ou Mubarak!

Por isso, ainda não está claro para mim se tunisianos e egípcios podem empreender a transformação necessária de suas economias. O sucesso dependerá do respeito aos direitos individuais e ao Estado de Direito — incluindo os direitos de propriedade e lucros.

O sucesso dependerá também da vontade popular de tolerar diferenças e da aceitação da concorrência — você poderia perder o seu emprego para alguém considerado mais promissor. A intolerância religiosa deflagrada no Egito é uma bandeira de alerta de que o espírito de tolerância — de "que assim seja" e "cuide de sua própria vida" — não está bem-desenvolvido no Norte da África. A violência e a discriminação contra as minorias irão atrapalhar o renascimento econômico destas nações. Talvez os extremistas religiosos não queiram um renascimento econômico no Norte da África e estejam reacendendo as hostilidades tradicionais como uma forma de impedi-la. A este respeito, no entanto, o colapso da Al Qaeda pode significar a diminuição de uma importante fonte de desarmonia e distúrbio.

Frequentemente se sugere que a "primavera Árabe" é um desenvolvimento ameaçador para muitas economias emergentes — incluindo a China. Mas a China é uma história de sucesso: resgatou pessoas marginalizadas da fome em massa e continua a oferecer-lhes a autossuficiência por meio de trabalho nas indústrias das áreas costeiras. Um grande número tem sido capaz de iniciar seu próprio negócio e prosperar.

O Brasil certamente tem um histórico louvável no que diz respeito às medidas para integrar os mais desfavorecidos, especialmente na última década. Atualmente, graças à crescente escassez mundial de uma gama de *commodities*, o Brasil pode tirar proveito do seu boom de *commodities* para melhorar o acesso dos mais desfavorecidos aos empregos e carreiras significativas. Na medida em que o Brasil for bem-sucedido nesta missão, pode servir como modelo útil para o Norte da África e para o restante da América Latina.

O Brasil e o crescimento sustentável da economia

Guido Mantega*

---

* Ministro da Fazenda.

O MUNDO E O Brasil mudaram bastante nos últimos dez anos. No início da década de 2000, a economia mundial era liderada pelos países avançados; "globalização" era a palavra da moda para denotar a supremacia dos Estados Unidos e da Europa sobre o restante do planeta. A economia brasileira crescia a taxas médias anuais de apenas 2,5% e nossas relações comerciais com os países em desenvolvimento — excetuando-se os vizinhos — eram muito reduzidas.

Hoje, a realidade é outra. Os países emergentes dinâmicos — Brasil, China, Índia, Turquia, Indonésia — lideram o crescimento da economia mundial. O comércio entre os países em desenvolvimento já é comparável àquele entre os países avançados, e mesmo os fluxos de investimentos Sul-Sul já começam a ameaçar a supremacia dos movimentos de capitais entre os países desenvolvidos.

A economia brasileira, por sua vez, reencontrou, depois de décadas, o caminho do crescimento econômico e — fato inédito — hoje com distribuição de renda e inclusão social. Desde 2006, as exportações brasileiras para países emergentes e em desenvolvimento são superiores àquelas dirigidas aos países avançados.

A crise financeira que alarmou a economia mundial surgiu no centro das economias mais evoluídas e sua severidade ainda se faz sentir nos Estados Unidos, na Zona do Euro e no Japão. A despeito do arrefecimento dos efeitos da crise, o crescimento dos países desenvolvidos ainda é tímido, com PIB médio inferior a 2% entre 2007 e 2010, e tende a continuar abaixo do crescimento médio dos países emergentes em 2011. As economias avançadas se encontram às voltas com inúmeros problemas, não conseguindo ainda absorver os 30 milhões de desempregados que a crise gerou. Estes países, com crescimento baixo e inflação alta, estão com as finanças públicas desequilibradas.

Por outro lado, o bloco dos países emergentes dinâmicos apresenta crescimento mais elevado, com níveis de desemprego mais baixos e as contas fiscais mais equilibradas. Neste bloco de países emergentes, estão os BRICs, os países asiáticos e os países da América Latina. Entre os que devem crescer mais em 2011, encontram-se o Brasil, com PIB esperado de 4,5%, a China, com 9,0%, e a Índia, com 8,9% de crescimento. São estes os países que vão estar capitaneando o crescimento mundial nos anos futuros.

O Brasil foi um dos últimos países a entrar na crise e um dos primeiros a sair dela, deixando definitivamente para trás o espectro da crise financeira internacional.

O resultado do PIB de 7,5% em 2010 reforça um dos melhores desempenhos das últimas quatro décadas para a economia brasileira, mas o crescimento do Brasil já vem ganhando consistência e velocidade há mais tempo. O papel do Estado foi fundamental no fortalecimento do país no período anterior à crise e na recuperação econômica pós-2008, produzindo os incentivos corretos e estimulando — direta ou indiretamente — a demanda doméstica.

O Brasil é hoje mais forte e mais dinâmico do que no passado bem recente. O modelo de crescimento econômico consiste na estabilidade de preços e na mais justa distribuição da renda nacional. A solidez dos fundamentos fiscais e monetários garantiu o crescimento pautado em expressivos superávits primários do setor público e com a inflação controlada pelo sistema de metas. Políticas de forte geração de emprego, valorização do salário-mínimo e programas de transferências de renda mudaram o país. Isto, em conjunto, propiciou a preservação do círculo virtuoso do crescimento que tem caracterizado a economia brasileira na última década.

De um crescimento médio anual de 1,7%, entre 1998 e 2002, a economia brasileira passou a aumentar cerca de 4,0% ao ano de 2003 a 2010, e reuniu as condições para um crescimento médio superior a 5,0%, entre 2011 e 2014.

O desempenho fiscal sólido e o controle da inflação são fatores que, aliados a elevado investimento, devem garantir um crescimento médio do Brasil de 5,0% nas próximas décadas.

Confrontado aos países do G20, o Brasil destaca-se pela solidez fiscal e por apresentar um dos melhores desempenhos fiscais do G20. Em 2011, integra o grupo de países com resultado nominal inferior a -2% do PIB, ao lado da China, por exemplo, que tem previsão de déficit de -1,7% do PIB. A Índia, por outro lado, não está com a condição fiscal favorável, e deve encerrar 2011 com déficit nominal próximo de -5% do PIB. Estados Unidos e Reino Unido terão déficit nominal no patamar de -9% do PIB.

Ao longo da década de 2000, no país persistiu claro movimento de consolidação fiscal. Após atingir níveis elevados (60,6% do PIB) em 2002, a dívida líquida do setor público diminuiu progressivamente, até alcançar o valor de 40,4% do PIB em 2010. A trajetória de queda da relação dívida/PIB foi acompanhada pela melhoria do perfil do endividamento, em termos de maturidade e indexação. Em 2007, o país obteve o "grau de investimento" pelas principais agências internacionais de classificação de risco e tem recebido sucessivos *upgrades* desde então.

O resultado nominal no país vem melhorando ao longo do tempo: de um resultado médio de -7% do PIB entre 1995 e 2002 para a média de -2,9% do PIB a partir de 2003 até 2010. A previsão para 2011 é de -1,9% do PIB de déficit nominal. Isto, sem esquecer o Fundo Soberano do Brasil, que acumulou superávit primário em 2008 e que não foi gasto durante a crise. O Fundo equivale a uma reserva superior a 0,5% do PIB.

Desde 1999, o superávit primário se mantém em patamar acima de 3% do PIB, em média, com exceção de 2009 e 2010 quando, devido à política anticíclica durante a crise, o resultado foi pouco abaixo deste valor. A melhoria em 2010 foi considerável, e em 2011 a expectativa é retornar para 3% do PIB como resultado primário.

Com a continuidade da política de solidez fiscal, existe uma trajetória saudável das contas públicas brasileiras. Em 2011, a meta de superávit primário será obtida com relativa facilidade. O resultado fiscal acumulado nos três primeiros meses deste ano é superior ao do ano passado. Como podem observar, o país está cumprindo as metas estabelecidas pelo governo.

O crescimento de médio e longo prazos depende também de ajustes para garantir que o crescimento sustentável irá continuar nos próximos anos, enfrentando os problemas nacionais e internacionais que se apresentem no futuro.

O primeiro desafio a enfrentar é o surto generalizado de inflação mundial. Ao observarmos a evolução de 2010 para 2011, percebemos que a inflação atinge a todos os países indistintamente, não sendo o crescimento doméstico o responsável por gerar esta inflação. Portanto, a inflação não é um fenômeno apenas brasileiro.

O momento de instabilidade monetária foi provocado principalmente por fatores externos, como a inflação de *commodities* resultante de aumentos nos custos de produção e da maior demanda mundial, o choque de oferta em detrimento de fatores climáticos, a crise do Norte da África e Oriente Médio com reflexos sobre os preços do petróleo, e a especulação financeira devido ao excesso de liquidez advindo das políticas monetárias expansivas dos países avançados. Voltadas para recuperar suas economias, estas políticas, ao contrário do objetivo inicial, resultaram em fluxos financeiros direcionados para a especulação de *commodities* e para países emergentes em busca de maior rentabilidade nos mercados internacionais.

Mesmo assim, a inflação subiu proporcionalmente menos no Brasil do que em outros países, mantendo-se dentro dos limites das metas estabelecidas para 2010 e 2011.

O Brasil é um dos países mais bem-preparados para enfrentar esta situação. Por um lado, a inflação mundial pode representar resultados positivos para o país. Além de produzir e possuir grandes reservas de petróleo, o Brasil é um dos principais produtores de *commodities* agrícolas, o que representa grande vantagem competitiva. Quando os preços dos alimentos, que são regulados pelo mercado internacional sobem, faturamos mais. Essa vantagem compensa a perda que o país absorve quando o mercado de produtos manufaturados está deprimido.

Por outro lado, o Brasil, que no passado foi um país altamente inflacionário, hoje tem uma inflação mais controlada que outros países. O controle da inflação bem-sucedido é um dos fundamentos macroeconômicos que distingue e possibilita a competitividade brasileira perante os demais países emergentes.

A boa notícia é que, depois dos picos registrados no primeiro trimestre desse ano, a elevação de preços já está recuando. Em abril, a queda de 6% em todas as *commodities* permite vislumbrar que nos próximos meses a inflação possa desacelerar por conta de um aumento menos intenso dos preços mundiais das *commodities*.

Ao lado da queda dos preços das *commodities*, as questões sazonais no setor doméstico apresentam sinais positivos de arrefecimento. Adicionalmente, os alimentos que não são *commodities* já estão caindo. O IPCA (Índice de Preços ao Consumidor Amplo) por exclusão, sem os dez itens mais voláteis do grupo Alimentação e Combustíveis, mostra clara tendência de redução da inflação.

Não há, portanto, nenhum relaxamento do governo em relação à inflação. Pelo contrário, ele está atento de modo que o índice de inflação IPCA convirja para o centro da meta em 2012 e não ultrapasse o teto de 6,5% (o centro, de 4,5%, mais dois pontos porcentuais) este ano. O controle da inflação é contínuo e o governo utiliza os instrumentos adequados para isso.

O modelo de crescimento econômico adotado pelo governo na última década estimulou setores geradores de emprego e simultaneamente a aceleração do crescimento. Em essência, o modelo consiste no desempenho sólido dos fundamentos macroeconômicos e na inclusão social.

Nesta linha, a manutenção do investimento é requisito para que um país possa crescer sustentavelmente. Os ajustes de redução de gastos ocorridos ao longo de 2011 procuram reduzir o consumo, acima dos patamares adequados, de modo a manter elevado o investimento.

O país precisa manter o investimento elevado. É importante que ele seja maior que o PIB e a demanda. Em 2010, o investimento cresceu mais que o PIB, cerca de 22%. Este ano, a estimativa de variação é de 10%, enquanto o PIB encontra-se na faixa de 4,5% e o consumo das famílias, em 5,6%. É isso que faz com que haja crescimento de qualidade, com aumento da capacidade produtiva da economia brasileira, da tecnologia, da produtividade, e assim por diante.

A novidade da política econômica atual é essa mudança do modelo tradicional. O esgotamento das medidas de ajustes do modelo tradicional resultou em grandes desequilíbrios para a economia brasileira. Os ajustes consistiam em corte de consumo e de investimento, manutenção da pobreza, depressão contínua do crescimento econômico, não sustentável no longo prazo.

O Brasil, portanto, vive hoje um dos seus melhores momentos, do ponto de vista econômico e social, com grandes desafios pela frente e ampla possibilidade de superá-los.

O país está preparado para um crescimento acima de 5% entre 2011 e 2014, liderado pelos investimentos e com a inflação sob controle; e para a continuidade do processo de redução do déficit nominal e da dívida líquida em relação ao PIB, permitindo, com isso, a convergência das taxas reais de juros para os níveis internacionais.

Em 2011, a nova política econômica implantada a partir de 2003 vai continuar ajustada à nova realidade do país. Novos desafios deverão ser enfrentados para garantir o crescimento sustentável: simplificar o sistema tributário brasileiro, reduzir os custos da infraestrutura e da energia, e implementar uma agenda de produtividade com qualificação de mão de obra e aumentos em pesquisa e desenvolvimento.

Faz parte da agenda econômica, dar início à reforma tributária pelo ICMS e discutir a desoneração da folha de pagamentos e de investimentos, ambos ocorrendo ainda em 2011. As discussões com os estados sobre possíveis mudanças no ICMS seguem avançadas.

O país ainda possui juros básicos muito altos. Mas, nos últimos 15 anos, a tendência é declinante da taxa de juros e deve continuar no médio e longo prazos. A nova política econômica pressupõe a queda de juros, no momento adequado, para estimular os investimentos produtivos e a qualidade do gasto público com redução do custeio e racionalização das despesas. Haverá, portanto, a continuação do amadurecimento da política monetária e fiscal, caminhando para uma nova etapa.

Todas essas transformações são o resultado do dinamismo de nossa sociedade e de um conjunto bem-sucedido de políticas macroeconômicas, a partir de uma visão desenvolvimentista e inclusiva. Criamos todas as condições para maximizar o crescimento e acabar com a miséria no país.

Desenvolvimento institucional e construção de consensos

*Luciano Coutinho**

---

* Presidente do Banco Nacional de Desenvolvimento Econômico e Social, BNDES.

UMA VISÃO DO desenvolvimento do Brasil a partir de suas instituições nos coloca em situação favorável. Vivemos em uma democracia consolidada e em uma república sob leis e sob ativa participação da sociedade, sob instituições razoavelmente sólidas que vêm se desenvolvendo afirmativamente. Mais além das instituições nós conseguimos estabelecer alguns consensos, extremamente valiosos, a começar pelo apreço e prioridade à estabilidade. Isto significa que os seus fundamentos e as instituições que por ela zelam devem ser respeitados. Entendemos, como nação, que a educação e o acesso a serviços públicos fundamentais é uma necessidade indeclinável da parcela pobre de nossa sociedade. Isto requer investimentos sociais com melhorias sustentadas de qualidade. Compreendemos que a infraestrutura é um fundamento essencial para a competitividade e suas carências devem ser objeto de esforço organizado e firme de investimento. Planos de longo prazo e regulação eficiente devem buscar incentivar investimentos, em especial os novos para a expansão das infraestruturas. Entendemos que o aumento da taxa agregada de investimento e poupança do país é outra necessidade; é um determinante imperioso se quisermos que o país cresça com autonomia e estabilidade. Entendemos que a boa governança, em todas as instituições, no sentido de prestar contas ao interesse público é um valor indeclinável para um verdadeiro processo republicano de desenvolvimento.

Acreditamos que esses diferenciais do Brasil são especiais. No contexto da competição com a China e a Índia, colocam, no campo institucional, o Brasil em uma posição diferenciada. Não quero dizer em posição superior, mas em uma posição favoravelmente diferenciada no âmbito institucional. Certamente temos enormes desafios à frente: temos o desafio de manter o processo virtuoso de ascensão social.

A grande prioridade da presidente Dilma Roussef será promover, ativamente, a ascensão daqueles que não tiveram oportunidade, visando à redução da pobreza absoluta. Entendemos que temos o desafio de melhorar e qualificar nossa capacidade de planejar a longo prazo, em horizontes superiores a 20 anos, principalmente as infraestruturas. Entendemos que a inovação tecnológica com sustentabilidade ambiental é outro imperativo dos nossos tempos e, finalmente, acreditamos que é preciso aumentar o esforço nacional de poupança para sustentar, com base nos nossos próprios recursos, o processo de ascensão dos investimentos.

Penso que esses consensos foram acumulados por muitos anos de debate, anos de construção de convergências que são muito preciosas e talvez mais preciosas do que a formalidade em si das instituições. Por isso, ministro Velloso, eu reafirmo a minha convicção de que o Brasil é uma economia capacitada, do ponto de vista institucional, para sustentar uma trajetória firme de crescimento. Não subestimo as limitações, certamente, mas elas são menores do que as limitações que enfrentamos no passado. Por isso, mais uma vez, ao saudar o Fórum Nacional quero me associar à homenagem prestada ao ministro Velloso, a sua pertinácia, a sua persistência em ter contribuído ao longo de 23 anos para a construção desses consensos que hoje têm permitido o avanço do Brasil.

A competição do século: China, Índia e Brasil?

Sergio Amaral*

---

* Embaixador. Presidente do Conselho Empresarial Brasil-China e conselheiro da Fiesp. Ex-ministro do Desenvolvimento, Indústria e Comércio Exterior.

A COMPETIÇÃO DO século não é uma corrida de cem metros, mas uma maratona. A largada foi dada com o fim da Guerra Fria e com a globalização.

A queda do muro de Berlim rompeu o congelamento do poder mundial, concentrado, por quase meio século, nas duas grandes potências, os Estados Unidos e a União Soviética. Muitos acreditavam que o desaparecimento do império soviético marcaria o começo de um mundo unipolar, sob a hegemonia de uma superpotência, os Estados Unidos.

Mas isto não ocorreu. Ao contrário, o fim da Guerra Fria abriu espaço para um condomínio mundial mais amplo, em decorrência da emergência de um grupo de países que passou a ser convidado à mesa das decisões relevantes.

A liberalização nos fluxos comerciais e financeiros, assim como a revolução nos transportes e nas comunicações, trouxe uma reviravolta ainda maior. A globalização, que tantos temiam e rejeitavam em passeatas, manifestações e muita pancadaria, mostrou-se uma oportunidade. A emergência da China não teria ocorrido, com a rapidez com que se deu, não fosse o seu ingresso na OMC, em 2001, e o direito que adquiriu de vender os seus produtos nos mercados dos países mais ricos. Da mesma forma, as altas taxas de crescimento que o Brasil alcançou, de 2003 a 2008, não teriam sido registradas não fossem a emergência da China e a liberalização no comércio das *commodities*.

O Brasil mudou. Abriu a sua economia, tornou-se um ativo defensor da Rodada de Doha, enquanto, por uma ironia da história, os Estados Unidos e a União Europeia colocavam-se na defensiva. Em vez da concorrência predatória e assimétrica, que muitos prognosticavam, está ocorrendo uma redução da distância entre desenvolvidos e em desenvolvimento, com evidente benefício para várias regiões do mundo em desenvolvimento, tais como a Ásia, a América Latina e a África.

A crise econômica de 2008-2009 paralisou o crescimento, mas não reverteu a tendência. Ao contrário, acelerou as transformações. A primeira década do século XXI assistiu a um reequilíbrio do poder econômico e político em escala mundial. Após a Primeira Guerra Mundial, os Estados Unidos representavam 50% do PIB mundial. Hoje, não passam de 25%. Martin Wolff faz uma convincente demonstração deste reequilíbrio: se estabelecermos uma base 100 para o PIB em 2005, em 2010 ele seria 102 no Japão, 104 na zona do euro, 105 nos Estamos Unidos. Para os emergentes, os índices seriam muito mais expressivos: 125 no Brasil, 147 na Índia e 169 na China.[1]

O G7 não dispõe mais de condições para continuar a ser o diretório da economia mundial. Muitas de suas atribuições foram transferidas para o G20. Os emergentes adquiriram um peso maior nas decisões das instituições financeiras de Bretton Woods, na OMC, no debate sobre o clima, e, em breve, na ONU.

Qual é a meta dessa corrida? Para alguns, substituir os poderosos de hoje; para outros, de modo mais realista, abrir as portas para um condomínio mundial mais representativo.

Os BRICs têm boas credenciais para subir ao pódio dos vencedores na maratona do século. China e Índia seguem no pelotão de frente. O Brasil reúne condições para incorporar-se a este grupo. A Rússia não é propriamente um país emergente, mas uma potência declinante, que busca recuperar o poder. A África do Sul está iniciando a corrida com atraso, e seu potencial é menor, seu PIB representa menos do que 20% do PIB brasileiro.

Cada um dos corredores tem as suas vantagens. Têm também vulnerabilidades. Quais são os critérios para medir o potencial de uns e de outros? Em princípio, três: os tradicionais, os da sociedade moderna e os que se referem às relações entre os competidores.

---

[1] Wolf, Martin. "How the crisis catapulted us into the future". *Financial Times*, 1/2/2011.

Os tradicionais referem-se em geral à dimensão e ao espaço. O território, a população e os recursos naturais. Neste ponto, concorremos em igualdade de condições com os nossos competidores, exceto, talvez, na população. Nossa população é menor, 1/5 da população da Índia e cerca de 1/6 da população da China. Na verdade, este quesito é questionável, pois os *monster states,* como os denominava Kennan, podem representar um passivo, mais do que um ativo.

Se nossa população não é tão grande, temos um bônus demográfico. A taxa de crescimento baixou, o número de dependentes por trabalhador caiu e já completamos a transferência da população do campo para a cidade.

Outro critério tradicional é o peso da economia: sua taxa de crescimento, a capacidade de inovar, incorporar tecnologia, dominar e fazer uso da economia do conhecimento. O Brasil não faz feio em relação ao seu PIB. São US$ 2 trilhões, em comparação com 1,8 para a Índia e 6,5 para a China. Mas perde nas taxas de crescimento da última década. O Brasil se manteve no mesmo patamar da América Latina (4,5%), mas abaixo da Índia (6 a 8%) e da China (8 a 10%).

Por fim o poder militar. Em última instância — como dizia Mao — o poder está na ponta do fuzil. A afirmação, no entanto, precisa ser qualificada. Os Estados Unidos derrotaram a União Soviética sem disparar um só tiro. Japão e Alemanha estão entre os grandes sem dispor de armamentos ofensivos de última geração e de exércitos numerosos.

O segundo grupo de fatores está associado a *desafios da sociedade moderna.*

O Brasil tem condições de ser um ator central em alguns dos grandes desafios do século XXI: segurança alimentar, segurança energética e segurança ambiental, pois detém a maior biodiversidade do mundo.

Nossos concorrentes enfrentam dificuldades em cada um destes tópicos:

- são dependentes da importação de alimentos — importarão ainda mais, com a migração de grandes contingentes populacionais para a cidade;

- são dependentes em energia, sobretudo petróleo;
- e enfrentam significativas pressões ambientais.

A *democracia* é um ativo cada vez mais relevante na nova ordem internacional. As insurreições em curso no Oriente Médio ilustram a vantagem da América Latina em geral e do Brasil, em particular. A Índia é a maior democracia do mundo, mas continua a enfrentar a instabilidade, e mesmo a insegurança, associada à diversidade étnica, linguística e religiosa.

O caso da China é mais complexo. Antes se dizia que não seria possível conciliar um regime autoritário com uma economia de mercado. A China mostrou que sim, é possível.

Outros imaginavam que o progresso econômico conduziria à abertura política. A experiência mostrou que não. Ao contrário, altas taxas de crescimento e a expansão do consumo legitimam o regime e o partido único.

Mais do que isso, o governo autoritário mostrou-se funcional para a migração ordenada do campo para a cidade. O planejamento centralizado ajudou a direcionar os investimentos para a geração de emprego e altas taxas de crescimento.

Depois dos eventos do Oriente Médio, essa avaliação merece uma qualificação. O mundo global vive, há algumas décadas, uma onda democrática. Depois de ter varrido a América Latina nos anos 1980, a Europa Oriental na década de 1990, o movimento deslocou-se para o Oriente Médio e poderá atingir a Ásia.

Na China, as condições são diferentes. O governo tem alcançado resultados positivos em várias frentes, que certamente o credenciam junto à população.

Mas será possível erguer uma muralha à circulação das pessoas, das ideias e dos fluxos de comunicação, como a internet? Até hoje sim. Por quanto tempo? Até quando será possível manter o controle sobre dezenas de manifestações de rua que ocorrem nas diferentes regiões da China?

Por fim, uma palavra sobre a *paz social e nas fronteiras*. Fizemos expressivos avanços na representação política e na inclusão social. Hoje, no Brasil, há poucas greves. Não conhecemos um só conflito militar nas fronteiras há 150 anos.

O mesmo não ocorre na Ásia. A tensão entre China e Índia é histórica e o risco de conflito, latente. É o que mostra o artigo do *Economist* que inspirou o tema do Fórum Nacional. A invasão e a anexação pela China, em 1962, de áreas fronteiriças ao norte da Índia ainda não cicatrizaram; e hoje há disputas acirradas pelo suprimento de petróleo e gás e sobre o comércio de manufaturas.

Fazendo um balanço dos ativos e dos passivos, o Brasil não sai mal na foto. Dispomos de um considerável mercado, temos crescido mais, estamos promovendo a inclusão social, somos atores relevantes em temas centrais da agenda do século XXI e preservamos a tranquilidade social e nas fronteiras.

O Brasil, se comparado com a China e a Índia, tem como principal desvantagem as taxas baixas de crescimento, em razão de um custo de produção elevado e de um déficit na infraestrutura e na educação. Em resumo, na *competitividade*. Se o Brasil continuar apresentando tais índices, corremos o risco de ficar para trás nesta corrida e perder uma oportunidade única.

Única porque estamos vivendo um cenário internacional favorável e um reequilíbrio político e econômico em escala mundial, que facilita nossa emergência. Único porque a demanda por produtos em que somos altamente competitivos deverá continuar, se não elevar-se, por algumas décadas ainda. Única porque nas outras precondições para nos tornarmos uma potência mundial levamos claras vantagens.

A relação com a China explicita e dramatiza o dilema do Brasil a médio prazo. De um lado, poderíamos deixar como está e permitir que as forças do mercado aprofundem a complementaridade natural entre as duas economias. O resultado seria multiplicar o comércio e estimular o crescimento. Mas à custa de apreciar mais o câmbio e agravar o desequilíbrio no comércio entre os 90% de produtos básicos que o Brasil exporta e os 90% de produtos manufaturados que importa. Além disto, o chamado custo Brasil inviabilizará a competição com os produtos chineses no mercado brasileiro e em terceiros mercados.

O Brasil pode aceitar o declínio ou mesmo a extinção de setores industriais relevantes para o emprego e para o desenvolvimento? Nem a Austrália, com menor população e maior tradição na exportação de *commodities*, consegue mais suportar o impacto da aceleração nas exportações de produtos básicos, e começa a tomar medidas para corrigir as distorções que tais exportações provocam.

Por outro lado, a saída estaria em manter as exportações de produtos primários, pois não faria qualquer sentido buscar reduzi-las. Mas, seria preciso, ao mesmo tempo, reduzir o custo de produzir e aumentar a competitividade mediante políticas horizontais e uma política industrial da agregação de valor na exportação. Esta opção impõe uma melhor articulação entre o governo e o setor privado na atribuição de efetiva prioridade para as políticas da competitividade: educação, redução da carga fiscal e da taxa de juros, desvalorização do câmbio, inovação e melhoria da infraestrutura.

O Conselho Empresarial Brasil-China tem defendido que a agregação de valor privilegie os setores em que o Brasil já é claramente competitivo, como, por exemplo, o agronegócio e a cadeia produtiva do petróleo e gás, associada ao pré-sal.

No entanto, não basta fazer o dever de casa e promover mais competitividade. É preciso ter presente que, não obstante a parcela dos manufaturados nas importações chinesas seja expressiva (cerca de 70%), o governo chinês mantém barreiras protecionistas, como um conjunto de licenças e autorizações tanto para importações quanto para investimentos estrangeiros. E pratica uma escalada tarifária, sobretudo para dificultar o acesso a seu mercado de alimentos transformados. Esta estrutura de proteção sugere a necessidade de negociações sobre as regras de comércio e investimentos de modo a permitir aumento do acesso de manufaturas brasileiras ao mercado chinês.

É relevante ter em conta, igualmente, que o espaço econômico asiático está protegido por cerca de 200 acordos comerciais e de investimento. É o que Bhagwati chama o *spaghetti bowl*. A continuidade geográfica e as dezenas de acordos assinados entre as economias asiáticas levaram a uma integração das cadeias produtivas em torno da China. Em consequência, cerca de 40% dos insumos para as exportações chinesas de manufaturados são provenientes de países da região. Na medida em que este processo de integração se consolide, será ainda mais difícil o acesso de insumos e componentes brasileiros para a China.

Concluindo, se não quisermos aceitar a primarização da economia, só nos resta aumentar a competitividade. Esta questão toca o centro do nosso projeto de desenvolvimento, ou a falta dele. Ademais, não podemos continuar a alimentar a autocomplacência diante de um cenário internacional que é imprevisível e pode reservar surpresas.

Como aconteceu com a inflação no passado, o tema da competitividade se banalizou. O governo não encontra soluções fáceis, nem indolores, por que não há. Os agentes produtivos, por instinto de sobrevivência, buscam atalhos ou soluções alternativas, como comprar na China o que antes se produzia aqui.

No passado, havíamos nos resignado com uma inflação de 80% ao mês, hoje, nos conformamos com custos de produção estratosféricos, que começam a inviabilizar setores industriais inteiros. O reequilíbrio em curso na economia mundial é uma grande oportunidade para o Brasil. Como salientamos, temos consideráveis vantagens em relação aos nossos competidores.

Caberá a nós, governo e sociedade, decidir se efetivamente queremos aproveitar essa conjunção de oportunidades, que é única, para enfrentar o desafio da competitividade e dar sustentabilidade ao crescimento. Como alguns de nossos concorrentes estão conseguindo fazer.

Ou deixar como está. Nós ainda estamos no pelotão de frente da maratona do século XXI Se demorarmos mais para decidir, poderemos nos distanciar, irremediavelmente.

O Brasil em estágio superior de competitividade

*Luiz Fernando Furlan**

---

* Presidente do Conselho de Administração da BRF Brasil Foods. Ex-ministro do Desenvolvimento, Indústria e Comércio Exterior.

Eu vou apenas fazer uns breves comentários, porque o material que foi produzido pelo Fórum, sob a coordenação do ministro Velloso, é muito rico e abrangente, e aponta praticamente todos os caminhos necessários para que possamos conduzir o Brasil a um estágio superior na competitividade mundial.

Hoje, no Brasil, há uma sensação generalizada de que o país vai bem. Recentemente, em uma reunião nos Estados Unidos, fui perguntado por um dos participantes por que, no momento em que o mundo inteiro é bombardeado por notícias negativas, sobre a Europa, os Estados Unidos, o Japão, o Oriente Médio, a mídia internacional quando fala do Brasil o faz, predominantemente, de forma positiva, o que é surpreendente, comparando-se com dez anos atrás, época em que a mídia internacional era essencialmente negativa.

Essa é uma evolução que deveríamos aproveitar. Essa imagem positiva vem, certamente, de um trabalho realizado ao longo dos últimos 15 anos e, ao mesmo tempo, de indicadores que mostram uma evolução positiva do nosso país, seja no campo econômico seja no campo social.

Por outro lado, o trabalho feito e publicado pelo Fórum mostra que temos uma grande quantidade de desafios e oportunidades.

Em uma reunião na Espanha, há poucos anos, iniciei dizendo que o Brasil era um país com muitos problemas e todos ficaram surpreendidos.

Expliquei então que o nosso país era como um maratonista que se apresenta para a competição com uma mochila cheia de pedras — a pedra da carga tributária, a da infraestrutura, a da burocracia, a da corrupção, a da educação — mas, ainda assim, o maratonista conseguia correr. Porém, à medida que cada um desses problemas vai sendo resolvido — o custo financeiro incluído — vamos atirando uma pedra fora e, assim, ficando mais leves para a competição mundial.

O que me preocupa é a falta do senso de urgência. Não vou dizer que somos bipolares, que está na moda, mas somos pendulares. Em alguns momentos estamos em euforia e em outros, temos um desânimo. Hoje, parece que vivemos em um período mais ou menos de euforia, e isso tira o senso de urgência.

Eu tenho certeza que somos o melhor dos BRICs, por vários indicadores. Como já foi dito pelo ministro Sergio Amaral, temos uma democracia plena e uma imprensa livre.

Somos hoje uma sociedade essencialmente urbana, onde 84% da população vive nas cidades, enquanto a Índia e a China têm ainda a maioria da população na zona rural.

Alguns organismos internacionais como o World Economic Forum, o Imede, o Banco Mundial, a própria ONU têm feito relatórios comparando os países. O do World Economic Forum e o do Doing Business in Brasil, do Banco Mundial, mostram, comparativamente, as deficiências que afligem o nosso país.

Com frequência, temos uma reação generalizada de contestar os diagnósticos quando, na verdade, deveríamos usá-los para atacar os pontos em que somos mais vulneráveis.

Se o Doing Business in Brasil ou o World Economic Forum dizem que somos muito bons em inovação, dizem também que somos péssimos em burocracia.

Eu aprendi há muitos anos, ministro Velloso, que em uma organização, a prioridade não é para onde vai o discurso, mas sim para onde vai o recurso, e o nosso país precisará fazer essa decantação para saber para onde vão os nossos recursos, porque é aí que está a verdadeira prioridade do Estado, do município, da União e das próprias empresas.

Se a educação é prioridade no Brasil, e isto é quase uma unanimidade nacional, desonerar a banda larga — atualmente o mais comum instrumento de acesso à informação — também deveria ser prioridade — no entanto tributamos com 40% o acesso à banda larga.

Isso faz sentido? Não faz! Se prioridade é ser protagonista mundial número 3, segundo o Fórum, em serviços e tecnologia da informação, deveríamos dar condições de competitividade às empresas brasileiras e estrangeiras, que estão no Brasil, para atender a esse mercado, desonerando a mão de obra, que é seu principal custo.

Se infraestrutura é prioridade, teríamos de desonerar em 100% os investimentos. O Brasil é um dos poucos, no mundo, onde se paga imposto antes de começar a produção. Essas poucas prioridades já seriam suficientes para transformar o país.

A mensagem que trago é que identificando os segmentos onde o país pode, efetivamente, competir mundialmente, tenhamos a coragem de reduzir as barreiras para aumentar a competitividade, principalmente nos setores em que somos, ou podemos ser, os melhores do mundo.

As projeções para 2030, 2040, 2050 reservam ao Brasil um espaço extraordinário para que se torne protagonista na economia verde, energia limpa e em produtos saudáveis. A sustentabilidade é o grande desafio do século XXI. E isto os nossos principais competidores mundiais não têm condições de fazer ou oferecer.

Competitividade, ambiente dos negócios e inovação no Brasil

*Adilson A. Primo**

---

* Presidente da Siemens no Brasil.

A DISCUSSÃO SOBRE a questão da competitividade é um dos elementos fundamentais para avaliarmos as chances e riscos da economia brasileira, diante de um mundo em profunda transformação.

A partir de uma reflexão a respeito dos principais fatores que afetam a competitividade, iremos apresentar um diagnóstico da situação brasileira, focado no tema inovação, com proposições para a melhoria do posicionamento do Brasil no cenário internacional.

A constatação principal é que o Brasil somente terá condições de disputar com os outros países se tiver uma visão estratégica, alinhavada entre o governo e as lideranças políticas, empresariais e da sociedade, com objetivos claros no que se refere ao desenvolvimento econômico, social e ambiental de longo prazo.

Para isso, o texto está organizado em três seções, sendo que a primeira define conceitualmente a competitividade e seus principais âmbitos de influência sobre o desenvolvimento do país. Na segunda são apresentados os principais diagnósticos sobre o ambiente para os negócios no Brasil e, por fim, na terceira são apresentadas as principais proposições para uma agenda visando à inovação no Brasil.

UMA DEFINIÇÃO DE COMPETITIVIDADE

A competitividade entre os países em desenvolvimento, com destaque para a China, Índia e Brasil, passou a ser um fator presente na tomada de decisões empresariais nos anos 2000 devido, principalmente, a relevância e expressiva evolução daqueles mercados. Segundo o Fundo Monetário Internacional (FMI), estes países conjuntamente representam 15% do Produto Interno Bruto (PIB) mundial, e cresceram, aproximadamente, duas vezes mais rápido do que a média mundial no último decênio.

A condição necessária para estes países concorrerem internacionalmente está associada a fatores-chave de competitividade, os quais estamos propondo abordá-los em três esferas distintas, porém interdependentes e complementares, nos âmbitos macro, meso e o microeconômico.

O âmbito macroeconômico, fundamentalmente, depende da orientação governamental, a partir da definição e implementação das políticas macroeconômicas, ou seja, as políticas fiscal, monetária e cambial. Estas políticas formam a base do ambiente macroeconômico, tanto do desempenho dos negócios de curto prazo, quanto das estratégias de crescimento de longo prazo.

Sob o ponto de vista meso, há uma interdependência entre a atuação governamental e a iniciativa privada, no que se refere às políticas de competitividade, principalmente a industrial, comercial, tecnológica e educacional. Estas políticas, combinadas com a regulação da atividade econômica de setores estratégicos, como também a inter-relação dos investimentos públicos e privados em infraestrutura formam o arcabouço complementar da competitividade sistêmica, aquele que não é gerido diretamente pelas empresas.

Já a atuação empresarial está inserida no âmbito microeconômico, e refere-se à excelência na gestão da inovação e na geração de novas competências locais, associadas às melhorias da produtividade e qualificação profissional.

Os fatores macro e meso combinados têm definido as condições de competitividade sistêmica do país, enquanto que o ambiente micro é totalmente conduzido pelas empresas. Todavia, há uma interconexão de causa e efeito entre a competitividade sistêmica e a atuação empresarial do país, ou seja, a competitividade sistêmica pode determinar o sucesso ou fracasso da atuação empresarial.

A atuação empresarial isoladamente não consegue "compensar" as desvantagens da competitividade sistêmica. É, portanto, crucial a coordenação e articulação entre a atuação governamental e a iniciativa privada para viabilizar o desenvolvimento econômico.

DIAGNÓSTICO SOBRE O AMBIENTE PARA OS NEGÓCIOS NO BRASIL

O Brasil é uma economia de destaque internacional, sendo a sétima maior economia do mundo em 2010, com perspectiva de se tornar a quinta maior em 2025, de acordo com estimativas de consultorias internacionais.

O país tem se destacado em diversas áreas, como, por exemplo, o maior exportador mundial de açúcar, soja, carne e celulose. Nos setores de *commodities*, o país ocupa a décima posição dentre os detentores de maiores reservas mundiais de petróleo, com a perspectiva de melhoria em virtude da exploração do pré-sal. O Brasil ocupa ainda a segunda posição no ranking dos maiores produtores de etanol e minério de ferro, com grande potencial de gerar divisas para o país nos próximos anos.

Há destaques também em alguns setores industriais, com uma ampla diversificação da escala produtiva, principalmente, nos complexos químico, petroquímico e automotivo, nos quais ocupa a oitava e quarta posição mundial, respectivamente.

No entanto, em um sentido amplo de competitividade, o Brasil ainda é um país carente em termos de oferta de bens e serviços e, sobretudo, de um ambiente de negócios favorável, e debilidades infraestruturais, educacionais e em inovação. Vários estudos internacionais apontam estas carências.

O Relatório Global de Competitividade de 2010-2011, do Fórum Econômico Mundial, por exemplo, aponta o Brasil na 58ª posição no ranking de competitividade. Somos amplamente superados por nossos principais concorrentes, como a Coreia do Sul, China e Índia, que ocupam, respectivamente, as posições 22ª, 27ª e 51ª. Este fato denota que a economia brasileira tem enormes desafios e deficiências competitivas que precisam ser superadas nos próximos anos.

Ainda, segundo o Relatório, no que se refere ao ambiente de inovação, o setor privado é o protagonista no mundo, sendo que as grandes empresas respondem por mais de 60% do investimento em P&D. Nos países avançados esta participação se eleva a 70%. No entanto, no Brasil, registra-se uma participação bem menos expressiva, de 45%.

Como ponto positivo, a economia brasileira destaca-se na condução da política macroeconômica, na qual prevalece o tripé: câmbio flutuante, responsabilidade fiscal e metas de inflação. Estes fundamentos de política econômica propiciam relativa estabilidade macroeconômica, o que tem impulsionado o consumo e o investimento no país.

Apesar disso, existem outras questões que ainda estão pendentes de medidas mais contundentes no Brasil como, por exemplo, a tributação elevada, os juros e, principalmente, a valorização cambial. Não há desenvolvimento econômico de longo prazo possível sem uma taxa de câmbio competitiva. A valorização do real inviabiliza a produção de bens com alto valor adicionado, e, em consequência, causa restrição ao crescimento da produtividade do país.

Considerando-se um índice-base 100, de janeiro de 2009, em maio de 2011, o real, relativamente ao dólar norte-americano, apresentava uma valorização de 40%, contra uma valorização de uma cesta de moedas de 10% para o mesmo período. Isso tem significado uma perda expressiva de competitividade da produção brasileira vis-à-vis os seus principais concorrentes internacionais, uma vez que é um incentivo às importações e um desestímulo às exportações.

Outro indicador que representa um desafio para o país está relacionado aos elevados custos de produção na indústria. Considerando-se a remuneração total por hora de trabalho, que contempla os salários mais benefícios complementares na manufatura, o custo da mão de obra brasileira de cerca de US$ 5,60 é mais elevada, em comparação com o custo na China, de US$ 1,40, e da Índia, de US$ 1,20.

Os fatores apresentados têm prejudicado a criação de valor agregado e a capacidade das empresas brasileiras de competir com as estrangeiras, o que reflete no resultado da balança comercial.

Nos anos 2000, a balança comercial brasileira registrou um superávit anual médio próximo de US$ 30 bilhões. Este desempenho decorre fundamentalmente dos setores de *commodities* e produtos de média e baixa tecnologia, nos quais temos um saldo positivo.

No entanto, nos setores industriais de alta e média tecnologia, os quais são deficitários, a situação se agravou a partir de meados desta década. Enquanto que no período 2000-2006 o déficit comercial médio anual foi de US$ 10 bilhões, ocorreu forte ampliação para US$ 25 bilhões em 2007 e para U$ 65 bilhões em 2010.

A valorização da taxa de câmbio e os demais fatores de competitividade no Brasil desfavoráveis são os principais causadores do agravamento do déficit comercial de bens intensivos em tecnologia, o que prejudica a criação de valor agregado local e um crescimento econômico de longo prazo.

PROPOSIÇÕES PARA UMA AGENDA VISANDO À INOVAÇÃO NO BRASIL

Considerando os aspectos apontados é oportuno fomentar medidas de competitividade, com foco nas políticas industrial, comercial e tecnológica, para fortalecer e criar novas competências no país. Este é o desafio para a política econômica brasileira, com destaque para a Política de Desenvolvimento Produtivo (PDP 2), ora em elaboração pelo governo.

No que se refere à atuação da iniciativa privada no Brasil, o tema inovação é essencial na estratégia empresarial e foco para o aumento da produtividade no longo prazo. Essa é uma das proposições do Movimento Empresarial pela Inovação (MEI), capitaneado pela Confederação Nacional das Indústrias (CNI), do qual sou um dos coordenadores, que tem como objetivo a discussão da importância da inovação e da competitividade brasileira.

A consolidação dos fundamentos macroeconômicos e o crescimento consistente do consumo e de investimentos no país requerem um reposicionamento da atuação empresarial pela inovação. O processo, para ser virtuoso, tem de ser disseminado pela cadeia produtiva, envolvendo a cultura empresarial inovadora, também de fornecedores e clientes. Esta cultura para ser capilarizada exige esforço tanto público quanto privado.

Para isso, para atingir aos objetivos propostos, o MEI tem como principais propostas de ações os seguintes pontos:

1. Atração de Centros de Pesquisa e Desenvolvimento (P&D)
   - Conduta ativa na atração de atividades de P&D em empresas multinacionais.
   - Fortalecimento do ambiente institucional, político e educacional.
   - Sala de Inovação como fórum de políticas específicas.

2. Internacionalização das Empresas
   - Fomentar a internacionalização das empresas brasileiras, como mecanismo de melhoria de nossa inserção internacional.
   - Apoiar a compra de ativos no exterior para capacitação tecnológica.
   - Dar incentivos a investimentos em P&D no exterior.

3. Propriedade Intelectual
   - Cultura de propriedade intelectual, com foco nas pequenas e microempresas (PME).
   - Aparelhamento do Instituto Nacional da Propriedade Intelectual (Inpi) para poder reduzir os prazos de concessão, de sete para cinco anos.
   - Modernizar o Inpi para padrões de eficiência internacional.

4. Recursos Humanos
   - Ênfase ao ensino superior em engenharia e "ciências duras".
   - Ampliação do ensino técnico e tecnológico no país.
   - Inserção ampla de conteúdo de empreendedorismo e inovação.
   - Atração de pessoal qualificado e o envio de jovens ao exterior.

5. Marco Legal para Inovação
   - Reduzir a insegurança e abrangência nos incentivos da Lei do Bem.

- Aprimorar a subvenção: contrapartidas e despesas de capital.
- Otimizar e ampliar programas estruturantes e contínuos ("balcão")
- Desenvolver linhas de fomento para projetos pré-industriais e plantas-piloto.
- Implementar marcos regulatórios setoriais que incentivem a inovação.
- Exercitar o desenho de políticas públicas com o setor privado.
- Criar indicadores e metas quantitativos e qualitativos.

6. Projetos Estruturantes e P&D em grande escala
- Apoiar projetos para o desenvolvimento tecnológico da indústria.
- Tornar o fomento a grandes projetos elegíveis aos Fundos de P&D.
- Aportar recursos para projetos estratégicos de porte e estratégicos.

7. P&D Pré-Competitivo
- P&D pré-competitivo é essencial para o desenvolvimento tecnológico.
- Incluir o P&D pré-competitivo como elegível para os fundos públicos.
- Implantar modelos institucionais de cooperação entre o setor público e privado.

8. Inovação para PME
- Redução dos diferenciais de produtividade das PMEs.
- Induzir o pensamento estratégico e em inovação.
- Disseminar a cultura e propiciar a capacitação do empreendedorismo.
- Melhoria da gestão da inovação, tecnologia e os serviços técnicos.
- Apoiar arranjos produtivos locais e cadeias de fornecedores.

9. Articular as políticas de Ciência, Tecnologia e Inovação (CT&I) e de comércio exterior
- Atuar decisivamente na superação da valorização cambial.
- Criar ambiente benigno para o setor exportador.
- Opções por setores e/ou segmentos e empresas intensivas em tecnologia.
- Articular a política tecnológica e a política de comércio exterior.

10. Programas Setoriais de Inovação
- Incorporar agenda setorial na política de inovação.
- Definir ações setoriais específicas para cada segmento.
- Criar duas frentes:

a) ações de inovação incremental, difusão de tecnologia ou resolução de gargalos;
b) ações estratégias de longo prazo para uma melhor inserção internacional, organizadas a partir de grandes projetos e encomendas feitas à empresas líderes e sua cadeia de fornecedores.

Estes pontos devem ser desenvolvidos e implementados visando ampliar o nível de inovação no Brasil. Eles se alinham com os principais pontos de ação para o desenvolvimento de um forte ambiente de ciência e inovação, sugeridas pela Organização para a Cooperação e Desenvolvimento Econômico (OCDE), que são:

- Desenvolvimento e fomento de competências locais.
- Incremento da estrutura de incentivos para inovação.
- Aumento da habilidade de trabalho em rede.
- Desenvolvimento do capital humano.

Neste sentido, um ambiente favorável para negócios e uma clara agenda para a inovação de longo prazo significarão, no século XXI, a sobrevivência das empresas, o aumento da produtividade, melhor distribuição de renda e maior inserção do Brasil no cenário internacional.

China e Brasil: singularidade e reação

Cláudio R. Frischtak*

---

* Presidente da Inter.B Consultoria Internacional de Negócios, Diretor do International Growth Center. Ex Principal Economist do Banco Mundial.
O autor agradece a assistência de Felipe Katz, economista da Inter.B.

INTRODUÇÃO

A PARÁBOLA DA esfinge talvez seja a mais apropriada para pensar no "enigma chinês": no século XXI, ou a deciframos ou seremos por ela devorados.

E qual o enigma? A China é uma economia igual às demais — apenas numa maior escala — ou se caracteriza por uma unicidade, cujo único análogo talvez seja os Estados Unidos nos séculos XIX e XX, e seu "destino manifesto" de expansão sem freios? O entendimento de que estamos vivenciando um fenômeno semelhante à recuperação do pós-Segunda Guerra, quando as economias da Europa e Japão cresceram rapidamente no processo de reconstrução, *aggiornamento* social e modernização, não se sustenta. Esse fenômeno durou cerca de duas décadas e o impulso foi se diluindo, pois já eram economias maduras (e de industrialização tardia).

Tampouco — num olhar mais atento — a economia chinesa pode se comparar aos *boom years* dos Estados Unidos. Pois no período de capitalismo norte-americano não regulado, as rápidas expansões seguiam periodicamente períodos de crise (Gráfico 1). E os dois únicos períodos que a economia cresceu acima de 6,5% por tempo significativo após 1870 foi na saída da Grande Depressão (1934-37, 9% a.a) e na Segunda Guerra Mundial (1939-44, 13, 7% a.a). Neste sentido, se a verve econômica chinesa se aproxima de um tempo de grande dinamismo nos Estados Unidos, os resultados são distintos, seja pelos fundamentos em termos de poupança e investimento, seja pela própria natureza do Estado regulador.[1]

---

[1] Já o "milagre japonês" do pós-guerra durou pouco mais de duas décadas, com um crescimento médio de 9,5% (1950-73), enquanto que a Alemanha Ocidental, França e Itália cresceram uma média de 5-6% no período.

GRÁFICO 1
EUA — OS CICLOS DE "BOOM E BUST"
CRESCIMENTO DO PIB 1870-2000

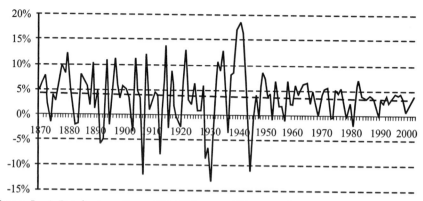

FONTE: Louis D. Johnston e Samuel H. Williamson, "The Annual Real and Nominal GDP for the United States, 1790 — Present." *Economic History Services*, out.-2005 (http://www.eh.net/hmit/gdp/).

Este trabalho sugere, nas seções II e III, que a economia chinesa é singular sob vários aspectos fundamentais: uma capacidade de crescimento ao longo de mais de três décadas sem paralelo e com relativamente poucos tropeços; com uma perspectiva factível de permanecer nessa trajetória possivelmente nos próximos anos, e se tornar a maior economia já em 2016 (em paridade de poder de compra); e que rapidamente está se diferenciando de seus "pares" (os emergentes continentais Índia e Brasil) e das demais economias avançadas ao longo de variáveis que definem a capacidade do país projetar poder.

Ainda que o crescimento da Índia nas últimas duas décadas seja reflexo de enorme potencial subjacente, nem a Índia e menos ainda o Brasil têm os recursos de Estado comparáveis aos da China. Nesse sentido, conforme a seção IV, posicionar o Brasil na "competição do século XXI" irá requerer um novo pensamento estratégico e uma reforma do Estado que mobilize os recursos necessários para fazer face ao custo da competição que vem se intensificando nos últimos anos. O país tem uma grande vantagem absoluta e comparativa calcada nos seus recursos naturais que possibilitam estabelecer uma plataforma única em agricultura, energia, mineração e serviços ambientais. Não há, contudo, um pensamento de longo prazo — nem políticas correspondentes — de como o Brasil pode utilizar esses recursos no contexto do tabuleiro competitivo global. Em particular, há necessidade de ações de segunda geração para transformar os recursos naturais e levar o país para a fronteira da sustentabilidade, que é intensiva em conhecimento e formas contemporâneas de inovação.

A seção V conclui sugerindo que o Brasil pode aspirar a ser uma potência de primeira grandeza numa métrica distinta da usual. Nesta perspectiva, o país se alavancaria não apenas no que tem de distinto dos demais países, tanto no plano simbólico e de percepção, quanto fundamentalmente na esfera material dos *recursos naturais de valor*, cujo tratamento ainda é bastante incipiente, na medida em quem detém um *endowement* quase único e insuficientemente valorizado de recursos cuja escassez futura já é um dado do presente.

A SINGULARIDADE DA ECONOMIA CHINESA

Sob qualquer parâmetro, a economia chinesa teve um desempenho extraordinário nas últimas décadas (Tabela 1):

- O crescimento médio do PIB nos 30 anos — 1980-2010 — foi de 12% a preços de mercado e 13,2 % em paridade de poder de compra (PPC), impulsionado por uma forte acumulação de capital, a expansão da força de trabalho urbana, e em anos recentes, ganhos na produtividade fatorial total.
- A inflação — medida pelo aumento dos preços ao consumidor — vem se mantendo em torno de 2,2 % a.a (ainda que em 2010 tenha chegado a 4,7% a.a), o que sugere a capacidade do governo de conter — e a economia responder — as tensões normais ao crescimento econômico sob a forma de desequilíbrios entre oferta e procura. Na realidade, a enorme margem de manobra do governo pela solidez das contas externas, possibilita evitar o desabastecimento de alimentos e matérias-primas por meio de importação, sempre que necessário. Ademais, a intensa competição no mercado chinês possibilita uma contenção natural dos aumentos dos preços nos mercados domésticos.

- Uma elevada taxa de poupança doméstica (54%) gerou superávits sistemáticos na balança de contas correntes (acima de 5% do PIB), apesar de uma crescente taxa de investimento (formação bruta de capital fixo chegou a 48,8% em 2010). A esterilização do excesso de dólares advindos dos fluxos de comércio e investimento, por sua vez, levou o país a acumular mais de US$ 3 trilhões de reservas (já em 2011).
- A exposição da economia chinesa ao comércio internacional — e seu grau de abertura — também sofre uma transformação sem precedentes. A China se torna uma economia relativamente aberta, triplicando sua exposição ao restante do mundo no período (de 18,8% a 56,7%).

TABELA 1

CHINA — AS DÉCADAS DE OURO, 1980-2010

	1980	2010	Métrica Comparativa
PIB (US$ correntes, B)[*]	202,5	5878,3	11,8
PIB (US$ PPC, B)	247,8	10085,7	13,1
Inflação (% a.a.)[**]	n.d.	4,7	2,2
Poupança (% PIB)[****]	48,8	54,0	47,4
Poupança do setor público (% PIB)	n.d.	-2,1	...
FBK (US$ correntes, B)[*]	106,1	2867,1	11,5
FBK (% PIB)[****]	52,4	48,8	42,0
Conta-corrente (% PIB)[****]	0,1	5,2	5,4
Reservas (US$ B)[***]	10,1	2889,6	...
Exportações (US$ B)[*]	18,0	1748,0	20,7
Importações (US$ B)[*]	20,0	1587,0	16,4
(X+M)/PIB (%)[****]	18,8	56,7	59,7
X/X mundo (%)[****]	0,8	9,2	6,6
M/M mundo (%)[****]	0,8	8,4	5,7
PIB/PIB mundo (%)[****]	2,2	13,6	9,9
IED para fora (US$, B)[*****]	n.d.	68,0	242,7

FONTES: IMF Database, WEO April 2011; World Bank Database; WTO; UNCTAD, JP Morgan. Elaboração própria.

NOTAS: [*]Taxa de crescimento médio anual no período 1980-2010. [**]Taxa de crescimento médio anual dos preços ao consumidor no período 2000-2010. [***]Dados listados para 1980 são de 1981. [****]Média decenal. [*****]Soma 2000-2010.

Talvez a questão central quando se reflete sobre os números da economia chinesa e o seu extraordinário desempenho nas últimas décadas é se a trajetória de crescimento é sustentável, e por mais quantos anos? Afinal, logicamente nenhuma economia de US$ 10 trilhões (em PPC) tem os recursos para crescer de forma acelerada indefinidamente. Mas as indicações são de que nos próximos anos (até o final desta década, com toda a probabilidade) a China continue a apresentar um desempenho superior aos dos demais emergentes.

A razão básica é que a China passa por mudanças significativas no seu padrão de consumo, na distribuição salários/lucros e gastos de governo, que irão ancorar sua economia no mercado doméstico, na melhoria da infraestrutura e dos padrões de educação e saúde da população. De uma "máquina de investimento" que absorve enormes volumes de poupança acumulados fundamentalmente nas empresas sob a forma de lucros retidos,[2] a economia chinesa estará se redirecionando para um grande mercado de bens de consumo, por sua vez abastecido em grande medida pela produção doméstica.

Dessa forma, a continuidade do crescimento chinês se calcará no consumo das famílias, com os salários aumentando a taxas elevadas e possivelmente acima dos ganhos de produtividade, e dos investimentos disseminados na economia em resposta a uma demanda explosiva dos novos extratos médios chineses. O novo motor do crescimento será o consumidor chinês e o enorme número de empresas pequenas e médias que estarão respondendo às novas demandas. O impulsionador tradicional — as grandes empresas (estatais em sua maioria) que usaram seu poder interno de barganha (perante os trabalhadores) e suas conexões com os bancos estatais para financiarem a acumulação de capital nas últimas décadas, progressivamente irá ceder lugar a um empreendedorismo ainda mais dinâmico, empurrando a fronteira de produção (e inovação).

---

[2] Para uma discussão relevante sobre a natureza da poupança chinesa, ver o artigo de Jonathan Anderson, "The Myth of Chinese Savings", em Filippo di Mauro e Benjamin R. Mandel (eds.), *Recovery and Beyond — Lessons for Trade Adjustment and Competitiveness*, European Central Bank, 2011. http://www.ecb.int/pub/pdf/other/recoveryandbeyond_en.pdf.

A contínua expansão desta fronteira estará calcada num fenômeno que parece único na história econômica: o fato que opera na economia chinesa três revoluções simultâneas.

- *Primeiro*, o desenvolvimento do *hinterland* chinês no contexto de uma economia caracterizada pela grande elasticidade da oferta de trabalho. Na realidade há duas "fronteiras" abertas: uma territorial-econômica, caracterizada por uma "marcha ao Oeste e ao interior"; a outra sintetizada na migração (controlada) rural-urbana de milhões de trabalhadores. Ainda se terá possivelmente duas décadas antes que essa dupla fronteira se "feche", da mesma forma que se argumenta que o Oeste americano se fechou já ao fim dos 1880.[3]
- *Segundo*, o ciclo de investimento na indústria (pesada) não se esgotou, ainda que deva progressivamente se desacelerar nos próximos anos, inclusive para reduzir a pressão sobre o meio ambiente e os mercados de matérias-primas e insumos. De qualquer forma, a indústria pesada chinesa continuará se alavancando no grande mercado doméstico (principalmente bens de capital e bens duráveis) e ainda nas exportações, e sua transição para uma indústria baseada no conhecimento ainda deverá levar alguns anos.
- *Terceiro*, a China está se movendo rapidamente para abraçar a revolução do conhecimento, e seus resultados se farão sentir nas próximas duas a três décadas. O impulso será crescente e sinérgico, com o outro fenômeno apontado: o surgimento de uma multiplicidade de novas empresas, pequenas e médias, inovadoras, e direcionadas para servir a um mercado urbano, de uma classe média educada e informada, com demandas diferenciadas e em linha com seus pares de outros países.

O potencial de crescimento da economia chinesa não pode ser entendido sem que se leve em consideração o fato de que há a superposição

---

[3] Com base no Censo de 1890, o historiador da Universidade de Wisconsin, Frederick Jackson Turner Madison, estabeleceu a tese de que a fronteira oeste, cuja conquista foi o elemento definidor no caráter americano, estava fechada.

dessas forças, que se traduzem numa fronteira de produção que se move rapidamente. Levando em conta o comportamento da contribuição dos fatores básicos (capital e trabalho) e os ganhos mais recentes da produtividade fatorial total (PFT) durante os anos transformadores (Tabela 2), um exercício de projeção do crescimento chinês, com base numa decomposição dos seus fatores, sugere que taxas da ordem de 8-9% são factíveis:

- na premissa de uma desaceleração das taxas de crescimento da acumulação de capital, de modo que sua contribuição para o PIB seja de 2,5-3,0%;
- numa contribuição moderada do trabalho, com uma expansão de 1,5-2,0%; e
- no crescimento da produtividade fatorial total consistente com uma economia calcada de forma cada vez mais disseminada no conhecimento.

TABELA 2

CHINA — DECOMPOSIÇÃO DAS FONTES
DE CRESCIMENTO 1978-1995, 1993-2004, 2011-2020 EM %

	Contribuição do Capital	Contribuição do Trabalho	Crescimento da PFT	PIB Atual e Potencial
1978-1995	3,1	2,7	1,7	7,5
1993-2004	4,2	1,7	4,0	9,7
2011-2020	2,5-3,0	1,5-2,0	3,5-4,0	7,5-9,0

FONTE: Nicholas Crafts, *"East Asian Growth Before and After the Crisis"*, IMF Staff Papers, vol. 46, nº 2. jun./1999, op. cit.; Barry Borsworth and Susan Collins, *"Accouting for Growth: Comparing China and India". Journal of Economic Perspectives*, 2008; estimativas próprias (China 2011-20).

Em síntese, os próximos anos deverão se caracterizar não apenas por uma economia ainda em rápido crescimento, mas em transição para um novo modelo, cuja dinâmica produção-consumo, se virtuosa, poderá garantir uma a duas décadas de impulso sustentado:

- *Pelo lado da oferta,* a expansão se daria com base em ganhos de produtividade (e economia de matéria-prima, serviços ambientais e energia), combinados com contribuições significativas, mas decrescentes dos fatores básicos de produção.

- *A demanda doméstica,* por sua vez, estará em ascensão pela incorporação de trabalhadores rurais, pelo aumento dos salários e dos investimentos em infraestrutura e bem-estar, e por políticas sociais que reduzem a incerteza em relação ao futuro.[4] Combinado com a forte posição chinesa no comércio internacional permitirá que o país utilize seu potencial produtivo.

A visão de que a economia chinesa se afastará ainda mais da experiência histórica dos países avançados, reproduzindo nos próximos anos as taxas elevadas de crescimento que a caracterizaram nas últimas décadas, é aceita pelo que é talvez a fonte mais consultada quanto a projeções macroeconômicas, o World Economic Outlook (WEO), relatório bianual publicado pelo Fundo Monetário Internacional. Além das projeções de curto prazo, o WEO oferece uma visão com um horizonte de cinco anos. De acordo com as projeções do último WEO (Tabela 3), a China continuará a crescer num ritmo de 9-10% a.a, distinto do indicado pelo governo (7% a.a) e das estimativas apresentadas anteriormente, da trajetória potencial do PIB (8-9% a.a).

TABELA 3
CRESCIMENTO DO MUNDO E DE REGIÕES/PAÍSES
SELECIONADOS 2010-12 E 2016 (EM %)

	2010	2011	2012	2016
Mundo	5,0	4,4	4,5	4,7
Países desenvolvidos	3,0	2,4	2,6	2,4
EUA	2,8	2,8	2,9	2,7
Zona do Euro	1,7	1,6	1,8	1,7
Países em desenvolvimento	7,1	6,5	6,5	6,7
China	10,3	9,6	9,5	9,5
Índia	10,4	8,2	7,8	8,1
Brasil	7,5	4,5	4,1	4,2

FONTE: IMF Database, WEO, abr.-2011.

---

[4] Ver Martin Feldstein, "O Plano Quinquenal da China", *Valor,* 12/4/2011.

Nesta perspectiva, o WEO confirma a singularidade da China: uma economia que caminha para o mais longo trajeto de crescimento acelerado da História documentada, praticamente sem pausas, e cujos obstáculos estão possivelmente no plano não econômico: o eventual advento de um regime mais aberto e democrático deverá levar a que aflore as tensões na sociedade, cuja escassez de mecanismos políticos de resolução de conflito, irá com toda a probabilidade ter um amplo impacto.

De fato, uma eventual oxigenação do sistema de partido único, deverá ter por consequência quase inevitável o questionamento das relações trabalhistas, o poder das empresas estatais, o processo de industrialização acelerada que impõem perdas para grupos mais vulneráveis, a destruição dos ecossistemas e o uso insustentável dos recursos naturais. Neste novo ambiente deverão ser ampliados os direitos da cidadania, dos trabalhadores e consumidores. No seu conjunto, estas mudanças — caso venham a ocorrer — irão afetar tanto o campo quanto a cidade num contexto de grande imponderabilidade, e consequentemente a trajetória da economia.

Não é possível prever se e quando essas mudanças ocorrerão, a forma específica que irão tomar e suas consequências. Porém é altamente improvável que os chineses — após alcançarem determinado nível de renda e bem-estar — não venham a contestar um sistema de poder de partido único, com elevado grau de monopólio de informação e limitadas formas de participação política. A experiência dos países sugere que regimes democráticos acompanham países com população mais educada, informada e com mais acesso a bens materiais. Não há uma inevitabilidade nesta relação, mas não parece que o regime chinês possa "comprar" sua legitimidade puramente com geração de emprego e renda, e melhoria das condições de vida. Em algum momento, possivelmente na próxima década, a população já terá tomado estas condições como um dado, e irá demandar bens simbólicos, o regime democrático acima de todos.

NOVA CENTRALIDADE NA ECONOMIA MUNDIAL

A Tabela 4 (assim como a Tabela 3) sublinha outro fato que é "par" do conceito de singularidade: em três décadas, a economia chinesa assumiu um papel central na economia mundial. Essa transformação se reflete em quatro fatos fundamentais, com profundas implicações para o posicionamento dos demais países e seu relacionamento com a China.

TABELA 4

SÍNTESE COMPARATIVA — CHINA, ESTADOS UNIDOS, JAPÃO, ALEMANHA, ÍNDIA E BRASIL — 2010

	China	EUA	Japão	Alemanha	Índia	Brasil
PIB (US$ correntes, B)	5878,3	14657,8	5458,9	3315,6	1538,0	2090,3
PIB (US$ PPC, B)	10085,7	14657,8	4309,5	2840,4	4060,4	2172,1
Inflação (% a.a.)	4,7	1,4	0,0	1,9	6,4	6,6
Poupança (% PIB)	54,0	11,6	23,8	22,8	34,7	17,0
Poupança do Setor Público (% PIB)	-2,1	-10,6	-9,5	-3,3	-6,8	-2,6
FBK (US$ correntes, B)	2867,1	2332,2	1103,3	580,1	582,5	402,4
FBK (% PIB)	48,8	15,9	20,2	17,5	37,9	19,3
Conta Corrente (% PIB)	5,2	-3,2	3,6	5,3	-3,2	-2,3
Reservas (US$ B)	2889,6	404,1	1049,0	179,0	292,3	287,5
Exportações (US$ B)	1748,0	1793,1	907,4	1498,7	325,7	232,2
Importações (US$ B)	1587,0	2326,0	847,9	1323,4	439,6	251,1
(X+M)/PIB (%)	56,7	28,1	32,2	85,1	49,8	23,1
X/X mundo (%)	9,2	9,5	4,8	7,9	1,7	1,2
M/M mundo (%)	8,4	12,3	4,5	7,0	2,3	1,3
PIB/PIB mundo (%)	13,6	19,7	5,8	4,0	5,4	2,9
IED para fora (US$, B)	68,0	325,5	56,7	104,9	13,2	11,5

FONTES: IMF Database WEO abr.-2011; World Bank Database, WTO; UNCTAD, JP Morgan, Elaboração própria.
NOTAS: Dados listados para 1980 são de 1981.

Primeiro, desde 2010 a China é a segunda maior economia; *em 2016 se tornará a primeira* sob a premissa de um crescimento médio de 9% a.a (*vs.* 3% para os Estados Unidos) ou *se igualará aos Estados Unidos em 2015* (se o diferencial de crescimento for da ordem de 8% a.a, o que não é de todo improvável).

Segundo, a China dividiu com os Estados Unidos em 2010 a liderança nas exportações globais de bens e serviços (com 9,2% das exportações mundiais), ainda que em fluxo de comércio a defasagem com os Estados Unidos permaneça muito significativa (Tabela 4). A reorientação da economia para o consumo e a (inevitável) valorização do yuan impulsionará as importações chinesas nos próximos anos, e farão o fluxo de comércio chinês se aproximar dos Estados Unidos em valor.

Terceiro, o país acumula as maiores reservas mundiais, que se expandiram de pouco mais de US$ 10 bilhões em 1980 para US$ 2,9 trilhões ao final de 2010 — um múltiplo (por um fator de três) das reservas japonesas, tradicionalmente as maiores do mundo.[5] É provável que nos próximos anos as reservas continuem a se expandir a uma taxa de 10-15% a.a de modo que em 2014-15 cheguem a US$ 5 trilhões, afetando materialmente a demanda de moedas, títulos (e eventualmente metais). Nenhum ator individualmente terá o poder de influenciar esses mercados como a China.

Quarto, ainda como *late comer*, a China tem uma crescente projeção no plano dos investimentos diretos para fora do país. A trajetória chinesa pós-1980 tanto no plano das exportações quanto, mais recentemente, dos investimentos mostra que muito "espaço" foi coberto em pouco tempo quando comparado com as grandes economias maduras — Estados Unidos, Japão e Alemanha (Gráfico 2). A valorização do yuan — que já vem ocorrendo de forma cautelosa — e as ambições das empresas chinesas no plano global deverão estimular os fluxos para fora do país.

---

[5] As reservas chinesas somaram, ao final do primeiro trimestre de 2011, US$ 3,05 trilhões, tendo crescido US$ 197 bilhões neste último período, estimando-se que cerca de dois terços estão aplicados em ativos de dólar americano.

GRÁFICO 2
DINÂMICA DAS EXPORTAÇÕES E INVESTIMENTO DIRETO PARA FORA (IED): ESTADOS UNIDOS, CHINA, ALEMANHA E JAPÃO, 1980-2010

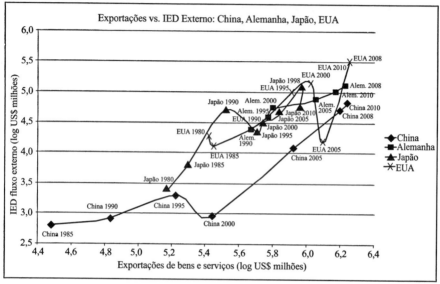

FONTES: WTO, UNCTAD Stat. Elaboração: Inter B.

Uma análise sintética relativa aos países precursores sugere as razões das diferentes trajetórias espelhadas no Gráfico 2:

- *Estados Unidos*: a "gangorra" americana revela inicialmente uma perda de dinamismo por força da prévia valorização do dólar aos Acordos do Plaza (1985). A década de 1990 se beneficia dos Acordos, e de uma economia impulsionada pela liberalização financeira e inovação tecnológica, impulsionando o IED e as exportações. Com a crise "ponto com" há uma forte reversão logo superada pela euforia da expansão fiscal e acomodação monetária, que acabaram levando à Grande Recessão. A recente desvalorização do dólar e ganhos de produtividade podem vir a superar a fragilidade industrial e impulsionar as exportações.
- *Japão*: a valorização do yen pós-1985 impulsiona os investimentos diretos, mas reduz o dinamismo exportador. Ambos são adversa-

mente afetados com o estouro da bolha imobiliária e a armadilha de liquidez que colocou o país numa rota de baixo crescimento, que vem resistindo às políticas de impulsão fiscal e monetária, pois requer possivelmente uma reestruturação da economia. O resultado é que o país vem perdendo substância enquanto investidor e exportador, denotado pela sua "curta" trajetória desde o início da década de 1990, e após um forte surto investidor (principalmente na Ásia), fruto da valorização do yen e da busca de plataformas de baixo custo em países como Tailândia, Malásia, dentre outros.

- *Alemanha*: a disciplina fiscal e a cooperação trabalho-capital estabelecem um paradigma alternativo de competição industrial. Apesar dos percalços da Grande Recessão, esta combinação parece abrir um caminho de relativa estabilidade com crescimento no âmbito de uma economia aberta, capaz de se contrapor à noção de inevitabilidade do descenso dos países maduros. Ao mesmo tempo, há um conjunto de elementos idiossincráticos da economia alemã que não são facilmente reproduzíveis, a exemplo da tradição não adversarial entre capital e trabalho, e a capacidade de gerar consenso para medidas de interesse público, além da combinação disciplina, produtividade e inovação no plano produtivo.

As características e o desempenho da economia chinesa também a separa dos grandes emergentes (Índia e Brasil).

Primeiro, pelo tamanho: em PPC, é cinco vezes maior que a economia brasileira; e duas vezes e meia a economia indiana. Ademais, tendencialmente, as magnitudes irão com toda a probabilidade se afastar, pelo menos na próxima década, e enquanto o forte impulso de crescimento da China perdurar, e as taxas de crescimento forem sistematicamente superiores se comparadas aos demais grandes emergentes.

Segundo, pelas elevadas taxas de poupança e formação bruta de capital fixo. Estas têm implicações não apenas sobre o crescimento da economia, mas seu grau de modernização tanto no âmbito dos equipamentos coletivos quanto da esfera produtiva. Ainda que possa haver diferenças quanto a eficiência e produtividade dos investimentos, a formação bruta de capital fixo (e de forma ainda mais acentuada, as taxas de poupança agregadas) é muito distinta, reforçando o conceito de trajetórias divergentes (em 2010, as taxas de investimento da China, Índia e Brasil foram respectivamente 48,8%, 37,9% e 19,3%, enquanto as de poupança chegaram a 54%, 34,7% e 17%).

Terceiro, o nível de reservas é também muito discrepante, o que não é imaterial apenas enquanto seguro contra eventuais turbulências na economia mundial, mas como instrumento de projeção de poder econômico. A China detém reservas cerca de 10 vezes maiores do que o Brasil e a Índia. Ainda que tal magnitude possa ser disfuncional, inclusive pelos custos que o país incorre, sinaliza a força da economia chinesa e sua capacidade de financiar unidades deficitárias — sejam países soberanos, ou segmentos específicos dos setores público e privado. À medida que se acumula rapidamente, as reservas chinesas serão crescentemente capazes de "mexer" com os mercados; a crescente força da economia e do yuan levará à sua conversibilidade, e seu uso como reserva de valor. Progressivamente, nos próximos anos, o yuan estará competindo com o dólar (americano) e possivelmente com o euro (caso não haja algum tipo de decadência da moeda única).

Quarto, a força da economia chinesa se reflete no caminho dos investimentos diretos em anos recentes e durante a crise: crescem de forma praticamente monotônica, enquanto os investimentos de Brasil e Índia — após aumentarem a taxas bastante acentuadas no período 2005-08, contraem em 2009 (no caso do Brasil há repatriação líquida de investimentos da ordem de US$ 10 bilhões) e retomam de forma mais hesitante em 2010 (Tabela 5). Em contraposição, após uma contração relativamente pequena em 2009, o momento de forte crescimento reaparece em 2010.

TABELA 5

IED EXTERNO, ANOS RECENTES — BRASIL, ÍNDIA E CHINA

	IED para fora (externo), US$ B				
	2005	2008	2009	2010	2005-10
China	12,3	52,2	48,0	68,0	40,8
Índia	3,0	18,5	14,9	13,2	34,5
Brasil	2,5	20,5	-10,1	11,5	35,7

FONTE: UNCTAD, Elaboração própria, 2005-10; taxa média de crescimento (em %).

A dinâmica da economia Chinesa pós-1980 no plano dos investimentos diretos e das exportações também se diferencia da trajetória da Índia e do Brasil. Os financiamentos de longo prazo em troca de ativos e/ou contratos de suprimento de matérias-primas, vem alavancando tanto as exportações de bens e serviços chinesas quanto os próprios investimentos diretos, e se configurando como importantes — senão os principais — instrumentos de sua projeção econômica no plano global.

Em contraposição, apesar de maior tradição exportadora do que China e Índia até o início dos anos 1990, a trajetória brasileira revela um dinamismo insuficiente nas últimas duas décadas, por força inicialmente da instabilidade macroeconômica, sobrevalorização cambial, baixa produtividade e custos ex-fábrica elevados. A Índia, por sua vez, apresenta um enorme impulso no comércio e posteriormente nos investimentos para fora com as reformas dos anos 1990, que alavancaram um potencial represado no plano empreendedor e técnico-científico (gráfico 3).

GRÁFICO 3
DINÂMICA DAS EXPORTAÇÕES E INVESTIMENTO DIRETO
PARA FORA (IED): CHINA, BRASIL E ÍNDIA, 1980-2010

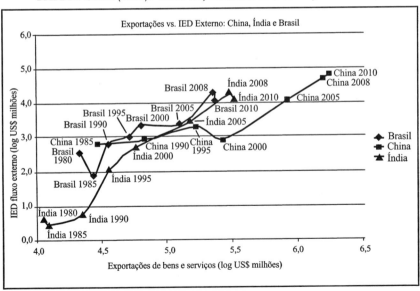

FONTES: WTO, UNCTAD Stat. Elaboração: Inter.B.

Finalmente, a singularidade chinesa se expressa também no plano da Ciência e da Tecnologia (C&T). Como mencionado anteriormente, a revolução do conhecimento assumirá nos próximos anos crescente importância como direcionador do crescimento econômico. Na realidade, em menos de uma década, a China se tornou uma potência emergente em C&T.

Seus gastos vêm crescendo a uma taxa de nada menos de 18,8% a.a na última década (*vs.* 11,6% no caso da Índia e 7,8% no caso do Brasil), possivelmente sem paralelo entre os países (Tabela 6). Já o diferencial no plano científico — denotado pelo número de publicações em ciências físicas, naturais, biomédicas e de engenharia — é também elucidativo: num período mais curto (2000-2007) para o qual os dados estão disponíveis, o número de publicações cresceu a uma média de 17,4% a.a na China, praticamente alinhado ao esforço feito; 8,5% a.a na Índia, sugerindo que na margem a produtividade da ciência não acompanhou o crescimento dos dispêndios; e 9,23% a.a no Brasil, um resultado nesse aspecto positivo. Porém, a distância entre países no número absoluto de publicações — o mais relevante — deu um salto líquido de 30,4 mil entre a China e a Índia, e 32,8 mil perante o Brasil, em apenas sete anos.

Voltando a mirar a década, os resultados alcançados no plano da propriedade intelectual e nas exportações de alta tecnologia sugerem ganhos ainda mais extraordinários. A Tabela 5 mostra que o número de solicitações de patentes no plano internacional por residentes chineses deu um salto de 15,8 vezes, em contraposição a 6,6 vezes para residentes indianos e 2,74 vezes para brasileiros nos últimos dez anos (2000-2010). O resultado é o diferencial inventivo dos países — significativo, mas próximo suficiente —, e se tornou agora praticamente inalcançável: a China solicitou em comparação à Índia quase 10 vezes mais patentes; e em relação ao Brasil, mais de 25 vezes. E o salto dado pela China não é explicado apenas por mais recursos, mas pela produtividade dos gastos no esforço inventivo, que já era mais elevada em 2000, mas que em 2010 se afastou de forma acentuada se comparada aos dois grandes emergentes. O índice de "produtividade patentária",

TABELA 6

GASTOS DE P&D E RESULTADOS — CHINA, ÍNDIA E BRASIL

	Gastos em P&D				Publicações Científicas e Técnicas*		Solicitação de Patente PCT** por Residentes		Índice de Produtividade Patentária***		Exportações de Alta Tecnologia**** (% das exportações manufaturadas)	
	2000		2010									
	(% PIB, PPP)	Valor (US$ bi)	(% PIB, PPP)	Valor (US$ bi)	2000	2007	2000	2010	2000	2010	2000	2009
China	0,90	27,12	1,50	151,29	18479	56806	780	12292	29	81	19	31
Índia	0,77	12,18	0,90	36,54	10276	18194	190	1262	16	35	5	9
Brasil	1,02	12,58	1,23	26,75	6407	11885	178	487	14	18	19	14

FONTES: World Bank Database; WIPO; MCT; 2010 Global R&D Forecast, Batelle, R&D Magazine.

NOTAS: *Publicações de engenharia das seguintes áreas: física, biologia, química, matemática, medicina clínica, biomedicina, e ciências tecnológicas e espacias. Dados do National Science Foundation via World Bank Database. **PCT (Patent Cooperation Treaty) é um tratado internacional administrado pela World Intellectual Property Organization (WIPO). É uma patente internacional, aplicada em vários países. ***Índice = Solicitações PCT/Gastos em P&D. Indica quantidade de patentes por cada bilhão de dólares gastos em P&D. ****Exportações de alta tecnologia são definidas como intensas em P&D, incluindo áreas como computação, instrumentos científicos, farmacêutica, aeroespacial, entre outras.

aqui definido como o número de patentes PCT solicitadas por bilhão de dólares despendidos nacionalmente, e que aumenta nos três países, chega a 81 na China, contra 35 na Índia e 18 no Brasil.[6]

Em outras palavras, no plano da C&T, o esforço chinês não é apenas de uma magnitude muito maior, mas a eficiência dos gastos afastou a China de forma irremediável dos grandes emergentes nesta década. Ademais, na medida em que essa mobilização de recursos financeiros, humanos[7] e organizacionais se traduz em ganhos no plano inventivo e da inovação, estes irão se refletir no tecido industrial e na capacidade de o país

---

[6] Parte do problema se relaciona ao baixo grau de integração universidade-empresa. Ver, por exemplo, a entrevista da geneticista Lygia da Veiga Pereira em *O Globo*, 15/2/2011, p. 28.

[7] De acordo com a Unesco, a China, em 2007, contava com 1.736 mil pesquisadores alocados a atividades de P&D (equivalente a tempo integral), enquanto o Brasil tinha 373 mil e a Índia 391 mil (nesse caso, os dados são de 2005).

dominar os mercados de produtos intensivos tecnologia. De fato, Brasil e China partem do mesmo patamar relativo quanto à participação das exportações de alta tecnologia nas exportações totais (19% em 2000). Porém, enquanto a China atinge 31% ao final do período 2000-2009, no caso do Brasil se observa, na realidade, uma retração (a participação das exportações de alta tecnologia cai de 19 para 14% do total). Já os ganhos da Índia são apenas significativos em termos relativos (não mais do que 9% das exportações totais se conformavam àquela categoria ao final do período). Também neste aspecto a China não está mais no clube dos grandes emergentes.

COMO POSICIONAR O BRASIL NO JOGO TRIPARTITE?

Em síntese, é altamente provável que em no máximo cinco anos a China será a maior economia do mundo, com o maior fluxo de comércio, e de forma célere se aproximando da fronteira de inovação. Tamanho, comércio e tecnologia irão se traduzir em recursos crescentes de poder.

A China se caracterizará por um *triplo protagonismo* — enquanto maior ofertante e demandante no mercado global; enquanto financiador soberano de nações; e, em futuro próximo, maior investidor não apenas em moedas e títulos, mas em ativos produtivos.

Com capacidade diferenciada de projetar poder, seu raio de influência englobará todas as regiões. Ao mesmo tempo, a Índia — apesar de deter menos recursos — tem características que a fazem uma potência regional de primeira grandeza, com certos recursos tecnológicos diferenciados, e com uma projeção sobre a África que se sobrepõe aos interesses do Brasil.

Na complexidade de um mundo multipolar intensamente competitivo, a grande potência emergente — e em poucos anos dominante — ainda não se "aculturou" ao fato que poder caminha com responsabilidade, e que na lógica da ação coletiva Olsoniana, os maiores não só lideram, mas estendem um "guarda-chuva" aos menores, até porque têm mais a perder. A transição para o duo poder-responsabilidade ainda está longe de se completar, ilustrada pela postura agressiva no plano cambial ou ainda na busca de recursos naturais estratégicos. Neste último aspecto, a Índia não se diferencia da China: ambas se confrontam com uma população de mais de 1,3 bilhão e necessidades crescentes no plano agrícola e energético, e pressão insustentável sobre os recursos domésticos. A "queda de braço" entre a Índia e a China é na realidade a corrida para novos territórios — o século XIX revisitado sob uma nova roupagem.

Neste jogo, como o Brasil deve se posicionar?

Apesar de a Índia ter interesses frequentemente contrastantes com o Brasil no plano econômico, principalmente em assegurar o controle sobre ativos naturais em terceiros mercados, a complexidade da relação com a China é de natureza e magnitude distintas, e é sobre essa relação que nos debruçamos nesta seção.

Inicialmente, o caráter único da economia chinesa não coloca necessariamente o Brasil numa posição subalterna. Nesta relação, o Brasil desempenha duplo papel: complementar enquanto fornecedor de recursos naturais, cuja importância para a economia chinesa tende a aumentar nos próximos anos; e como simultâneo rival, pois suas empresas competem por ativos e mercados.[8]

Primeiro, a força intrínseca do país reside no regime democrático, caracterizado por competição política, equilíbrio dos poderes, segurança jurídica e liberdade de associação, expressão e informação.

Segundo, na visão positiva do país, que se desdobra em várias dimensões: no plano mais básico, na percepção que o brasileiro é um povo feliz, solidário e não belicoso; que o país combina dinamismo econômico com redução da desigualdade e da pobreza; e que prima pela ausência de conflitos com os vizinhos, tendo por norte uma postura construtiva nas relações entre países, expressa e projeta seu *soft power*.[9] A política de atuar como um poder moderador, apaziguando

---

[8] Neste processo, as empresas brasileiras vêm perdendo espaço tanto no mercado doméstico quanto globalmente. Para uma mensuração dessas perdas em 2007-10, ver CNI, *Sondagem Especial*, ano 9, n.1, fev. de 2011.

[9] A elaboração original do conceito é de Joseph Nye em "Soft Power: The Means to Success in World Politics", *Public Affairs*, 2004. O "hard power" do país é obviamente bem mais limitado, e deverá no futuro se calcar nos seus recursos naturais.

os ânimos regionais, reduzindo a amplitude e intensidade dos conflitos, e ao mesmo tempo sinalizando por meio de ações concretas a solidariedade com os mais fracos, seja no Haiti, seja ainda em relação à Bolívia e mais recentemente ao Paraguai, carreia uma enorme boa vontade cujo valor não pode ser subestimado. Na lógica da ação coletiva, o mais forte estende um guarda-chuva na medida de suas possibilidades aos mais débeis.[10]

Terceiro, a força do país também reside nos seus recursos naturais e energéticos. O Brasil é uma potência agrícola, energética, mineral e ambiental, propiciada pela dimensão territorial, insolação, oferta de fontes de energia renováveis (hídrica, eólica, biomassa e solar), assim como o tamanho e a biodiversidade de seus ecossistemas.[11] Como se argumentará a seguir, a vantagem comparativa do país neste aspecto não está dada *ex-ante*, mas depende da capacidade de o país garantir que esses recursos sejam transformados em Recursos Naturais de Valor (RNVs).

Finalmente, a capacidade do Brasil de projetar seus interesses e estabelecer uma relação de equilíbrio com a grande potência emergente depende do dinamismo e poder transformador de suas empresas. Nos últimos anos houve um amadurecimento e o reconhecimento por parte das empresas e trabalhadores de que o processo de globalização da economia e internacionalização das empresas é irreversível. A resposta não tem sido uniforme, seja por falta de conhecimento, experiência ou certas competências que só se adquire num processo de aprender fazendo (*learning-by-doing*), o que muitos anos de visão autárquica não propiciaram. Ainda assim o aprendizado tem sido relativamente rápido, e as empresas brasileiras têm unido a flexibilidade e a velocidade herdadas dos anos de instabilidade macroeconômica, com os códigos e práticas contemporâneas de um mundo integrado.

Onde está a fragilidade do país? Na escassez de recursos de Estado. Esses recursos são essenciais em várias dimensões, mas na essência, há

---

[10] Ver a discussão do autor "Integration Efforts and Economic Dynamics in South America", publicado em Miroslav Jovanovic (ed.) *International Handbook of the Economics of Integration, vol I — General Issues and Regional Groups*, Edward Elgar 2011 (Cap. 18, p. 416-42).

[11] Há uma discussão relevante sobre a nova geopolítica de escassez de recursos naturais. Sobre a questão de insegurança alimentar ver Lester Brown em *World on the Edge*, Earthscan, 2011.

um conjunto de ações de Estado para Estado, pois empresas — mesmo as grandes — pouco podem diante de Estados soberanos.

Em particular, países criam *goodwill* com outras soberanias seja por meio de aproximação e apoio político, preferências comerciais, suporte financeiro a projetos, assistência técnica seja por intermédio de uma ativa diplomacia econômica presidencial.

Não podemos dizer que não tenha havido um esforço do governo de projetar o país tanto no plano diplomático quanto comercial, por meio de um bem-vindo ativismo presidencial em anos recentes, ou ainda por intermédio de ações cooperativas e coletivas no âmbito público-privado, implicando mobilização empresarial e criação de espaços de atuação que reduzem os custos de transação (Iniciativas de Apex, CNI, dentre outras). Contudo, e esta é a questão central, os recursos e instrumentos de Estado ainda são excessivamente limitados para as aspirações do país e as necessidades de suporte das empresas brasileiras.

Como romper o nó górdio da falta de recursos de Estado?

Primeiro, estabelecendo um sistema de planejamento de longo prazo, que introduza um forte elemento de racionalidade nos compromissos de Estado, definindo de forma transparente quais são os interesses do país no tabuleiro internacional, como se distribuem geograficamente, qual o gradiente, e em que medida e sob que formato as empresas brasileiras necessitam de suporte. Neste processo de construção de uma estratégia e de um sistema de planejamento, é fundamental que sucessivos governos estejam alinhados.[12]

Segundo, mobilizando recursos fiscais para apoiar a diplomacia econômica e empresas brasileiras fora do país. Neste caso, há um problema objetivo pela disparidade (crescente) do tamanho das economias (Brasil e China, em particular), agravado pela fragilidade das contas públicas do país. Enfrentamos aí um silogismo de ferro: o Brasil enquanto país que tem a ambição de projetar seu poder (benignamente) no plano

---

[12] Nesta perspectiva, é importante lembrar que a China define estratégias de longo prazo (20 anos) e as executa com uma razoável margem de flexibilidade/adaptação, sem contudo perder de vista seus objetivos estratégicos. Ainda que numa democracia seja mais difícil definir/gerar consenso sobre o "interesse nacional", a escassez de recursos o faz um imperativo.

global necessita de uma reserva, pois tanto as economias avançadas, quanto a China (e, em menor escala, a Índia) alocam recursos fiscais elevados (e crescentes neste último caso), para capturarem ativos e influenciar o processo decisório.

Atualmente os recursos direcionados direta e indiretamente para apoiar iniciativas do país são relativamente limitados, pouco conhecidos, e ademais o país não tem tradição ou instrumentos eficazes de apoio financeiro a outros países. Neste sentido, o ponto de partida seria estabelecer os *benchmarks* de atuação eficaz no plano bilateral, e envolver o Congresso e a opinião pública (e principais *stakeholders*) com o objetivo de estabelecer metas de apoio a países, e estruturar novos e mais eficazes instrumentos.

Terceiro, o país tem um dever de casa que vai além da "consolidação fiscal" e mobilização de recursos de estado para suportar sua diplomacia econômica. Há necessidade de medidas que reduzam os custos e estanquem a perda progressiva de competitividade das empresas brasileiras, com a redução dos custos ex-fábrica, principalmente aqueles relacionados a qualidade e disponibilidade de infraestrutura e serviços públicos, e à pressão tributária.

Por último a projeção do Brasil e sua capacidade de competir irão depender de como o país irá utilizar seus recursos naturais. Atualmente, vive-se uma situação de excesso de demanda desses recursos, e é provável que esse "superciclo" não se encerre nos próximos dez a vinte anos, por conta da combinação elevação da renda das famílias e investimentos maciços em infraestrutura pelos governos (e empresas). Países que detêm uma base ampla e diferenciada de recursos naturais tendem a usufruir da mudança dos termos de troca que vem acompanhando esse fenômeno, se os recursos forem razoavelmente bem-alocados.

No caso do Brasil, a questão se coloca de forma radical em função de sua posição extremamente diferenciada no espectro de países detentores de amplos recursos. Historicamente, países que obtiveram retornos significativos o fizeram com base numa população educada, reduzidas barreiras à entrada e com foco crescente na inovação. A Noruega, por exemplo, é o caso paradigmático da indústria de petróleo na segunda metade do século XX.

O desafio para o país é na realidade transformar o amplo espectro de seus recursos em Recursos Naturais de Valor (RNVs). Como fazê-lo? Desenhando uma estratégia inteligente para a exploração dos recursos naturais, e uma política calcada na inovação e numa visão integrada desses recursos.

O ponto de partida é reconhecer que, no plano material, o Brasil tem uma vantagem tanto absoluta quanto comparativa na exploração dos recursos naturais, e se essa vantagem para se transformar numa plataforma de poder no plano global necessita ser "casada" com uma nova estratégia. A questão não se resume ou mesmo depende do conceito de "transformação" tradicional, no sentido de industrialização das matérias-primas, mas de *agregar inteligência aos recursos naturais,* e promover novas redes e *clusters* de conhecimento em torno da exploração desses recursos, com o engajamento simultâneo de Estado e empresa.

Em certas áreas já há algumas iniciativas que necessitam ser executadas adequadamente e aprofundadas; em outras, as ações ainda são escassas. Assim, por exemplo, o programa Agricultura de Baixo Carbono (ABC) — com foco na agricultura sustentável — deve ser entendido como uma nova fase do esforço feito pelo país de criar uma agricultura de alta produtividade conjugada à preservação e apoio à produção familiar. O novo desafio é fazer ambas sustentáveis. Até o momento, contudo, o programa lançado em junho de 2010 não foi de fato levado adiante.[13]

O país tem grandes vantagens comparativas centradas em energias renováveis e, mais recentemente, em petróleo e gás. Também nesse caso o país necessita fazer uma escolha estratégica, financiando o futuro em energias renováveis com os recursos advindo do pré-sal, e promovendo ativamente redes de pesquisa, desenvolvimento e produção de equipamentos e soluções utilizando as fontes que temos em relativa abundância: hidráulica, eólica, biomassa e solar. Após Fukushima, o papel da energia nuclear precisa ser repensado: possivelmente terminando

---

[13] O ABC engloba a ampliação da área de plantio direto; a recuperação de pastos; e o uso do sistema lavoura-pecuária-floresta, dentre outros. Do total de R$ 2 bilhões, apenas R$ 700 mil tinham sido desembolsados até março. Ver *Valor 9/5/2011*, p. B14.

Angra III, e investindo em pesquisa nuclear de ponta no planejamento e projeto de reatores de pesquisa, e na área médica.

A proteção e a preservação dos ecossistemas no país são reflexos dos avanços que tiveram lugar nos últimos anos (no plano da legislação, das instituições e do envolvimento da sociedade civil). O Brasil é sem dúvida uma potência ambiental, mas sua expressão futura irá depender do uso inteligente dos recursos e serviços ambientais, que devem ser o eixo de uma nova economia verde.[14] Neste sentido, há um conjunto de ideias e ações, mas que no todo ainda não conforma um direcionamento claro que leve à inversão da lógica predatória e de consumo intensivo de recursos naturais que ainda domina a prática produtiva. Essa mudança é imperativa, e o país só tem a ganhar, transformando, valorizando e diferenciando seus serviços ambientais.[15]

Em todos os casos discutidos anteriormente — agricultura, energia e serviços ambientais — é fundamental estabelecer uma estratégia coerente e voltada ao futuro, definindo a singularidade do Brasil e as políticas necessárias para estruturar a economia em novas bases materiais (e simbólicas), tendo por eixo a sustentabilidade e a criação de recursos naturais de valor, e por contraposição ao uso predatório desses recursos. Com base nessa singularidade, pode-se almejar uma relação de equilíbrio no tabuleiro em que a China é a potência em ascensão, e o Brasil o país cuja aplicação do conhecimento e de novos paradigmas na exploração de recursos crescentemente escassos será capaz de projetá-lo para um novo protagonismo.

---

[14] Ver por exemplo, a discussão de diversos autores na *Revista Política Ambiental — Especial Economia Verde.* "Conservação Internacional", 2011 (em publicação).

[15] O Rio +20, que terá lugar em junho de 2012, será o *locus* de discussão sobre o futuro da economia verde, e ocasião para o país manifestar sua ambição de se posicionar na fronteira da nova economia.

CONCLUSÃO

A China é talvez o fenômeno econômico mais surpreendente do século XX. Sua transformação, com as reformas empreendidas por Deng Xiaoping, anunciadas em dezembro de 1978 (as chamadas "Quatro Modernizações"), gerou uma economia que se tornou possivelmente a maior máquina de crescimento com registro histórico. Essa "singularidade", algumas de suas consequências e a possível reação do Brasil foi o tema deste trabalho.

Sem dúvida o país vem se beneficiando do "superciclo" de *commodities* direcionado fundamentalmente pela demanda chinesa e do restante da Ásia. Ainda assim o posicionamento do Brasil permanece frágil pela escassez de recursos do Estado, num contexto de crescente complexidade das relações entre países e intensificação da competição no plano global.

A limitação dos recursos fiscais é agravada pela indefinição estratégica de como se posicionar nesse tabuleiro, e de um planejamento de longo prazo que dê racionalidade ao uso dos recursos existentes e consistência no plano decisório.

O Brasil, ao mesmo tempo, tem possivelmente o maior conjunto diversificado de recursos naturais no sentido lato: agrícolas, energéticos, minerais e ecossistêmicos, e o que está subjacente — terra, insolação, água, os grandes biomas. Esses necessitam ser tratados de forma integrada, sob a perspectiva de que a questão básica de transformar esses recursos em Recursos Naturais de Valor — RNVs vai além do simples conceito de agregação de valor via industrialização. O cerne da questão é outro: que políticas de inovação podem garantir a agregação de *conhecimento* ao uso inteligente desses recursos, aí incluída a sua preservação sob determinadas condições? Nos próximos anos, o posicionamento do Brasil, enquanto potência emergente irá depender de uma resposta eficaz a esta questão.

SEGUNDA PARTE

VISÕES DE BRASIL DESENVOLVIDO: A ÓTICA DAS INSTITUIÇÕES

Visão de Brasil desenvolvido

*W. Moreira Franco**

---

* Ministro-Chefe da Secretaria de Assuntos Estratégicos da Presidência da República.

No PRESENTE, TEMOS problemas decorrentes das mudanças ocorridas em uma sociedade em constante movimento. São os desafios do presente-futuro.

No passado, todos — não só os visionários — viam o Brasil como o país do futuro. Para alguns, a visão de um futuro sempre distante, idealizado e inalcançável.

Mas para muitos, o futuro implicava a construção de uma sociedade desenvolvida e justa, com cada vez menos brasileiros vivendo na pobreza ou abaixo dessa linha.

Foram muitos os obstáculos na direção daquilo que se queria. Nos anos 1980, a década perdida, o país mergulhou em uma hiperinflação, e quando emergiu na década seguinte, não tinha ainda edificado um projeto de crescimento claramente definido.

O futuro àquela altura era algo que se vislumbrava de forma tímida e às vezes com certa ironia. Quantos de nós não ouvimos a provocação: "Brasil, o eterno país do futuro", formulada em tom crítico dentro e fora do país. Eles, no entanto, esqueceram que o futuro não se vislumbra. Ao contrário, é algo que se constrói, que se planeja e que se edifica como fruto das escolhas feitas.

Essa construção obedece a um processo dialético costurado pela história. Vivemos hoje em uma democracia consolidada, em que as instituições funcionam e a população atua de maneira vibrante, escolhendo seus representantes em todos os níveis.

Logo que a presidente Dilma tornou-se a primeira mulher a chegar à Presidência da República, ela deixou claro sua disposição de construir um futuro para o país.

No seu primeiro discurso no Palácio do Planalto, ao lado do vice-presidente Michel Temer, a presidente lembrou que seu governo continuaria e ampliaria a profunda transformação levada a cabo durante o governo do presidente Lula.

Nos últimos oito anos, em torno de 40 milhões de pessoas deixaram a pobreza e passaram a integrar a chamada nova classe média. Estabeleceu-se no país um programa de distribuição de renda, por meio de políticas públicas que haverão de se consolidar ainda mais. As escolhas e as decisões tomadas encurtaram o caminho para o futuro e os brasileiros já percebem o porvir como algo muito presente.

Essa ascendência à classe média de parcelas significativas da população brasileira foi fundamental para a retomada do crescimento, a vitalização da cidadania e o fortalecimento da democracia. São transformações que nos permitem antever com otimismo o futuro do país. E o resultado foi impressionante. O Brasil tornou-se o país que mais reduziu a desigualdade em todo o mundo.

Em outras palavras, somos o líder mundial no combate à desigualdade. Reduzimos a taxa de mortalidade infantil de forma significativa e somos também líder mundial na melhoria da qualidade de ensino.

A velocidade com que tudo isso aconteceu foi fantástica, quase do outro mundo.

Para se ter uma dimensão, basta lembrar o fato de que o governo alcançou a meta de reduzir a extrema pobreza para a metade em apenas cinco anos, quando o estipulado seria o de alcançar os 50% de redução ao longo de 25 anos.

Em apenas cinco anos, cinco vezes mais rápido do que o previsto, volto a enfatizar, o governo diminuiu a extrema pobreza de 18% para 9%.

Mas há muito o que fazer. A presidente Dilma quer, ao final de seu mandato, que a extrema pobreza caia de nove para quatro ou cinco por cento, o que reafirma a disposição do atual governo de manter a velocidade e o foco em políticas públicas de combate à miséria no país.

Vamos continuar avançando na eliminação da pobreza e da desigualdade para sustentar o crescimento de longo prazo.

Como podemos ver, temos desafios. Mesmo celebrando todos os avanços obtidos até aqui, sabemos que os problemas sociais ainda persistem no nosso horizonte em função de uma herança de mais de 500 anos.

Muito teremos ainda que realizar. Se fomos criativos no governo Lula, agora teremos que passar por mais um choque de criatividade.

Se fomos inovadores, hoje o momento exige mais que inovação. Precisamos agregar novas ferramentas, construir novos valores para manter e ampliar as conquistas sociais.

A cada vitória, a cada sucesso obtido na área social, um novo obstáculo se impõe, resultado de séculos de atraso.

A consolidação de uma segunda geração de políticas públicas é fundamental para assegurar a estabilidade das classes emergentes.

Na área social, a Secretaria de Assuntos Estratégicos formula uma segunda onda de políticas públicas voltadas para eliminar a pobreza e reduzir desigualdades de forma permanente.

Diferente da concepção do Bolsa Família e de tudo que foi feito até aqui em termos de política pública, a política social terá de ser proativa e conectará a família brasileira — esteja ela vivendo na extrema pobreza ou na nova classe média — em todos os programas sociais do governo.

Na primeira infância, na juventude, reuniremos em um único programa um conjunto de ações para oferecer aos brasileiros. Essas políticas serão conduzidas com conectividade e proatividade.

Caberá ao Estado também mirar as crianças e jovens, definir suas necessidades e individualizá-las para que seja feito um diagnóstico específico das demandas.

Em um passo seguinte, eles serão conectados de forma diferenciada. O Estado deverá ofertar suas políticas e programas, como se eles estivessem em uma daquelas esteiras futuristas dos Jetsons — desenho animado que, em décadas passadas, imaginou o futuro. Pensamos em um único programa para reunir todas as ações do governo por faixa etária. Assim propomos que funcione o pró-infância, o pró-juventude e outros programas que não necessariamente terão essa nomenclatura. Mas serão todos proativos.

O Estado buscará nossas crianças e jovens e os colocará nas esteiras dos programas sociais, escolhendo, de acordo com a necessidade de cada um, um pacote de ações individual, principalmente na área de saúde e educação.

Individualiza-se o processo e acentua-se a qualificação, permitindo em um único programa o acesso a um amplo leque de opções de políticas públicas. No longo prazo, isso implica priorizar a educação formal, focando a primeira infância e a juventude.

Em caráter emergencial podemos multiplicar programas de treinamento para adequar habilidades da força de trabalho às demandas do crescimento, como acontece no programa Pronatec.

A verdade é que estamos no caminho do crescimento e de um Estado cada vez mais consciente de seu papel. Com essas políticas públicas, esperamos melhorar ainda mais a qualidade da educação no nosso país.

Em termos sociais, o processo de crescimento que vivemos recentemente fez emergir uma classe média rural independente, empreendedora e inovadora que compõe hoje um novo Brasil.

É importante ressaltar que, além de caminhar na direção da eliminação da pobreza e da redução das desigualdades, o Governo Federal apostou no aumento das exportações cujos efeitos redistribuitivos aparecem nas atividades agrícolas e industriais das pequenas cidades, situadas distantes dos grandes centros industriais do litoral.

Mas os senhores sabem que crescimento requer também investimentos em infraestrutura e energia, cujo financiamento depende de criação de condições institucionais que incentivem o setor privado a investir em projetos que promovam o crescimento sustentável. Para tal, é urgente a elaboração de um ambiente institucional e financeiro que estimule o financiamento de longo prazo.

O crescimento exige ainda maior agregação de valor nos produtos primários que demandam, por um lado, a diminuição dos custos de transporte e energia e, por outro, a melhoria na qualificação de mão de obra. E sobretudo, inovação.

Para finalizar, é fundamental ressaltar que continuamos no caminho das escolhas que conduzem ao futuro. Necessitamos de reformas institucionais que eliminem entraves burocráticos e regulatórios, que funcionam, na prática, como impedimentos para o empreendedorismo.

É necessário flexibilizar também o mercado de trabalho, nos centros urbanos e no campo, para expandir a geração de empregos.

Sou um otimista e acredito que esses desafios serão superados. Para que nunca mais o Brasil seja chamado de país do futuro. Sou de um governo que está certo que isso é coisa do passado.

O que podemos falar de um país que está reduzindo drasticamente sua dívida social, que pagou sua dívida externa, que se impôs perante o Fundo Monetário Internacional (FMI) e que dobrou sua taxa de crescimento?

O futuro já chegou e basta que continuemos com o mesmo espírito inovador e responsável para que possamos construir um país justo, moderno, com uma classe média viva e empreendedora.

Tecnologia e inovação para o Brasil desenvolvido

Aloizio Mercadante*

---

* Ministro da Ciência e Tecnologia.

É UM PRAZER retornar ao Fórum Nacional do qual venho participando já há algumas décadas. Este é um espaço muito rico, plural e de reflexão dos grandes tempos do Brasil. Eu me sinto muito honrado em poder continuar presente, agora pela primeira vez como ministro de Estado.

PANORAMA ECONÔMICO BRASILEIRO

O Brasil foi o país que mais cresceu nos 80 anos iniciais do século passado. Primeiramente, com o modelo primário-exportador, na primeira metade do século, quando atingiu o crescimento médio de 4,65%. Depois, no pós-guerra, com a intensificação do processo de industrialização por substituição de importações, quando cresceu a uma taxa média anual de 7,26%, na esteira das transformações iniciadas por Vargas (inclusive em seus governos anteriores, nas décadas de 1930 e 1940), que ganhariam força com o Plano de Metas de JK (1956-60) e, posteriormente, com os planos de expansão econômica implementados pelo regime militar, inclusive o primeiro Plano Nacional de Desenvolvimento (PND) (1972-74) e o II PND (1974-79).

Esse extraordinário crescimento contribuiu para transformar a economia brasileira na sétima economia do mundo, com um parque industrial importante e integrado, mas que pouco significou em termos de melhoria na distribuição de renda e da riqueza e diminuição nas fortes desigualdades sociais e regionais existentes.

No início dos anos 1980, esse processo de crescimento foi interrompido pela crise da dívida externa, associada à uma política inconsistente de endividamento do país (agravada por sucessivos choques de preços do petróleo e pela elevação unilateral da taxa de juros por parte dos Estados Unidos), pelo aumento das tensões inflacionárias e pela crise fiscal decorrente do endividamento do Estado e do crescente desequilíbrio das contas públicas.

Nas duas décadas seguintes — ambas perdidas do ponto de vista do desenvolvimento econômico e social —, a taxa de crescimento despencou para 2,10%. A interrupção dos fluxos de financiamento externo nos anos 1980 foi acompanhada, nos anos finais da década, pela hiperinflação, que somente foi controlada a partir do Plano Real, em 1994. O modelo de ajuste adotado, embora exitoso na estabilização dos preços internos, acentuou alguns problemas estruturais crônicos (como a vulnerabilidade externa), não conseguindo superar os entraves à aceleração do ritmo de crescimento da economia.

Esses problemas somente começaram a ser equacionados em fins de 2003, com a progressiva reativação da economia, já no governo Lula, que se beneficiou dos avanços anteriores no controle das pressões inflacionárias e na consolidação das instituições democráticas. A média do crescimento do PIB do período 2003-10 subiu para quase 4,0% anuais, aproximando-se do padrão vigente na fase primário-exportadora, com a economia, a partir de 2006, mostrando uma capacidade de crescimento mais acentuada. Ao mesmo tempo, o setor externo tornou-se muito mais sólido, tanto em função da geração de superávits comerciais robustos quanto pela redução do endividamento externo e da acumulação de um volume crescente de reservas.

Atualmente, o país reúne algumas condições básicas para continuar na trilha do desenvolvimento econômico e social. A primeira condição é a estabilidade econômica: reduziu-se a vulnerabilidade externa, historicamente o calcanhar de aquiles da economia brasileira (tem-se US$ 326 bilhões de reservas), melhorou-se a fragilidade nas finanças públicas, com a dívida pública líquida caminhando para um patamar de 40% do PIB (em 2002 era de 51,3 do PIB) e um déficit público projetado para 1,9% do PIB em 2011, bastante abaixo dos 5,1% do PIB prevalecentes anteriormente, que é uma meta de destaque no cenário internacional, como se nota na Tabela 1, com o governo fazendo um forte ajuste fiscal. A inflação permanece dentro da meta desde 2004, representando um profundo comprometimento com a estabilidade de preços na economia.

TABELA 1
DÉFICIT PÚBLICO
EM RELAÇÃO AO PIB PARA 2011

País	Déficit público/PIB (%)
Estados Unidos	9,9
Reino Unido	9
Japão	7,9
França	6,4
África do Sul	5,3
Índia	4,9
Itália	4
Rússia	2,7
Brasil	**1,9**
México	1,7
China	1,7
Coreia do Sul	1,5
Argentina	1,4
Alemanha	0,5

FONTE: *The Economist* (ed. 30 de abril de 2011).

Outra condição fundamental para a manutenção do caminho do desenvolvimento econômico e social é o fato de o país ter consolidado o mercado interno de consumo de massas como eixo central do dinamismo da economia, com a geração de mais de 11 milhões de empregos formais entre 2003 e 2010, e com políticas de distribuição de renda e inclusão social que possibilitaram o crescimento da renda média de 31,1% entre 2003 e 2009 e a valorização do salário-mínimo real de 64,9% entre 2003 e 2010. Além disso, outros fatores como o aumento e a democratização do crédito, especialmente o crédito consignado e o microcrédito produtivo e a inclusão bancária, contribuíram com a expansão e fortalecimento do mercado interno.

Fatores não econômicos são também importantes para o desenvolvimento futuro do país como a consolidação da democracia e o bônus demográfico. Hoje a população economicamente ativa é maior que a inativa, e isso representa um bônus que permanecerá por uma década ou um pouco mais. Diante do cenário apresentado, o país conquistou uma projeção, uma liderança internacional, tendo um papel destacado na governança global e na integração regional sul americana.

Caminha-se para novos desafios para os próximos anos. Para enfrentá-los o país precisa, em primeiro lugar, transformar a ciência, a tecnologia e a inovação em eixo estruturante do desenvolvimento; em segundo lugar, tem de se consolidar como liderança na economia do conhecimento natural. O Brasil é hoje o segundo produtor exportador de alimentos, um importante exportador de minério, e será um grande exportador de derivados de petróleo, sendo que nessa área o país avança a passos largos em termos de conhecimento, de formulação de políticas públicas, aproveitando todo potencial que as condições naturais do país propiciam. No entanto, existe um imenso desafio que é avançar em direção à sociedade do conhecimento. Na área de alta e média intensidade tecnológica industrial, o Brasil tem uma defasagem estrutural, e o maior risco que se pode correr é que com o pré-sal aconteça uma acomodação em ser um país exportador de *commodities*, que apesar de permitir uma renda bastante significativa, possa trazer distorções e obstáculos quando se olhar um horizonte posterior a esse período do pré-sal.

Portanto, nosso grande desafio é focar na inovação e dar um salto em direção à sociedade do conhecimento, aproveitando essa janela de oportunidade que se abre para nossa geração.

Uma terceira condição para fazer frente aos desafios do século XXI é o avanço na agenda de transição para uma economia de sustentabilidade ambiental. Os principais focos dessa agenda são a matriz energética limpa e a descarbonização da economia com políticas públicas mais ofensivas para que se possa cumprir as metas acordadas na Conferência de Kopenhagen e acelerar a transição para uma economia verde.

Finalmente, e não menos importante, é indispensável, vital, erradicar a pobreza e aprofundar o processo de distribuição social e regional da renda, que vem sendo colocado em prática com as políticas iniciadas, desde 2003, pelo Governo Federal.

Nesse cenário, um dos grandes entraves é a nossa defasagem estrutural nas áreas de alta e média intensidade tecnológica. Para enfrentar esse atraso histórico é fundamental construir políticas de C,T&I que possam contribuir com a superação da heterogeneidade da estrutura industrial e avançar na integração das cadeias produtivas. Embora se tenha desde de 2001 uma balança comercial superavitária, quando se analisa a indústria de transformação e, mais especificamente, os setores mais complexos em conhecimento, existe um o déficit estrutural na balança comercial brasileira. Em vários desses setores temos déficits expressivos e crescentes, como é o caso dos produtos farmacêuticos (US$ 6,4 bilhões), do setor de equipamentos de rádio, TV e comunicação (US$ 11,4 bilhões), dos instrumentos médicos de precisão (US$ 5,6 bilhões). Já na área química o déficit, excluindo fármacos, é de US$ 16 bilhões, e na área de máquinas e equipamentos mecânicos alcança US$ 12,7 bilhões (Tabela 2). É evidente que o efeito câmbio tem grande responsabilidade nessa situação, entretanto não é o fator único: o nosso tecido industrial é pouco agregador de conhecimento. Observa-se que o Brasil necessita focar na competitividade sistêmica e, sobretudo, na inovação dos setores estratégicos que são portadores de futuro e capazes de contribuir com o processo de difusão e geração de inovações de alta complexidade tecnológica no conjunto da economia.

TABELA 2

DÉFICITS COMERCIAIS SETORIAIS — INDÚSTRIA DE ALTA E MÉDIA-ALTA INTENSIDADE TECNOLÓGICA (US$ BILHÕES)

SETORES	2002	2005	2008	2010
Farmacêutico	1,89	2,28	4,64	6,38
Equipamentos de rádio, TV e comunicação	1,45	3,88	9,79	11,39
Instrumentos médicos de ótica e precisão	1,62	2,41	5,51	5,65
Produtos químicos, excl. farmacêuticos	4,49	6,17	20,11	16,12
Máquinas e equipamentos mecânicos n.e.	2,51	0,35	8,16	12,73

FONTE: MDCI/SECEX.

CIÊNCIA, TECNOLOGIA E INOVAÇÃO NO BRASIL

Nos últimos anos ocorreu um avanço expressivo na área científica brasileira. Na produção acadêmica, cujo indicador é o registro de artigos científicos nas publicações indexadas, o Brasil teve um forte crescimento, sendo o 13º país no ranking internacional, aumentando sua produção a um ritmo cinco vezes maior do que a média internacional (Gráfico 1). Também está havendo uma evolução muito importante na expansão do sistema de pós-graduação, com a formação anual de mestres e doutores passando de 5 mil em 1987 para 50 mil atualmente. Houve uma desconcentração e uma evolução muito positiva da atividade acadêmica brasileira, além de um grande esforço na concessão de bolsas de estudo para se sustentar a expansão do sistema de formação de recursos humanos.

GRÁFICO 1
NÚMERO DE ARTIGOS BRASILEIROS PUBLICADOS EM PERIÓDICOS CIENTÍFICOS INDEXADOS PELA THOMSON/ISI E PARTICIPAÇÃO PERCENTUAL DO BRASIL NA AMÉRICA LATINA E NO MUNDO, 1985-2009

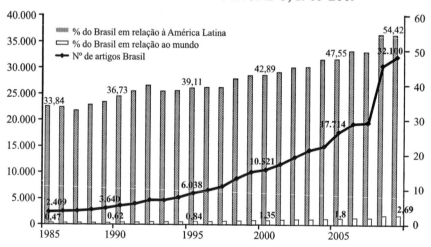

FONTE: Thomson Reuters.

Uma expansão igualmente extraordinária mostrou-se na graduação nas universidades públicas, que passa de 325 mil formandos em 2000 para 800 mil em 2009. No entanto, apesar dessa situação favorável, as áreas das engenharias não cresceram na mesma proporção, gerando, hoje, um grave déficit de engenheiros no país, devido, em parte, ao período de baixo crescimento nos anos 1980 e 1990, e também às dificuldades de formação dos alunos, em consequência do número da evasão. O Governo Federal está elaborando algumas ações para buscar solucionar esse entrave, como o programa pró-engenharia e a formulação de um programa agressivo de bolsas de estudo. A meta é passar, em 4 anos, de 5.300 para 75 mil bolsas no exterior para formação de recursos humanos tentando superar, dessa maneira, essa grave deficiência que pode estrangular a expansão econômica (Gráficos 2 e 3).

GRÁFICO 2
NÚMERO DE BOLSAS CNPq E CAPES NO PAÍS:
MESTRADO, DOUTORADO E PÓS-DOUTORADO
TOTAL E ENGENHARIAS

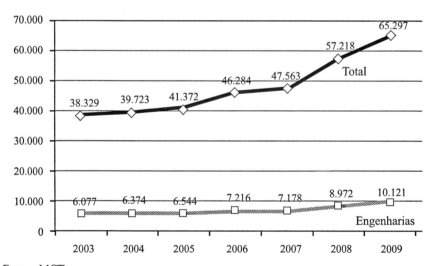

FONTE: MCT.

GRÁFICO 3
RECURSOS INVESTIDOS EM BOLSAS CNPq E
CAPES (EM R$ MILHÕES CORRENTES)

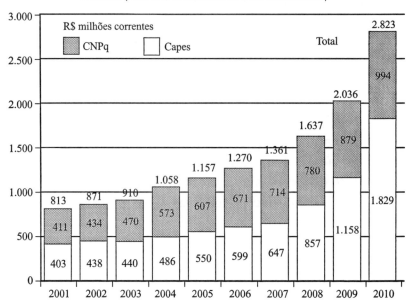

FONTE: CNPq e Capes. Elaboração própria MCT.

Realizou-se um esforço grande durante o governo Lula, de desconcentrar o processo de formação de recursos humanos (mais de 80% dos campi universitários estavam na região Sudeste em 2002). O Nordeste, que tinha em 2002 em torno de 1,4% da pós-graduação do país, passou a ter quase 10% nos dias atuais; a região Norte, que tinha 19 cursos de mestrado e doutorado, atualmente possui quarenta programas nessa esfera. Apesar desses avanços ainda existem disparidades significativas: por exemplo, a região Norte forma anualmente em torno de 3.500 doutores, quantidade inferior à formação de doutores somente na USP. Portanto, a descentralização ainda é um desafio. É preciso, ao mesmo tempo, desconcentrar e manter os centros de excelência, que são os que irradiam e sustentam a qualidade do processo de formação em todas as regiões do Brasil.

MAPA 1
DESCENTRALIZAÇÃO DAS UNIVERSIDADES FEDERAIS

Fonte: Elaboração MCT.

Fonte: Elaboração MCT.

Verifica-se um cenário favorável na área acadêmica e de pesquisa que vem sendo construído e aprofundado, mas este esforço de produção científica não se tem traduzido necessariamente em inovação nem em patentes. Nesse sentido, o Brasil, em produção de patentes, está descolando lentamente do México e Argentina, mas em relação à Índia e à China existe uma lacuna, devendo nossas ações, principalmente, impulsionar os setores que são portadores de futuro (Gráfico 4).

GRÁFICO 4
CONCESSÕES DE PATENTES DE INVENÇÃO JUNTO AO
ESCRITÓRIO NORTE-AMERICANO DE PATENTES (USPTO)

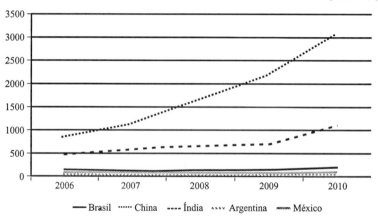

FONTE: United State Patent and Trademark Office (USPTO).

No que se refere a patentes por milhões de habitantes, o Brasil está em uma situação bastante defasada em relação a que corresponde a sua posição de sétima economia do mundo (Gráfico 5). Por isso, o grande desafio desses próximos anos é focar em inovação, na articulação da ciência e da tecnologia com a produção e dar um salto nessa esfera.

GRÁFICO 5
PATENTES (PATENTES TRIÁDICAS) NÚMERO POR MILHÃO DE HABITANTES

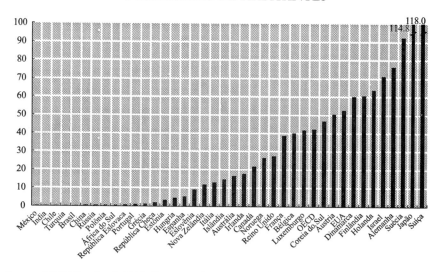

Fonte: OECD Factbook 2010: Economic, Environmental and Social Statistics.

Os dados de investimento em P&D de diferentes países mostram a grande discrepância existente entre o Brasil e outros países. O Brasil é a sétima economia do mundo, e tem um grande potencial para se tornar a quinta. Os dados sobre P&D estão longe de ser condizentes com esta posição. Os Estados Unidos, por exemplo, investem US$ 400 bilhões em P&D, o Japão US$ 150 bilhões, a China US$ 120 bilhões, a Alemanha US$ 84 bilhões e o Brasil, em 2009, em torno de US$ 24 bilhões.

Um dos objetivos a ser alcançado é aumentar a participação no PIB dos dispêndios em pesquisa e desenvolvimento como forma de fomentar o esforço inovativo brasileiro. O país é uma importante economia global, no entanto, a estrutura produtiva nacional é pouco dinâmica no que diz respeito aos investimentos em P&D e à sua capacidade de gerar e difundir inovações. A indústria de transformação é o núcleo do processo inovativo dos países e tem um papel imprescindível no desenvolvimento. Por isso é necessário que tenhamos uma indústria que esteja ancorada em inovação.

Tendo em vista a situação atual, qual o desafio que se apresenta ao Brasil em relação à inovação? No Brasil, em termos de gastos em P&D, o governo não está defasado em comparação aos outros países, como se observa no Gráfico 6. O fato é que o setor privado brasileiro não investe em inovação. Os dados de investimento do setor privado brasileiro são bem inferiores aos demais países, como Coreia do Sul, Japão, Estados Unidos, China, Alemanha, entre outros. Note-se, adicionalmente, que o dado do investimento empresarial em P&D inclui a Petrobras; se excluirmos a empresa estatal, o dispêndio do setor privado em P&D como porcentagem do PIB cai para 0,3%. Essa situação de baixo investimento privado em inovação deve-se a variados fatores históricos, dentre os quais, um modelo passivo de substituição de importações, um período de hiperinflação, 20 anos de crise e aversão ao risco. É necessário mudar essa atitude diante do novo quadro macroeconômico construído nos últimos anos. O setor privado precisa transformar-se no núcleo central do processo de inovação, para que este ocorra de forma endógena na economia nacional e possa gerar externalidades para várias cadeias produtivas, e também em nível sistêmico, para que possamos construir uma sociedade do conhecimento.

GRÁFICO 6
DISPÊNDIO PÚBLICO E PRIVADO EM P&D (% PIB)

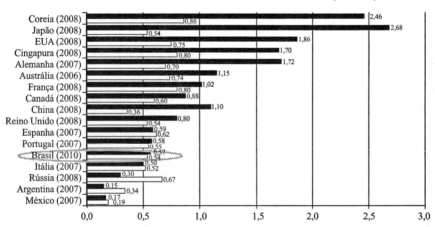

FONTE: www.mct.gov.br/indicadores.

É certo que no Brasil existem casos exitosos de inovação, como o ITA, um instituto de excelência, a Embraer, que é a terceira empresa de aviação do mundo, a Embrapa, que deu uma enorme contribuição ao desenvolvimento da agricultura nacional e onde se tem uma grande capacidade de inovação. O Cenpes, na Petrobras, é outro dos grandes exemplos da nossa capacidade tecnológica, com a exploração em águas profundas e todas as pesquisas em energia. Mas esses são casos que não se replicam no conjunto da economia, e esse é o grande desafio que teremos pela frente. Dessa forma, é necessário transformar C,T&I em eixo estruturante do processo de desenvolvimento econômico e social do país.

AÇÕES ESTRUTURANTES EM C,T&I

As prioridades para a área de ciência, tecnologia e inovação são: ampliar substancialmente os recursos para o financiamento da inovação, transformando a Finep em um banco público da inovação (apesar do forte ajuste fiscal, a presidente Dilma Rousseff aumentou o *funding* da Finep em até R$ 2 bilhões esse ano), e criar novos fundos setoriais que incidam sobre o sistema financeiro, a indústria da construção civil e a indústria automotiva. O Brasil é a quinta indústria automotiva do mundo, a quinta plataforma de produção de automóvel, e não possui uma marca nacional nem centros de P&D locais de expressão. As atividades de P&D têm de ser feitas internamente e os fundos setoriais são uma forma de fomentar a pesquisa e a inovação no país. O mesmo pode ser pensado para a mineração, pois não basta uma empresa mineradora apresentar excelentes resultados no Brasil. É necessário usar o potencial de mineração e os altos preços atuais *para* alavancar o financiamento em P&D a fim de gerar tecnologia e inovação no país.

Um dos problemas centrais que deve ser enfrentado para possibilitar um maior estímulo à ciência, à tecnologia e à inovação é a política de royalties do petróleo. Evidencia-se que os estados produtores de petróleo não podem ser prejudicados, inclusive porque não têm o ICMS na origem e os royalties são uma espécie de compensação. Observa-se também que a receita nacional de royalties deve ser melhor distribuída entre os entes federativos. Entretanto, se o Congresso aprovar a pulverização dos royalties e a destinação de sua maior parte a gastos correntes e ao consumo, além de uma perda significativa de receita para os estados produtores de petróleo, o país desperdiçaria a oportunidade histórica de utilizar os recursos do pré-sal como uma alavanca poderosa para o seu desenvolvimento econômico, tecnológico e social. Nesse sentido, a consequência da implementação dessa forma de distribuição dos royalties do petróleo seria desestabilizar financeiramente os estados produtores e reduzir extraordinariamente os recursos na área de ciência e tecnologia.

Caso seja mantida essa forma de distribuição se perderá, em nove anos, cerca de 72% da receita em C&T (em torno de US$ 12,1 bilhões, sem o pré-sal). Portanto, por tudo o que se precede o impacto é absolutamente devastador do ponto de vista do que será ciência e tecnologia e inovação no futuro. O Congresso Nacional não deveria pulverizar os recursos do pré-sal, mas criar um projeto de futuro estratégico para as novas gerações que não teriam acesso direto aos benefícios da exploração deste recurso não renovável. Por isso, além de desenvolver uma nova matriz energética é necessário priorizar as áreas de educação, ciência e tecnologia e aproveitar essa oportunidade para dar um salto histórico nas áreas em que somos estruturalmente mais fracos.

Algumas outras questões são fundamentais como a reformulação do marco regulatório, o esforço para internalizar centros de P&D, como já está sendo feito em alguns segmentos (por exemplo, o centro da IBM no Rio de Janeiro, o centro da GE, além de várias empresas chinesas na área de TICs com foco primordial em P&D, como a Foxconn, ZTE e Hauwei) e uma atitude mais ativa em relação aos investimentos diretos estrangeiros, buscando associá-los à internalização de centros de P&D e a empresas brasileiras. Outro ponto importante é a agilização dos processos de patentes, extremamente morosos no Brasil. Também seria oportuno criar uma Embrapa da indústria — uma instituição com um modelo similar ao da Franhoffer na Alemanha, que é focada na inovação, articulando o que se tem de melhor no Senai, IPT, INT e no Inmetro e outras instituições para criar uma organicidade no processo de inovação. Outros pontos a melhorar são os incentivos fiscais e a Lei de Informática, que é mais um mecanismo que gera equilíbrio entre Zona Franca de Manaus com o restante do país do que propriamente uma lei de inovação para impulsionar os investimentos em TI.

Um passo importante, já dado nesta direção, foi a nova política para agilizar as importações de insumos para pesquisa, tema que era objeto de muitas críticas da comunidade acadêmica. Outras questões que estão sendo encaminhadas são uma jornada para mobilizar o setor empresarial, uma frente parlamentar, no Senado e na Câmara, abrindo um grande debate em todos os setores estratégicos de economia, com a indústria e os principais centros de pesquisa.

O Brasil tem uma janela de oportunidade com o preço das *commodities* e com o pré-sal, mas não deve se acomodar nessa situação; é necessário olhar os setores portadores de futuro e avançar na inovação, no conjunto da indústria e dos serviços. Em síntese, é preciso colocar a ciência, a tecnologia e a inovação como foco de uma mudança estrutural, no intuito de transformar o Brasil em uma das potências da sociedade do conhecimento e da economia verde e criativa.

Novo ciclo de expansão brasileiro

*Marcio Pochmann**

---

* Presidente do Ipea.

A PRIMEIRA DÉCADA do século XXI permitiu ao Brasil fazer as pazes com o crescimento econômico associado ao avanço social. As duas últimas décadas do século passado foram muito difíceis para o povo brasileiro. Em 1980, o país era a oitava economia do mundo e se posicionava em décimo terceiro lugar no *ranking* do desemprego mundial. Vinte anos depois era a décima quarta economia e ocupava a terceira posição em quantidade de desempregados. Atualmente, a economia nacional encontra-se entre as sete mais importantes do mundo e registra sinais importantes de escassez de mão de obra qualificada em diversos setores da produção e regiões do país.

Com vinte e seis anos de regime democrático, o Brasil aponta para uma longa e inédita fase de expansão econômica. Diferentemente dos ciclos de expansão agrário-exportador das décadas de 1879 e 1920 e do progresso urbano-industrial dos anos 1930 e 1980, incapazes de incluir socialmente massas de brasileiros aos frutos do crescimento econômico, o período atual registra combinação favorável. No final do século XIX, os ex-escravos e demais brasileiros oriundos da miscigenação foram excluídos do mercado de trabalho em formação e das oportunidades de trabalho decente no campo. Da mesma maneira, durante a fase da industrialização nacional (1930-1980) vários segmentos da sociedade permaneceram inertes na base da pirâmide social por falta das reformas agrária, tributária e social.

Com o objetivo de explicitar as bases internas e externas do novo ciclo de expansão nacional, desenvolveu-se o presente trabalho. Inicialmente trata-se do novo contexto mundial apoiado no aparecimento de centralidades dinâmicas geoeconômicas. Na sequência, registra-se a conformação de uma nova maioria política comprometida com o crescimento econômico, enquanto na parte final apresentam-se alguns dos principais desafios sociais do novo ciclo brasileiro de expansão econômica.

NOVAS CENTRALIDADES MUNDIAIS

Os países asiáticos respondiam até a primeira metade de século XVIII pela maior parte da produção mundial, tendo em vista a combinação de grande dimensão populacional e territorial. Com a primeira Revolução Industrial (motor a vapor, ferrovias e tear mecânico), a partir de 1750, o centro dinâmico do mundo deslocou-se para o Ocidente, mais especialmente para a Inglaterra, que se transformou na grande oficina de manufatura do mundo por conta de sua original industrialização.

A divisão internacional do trabalho resultante da produção e exportação da manufatura inglesa, em relação aos produtos primários exportados pelo resto do mundo, somente sofreu modificações importantes com o avanço da segunda Revolução Industrial (eletricidade, motor a combustão e automóvel) no último quartel do século XIX. Naquela época, a onda de industrialização retardatária em curso nos Estados Unidos e na Alemanha protagonizou as principais disputas em torno da sucessão da velha liderança inglesa. A sequência de duas grandes guerras mundiais (1914 e 1939) apontou não apenas para o fortalecimento estadunidense como permitiu consolidar o novo deslocamento do centro dinâmico mundial da Europa (Inglaterra) para a América (Estados Unidos).

Com a Guerra Fria (1947-1991), prevaleceu a polarização mundial entre o bloco de países liderados pelos Estados Unidos e pela antiga União Soviética. Nos anos de 1990, contudo, o desmoronamento soviético garantiu aos Estados Unidos o exercício unipolar da dinâmica econômica mundial, embora desde a manifestação da crise global de 2008 tornaram-se mais claros os sinais da decadência relativa estadunidense. Como resultado, o reaparecimento da multicentralidade geográfica mundial foi acompanhado por um novo deslocamento do centro dinâmico, da América (Estados Unidos) para a Ásia (China). Dessa forma, países de grande dimensão geográfica e populacional voltaram a assumir mais responsabilidade no desenvolvimento mundial, como no caso da China, do Brasil, da Índia, da Rússia e da África do Sul, que já respondem atualmente pela metade da expansão econômica do planeta. Paralelamente, cada um dos chamados países-baleia procuram exercer efeitos sistêmicos no entorno de suas regiões, fazendo avançar a integração suprarregional, como no caso do Mercosul e Asean, que se expandem com mais autonomia no âmbito das relações Sul-Sul. Não sem motivos, demandam reformulações na ordem econômica global (reestruturação do padrão monetário, exercício do comércio justo, novas alternativas tecnológicas, democratização do poder e sustentabilidade ambiental).

Uma nova divisão internacional do trabalho se vislumbra associada ao desenvolvimento das forças produtivas assentadas na agropecuária, mineração, indústria e construção civil nas economias-baleia. Também ganha importância as políticas de avanço do trabalho imaterial conectadas com a forte expansão do setor de serviços. Essa inédita fase do desenvolvimento mundial tende a depender diretamente do vigor dos novos países que emergiram, cada vez mais distantes dos pilares anteriormente hegemônicos do pensamento único (equilíbrio de poder nos Estados Unidos, sistema financeiro internacional intermediado pelo dólar e assentado nos derivativos, Estado mínimo e mercados desregulados), atualmente desacreditados.

Nestes termos, percebe-se que a reorganização mundial após a crise global de 2008 apoia-se em uma nova estrutura de funcionamento, que exige coordenação e liderança mais ampliada. Os países-baleia podem contribuir muito para isso, tendo em vista que o tripé da nova expansão econômica global consiste na alteração da partilha do mundo, derivada do policentrismo, associado à plena revolução da base técnico-científica da produção e do padrão de consumo sustentável ambientalmente.

A conexão dessa totalidade nas transformações mundiais requer o regate da cooperação e integração supranacional em novas bases. A começar pela superação da antiga divisão do trabalho entre países, assentada na reprodução do passado (menor custo de bens e serviços associado ao reduzido conteúdo tecnológico e valor agregado dependente do uso de trabalho precário e da execução em longas jornadas sub-remuneradas). Com isso, o desenvolvimento poderia ser efetivamente global, evitando combinar a riqueza de alguns com a pobreza de outros.

As decisões políticas tomadas hoje pelos países de grandes dimensões territoriais e populacionais podem asfaltar, inexoravelmente, o caminho do amanhã voltado à constituição de um novo padrão civilizatório global.

UMA NOVA MAIORIA POLÍTICA

O processo democrático das três últimas eleições no Brasil permitiu a conformação de uma nova maioria política comprometida cada vez mais com a sustentação do atual ciclo de expansão econômica. Ainda há, porém, muito que avançar nesse sentido tendo em vista as oportunidades estabelecidas pelo atual cenário mundial de novas centralidades geoeconômicas dinâmicas.

Esse acontecimento se combina com o limiar da fase de crescimento brasileiro considerável conduzido, por um possível longo período de tempo, por forças políticas atentas às novas oportunidades internacionais. Destaca-se que a antiga maioria política constituída pela Revolução de Trinta, que por cinco décadas dirigiu o projeto de industrialização nacional, desfez-se com a crise da dívida externa (1981-1983). A imposição imediata da queda na taxa de lucro do setor produtivo se manteve, sobretudo pelas medidas macroeconômicas adotadas de esvaziamento do mercado interno em prol da alta exportação e baixa inflação. Por mais de duas décadas, o país transferiu quase 5% do seu produto interno ao pagamento da dívida externa, cuja consequência maior foi a interrupção da mobilidade social elevada, principal charme do capitalismo brasileiro.

Nesse contexto, as alternativas implementadas por acordos políticos de ocasião buscaram compensar a redução da taxa de retorno dos investimentos produtivos por meio da crescente valorização dos improdutivos ganhos financeiros. Assim, o Brasil mudou da macroeconomia da industrialização para a da financeirização da riqueza, com presença permanente das políticas de ajustes fiscais (privatização do setor público, elevação dos tributos e estagnação dos gastos sociais). Nos anos 1990, a sustentação do custo ampliado com o pagamento do endividamento público, derivado de altas taxas de juros reais, se mostrou capaz de repor aos grupos econômicos o retorno econômico perdido pelo fraco desempenho da produção e garantir o próprio sucesso eleitoral entre os anos de 1989 e 1998. Mesmo assim, os sinais de regressão econômica e social tornaram-se maiores, como a sucessiva perda de posição relativa na economia mundial e forte elevação do desemprego e exclusão social.

Nas eleições de 2002 a 2010, contudo, fortaleceu-se a inédita força política gerada pela aglutinação dos setores perdedores do período anterior com parcela crescente de segmentos em trânsito do ativo processo de financeirização da riqueza para o novo ciclo de expansão dos investimentos produtivos. Com isso reascendeu-se o compromisso da maioria política emergente com a manutenção da fase expansiva da economia, embora permaneçam dúvidas em relação ao perfil do desenvolvimento brasileiro. A encruzilhada nacional reside aí, com desfecho a ser revelado nos próximos anos. Em síntese, o resultado da disputa, no interior da maioria política, pelo *Brasil da Fama* (fazenda, mineração e maquiladoras) ou pelo *Brasil do Vaco* (valor agregado e conhecimento).

O cenário atual de moeda nacional valorizada, combinada com taxas de juros elevadas faz avançar o Brasil dependente da exportação de matérias-primas e da geração de produtos internos com forte conteúdo importado. Dessa forma, a taxa de investimento abaixo de 20% do produto é suficiente, assim como a contenção da inovação tecnológica, suprida por compras externas. Os esforços em educação são importantes, embora doutores e mestres em profusão sigam mais ativos na docência do que na pesquisa aplicada no sistema produtivo. O Brasil da Fama cresce, gerando mais posto de trabalho na base da pirâmide social e ocupando maior espaço internacional. Sua autonomia e dinâmica, no entanto, parecem menores diante dos imutáveis graus de heterogeneidade econômica e social que marcam o subdesenvolvimento.

O Brasil do Vaco, por outro lado, pressupõe reafirmar a macroeconomia do desenvolvimento sustentada no maior valor agregado e conhecimento. A superimpulsão dos investimentos é estratégica, seja pela agregação de valor nas cadeias produtivas e nas exportações, seja pela ampliação da inovação tecnológica e educacional exigida. Assim, o novo desenvolvimento brasileiro promove a convergência produtiva e ocupacional de qualidade e rompe com o atraso secular da condição subordinada do Brasil no mundo.

DESAFIOS DO NOVO CICLO DE EXPANSÃO

Para que o curso do novo ciclo de expansão econômica no Brasil não repita os erros das duas fases anteriores de forte expansão nacional, a questão social exige um tratamento inovador em direção à maior eficiência e eficácia das políticas de segurança social. Ou seja, a redefinição de ações e a horizontalização do conjunto das políticas de proteção (previdência, assistência e saúde), promoção (educação, cultura e trabalho) e infraestrutura social (habitação, urbanismo e saneamento).

Isto porque, somente o imperativo da integração orçamentária e intersetorialização das políticas públicas, articuladas por ações matriciais no plano territorial, permitirão enfrentar, em novas bases, as mudanças socioeconômicas que surgem na transição para a sociedade pós-industrial.

No Brasil, isso significa que, nas duas próximas décadas, a população tende a diminuir em termos absolutos e conviver com considerável envelhecimento etário. Em 2040 a população poderá ser de 205 milhões de brasileiros, dois milhões a menos do esperado para 2030, o que faz com que a dependência demográfica possa aumentar diante da relativa redução da população jovem e expansão do segmento de maior idade.

Todas estas profundas mudanças demográficas estão sendo acompanhadas por alteração não menos importantes na situação familiar. A cada ano aumenta a presença de famílias monoparentais e chefiadas por mulheres ou idosos. Noutras palavras, assiste-se à decrescente capacidade dos novos arranjos familiares proverem, por meio de decisões individuais, condições adequadas de vida, o que exige urgente redefinição do papel das políticas de atenção social. No Brasil de hoje, mais de 1/3 da população ainda se encontra excluída das políticas de proteção social.

O avanço da sociedade moderna coloca o conhecimento na principal posição de ativo estratégico em termos de geração de renda e riqueza. Não obstante a melhora educacional dos últimos anos, o Brasil encontra-se muito distante do necessário patamar de ensino-aprendizagem. Tem ainda a indecência de registrar um analfabeto a cada dez brasileiros e a escolaridade média da população abaixo dos oito anos, obrigatórios segundo a Constituição Federal.

Na sociedade moderna, o ensino superior passa ser a base para o ingresso no mercado de trabalho, bem como a educação torna-se imprescindível durante a vida toda. Hoje no país, menos de 13% do segmento etário de 18 a 24 anos encontra-se matriculado no ensino superior. A partir do ingresso no mercado de trabalho, em geral, as possibilidades de continuar estudando pertencem fundamentalmente à elite branca. Para os 20% mais ricos, a escolaridade média supera os dez anos, enquanto os 20% mais pobres mal chegam aos cinco anos. Na população negra, nem isso ocorre.

A persistente dispersão de objetivos e a fragmentação das políticas sociais impõem elevado custo-meio de operacionalização, que poderia ser rebaixado sem maior comprometimento da efetividade e eficácia, ademais de inibir o clientelismo e paternalismo que terminam por obstruir a perspectiva necessária da emancipação social e econômica da população beneficiada.

Somente no âmbito das ações para crianças e adolescentes contabilizam-se, por exemplo, a existência de quase 110 programas dispersos em diversos ministérios na esfera federal, sem contabilizar iniciativas semelhantes conduzidas por governos estaduais e municipais. Essa dispersão das ações sociais significa a fragmentação e sobreposição institucional que aumentam o custo-meio da operacionalização e compromete a eficácia e a eficiência das políticas de segurança social.

Por outro lado, nota-se que as iniquidades existentes no tratamento concedido pelo conjunto das políticas não se localizam somente na natureza do gasto social, mas fundamentalmente na forma do seu financiamento. A prevalência da regressividade na estrutura tributária que sustenta as políticas públicas no Brasil onera proporcionalmente mais os pobres que os ricos. Por isso, o financiamento das políticas sociais continua a potencializar o patamar da desigualdade originada na distribuição primária da renda e riqueza.

Mesmo não tendo registrado o mesmo desempenho observado nas economias centrais, o país conseguiu uma trajetória recente de avanços nas políticas de segurança social desde a Revolução de Trinta e, sobretudo, após a Constituição Federal de 1988. Apesar das especificidades de um país periférico, o Brasil melhorou em várias medidas de atenção social, sem, contudo, romper definitivamente com a natureza da exclusão social. Se o objetivo da questão social for o enfrentamento da totalidade das vulnerabilidades da população, a ação governamental de médio e longo prazos exige não apenas e exclusivamente a ação setorial, mas, sobretudo, e cada vez mais, a matricialidade das políticas de segurança social.

É nesse sentido que a proposição da consolidação das leis sociais no Brasil assume importância estratégica. A necessária institucionalização dos mais recentes êxitos das políticas sociais permitiria evitar o constrangimento da descontinuidade temporal das políticas públicas, ao mesmo tempo em que possibilitaria modernizar e ampliar a capacidade do aparelho de Estado para racionalizar procedimentos e recursos.

Por fim, estas medidas permitiriam a obtenção de mais efetividade, eficiência e eficácia no conjunto das políticas públicas voltadas para a segurança social, especialmente quando a transição para a sociedade pós-industrial torna-se inexorável. Não obstante os históricos obstáculos e limites impostos ao avanço do sistema de bem-estar social, o Brasil possui, atualmente, a inédita oportunidade política de consolidar o rumo de um novo desenvolvimento, capaz de combinar melhora econômica com avanço social. O futuro socialmente justo e economicamente sustentável torna-se possível a partir de uma maioria política que assuma o protagonismo de conceber, junto com o povo, o que historicamente lhe foi negado: o bem-estar coletivo.

Ao mesmo tempo, deve-se considerar que os avanços técnico-científicos do começo de século criam nas sociedades modernas condições superiores para a reorganização econômica e trabalhista. De um lado, o aparecimento de novas fontes de geração de riqueza, cada vez mais deslocadas do trabalho material, impõe saltos significativos de produtividade. Isso porque o trabalho imaterial liberta-se da existência prévia de um local apropriado para o seu desenvolvimento, conforme tradicionalmente ocorrem nas fazendas, indústrias, canteiros de obras, escritórios, supermercados, entre tantas outras formas de organização econômica assentadas no trabalho material.

Com a possibilidade de realização do trabalho imaterial em praticamente qualquer local ou a qualquer horário, as jornadas laborais aumentam rapidamente, pois não há, ainda, controles para além do próprio local de trabalho. Quanto mais se transita para o trabalho imaterial sem regulação (legal ou negociada), maior tende a ser o curso das novas formas de riqueza que permanecem — até agora — praticamente pouco contabilizada e quase nada repartida entre trabalhadores, consumidores e contribuintes tributários. Juntas, as jornadas do trabalho material e imaterial resultam em carga horária anual próxima daquelas exercidas no século XIX (quatro mil horas). Em muitos casos, começa a haver quase equivalência entre o tempo de trabalho desenvolvido no local e o realizado fora dele. Com o computador, a internet, o celular, entre outros instrumentos que derivam dos avanços técnico-científicos, o trabalho volta assumir maior parcela do tempo de vida do ser humano.

De outro lado, há a concentração das ocupações no setor terciário das economias. Somente no Brasil, 70% das novas ocupações abertas são nesse setor. Para este tipo de trabalho, o ingresso deveria ser acima dos 24 anos de idade, após a conclusão do ensino superior, bem como acompanhado simultaneamente pela educação para toda vida. Com isso, distancia-se da educação tradicional voltada para o trabalho material, cujo estudo atendia fundamentalmente: crianças, adolescentes e alguns jovens. Tão logo concluía-se o sistema escolar básico ou médio, iniciava-se imediatamente a vida laboral sem mais precisar abrir um livro ou voltar a frequentar a escola.

Para que os próximos anos possam representar uma perspectiva superior ao que se tem hoje, torna-se necessário mudar o curso originado no passado. Ou seja, o desequilíbrio secular da gangorra social. Na ponta alta dessa, gangorra encontram-se os 10% mais ricos dos brasileiros, que concentram ¾ de toda riqueza contabilizada (*Os ricos no Brasil*, Cortez, 2003). Apenas 6% da população respondem pela propriedade dos principais meios de produção da renda nacional (*Proprietários: concentração e continuidade*, Cortez, 2009). Em contrapartida, a ponta baixa da gangorra acumula o universo de excluídos (*Atlas da exclusão social no Brasil*, Cortez, 2004), que se mantêm historicamente prisioneiros de uma brutal tributação a onerar fundamentalmente a base da pirâmide social.

No mercado nacional de trabalho também residem mecanismos de profundas desigualdades, como no caso da divisão do tempo de trabalho entre a mão de obra. Em 2007, por exemplo, a cada dez trabalhadores brasileiros, havia um com jornada zero de trabalho (desempregado) e quase cinco com jornadas de trabalho superiores à jornada oficial (hora extra). Além disso, quatro em cada grupo de dez tinham jornadas de trabalho entre 20 e 44 horas semanais e um com tempo de trabalho inferior a 20 horas por semana.

O pleno emprego da mão de obra poderia ser alcançado no Brasil a partir de uma nova divisão das jornadas de trabalho, desde que mantido o nível geral de produção. A ocupação de mais trabalhadores e a ampliação do tempo de trabalho dos subocupados poderiam ocorrer simultaneamente à diminuição da jornada oficial de trabalho e do tempo trabalhado acima da legislação oficial (hora extra). Com a redistribuição do tempo de trabalho, o reequilíbrio da gangorra social torna-se possível.

Na transição atual da sociedade urbano-industrial para a pós-industrial, percebe-se o acúmulo de novas e importantes perspectivas para as classes trabalhadoras. Inicialmente, a ampliação da expectativa média de vida, para cada vez mais próximo dos cem anos de idade. Simultaneamente, percebe-se a forte concentração do trabalho no setor terciário das economias (serviços em geral), podendo representar cerca de 90% do total das ocupações. Assim, o terciário tende não apenas a assumir uma posição predominante, tal como representou a alocação do trabalho no setor agropecuária até o século XIX e na indústria no século XX, como passar a exigir, por consequência, novas formas de organização e de representação dos interesses deste mundo do trabalho em transformação. Nos países desenvolvidos, por exemplo, os setores industriais e agropecuários absorvem atualmente não mais do que 10% do total dos ocupados.

Embora heterogêneo, o setor de serviços responde fundamentalmente pela dinâmica do trabalho imaterial, não mais vinculado à produção de bens tangíveis. Associa-se à produtividade imaterial e passa a ser exercido em qualquer local e horário, não mais em um espaço específico como era o mundo do trabalho na indústria, na agropecuária ou no extrativismo mineral e vegetal. As novas tecnologias (internet e telefonia celular), em contato com as inovações na gestão da mão de obra, não intensificam profundamente o exercício da atividade laboral no próprio local de trabalho. Ademais, constata-se também a extensão do trabalho exercido cada vez mais para além do espaço de trabalho, sem contrapartida remuneratória e protetiva, posto que o sistema de regulação pública do trabalho encontra-se fundamentalmente focados na empresa, como bem define a Consolidação das Leis do Trabalho.

Em virtude disto, a lógica de funcionamento da economia capitalista impõe a geração de maior excedente de mão de obra, a partir de ganhos altíssimos da produtividade imaterial. Para isso, o conhecimento, e não mais a força física, torna-se importantíssimo na ampliação das novas fontes de geração de riqueza com o uso disseminado do trabalho imaterial. Nesses termos é que a estratégia das classes trabalhadoras precisa ser reinventada, não apenas na defesa da realidade passada, alcançada por segmentos bem-posicionados dos trabalhadores, mas no protagonismo de um novo padrão civilizatório.

No curso da nova sociedade pós-industrial, a inserção no mercado de trabalho precisa ser gradualmente postergada, possivelmente para o ingresso na atividade laboral somente após a conclusão do ensino superior, com idade acima dos 24 anos, e saída sincronizada do mercado de trabalho para o avanço da inatividade. Tudo isso acompanhado por jornada de trabalho reduzida, o que permite observar que o trabalho heterônomo deva corresponder a não mais do que 25% do tempo da vida humana. Na sociedade agrária, o começo do trabalho se dava a partir dos cinco a seis anos de idade para se prolongar até praticamente a morte, com jornadas de trabalho extremamente longas (14 a 16 horas por dia) e sem períodos de descanso, como férias e inatividade remunerada (aposentadorias e pensões). Para alguém que conseguisse chegar aos 40 anos de idade, tendo iniciado o trabalho aos seis anos, por exemplo, o tempo comprometido somente com as atividades laborais absorvia cerca de 70% de toda a sua vida. Naquela época, em síntese, viver era fundamentalmente trabalhar, já que praticamente não havia separação nítida entre tempo de trabalho e de não trabalho. Na sociedade industrial, o ingresso no mercado laboral foi postergado para os 16 anos de idade, garantindo aos ocupados, a partir daí, o acesso a descanso semanal, férias, pensões e aposentadorias provenientes da regulação pública do trabalho. Com isso, alguém que ingressasse no mercado de trabalho depois dos 15 anos de idade e permanecesse ativo por mais 50 anos, teria, possivelmente, mais alguns anos de inatividade remunerada (aposentadoria e pensão). Assim, cerca de 50% do tempo de toda a vida estaria comprometida com o exercício do trabalho heterônomo.

A parte restante do ciclo da vida, não comprometida pelo trabalho e pela sobrevivência, deveria estar associada a reconstrução da sociabilidade, estudo e formação, cada vez mais exigidos pela nova organização da produção e distribuição internacionalizada. Isso porque, frente aos elevados e constantes ganhos de produtividade, torna-se possível a redução do tempo semanal de trabalho de algo ao redor das 40 horas para não mais que 20 horas. De certa forma, a transição entre as sociedades urbano-industrial e pós-industrial tende a não mais separar nítida e rigidamente o tempo do trabalho do não trabalho, podendo gerar maior mescla entre os dois, com maior intensidade e o risco da longevidade ampliada da jornada laboral para além do tradicional local de exercício efetivo do trabalho. Diante disso, constata-se que o melhor entendimento acerca do novo mundo do trabalho possibilita a reinvenção da pauta sindical comprometida com a construção de uma sociedade superior.

Um banco da inovação para elevar a competitividade da economia

Glauco Arbix*, João Alberto De Negri** e Fernanda De Negri***

---

* Presidente da Finep.
** Diretor de Inovação da Finep.
*** Chefe da Assessoria de Acompanhamento e Avaliação de Atividades Finalísticas (Ascan) do Ministério da Ciência e Tecnologia.

A PALAVRA INOVAÇÃO já é citada em documentos de governo desde 2003. No entanto, a incorporação desta atividade como motor de desenvolvimento da economia tem ocorrido de forma bastante lenta. Apesar dos novos programas, do aumento do investimento e dos incentivos, o país demonstra que tem dificuldades para transformar conhecimento em tecnologia, com impacto real na atividade econômica.

Dados recentes da Pintec (IBGE) revelam que também as empresas de médio e grande portes têm dificuldades de inovar. De um total de 71,9% de empresas inovadoras com mais de 500 funcionários, apenas 4,1% são apoiadas por programas públicos de subvenção econômica ou de apoio à contratação de pesquisadores; e 4,2% conseguem apoio direto de algum instrumento público para o desenvolvimento de seus projetos. Entre 2006 e 2008, não chegaram a 100 as empresas que geraram inovações e foram apoiadas diretamente por algum programa público. Esses sinais indicam que o coração da economia brasileira se apoia pouco nos incentivos atuais. Pode ser que problemas existam nas duas pontas, mas o setor público tem obrigação de avaliar — e melhorar — rapidamente o sistema de estímulo existente.

Países desenvolvidos e emergentes fazem de tudo para injetar dinamismo em suas economias. Apoiam as pequenas empresas inovadoras, investem em áreas de tecnologias críticas, fortalecem o *venture capital* e até criam ministérios da inovação. O Brasil avançou muito na infraestrutura de apoio à inovação. No entanto, esse esforço pode se mostrar em vão se as novas oportunidades não forem aproveitadas.

Se utilizarmos a metodologia avançada da Organization for Economic Cooperation and Development (OCDE) para classificação dos países por grau de inovação, encontraremos três regimes de ciência e tecnologia. No Regime 1, estão os países com infraestrutura científica pequena, portanto, incapazes de alimentar a produção de tecnologia. No Regime 2, a produção científica determina a parcela da produção tecnológica, mas não a ponto de viabilizar um efeito retroalimentador sobre a produção científica. No Regime 3, considerado o mais avançado, as conexões e interações estão estabelecidas e o determinante do crescimento econômico é a capacitação científica e tecnológica.

Conforme exemplificado no Gráfico 1, o Brasil se encontra no Regime 2, ou seja, ele ainda está em busca de um estágio superior de interação entre a dimensão científica e a tecnológica para generalizar a inovação como estratégia. Portanto, o principal desafio do país hoje é promover este salto do Regime 2 para o Regime 3.

GRÁFICO 1
TRÊS REGIMES DE CIÊNCIA E TECNOLOGIA (120 PAÍSES)

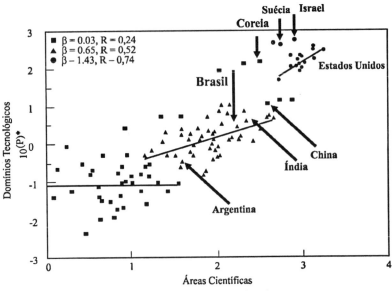

OBS.: Áreas científicas — artigos em revistas científicas indexados.
Domínios tecnológicos — citações de artigos científicos utilizados para definição de processos de patentes.
FONTE: Finep.

No passado, basicamente por omissão do Poder Público, o Brasil não se capacitou para a microeletrônica. Por inexistência de uma política de estímulo ao desenvolvimento do setor, o Brasil se fechou, assumindo uma posição passiva diante do avanço da informática no mundo. Por carência de incentivos, não avançou no campo das telecomunicações. E agora, com o pré-sal, o país ganha uma nova oportunidade, que arrisca perder se não der o passo certo. O pré-sal não se refere apenas ao petróleo, mas a toda uma malha de tecnologia capaz de viabilizar sua prospecção, extração, exploração e distribuição. Malha que extrapola e muito o próprio setor.

Para elevar o padrão de competitividade da economia por meio da inovação tecnológica, o Governo Federal estabeleceu como objetivo fomentar o investimento em inovação nas empresas, de forma que o setor empresarial invista 0,9% do PIB em P&D em 2014. Isso significa que o investimento empresarial em P&D deverá atingir R$ 35,8 bilhões em 2014. Em 2010, o P&D empresarial foi de R$ 20,7 bilhões. Portanto, o esforço adicional de investimento empresarial em P&D deverá ser de R$ 15,1 bilhões em 2014, quando comparado com o realizado em 2010.

Para atender a esta meta, a Finep terá de ter em carteira, no ano de 2014, projetos de inovação com desembolsos em P&D de R$ 7,5 bilhões, considerando que cada R$ 1 de apoio da Finep ao investimento em P&D empresarial (subvenção, crédito e projetos cooperativos universidade/empresa) gera R$ 1 a mais de investimento empresarial sem incentivo governamental. Isso significa cinco vezes mais do que a Finep desembolsou em 2010. Portanto, a política da Finep de financiamento às empresas estará dirigida para atingir este patamar, ou seja, de multiplicar por cinco os desembolsos em 2014, ampliando também o número de empresas apoiadas.

A economia brasileira é heterogênea do ponto de vista das capacidades tecnológicas das empresas e se encontra em uma posição produtiva e tecnológica intermediária no mundo. Por isso mesmo, uma parcela relevante da inovação no Brasil ainda ocorre por meio da compra de máquinas e equipamentos, viabilizada em grande parte pelos financiamentos do BNDES. Podemos dizer que entre 40% e 50% do que é investido anualmente por firmas industriais em bens de capital são financiados pelo BNDES. E ainda que 65,5% das grandes empresas, que respondem por 80% do investimento em capital físico no Brasil, são financiadas pelo BNDES.

No entanto, há um amplo segmento de empresas com atividades tecnológicas que possui apenas uma modesta interação com as políticas públicas de inovação, particularmente com aquelas que financiam as atividades de P&D das empresas. Diferentemente de outras economias em desenvolvimento, a economia brasileira possui um núcleo de empresas que inova por meio da geração de conhecimento novo, especialmente alavancado por suas atividades de P&D. Esta inovação ainda é impulsionada apenas residualmente pelo financiamento público. É papel da Finep, instituição capaz de articular o conhecimento científico das universidades e instituições de pesquisa e a inovação tecnológica das empresas, fomentar este investimento. No entanto, não é isso que tem ocorrido.

A Finep hoje financia menos de 4% dos investimentos em P&D realizados por firmas industriais. Apenas 10,8% das empresas de maior escala de produção, que são responsáveis por 92,5% dos investimentos em P&D, são financiadas pela Finep.

Os atuais instrumentos de financiamento às empresas operados pela Finep podem ser aperfeiçoados, no sentido de buscar a integração entre a subvenção, o crédito, os projetos cooperativos e as ações para fixar profissionais de alta qualificação nas empresas (bolsas RHAE e Voucher). O foco da Finep é apoiar a estratégia de inovação de longo prazo das empresas, simplificando seus procedimentos operacionais e ampliando sua capacidade de avaliação e acompanhamento destas estratégias empresariais. A atuação da Finep deve estar voltada para o apoio a atividades de inovação intensivas em conhecimento.

Ou seja, a política da Finep de financiamento ao setor empresarial estará focada nas empresas do núcleo tecnológico da economia, particularmente nas firmas industriais e de serviços, formado por empresas capazes de acumular e gerar conhecimento para realizar inovação tecnológica, independente do seu tamanho. Esta é a forma de impulsionar e sustentar uma elevação sistemática da competitividade da economia por meio de um choque de inovação intensiva em conhecimento novo.

Este núcleo reúne as empresas líderes e também algumas empresas seguidoras que investem em P&D, assim como as tecnologicamente emergentes, ainda pequenas, mas com potencial de crescimento. Sem suporte adequado de crédito para financiamento das atividades de inovação — seja por seu custo, risco e incerteza — estas empresas não desenvolverão suas atividades inovativas no volume e intensidade que a economia precisa para avançar nas cadeias de valor.

A decisão de focar a política de fomento à inovação tecnológica da Finep neste núcleo tecnológico do setor produtivo brasileiro não deve desconsiderar a possibilidade de estímulo à inserção de novas empresas a esse grupo, por meio do incentivo ao investimento sistemático em inovação. Assim é possível delinear instrumentos específicos que vão atuar em empresas com condições de integrar este núcleo tecnológico da produção no Brasil. É necessário ainda que esses instrumentos viabilizem a contratação de mão de obra científica altamente qualificada, como doutores, mestres, graduados e profissionais técnicos formados nas universidades e institutos federais de ciência e tecnologia. Neste aspecto, deve-se levar em conta, do ponto de vista territorial, que a política de fomento da Finep às empresas deverá estar atenta para as possibilidades e oportunidades tecnológicas nas regiões Norte, Nordeste e Centro-Oeste impulsionando as capacitações regionais de forma que mais empresas consigam ingressar no núcleo tecnológico do setor produtivo brasileiro, reduzindo assim as desigualdades tecnológicas regionais.

Há três razões especialmente relevantes que sustentam uma política de fomento às atividades de P&D empresarial do Governo Federal, realizada por meio da Finep, e focada no núcleo tecnológico do setor produtivo brasileiro.

- Dada a incipiência do mercado brasileiro e do grau de maturidade tecnológico da economia, se as políticas públicas não atingirem este núcleo, haverá uma alocação de recursos em P&D abaixo do ideal na visão da sociedade. Ou seja, o mercado por si só não tem condições de oferecer recursos suficientes para investimentos em P&D, mesmo para aquelas empresas mais eficientes do ponto de vista tecnológico ou com maior escala de produção.

- As empresas do núcleo tecnológico da economia brasileira têm capacidade de acumular conhecimento novo e realizar inovações tecnológicas de maior valor adicionado, principalmente se forem imediatamente impulsionadas para diversificar sua produção a partir de competências já estabelecidas.
- Uma vez que as empresas do núcleo tecnológico possuem liderança produtiva setorial, elas podem irradiar essas novas tecnologias para uma ampla rede de fornecedores e clientes e, em alguns casos, ultrapassar muitas vezes os limites da indústria, incorporando serviços complexos intensivos em conhecimento.

Se os recursos da Finep (subvenção, crédito e projetos cooperativos universidades/empresas) chegarem na forma e intensidade necessárias ao núcleo tecnológico do setor produtivo, ele estimulará as competências empresariais dentro das cadeias produtivas e irá se constituir em um dos maiores instrumentos para remoção dos obstáculos ao desenvolvimento de inovações no Brasil. Isso promoverá a geração de empregos de melhor qualidade, mais bem-remunerados e de menor rotatividade. Este é o calcanhar de aquiles das empresas brasileiras: para alcançarem um patamar superior, elas precisam incorporar na sua estratégia a disposição de inovar permanentemente. Não há — nem houve — país no mundo que tenha feito esta transição sem forte investimento público, capaz de quebrar a inércia do mercado, suas falhas, desinformação e ritmo, contrário às necessidades do país.

Por razões históricas, o processo de desenvolvimento industrial brasileiro conta com uma forte presença de empresas de capital estrangeiro. Aproximadamente um terço das firmas que compõem o núcleo tecnológico da economia possuem capital estrangeiro. Neste sentido, as políticas de fomento às atividades de P&D devem servir também para atrair o investimento estrangeiro em P&D. Mas é importante ressaltar que a absorção do conhecimento proveniente dos investimentos estrangeiros em P&D também dependerá da capacidade de absorção das empresas de capital nacional. Essa capacidade de absorção é a chave para todos os processos de geração, transferência e absorção tecnológica.

Para que as empresas e, de forma especialmente relevante os grupos econômicos nacionais, possam promover o processo de diversificação em direção à produção de bens e serviços de maior intensidade tecnológica, é essencial que a política de fomento às empresas da Finep atue permanentemente em todo o espectro e fases dos processos de inovação. O desafio maior da Finep é articular seus instrumentos impulsionando de forma significativa suas operações de crédito reembolsável.

A política de fomento aos investimentos em inovação das empresas deverá dar destaque especial ao investimento direto nas empresas. Neste sentido, os atuais mecanismos de fomento de fundos de investimento de *venture capital, seed capital* e *private equity*, operados pela Finep, deverão ser ampliados. Além dos mecanismos vigentes na Finep, um instrumento voltado para o investimento em aquisições de valores mobiliários e participações em empresas de alto conteúdo tecnológico — o Finep-PAR — deverá ser desenvolvido. O fomento à inovação por meio de investimento direto e, inclusive, conforme for o caso, a participação no Conselho de Administração das companhias investidas, permitirá o compartilhamento de riscos com seus retornos esperados. Estes instrumentos estarão focados em projetos com prazos mais longos de maturação, suportando projetos de alto risco que não são contemplados atualmente por políticas governamentais.

Para atingir estas metas, a Finep desenvolverá uma ação de fomento específica, com o objetivo de atrair novas empresas. Essa política de ampliação do número de empresas levará em conta o alcance dos atuais instrumentos e as firmas potenciais.

Hoje, qual é o alcance dos atuais mecanismos de financiamento a este grupo de empresas que compõe o núcleo em praticamente dez anos de criação e funcionamento dos Fundos Setoriais, e qual o potencial de crescimento da atuação da Finep? A título de exemplificação, existem 1.714 empresas com 500 ou mais pessoas ocupadas, segundo dados de 2008, que compõem o núcleo tecnológico da indústria brasileira. Dentre estas empresas, 380 eram multinacionais de capital estrangeiro, 399 fornecedoras da Petrobras e 1.123 tinham obtido financiamento para compra de bens de capital no BNDES no período 1998-2008 (Tabela 1). Dentre essas grandes empresas industriais, somente 186 receberam crédito seja por meio de projetos cooperativos com universidades e ICTs, empréstimos reembolsáveis ou subvenção econômica da Finep. Ou seja, receberam apoio direto do FNDCT apenas 10,8% destas empresas industriais, com 500 ou mais empregados, o que é muito pouco.

TABELA 1

APOIO DO SISTEMA MCT — FINEP E CNPq — ÀS FIRMAS
INDUSTRIAIS COM 500 OU MAIS PESSOAS OCUPADAS (1998-2008)

Forma de apoio do Sistema MCT (Finep e CNPq) às firmas	Número de firmas industriais
Firmas que não são apoiadas diretamente pelo FNDCT, mas que têm relação com grupos de pesquisa do CNPq os quais não têm doutores apoiados pelos FNDCT.	70
Firmas que não são apoiadas diretamente pelo FNDCT, mas têm relações com grupos de pesquisa do CNPq os quais têm doutores apoiados pelos FNDCT.	245
Firmas apoiadas diretamente pelo FNDCT que têm relações com grupos de pesquisa do CNPq os quais não têm doutores apoiados pelos FNDCT.	14
Firmas que são apoiadas diretamente pelo FNDCT e têm relações com grupos de pesquisa do CNPq os quais têm doutores apoiados pelos FNDCT.	84
Firmas que são apoiadas diretamente pelo FNDCT, mas não têm relação com os grupos de pesquisa do CNPq.	88
Total de firmas industriais apoiadas pelo sistema MCT (Finep e CNPq)	501
Total de firmas industriais não apoiadas pelo sistema MCT (Finep e CNPq)	1.214
Total de firmas industriais	1.714

FONTE: Pintec/IBGE, Rais/MTE, Secex, Inpi, BNDES.

O público potencial desta política de financiamento às empresas teria de contemplar também os grupos empresariais não apoiados diretamente pela Finep, que procuram as universidades e institutos de pesquisa para realizarem suas atividades de P&D. Essa realidade pode ser verificada quando se mapeia o apoio indireto do FNDCT. Encontramos 245 empresas que têm relações com grupos de pesquisa do CNPq e possuem doutores apoiados com recursos do FNDCT; além de 70 empresas que têm relações com grupos de pesquisa do CNPq, cujos doutores não recebem apoio do FNDCT. Trazer de imediato essas 70 empresas para serem apoiadas diretamente pela Finep, pode gerar um impacto de qualidade no setor produtivo, e deve se constituir em meta a ser atingida nos próximos dois anos. Ou seja, o público potencial da política de crédito da Finep é muito maior do que as empresas que compõem atualmente a carteira da financiadora.

Prioridades setoriais da política de incentivo ao investimento em inovação das empresas são as definidas no PACTI.

- Energia: O foco da atuação na área de energia é ampliar a diversificação tecnológica em quatro cadeias industriais relacionadas à energia: Complexo de petróleo e petroquímica, bioetanol, energias limpas e energia nuclear.
- Petróleo e Petroquímica: Na exploração e produção de petróleo, priorizar empreendimentos capazes de ampliar o capital nacional em dois segmentos do subsea: I) produtos e serviços associados à sísmica, completação de poço e bombeamento artificial; e II) produtos e serviços de instalação e manutenção de equipamentos como dutos e umbilicais, árvores de natal. Ampliar as capacitações em matemática, física, geofísica, geologia, engenharia, engenharia de materiais etc. No caso da petroquímica, a ideia é buscar um modelo de negócios que promova a especialização em produtos padronizados. Também prevê o apoio a estratégias de negócio *science-based*, para o setor petroquímico e a produtores de segunda geração, onde a inovação toma a forma de customização e adequação do produto às necessidades do cliente.
- Bioetanol de segunda e terceira geração: Prevê investimentos na produção de etanol de segunda geração (conversão de material lignocelulósico ou biomassa em açúcares fermentáveis para produção de etanol — hidrólise). Isso inclui o desenvolvimento de tecnologias por meio do domínio de conhecimento sobre a fisiologia e estrutura da parede celular tanto da própria cana-de-açúcar quanto de outros sistemas; o estudo de processos enzimáti-

cos de micro-organismos que naturalmente já se alimentam da parede celular, e prospecção de rotas tecnológicas associadas à modificação genética de plantas em direção a auto-hidrólise; incentivar o domínio tecnológico por meio da internacionalização do investimento em etanol para outros países.

- Energias limpas: O foco neste caso será em dois segmentos: I) energia eólica — a energia eólica já está consolidada como uma fonte comercialmente incorporada à matriz energética brasileira, como demonstram os sucessivos leilões promovidos pelo governo. Por ser uma tecnologia madura, as oportunidades de inovação são mais reduzidas, mas pode-se focar a necessidade de projetos para pás de aerogeradores de grande porte e de retificadores. Há oportunidades de inovação na transmissão da energia; II) energia solar fotovoltaica — ainda considerada como não competitiva, esta fonte de energia vem tendo aumento exponencial no cenário mundial. Para um país com um grau de insolação como o Brasil, e já tendo a tecnologia de células de silício no estado da arte, é necessário discutir as possibilidades de comercialização desta tecnologia.

- Energia Nuclear: A tendência é uma retomada na construção de usinas termonucleares para geração de energia elétrica. Essa é uma opção para o médio/longo prazos, já que o país praticamente domina todo o ciclo para produção de combustível. O mais importante neste caso é a formação de recursos humanos. A retomada da energia nuclear beneficiaria a produção de isótopos para fins médicos e a construção de reatores de pequena potência que poderiam ser utilizados para fins de propulsão naval, produção de energia e dessalinização de água salgada.

- Saúde: O complexo industrial da saúde é responsável pela produção de equipamentos e materiais médicos, reagentes e dispositivos para diagnóstico, hemoderivados, imunobiológicos, intermediários químicos e extratos vegetais para fins terapêuticos, princípios ativos e medicamentos para uso humano e veterinário. Dois grandes grupos dentro deste complexo se constituem nos segmentos industriais que serão priorizados para as ações de fomento: I) produção de equipamentos médico-hospitalares e odontológicos); e II) complexo industrial farmacêutico. Serão apoiadas as seguintes atividades: desenvolvimento de produtos e/ou processos inovadores relacionados a insumos estratégicos destinados ao atendimento ao mercado nacional e/ou internacional, com o domínio tecnológico nas principais rotas da cadeia produtiva; desenvolvimento de produtos e/ou processos que incorporem tecnologias disruptivas (convergência tecnológica: nanotecnologias, biotecnologias, TICs e redes neurais); infraestrutura e capacitação para atender aos regulatórios, notadamente os internacionais, visando reduzir barreiras técnicas para as exportações das empresas brasileiras inovadoras; instalação ou expansão de infraestrutura, no país, de capacidade de P&D para o desenvolvimento de produtos inovadores destinados para uso em saúde humana; internacionalização de atividades de P&D de empresas brasileiras: desenvolvimento de produtos que apresentem demanda significativa por parte do Sistema Único de Saúde, porém sem ou com pouca oferta de produção local.

- TICs: Apoiar estratégias de convergência com a crescente integração de empresas de informática e de telecomunicações; mobilidade (redes sem fio e terminais); desenvolvimento de terminais (*smart phones, tablets, eletronic assistents*); banda larga de alta velocidade e novos materiais (capacidade de armazenamento e processamento). Essas estratégicas devem estar vinculadas a aplicações nas áreas de saúde, educação e *e-government.*

- Aeroespacial: Ampliação da escala empresarial da produção de aviões, consolidando os novos modelos de aviões no portfólio de produtos: aviões comerciais, executivos, de transporte e militares. Explorar sinergias visando à diversificação para outras áreas de negócios, em particular na direção da fabricação de partes, peças e sistemas. Ampliar a estratégia corporativa com vista à constituição de um conglomerado aeroespacial (aeronáutica, defesa e espacial). Processo de diversificação inclui a ampliação de parcerias com outras empresas do segmento aeronáutico na prospecção de novos negócios e na fabricação de aeropartes e sistemas e constituição de fornecedores com escala mundial. Criar redes de pequenas e médias empresas em áreas próximas à empresa-âncora constitui um sistema produtivo inovador típico dos centros produtores de sistemas, aeroestruturas, aeropartes e de design e integração. Utilizar, de forma mais consistente e intensa, os mecanismos offset ou de contrapartidas comerciais. Fortalecimento do setor por meio do fortalecimento das universidades e seus *spin-offs* via transbordamentos de conhecimento, como os parques tecnológicos e incubadoras. Aproximação da produção de aviões comerciais com os programas militares e o programa espacial. São destaques os seguintes pontos:

a) Setor aeronáutico — considerando a necessidade de diversificar a produção de aeronaves, partes e peças, maximizando conteúdo e tecnologia nacionais, e que o desafio já colocado pela Embraer é a construção do KC-390, o apoio da Finep no setor aeronáutico deverá estar focado nos seguintes itens: apoiar a construção do KC — 390, fortalecendo os fornecedores nacionais de forma a ter maior conteúdo tecnológico nacional, explorar sinergias visando à diversificação para outras áreas de negócios, em particular na direção da fabricação de partes, peças e sistemas, e apoiar o desenvolvimento de aeronaves de pequeno porte, estimulando o surgimento de novos fabricantes.

b) Setor espacial — é preciso dar atenção ao cerceamento pelo qual o Brasil vem passando, principalmente por conta de sua parceria com a China no Programa CBERS. Assim é preciso apoiar a estruturação de fornecedores de partes, peças e sistemas ligados aos veículos lançadores e aos satélites e capacitar empresas que possam realizar a integração na área de satélites, visando, inclusive, à exportação de produtos e serviços.

- Novos materiais: A atuação neste campo será extensiva no sentido de abranger todo o espectro de materiais, ou seja, cristais iônicos, cristais covalentes, metais, intermetálicos, semicondutores, polímeros, materiais compostos e vítreos. A pesquisa deverá ser incentivada em todos esses campos de atuação e na extensão deles à dimensão atômica ou molecular, os nanomateriais. Por ser um campo em pleno crescimento, é interessante fomentar o desenvolvimento de capacitações empresariais e de definição de prioridades com a formação de recursos humanos e materiais necessários a sua expansão, particularmente em universidades, institutos de pesquisa ou empresas.

- Defesa: O principal desafio a vencer para a promoção do desenvolvimento tecnológico do complexo industrial da Defesa é romper com o obstáculo que este segmento enfrenta para financiar as atividades de inovação. Não bastasse a incerteza tecnológica inerente à atividade, a indústria nacional precisa vender para as Forças Armadas, e só assim obter a principal qualificação que lhe permite concorrer no mercado externo.

Como as Forças Armadas estão sujeitas ao regime de compras da legislação vigente, as empresas brasileiras se veem diante de uma concorrência oligopolista, constituída por vendedores estrangeiros de porte econômico muitas vezes superior ao porte das nacionais. Sem o benefício da utilização do poder de compra pelas Forças Armadas Brasileiras e sem garantias para fornecer aos agentes financeiros para obtenção de crédito, a empresa nacional deste segmento talvez seja a que mais dependa dos novos mecanismos de financiamento que compartilhe o risco e suporte prazos mais longos de maturação.

O fomento vislumbrado como estratégico para os próximos anos prevê as seguintes ações: estimular o desenvolvimento de veículos não tripulados e de seus componentes e sistemas, através do apoio a empresas que desenvolvam este tipo de produto, de processos de transferência de tecnologia e de compras governamentais, apoiar o desenvolvimento de veículos e embarcações de uso exclusivo das Forças Armadas e das Forças Auxiliares, incluindo materiais, componentes e sistemas, estimulando a cadeia de fornecedores do Setor de Defesa, apoiar o desenvolvimento de sistemas de armamento, incluindo sistemas missilísticos e seus componentes, entre os quais, sistemas de propulsão e propelentes, apoiar o desenvolvimento de sistemas de radares, incluindo partes e peças, apoiar as Forças Auxiliares

Brasileiras visando ao desenvolvimento de novas tecnologias e metodologias no campo das ciências forenses com foco em áreas como local de crime, balística, química, genética, mineralogia e geofísica.

Sustentabilidade ambiental e biodiversidade. Nesta área de atuação o foco é trabalhar com quatro temas:

- Conservação e uso sustentável da biodiversidade: Estímulo a atividades econômicas desenvolvidas a partir do uso sustentável da biodiversidade como dermocosméticos (produção de insumos), fitomedicamentos e produção de alimentos e bioenergia.
- Prestação e valoração de serviços ambientais: Valoração de serviços ambientais (estimativas de valor do não uso de recursos ambientais e inserção no contexto dos Mecanismos de Desenvolvimento Limpo — MDL); apoio ao desenvolvimento de metodologias de mensuração e indicadores que permitam a valoração de diferentes serviços ambientais, por exemplo, balanço hídrico e sequestro de carbono; valoração de serviços ambientais em sistemas agroflorestais e atividades empresariais; e novos modelos de negócio baseados na prestação de serviços ambientais.
- Prevenção e mitigação dos efeitos da mudança climática: Acompanhamento da atividade antrópica e do desmatamento; apoio a tecnologias inovadoras para o monitoramento de desmatamentos, queimadas e outras atividades antrópicas (lembrar de buscar articulação com iniciativas de REDD — Redução de Emissões por Desmatamento e Degradação); apoio a estudos e projetos de pesquisa e desenvolvimento em áreas de fenômenos extremos, vulnerabilidade climática e monitoramento meteorológico; e apoio ao Sistema Nacional de Alertas de Desastres Naturais.
- Desenvolvimento sustentável: Materiais e processos construtivos ecoeficientes, eficiência energética, reuso de água, saneamento básico, tratamento de resíduos sólidos, reciclagem, arquitetura bioclimática e mobilidade associada ao uso de fontes de energia renováveis.

Visão de Brasil: por um Estado mais eficiente

*Armínio Fraga**

---
* Presidente do Conselho de Administração da BM&FBovespa. Ex-presidente do Banco Central.

VEJO NOSSO PAÍS em uma encruzilhada. Escrevi inclusive há poucos meses artigo com este título em coautoria com o professor Pedro Cavalcanti Ferreira, da Fundação Getulio Vargas. Entendo que nosso objetivo enquanto nação é procurar convergir para os padrões mais elevados de renda per capita global, assim como também melhorar significativamente a nossa distribuição de renda e de riqueza. O Brasil hoje tem uma renda per capita de cerca de 20% da renda dos países mais avançados. Só lembrando, o país em 1950 tinha uma renda per capita de cerca de 12% da norte-americana, 30 anos depois essa renda chegou a 24%, o que foi um avanço importante. Infelizmente, por várias circunstâncias, esse processo de convergência foi interrompido, e tenho aqui uma divergência com o Pochman, pois acho que a interrupção não foi um acidente. A meu ver foi um sinal de que o modelo vinha se esgotando e, claro, foi atropelado por circunstâncias também, isso é inegável. Mergulhamos num período triste de nossa história econômica, que em 12 anos levou o PIB per capita brasileiro de volta para algo em torno de 16% do norte-americano. De lá para cá crescemos um pouco, chegando hoje a algo em torno de 20%.

Temos, portanto, um longo caminho de convergência a percorrer, e a condição básica para que isso aconteça é acumular mais capital, quer dizer, investir mais, acumular também mais capital humano, o que depende de educação e de tecnologia, especialmente nas suas vertentes que podemos chamar de aplicáveis, e também do desenvolvimento e reforço do arcabouço institucional, que é a base hoje entendida e reconhecida para qualquer processo de desenvolvimento bem-sucedido.

Temos hoje no Brasil, no que diz respeito à acumulação de capital, uma situação ainda bastante deficitária. O Brasil investiu ano passado aproximadamente 18,4% do PIB. Esta é uma taxa de investimento insuficiente para que cheguemos à taxa de crescimento que gostaríamos, de 5% ou 6% — possivelmente é uma taxa insuficiente até para preservar esses 4% que temos tido. Essa baixa taxa de investimento talvez tenha sido a maior surpresa negativa no campo econômico nos últimos anos.

Essa deficiência de investimentos se manifesta com muita clareza no campo da infraestrutura, mas não apenas aí. Ela é atualmente uma barreira ao crescimento, mas se olharmos com a visão de quem gosta de achar que o copo está cheio, que tende a ser a minha, é também uma grande oportunidade, e acho que o país precisa se organizar para aproveitá-la.

No que diz respeito à educação, infelizmente, temos ainda uma absurdamente baixa taxa de escolaridade média de sete anos, e, infelizmente também, uma educação de qualidade média péssima, das piores do mundo. A comparação com a Coreia é sempre interessante. A Coreia foi um país que conseguiu ultrapassar essa barreira dos 20% da renda da fronteira (hoje de cerca de US$ 10 mil). E a Coreia, há 40 anos, tinha uma renda per capita parecida com a nossa, e atualmente está em torno de duas vezes e meia. Ao longo desse período, a Coreia investiu em média, aproximadamente, 30% do seu PIB, mais ou menos 10 pontos além do que estamos investindo hoje. Não tem saída: vamos ter que investir mais, talvez não 30, mas talvez 25, que é o percentual mínimo contábil para acelerar e sustentar o crescimento. E a Coreia tem hoje uma taxa de escolaridade média de 13 anos e uma educação de qualidade excepcional. E tem estado sempre no topo dos *rankings* de qualidade de educação.

Por quê? Por que não temos conseguido investir mais e educar mais o nosso povo? Alguns pontos me parecem relevantes.

Em primeiro lugar, por falta de investimento. Observamos de imediato que, apesar de sermos um país que optou por ter um governo, um Estado bastante grande, como disse com muita clareza a presidente Dilma Roussef ao chegar à Presidência, temos um estado que investe pouco. A taxa de investimento do Governo Federal brasileiro é inferior a dois pontos percentuais do PIB. Em segundo lugar, uma vez que

156

o Estado não está investindo, seria interessante que o setor privado investisse um pouco mais. Mas esse processo, especialmente na infraestrutura, como eu já mencionei, vem sendo prejudicado por incertezas e fragilidades no nosso ambiente regulatório. Em terceiro lugar eu incluiria também um elevadíssimo custo do capital. É verdade que as taxas de juros vêm caindo há vários anos, muitos de nós participaram desse esforço, mas o fato é que temos ainda uma taxa de juros real altíssima, em torno de 6%, que requer um esforço continuado de construção de bases institucionais para que cheguemos a taxas de juros mais normais. Precisamos construir, reforçar e acreditar nas instituições fiscais e monetárias que estão aí e que têm dado certo. Estamos seguindo esse caminho que é uma demanda do povo, que sofre mais do que as elites quando essas amarras são desrespeitadas.

No campo da educação, acredito que temos focado bastante na educação superior. Não sou contra isso, mas acho que poderia ser um modelo mais desenhado do ponto de vista distributivo — que desse bolsas para quem realmente precisa, e que cobrasse de quem pode pagar, o que permitiria um foco maior na educação básica. O fundamental a meu ver é construir condições para que a educação realmente melhore. As pesquisas de opinião mostram que a educação afinal galgou postos importantes, chegando praticamente ao topo — acho que está em segundo lugar, perdendo apenas para o emprego. Isso é muito bom, e temos de aproveitar esse momento, fortalecer o currículo das escolas, fortalecer as carreiras e também promover incentivos adequados àqueles que se dedicam ao ensino.

Vejo com esperança e entusiasmo os primeiros sinais que a presidente Dilma Roussef vem nos dando. Eu acredito muito no foco na gestão, isso não é tema só para setor privado, ao contrário, quem já passou pelo governo sabe como é crucial a capacidade de execução, com foco, mensuração de resultados etc. Há muitos anos inúmeras frentes vêm sendo abertas no Brasil: quantos não foram os programas e fundos e iniciativas que já foram anunciados ao longo de décadas até os dias atuais? Mas quais foram os resultados? Faz muita falta avaliar e acompanhar com mais transparência o que vem sendo feito, para aprender sobre o que dá resultado e o que não dá. Isso se aplica até mesmo a esta ilustre casa que nos recebe, o BNDES, que é um a instituição de elite do setor público no Brasil, e naturalmente se aplica também aos mais de 30 e tantos ministérios e seus programas.

Vejo portanto nos sinais que a presidente Dilma vem dando ao foco na gestão algo absolutamente crucial. Que eu saiba não há exemplo de país desenvolvido que não tenha um governo eficiente, seja ele pequeno ou grande, e existem vários modelos, como o norte-americano, com um governo mais enxuto, e o escandinavo, com um governo bastante grande. O que une esses países no sucesso é a qualidade dos seus governos. Digo isso pensando um pouco no que vem acontecendo no setor privado no Brasil, e vejo aí muitas lições importantes. Agrada tremendamente o uso da palavra meritocracia no governo pela presidente, acredito que é fundamental. Sinceramente não sei como será possível fazer isso na extensão necessária com 38 ministérios para administrar, mas, de qualquer maneira, apenas a ideia de se ter meritocracia, despersonalização, mensuração, cobrança é de um potencial extraordinário para o nosso país.

Nessa linha acredito, como já mencionado, que temos de reforçar e construir não apenas as nossas instituições de caráter mais macroeconômico, mas também micro, e aí há sinais positivos. A recente decisão de concessões para os aeroportos parece extremamente bem-vinda, espero que isso ocorra em outras áreas.

De modo geral, não acredito que haja atalho para construção de instituições. Mas há pressa! Não há como não enfrentar essa questão. Para tanto, o governo precisa definir melhor uma estratégia de desenvolvimento, e não acredito que exista só uma, não sou dogmático nesse sentido, mas acho que deve ser mais bem-definida e muito bem-executada, esse é o ponto. Se eu tivesse de deixar apenas uma mensagem hoje, seria essa.

Sinto falta de um equilíbrio entre consumo e investimento. Estamos vivendo um bom período de crescimento do consumo, algo saudável, uma demanda antiga da sociedade, que vem na esteira da imprescindível queda da pobreza. Temos hoje uma classe média baixa que vem crescendo. Isso é maravilhoso, e nosso país que precisava muito disso, e ainda precisa. No entanto eu tenho um pouco de receio que surja uma cultura exagerada de consumo, acho que seria ruim inclusive do ponto de vista social e cultural. Também acredito que tem de haver um rebalanceamento na direção do investimento. Vejo que a questão de até onde o governo deve ir ou até onde o setor privado deve ir está mal definida. Aqui também não existe um caminho único, mas acho que é preciso que seja bem-definido. No caso do investimento em particular, como não tem sido possível investir o suficiente no modelo atual, não há como não buscar alavancar os recursos do setor privado, com todas as salvaguardas e regulações que se fizerem necessárias.

Acredito que o setor privado vive no Brasil há alguns anos — talvez uns 15 anos —, uma extraordinária revolução de governança corporativa. O empresariado brasileiro percebeu, especialmente aquele que não era parte de uma subsidiária de uma grande empresa global ou de algum grupo antigo estabelecido, que é possível, com organização atrair capital para crescer. Isso tem funcionado magnificamente bem e vem alavancando o investimento. Acredito que Esse tipo de revolução de governança e eficiência que vem acontecendo no setor privado tende também a "contaminar" positivamente nosso governo.

Concluindo. Vejo com esperança e com otimismo o momento que estamos vivendo. Acredito que estamos em uma encruzilhada, que vai exigir muito esforço e será árduo. A meritocracia é muito bonita no papel, mas ela é difícil na prática, quem vive em empresa sabe disso. Nada mais difícil para um gestor do que tomar a decisão de afastar aqueles que não estão desempenhando bem o seu papel. A mesma coisa também diz respeito ao governo — afastar aliados e companheiros. Mas eu quero crer que a presidente Dilma, conhecendo o Brasil como conhece, já entendeu que não há escapatória. Então eu espero, para concluir, que essa revolução atinja também o nosso governo. Se isso não acontecer acho que vamos nos frustrar; se acontecer, no entanto, veremos o Brasil extraordinariamente bem-posicionado, uma sociedade aberta, democrática, para engrenar em uma trajetória de crescimento que atinja seu objetivo final. Hoje se fala muito sobre a Índia e a China, mas esses países estão no início de um processo. Existem questões políticas importantes que precisam ser resolvidas, especialmente na China. Nós temos muita coisa já resolvida nesse campo e penso que esse é o momento de ouro para nós, e espero, torço e acredito que ele vai ser aproveitado.

A Caixa, síntese de banco público voltado para a promoção do desenvolvimento

*Marcos Vasconcelos**

---

* Vice-presidente da Caixa Econômica Federal.

Poucas são as organizações que, como a Caixa, conseguiram atingir 150 anos de existência e que, mesmo com toda sua longevidade, a qual a fez testemunha privilegiada dos fatos e acontecimentos relevantes da sociedade brasileira, se manteve fiel às origens de apoiar o processo de desenvolvimento nacional.

Inicialmente com o nome Caixa Econômica e Monte de Socorro da Corte, a Caixa nasceu em 1861, seguindo a tradição das demais Caixas de Depósitos da Europa que surgiram no século XVI. Sua criação teve um caráter regulatório do mercado de crédito da época ao se tornar um contraponto aos agiotas e às casas de penhores que cobravam taxas escorchantes na concessão de empréstimo. Uma alternativa segura de poupança para a população pobre, para a qual o barão de Rio Branco posteriormente definiu como "o cofre seguro das classes menos favorecidas" — uma marca presente até os dias de hoje.

De fato, o diferencial da Caixa está na condição inequívoca de ser instrumento para o cumprimento de políticas públicas estruturantes, como a já tradicional gestão do FGTS, das loterias e mesmo das operações de penhor. Sua atuação como instituição financeira comprometida com a inclusão bancária e a democratização do acesso ao crédito foi renovada e reforçada nos últimos anos.

Essas características foram importantes para a construção, no período recente, de um novo ciclo de desenvolvimento, que convergiu para o crescimento econômico e a redução das desigualdades, para o qual a Caixa teve papel proeminente na execução de programas com forte apelo social.

No PAC e no Minha Casa Minha Vida, o banco público foi responsável pela contratação de aproximadamente R$ 145,7 bilhões em investimentos para habitação, saneamento e infraestrutura urbana. E o uso de sua ampla rede de atendimento possibilitou ao Governo Federal tornar efetivo o programa Bolsa Família, ao realizar até o momento mais de R$ 65,8 bilhões em pagamentos às famílias pobres nas mais diversas regiões do país.

Como instituição pública, tem tornado acessíveis os produtos e serviços financeiros às parcelas da população de baixa renda. Destaque para a abertura de contas simplificadas — aquelas que não exigem depósitos prévios —, com mais de 10 milhões de contas abertas que contribuíram para a ampliação da base de clientes, que atingiu o número inédito de 52 milhões contas.

Outro destaque está na ampliação dos pontos de atendimentos em 145% a partir de 2003 — lotéricas, correspondentes bancários e agências —, fazendo da Caixa o primeiro banco a estar presente em todos os municípios, inclusive com presença em âmbito internacional a partir de escritórios no Japão, Estados Unidos e, mais recentemente, Venezuela.

A abertura desses escritórios está alinhada às ações do Ministério das Relações Exteriores de dar apoio às comunidades brasileiras no exterior, principalmente garantindo acesso a serviços públicos como cobertura da Previdência Social, FGTS, além de uma sensível redução dos custos de transferência de recursos para as famílias dos emigrantes no Brasil.

É, entretanto, no mercado de crédito que o fato de a Caixa ser uma instituição financeira pública assume contornos ainda mais fortes. A diretriz governamental de redução do *spread* resultou em um diferencial competitivo de buscar praticar as menores taxas e tarifas entre as instituições relevantes. Para tanto, desbravou mercados importantes como, por exemplo, o de consignado. Neste, que é hoje um dos principais segmentos de crédito e oferece menores níveis de juros para pessoa física, o banco público federal foi a primeira grande instituição a iniciar as operações após sua regulamentação.

Ao mesmo tempo, aprofundou o mercado de crédito imobiliário — uma de suas mais robustas competências — com inovações importantes como o alongamento do prazo para 30 anos, a redução das taxas e o atendimento a clientes de baixa renda com até seis salários mínimos, que hoje representam metade do total de sua carteira.

O bom desempenho da Caixa no programa Minha Casa Minha Vida — que garante subsídios à habitação popular — contribuiu para as contratações anuais saltarem de R$ 8 bilhões em 2005 — um recorde até então — para aproximadamente R$ 80 bilhões previsto em 2011. Com a maior disponibilidade de crédito imobiliário, a indústria da construção civil vem atingindo patamares de atividade idênticos aos de países membros da OCDE, e teve uma geração líquida de emprego durante os último seis anos.

Deve-se também mencionar a maior participação da Caixa no financiamento à infraestrutura, fator crítico para o sucesso e a sustentação do atual ciclo de crescimento econômico no longo prazo. A execução do PAC fez com que a Caixa retomasse sua condição de principal agente financeiro de apoio à infraestrutura urbana, totalizando, a partir de 2007, cerca de R$ 67,2 bilhões em financiamentos contratados para saneamento, mobilidade urbana, pavimentação, drenagem, energia e recuperação de áreas degradadas.

Particularmente, o saneamento básico teve no período o maior nível de contratação dos últimos 25 anos, e para a segunda versão do PAC estão previstos R$ 22 bilhões em investimentos até 2014, para os quais já foram selecionados pela Caixa mais de R$ 12,3 bilhões em projetos. Além disso, a gestão do Fundo de Investimento do FGTS (FI-FGTS) tornou possível a Caixa financiar obras de rodovias, energia, portos, hidrovias e ferrovias com desembolsos já realizados na ordem de R$ 17 bilhões em menos três anos e uma carteira de projetos superior a R$ 50 bilhões em investimentos.

A multiplicidade de atividades realizadas é o que garante a especificidade da Caixa, e sua condição de parceira estratégica do Estado brasileiro está diretamente relacionada à habilidade de ser uma instituição financeira capaz de conjugar eficiência microeconômica com eficácia na promoção do desenvolvimento. É função de seus gestores perseguir níveis de eficiência e resultados econômico-financeiros que garantam a perenidade da capacidade operacional necessária para tornar efetivas as políticas públicas. Inclusive, com efeitos, no mínimo, neutros sobre a gestão fiscal.

Entretanto, as atividades da Caixa, em particular, e dos bancos públicos de modo geral, eram vistas com ressalvas até a crise financeira internacional. O entendimento convencional era de que o mercado financeiro se autorregularia e seria capaz de transferir com eficiência recursos de setores superavitários para aqueles em situação deficitária. Restaria ao Estado uma atuação mínima, a fim de sanar eventuais distorções causadas por políticas fiscais e monetárias.

Fora deste contexto, a intervenção do Estado de maneira direta no sistema financeiro apresenta, segundo os críticos, níveis de eficiência menores do que seus pares privados, em razão de sua gestão sofrer influência de grupos de interesse — *rent seeking* — com impactos negativos nas finanças públicas e redução do nível de bem-estar da sociedade.

Seguindo a tradição da Teoria da Repressão Financeira, bancos públicos, como a Caixa, ao executarem políticas de crédito ou possuírem exclusividades na execução de serviços financeiros, gerariam distorções na capacidade alocativa do sistema econômico ao apoiar projetos de investimento menos eficientes com impactos na própria distribuição de renda entre os setores. Esta visão, inclusive, subsidiou os argumentos favoráveis aos processos de privatização dos bancos públicos na década de 1990, e muitas vezes foram e são utilizados pelos que criticam a atuação da Caixa.

No entanto, a severidade da crise financeira internacional em 2007-2009, com o alto contágio dos diferentes setores da economia e os reflexos diretos em fatores sociais críticos como oferta de crédito, nível de atividade econômica, taxas de desemprego, redução de investimentos, entre outros, fez o *mainstream* da teoria econômica diminuir a rejeição quanto ao uso de bancos públicos no estímulo à atividade econômica.

No Brasil, a atuação dos bancos públicos foi emblemática, contribuindo para a estabilização do nível de renda diante da restrição de liquidez. À Caixa, por exemplo, coube manter disponíveis suas linhas de crédito e a redução das taxas de juros, com vistas a estimular o consumo das famílias e o investimento das empresas.

No período, sua carteira de crédito expandiu em mais de 210%, saltando de R$ 55,8 bilhões em dezembro de 2007 para R$ 178,5 bilhões, em dezembro de 2010. Diante da contração da oferta de crédito por parte principalmente dos bancos privados, a Caixa conseguiu concluir esse período ampliando sua participação de mercado de 5% para 10%, aproximadamente.

Atualmente há uma visão mais pragmática quanto à relevância de o Estado dispor de bancos públicos, que vai além das necessárias intervenções para mitigação de custos sociais e correções de distorções oriundas da existência de falhas de mercado. No caso brasileiro, em particular, essas falhas ainda existem e se expressam, entre outras, na timidez do setor privado na oferta de crédito de longo prazo e na pouca musculatura do mercado de capitais enquanto canal de crédito para financiamento do investimento privado. O que torna por demais justificáveis a atuação de bancos como Caixa, Banco do Brasil e BNDES.

Todavia, a importância desses bancos públicos transcende a simples complementaridade às deficiências do setor privado, pois eles têm contribuído para a sustentação ao atual ciclo de crescimento, aperfeiçoado mercados financeiros específicos, realizado a inclusão bancária, executado políticas anticíclicas, fomentado a concorrência, promovido o desenvolvimento regional e, obviamente, operado políticas públicas que são necessárias à redução da ainda severa desigualdade social e regional de nosso país.

A complexidade de ações e atividades realizadas pela Caixa e sumariamente descritas tem o intuito de demonstrar que bancos públicos, antes de tudo, são instituições de Estado, instrumentos úteis para a estabilização de uma estratégia de desenvolvimento de longo prazo. Sua legitimidade está intimamente relacionada à transparência e à eficiência de suas ações, à estrutura de sua governança e à capacidade de equilibrar objetivos empresariais, quanto à geração de lucro, com objetivos sociais de elevação do bem-estar de toda a sociedade.

Muito embora seja evidente e, em sua maioria, considerada essencial em momentos de crise, a importância de bancos públicos na economia deve ser avaliada não de maneira imediatista, mas como agentes responsáveis pelo fomento e desenvolvimento sustentável e consistente.

Não se pretende tirar a independência e a capacidade de ajuste que os mercados financeiros possuem, mas é preciso reforçar a ideia de que o Estado, por meio de bancos públicos, pode e deve ser parte complementar do sistema, funcionando como indutor de ajustes e correções nos diversos ciclos econômicos, sociais e ambientais.

Visão de Brasil: o papel das micro e pequenas empresas

Luiz Barretto*

---

* Presidente do Sebrae.

Quando analisamos as transformações recentes na economia e na sociedade do nosso país, é com orgulho que vemos o quanto o Brasil e os brasileiros avançaram. Convivemos com estabilidade econômica há quase duas décadas — algo até então inimaginável para algumas gerações. Houve redução expressiva da pobreza: entre 1995 e 2008, 13 milhões de pessoas cuja renda per capita não ultrapassava 25% de um salário-mínimo, saíram da miséria.

Atravessamos com relativa tranquilidade a crise financeira de 2009, que ainda traz reflexos duros para países de primeiro mundo como os Estados Unidos. Registramos crescimento recorde de 7,5% no Produto Interno Bruto (PIB) em 2010. Mais de 30 milhões de brasileiros foram incluídos no mercado de consumo, passaram a adquirir bens como celulares (chegamos a 200 milhões de aparelhos), automóveis (o Brasil já é o quarto maior produtor mundial), passaram a viajar de avião (155 milhões de embarques e desembarques em 2010).

Embora haja muito o que comemorar, esse não pode ser um momento de acomodação, porque o potencial brasileiro ainda é muito maior. Mas é preciso vencer a cultura no Brasil de se esperar mudanças apenas dos governantes, cada segmento da sociedade tem um papel importante a desempenhar.

As micro e pequenas são 99% do total de empresas no país e empregam mais da metade dos trabalhadores com carteira assinada no Brasil. Em 2010, elas foram responsáveis pela geração de 72% dos 2,5 milhões de empregos com carteira assinada criados no país. Ou seja, são as grandes geradoras de oportunidades de emprego e renda e um importante motor do nosso mercado interno. Portanto, não há como planejar o desenvolvimento brasileiro sem incluir as micro e pequenas empresas. E o Sebrae certamente irá participar ativamente desse processo.

São muitos os desafios. As estimativas são de que as micro e pequenas empresas representem cerca de 20% do PIB brasileiro. No entanto, a participação desse segmento no PIB em alguns países europeus chega ao dobro desse valor.

O caminho para conquistar uma participação maior das micro e pequenas empresas no PIB passa, impreterivelmente, pela inovação e pela orientação para as exportações.

Inovação é o resultado de conhecimento, trabalho, esforço, ousadia, capacidade de correr riscos calculados, criatividade e outras características. A empresa que inova multiplica sua capacidade de competir no mercado interno e se protege de ameaças dos produtos estrangeiros, que ultimamente têm entrado em nosso mercado com valores muito baixos.

A pesquisa que monitora o empreendedorismo no Brasil e no mundo — Pesquisa GEM, patrocinada pelo Sebrae — apontou em 2010 que menos de 17% dos empreendedores brasileiros que mantêm negócios com até três anos e meio de atividade se consideram inovadores.

Convive-se com o mito de que inovar é caro e que a pequena empresa tem recursos limitados para tal, o que não é verdade. Inovação não se resume a criar um produto ou serviço novo. Independentemente do porte da empresa, ela deve sempre buscar aperfeiçoar seus processos de gestão, melhorar a produtividade, reduzir custos, utilizar materiais alternativos e sustentáveis. Isso requer principalmente uma mudança comportamental do empreendedor, sem nenhum custo.

Uma das metas do Sebrae para 2011 é atender 30 mil pequenas empresas com projetos de inovação, valendo-se de consultorias diretamente nas empresas, com soluções customizadas.

No que se refere às exportações, temos outro importante desafio. Das quase 5 milhões de micro e pequenas empresas brasileiras incluídas no regime tributário do Super Simples, somente 12 mil são exportadoras. É um universo extremamente tímido. Mesmo considerando a força do mercado interno e a valorização da moeda brasileira, as empresas de pequeno porte não podem desprezar as enormes oportunidades disponíveis nos demais países. E, logicamente, nossas empresas serão competitivas internacionalmente somente se contarem com inovação e se tiverem apoio para viabilizar sua aproximação com o consumidor estrangeiro.

Por outro lado, o mercado internacional já está bastante atento ao crescimento da economia brasileira e terá mais motivos para isso nos próximos anos. Vamos sediar dois eventos esportivos de repercussão mundial — a Copa do Mundo de 2014 e as Olimpíadas de 2016 —, acelerando investimentos que levariam muito mais tempo para acontecer. As micro e pequenas empresas não podem perder essa oportunidade de realização de negócios e de desenvolvimento empresarial.

O Sebrae encomendou à Fundação Getulio Vargas (FGV) um Mapa de Oportunidades da Copa 2014 em nove setores da economia: construção civil, tecnologia da informação e comunicação, turismo, produção associada ao turismo (como gastronomia e artesanato), comércio varejista, agronegócio, madeira e móveis, têxtil e confecções e serviços.

O mapa não apenas lista as áreas com melhor chance de negócios para as pequenas empresas antes, durante e depois da Copa, mas também indica quais os requisitos necessários para participar desse mercado. Nosso papel é o de capacitar as empresas, de forma que o conhecimento e o desenvolvimento sejam seus legados com a Copa do Mundo. E há também um esforço do Sebrae na articulação entre os pequenos empresários e as grandes corporações nesses nove setores.

Esse encadeamento produtivo traz benefícios para todos: para os pequenos, porque se tornam fornecedores das grandes empresas. E para as organizações de grande porte, porque passam a contar com mais opções de produtos e serviços para subcontratação. A troca de experiências entre ambos também motiva a inovação, a inteligência competitiva, e fortalece toda a cadeia produtiva.

A metodologia desenvolvida para o Mapa de Oportunidades da Copa 2014 servirá como base para outros empreendimentos de grande porte com potencial de geração de negócios e de progresso empresarial. Por exemplo, o pré-sal, a usina de Jirau, o Porto de Suape.

As obras do PAC, especialmente, abrem polos de desenvolvimento em diversas regiões brasileiras. Mas não podemos focar apenas nos micro e pequenos empresários, há uma outra categoria de empreendedores que também fará a diferença no futuro do país: os empreendedores individuais.

Eles já são mais de 1 milhão no Brasil, com faturamento de até R$ 36 mil por ano e uma contribuição tributária reduzida (em torno de R$ 30 mensais). Criada por lei em 2009, essa categoria que já existia na informalidade, conquistou finalmente a cidadania. Com a formalização, vieram os direitos à aposentadoria, ao auxílio doença, à licença maternidade, ao acesso a crédito bancário. Mais do que direitos, os empreendedores individuais ganharam a chance de crescer: em pouco mais de um ano, cerca de 6 mil empreendedores individuais ampliaram seu faturamento e se tornaram microempresários. A mobilidade empresarial pode e deve ser incentivada, com capacitação e acesso a novos mercados.

A vocação empreendedora também precisa ser trabalhada como uma das possíveis alternativas de redução da pobreza, por exemplo, visando quem hoje é assistido por programas sociais como o Bolsa Família. Certamente há uma parcela de pessoas nesse programa ansiando por uma chance de conquistar sua independência e quem sabe o primeiro passo possa ser no mundo dos negócios?

Nesse sentido, o Sebrae também trabalha em parceria com o Governo Federal no programa Territórios da Cidadania, atuando em 1,8 mil municípios de no máximo 50 mil habitantes. E ainda com as Unidades de Polícia Pacificadora (UPPs) nas comunidades do Rio de Janeiro, onde também podem surgir novos empreendedores. São projetos com resultados no médio e longo prazos, mas que precisam desde já de um esforço conjunto das esferas pública e privada.

Da mesma forma, será necessário empenho de todos para que a legislação referente aos pequenos empreendimentos seja aperfeiçoada e atualizada. É de conhecimento público a necessidade de reforma tributária no Brasil, em diversos segmentos. Sabemos também que a maneira mais fácil de conquistar avanços é fazer as modificações aos poucos, focando as necessidades mais urgentes de cada setor, e felizmente as mudanças necessárias às micro e pequenas empresas já estão bem-encaminhadas.

O Sebrae trabalha em conjunto com a Frente Parlamentar da Micro e Pequena Empresa para que seja aprovado o Projeto de Lei nº 591/2010, que deverá ampliar as faixas de enquadramento no Super Simples.

A proposta, ainda em discussão, é de aumento de 50% no teto de faturamento anual das microempresas (de R$ 240 mil para R$ 360 mil), também de 50% para as pequenas (de R$ 2,4 milhões para R$ 3,6 milhões) e de 33% para os empreendedores individuais (de R$ 36 mil para R$ 48 mil por ano).

É consenso entre parlamentares, governo e empresários que esses limites precisam de atualização para incentivar os pequenos negócios e aumentar a arrecadação. Além disso, outra inovação do projeto de lei é incrementar as exportações, ainda tímidas nesse segmento, como já comentado. O PL 591 prevê que a pequena empresa exportadora possa chegar a um faturamento anual de R$ 7,2 milhões e continuar enquadrada no Super Simples.

Aliar inovação, exportação e fomento ao empreendedorismo em todo o Brasil, em diferentes classes sociais, é um direcionamento estratégico para o Sebrae. E, certamente, os benefícios serão percebidos não apenas pelos micro e pequenos empreendedores, mas por toda a sociedade que espera por um país cada vez mais desenvolvido.

TERCEIRA PARTE

POLÍTICAS MACROECONÔMICAS E COMPETITIVIDADE PARA TERMOS UM PAÍS DESENVOLVIDO

Política fiscal e competitividade

Arno Hugo Augustin Filho*

---

* Secretário do Tesouro Nacional.

A CONDUÇÃO DA política fiscal é um tema controverso e com interpretações nem sempre unânimes, a depender da corrente econômica adotada.[1] Não obstante as diferentes visões sobre as estratégias estabelecidas pela política econômica no Brasil, avanços importantes foram conquistados nos últimos anos.

Nesse sentido, a consolidação de positivos resultados fiscais aliada às políticas assertivas na administração da Dívida Pública Federal (DPF) e das Reservas Internacionais, diminuiu consideravelmente os riscos de solvência e a vulnerabilidade externa, fato evidenciado pelas consecutivas melhorias nas avaliações das principais agências de classificação de risco do mercado.

A expansão do crédito e do poder aquisitivo das pessoas de menor renda, acompanhado da redução da pobreza, tem possibilitado a consolidação do mercado interno de consumo de massa, o que estimula a expectativa de rentabilidade dos negócios, induzindo investimentos privados para atender novos setores sociais tradicionalmente à margem do processo de desenvolvimento brasileiro.

A ampliação de investimentos públicos, particularmente a articulação institucional empreendida para a execução das obras do Programa de Aceleração do Crescimento (PAC), aliada aos crescentes gastos em educação, cujos valores aplicados pela União triplicaram entre 2003 e 2010, indica o comprometimento do governo em contribuir para a expansão

---

[1] Discussão interessante sobre as diferentes posições econômicas pode ser encontrada em: *Brasil em Desenvolvimento: Estado, Planejamento e Políticas Públicas* (2010).

da oferta e dos ganhos de competitividade, permitindo à economia crescer num ambiente com inflação controlada.[2]

Assim, o presente trabalho pretende demonstrar como a Secretaria do Tesouro Nacional tem atuado na política fiscal, coordenando as necessidades de curto prazo com os objetivos de longo prazo e estimulando maior competitividade da economia brasileira. Para tanto, foram selecionados alguns temas que consideramos importantes para o debate, quais sejam: I) solidez fiscal e redução da vulnerabilidade externa; II) investimento público; e III) financiamento da educação, além das considerações finais.

SOLIDEZ FISCAL E REDUÇÃO DA VULNERABILIDADE EXTERNA

Primeiramente, há que se considerar a trajetória de queda inequívoca da relação Dívida Líquida do Setor Público (DLSP) sobre o Produto Interno Bruto (PIB). Desde 2002, este indicador apresenta sucessivas quedas, contribuindo sensivelmente para a melhoria na percepção de risco relativa ao país. Como pode ser observado no Gráfico 1, em 2002 aquela relação era de 60,4% do PIB; atualmente, considerando dados do mês de abril de 2011, a mesma relação encontra-se em 39,9%.

Mesmo para o indicador de Dívida Bruta do Governo Geral (DBGG), percebe-se uma considerável redução no nível de endividamento, que passou de 62,7% do PIB em 2002 para 56% do PIB em abril de 2011. A diminuição só não foi maior, porque a metodologia atualmente utilizada para registrar DBGG considera o montante de operações compromissadas do Banco Central. Para efeitos de comparação, o montante de compromissadas representava 5,2% do PIB em 2002. Em abril de 2011 chegava a 9,9% do PIB. Há que se lembrar, também, que a política de ampliação das reservas internacionais, hoje equivalentes a aproximadamente 13,5% do PIB, amplia a liquidez na economia, gerando a

---

[2] Entre 2004 e 2008 o PIB cresceu em média 4,8% a.a., sendo que em 2007 e 2008, acima de 5% a.a., taxa bastante superior à média do período imediatamente anterior: entre 1995 e 2002 o PIB cresceu 2,2% a.a.

182

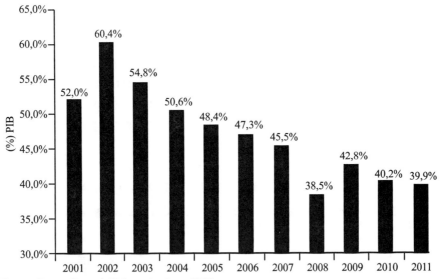

GRÁFICO 1
EVOLUÇÃO DA DÍVIDA LÍQUIDA DO SETOR PÚBLICO

FONTE: Banco Central. Elaboração Assec/STN.
NOTA: Para 2011 tem-se a posição do mês de abril.

necessidade de esterilização por meio de colocação em mercado de títulos do Tesouro Nacional, em carteira do Banco Central, elevando o montante das compromissadas.

Além da considerável melhoria na restrição externa, um fato decorrente da ampliação das reservas internacionais é a inversão da sensibilidade da dívida aos choques na taxa de câmbio. Tradicionalmente, ao se verificar uma desvalorização da taxa de câmbio, a relação DLSP/PIB ampliava-se na medida em que o país era devedor líquido em dólar. Em 2008, quando o Brasil passou a ser credor em dólar, em decorrência da forte desvalorização cambial que ocorreu no quarto trimestre do ano, houve queda muito acentuada dessa relação, que ficou em 38,5% do PIB. Desconsiderando o ano de 2008, em que houve movimento mais acentuado de redução daquela relação derivada da desvalorização cambial em torno de 50%, o Gráfico 1, mostra uma trajetória contínua de diminuição da DLSP.

A redução da vulnerabilidade externa é ilustrada pelo Gráfico 2. Este gráfico mostra a evolução das reservas internacionais e o volume de dívidas públicas e privadas, em dólares, no horizonte de 2002 a 2011. Como podemos ver, desde 2008 o país passou a ser credor em dólares, tendo o volume de reservas superado o montante de dívida pública e privada. Interessante observar que a composição das dívidas se inverteu, enquanto em 2002, 41% da dívida externa eram do setor privado e 59% do setor público, em 2011 tem-se que 64% são do setor privado e apenas 36% permanecem com o setor público.

GRÁFICO 2
EVOLUÇÃO DA DÍVIDA EXTERNA LÍQUIDA

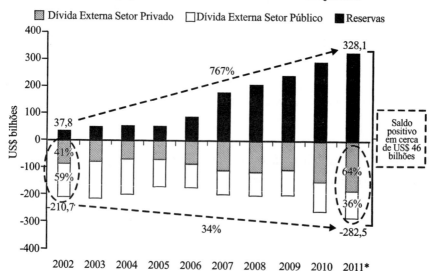

FONTE: Banco Central. Elaboração Assec/STN.
NOTA: (*) O ponto 2011 refere-se aos estoques no mês de abril.

Extremamente relevante tem sido a condução da Dívida Pública Federal (DPF), que busca não só suprir de forma eficiente as necessidades de financiamento do Governo Federal, ao menor custo de financiamento no longo prazo, respeitando-se a manutenção de níveis prudentes de risco, como também contribuir para o bom funcionamento do mercado de títulos públicos brasileiro.

Nesse sentido, o esforço empreendido pelo Tesouro Nacional ao longo dos últimos anos tem permitido o alcance das diretrizes que norteiam a gestão da DPF, de acordo com o Plano Anual de Financiamento (PAF), principalmente no que se refere à suavização da estrutura de vencimentos, com o aumento do prazo médio do seu estoque, e a substituição gradual dos títulos remunerados pela taxa de juros Selic por títulos com rentabilidade prefixada ou vinculada a índice de preços.

Conforme pode ser observado na Tabela 1, enquanto o percentual de dívida vincendo em 12 meses caiu de 39,3% em dezembro de 2004 para 23,2% em abril de 2011, reduzindo significativamente o risco de refinanciamento da DPF, a composição de prefixados mais índices de preços subiu de 28,0% para 63,4% nesse mesmo período. Essa melhoria contribuiu não só para a redução do risco de mercado da dívida, como também para conferir mais eficiência da política monetária.

Com relação ao resultado primário, deve-se lembrar que em 2009 e 2010 o Brasil teve de se adequar à crise financeira internacional, adotando uma série de medidas econômicas anticíclicas. As medidas de estímulos fiscais envolveram um vasto conjunto de ações expansionistas, seja pelo lado da receita, com a desoneração de tributos sobre alguns produtos e setores, seja pelo lado das despesas, com aumento dos valores investidos por meio do PAC, ampliação do seguro-desemprego e de repasses de recursos para estados e municípios, entre outros.

Esse conjunto de medidas foi trabalhado com o firme propósito de recuperar a trajetória de crescimento do país no menor espaço de tempo possível, o que significou uma redução do resultado primário nos anos de 2009 e 2010. A percepção inequívoca foi que o setor público teria de agir de forma mais forte, evitando que a situação econômica do país sofresse demasiadamente em função da crise financeira internacional. Esta ação está representada no Gráfico 3. Como se pode observar, o resultado primário acumulado em 12 meses foi caindo ao longo de 2009, mas já a partir de 2010, o resultado vem se recuperando.

TABELA 1

COMPOSIÇÃO E ESTRUTURA DE VENCIMENTOS DA DÍVIDA PÚBLICA FEDERAL (DPF)

Indicadores	2004	2005	2006	2007	2008	2009	2010	2011**	Limites para 2011	
									Mínimo	Máximo
Estoque da DPF* **em mercado (R$ bilhões)**										
	1.013,9	1.157,1	1.237,0	1.333,8	1.397,0	1.497,4	1.694,0	1.734,7	1.800,0	1.930,0
Composição da DPF (%)										
Prefixados	16,1%	23,6%	31,9%	35,1%	29,9%	32,2%	36,6%	34,8%	36,0%	40,0%
Índices de preços	11,9%	16,1%	19,9%	24,1%	26,6%	26,7%	26,6%	28,5%	26,0%	29,0%
Taxa Flutuante	45,7%	43,9%	33,4%	30,7%	32,4%	33,4%	30,8%	32,1%	28,0%	33,0%
Câmbio	24,2%	17,6%	12,7%	8,2%	9,7%	6,6%	5,1%	4,5%	4,0%	6,0%
Demais	2,2%	1,8%	2,0%	1,9%	1,4%	1,1%	0,8%	0,0%	0,0%	1,0%
Estrutura de vencimentos da DPF										
Prazo Médio (anos)	2,9	2,8	3,0	3,3	3,5	3,5	3,5	3,6	3,5	3,7
% Vincendo em 12 meses	39,3%	36,3%	32,4%	28,2%	25,4%	23,6%	23,9%	23,2%	21,0%	25,0%

* Inclui a Dívida Doméstica (R$ 1.603,94 bilhões — dez./10) e a Dívida Externa (R$ 90,09 bilhões — dez./10) de responsabilidade do Tesouro Nacional.

** Obs.: Até abril.

FONTE: Plano Anual de Financiamento (PAF)/STN.

GRÁFICO 3
RESULTADO PRIMÁRIO, ACUMULADO EM 12 MESES, EM % DO PIB

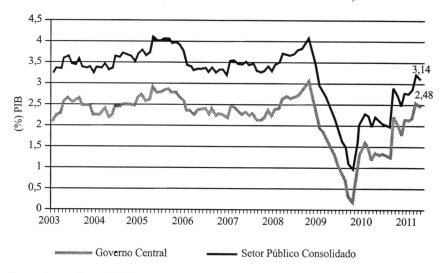

FONTE: Banco Central. Elaboração Assec/STN.

É importante destacar que o caráter anticíclico da condução da política econômica atua também para conter a demanda agregada, quando necessário. Exemplo disso pode ser observado em 2008, quando o governo decidiu aportar recursos da ordem de 0,5% do PIB no Fundo Soberano do Brasil (FSB). Naquele momento percebeu-se que a atividade econômica acompanhava o ápice do ciclo econômico e que o resultado primário excedente à meta poderia ser necessário em momentos futuros. Diagnóstico semelhante ocorre na conjuntura atual, quando nos meses finais de 2010 foi feita avaliação de que seria necessário que a política econômica atuasse de maneira contracionista, contribuindo com o conjunto de políticas adotadas pelo governo para adequar o ritmo de crescimento da economia.

Assim, o Tesouro Nacional tem trabalhado no sentido de produzir resultados primários mais elevados nos primeiros meses de 2011. Como mostrado no Gráfico 3, em abril de 2011, o resultado primário acumulado em 12 meses já se encontra em 3,14% do PIB, acima da meta de superávit primário definida para o setor público para 2011. O mesmo ocorre para o governo central, no qual se observa resultado primário de 2,48% do PIB, também acima da meta para o final do ano. A tendência em 2011 é cumprir a meta fiscal estabelecida nos termos da Lei de Diretrizes Orçamentárias (LDO).

Mas não só a consecução de resultados primários positivos garantirá um ambiente propício ao crescimento econômico sustentável. Questão fundamental é a qualidade do gasto, principalmente quanto à priorização dos investimentos, relativamente às despesas correntes.

No que diz respeito às despesas totais do governo central, nota-se que no acumulado do ano, entre janeiro e abril de 2011, elas apresentam queda de 7,2% com relação ao mesmo período do ano anterior. Se a mesma comparação é feita em relação ao crescimento do PIB nominal, observa-se um decréscimo de 17,9% entre 2010 e 2011.

É relevante observar o comportamento das despesas com pessoal. A despeito da reestruturação de carreiras com funcionalismo do Poder Executivo e outros poderes, as despesas com pessoal permaneceram sob controle, com tendência de queda nos próximos anos. O Gráfico 4 apresenta a trajetória das despesas com pessoal e encargos sociais do governo central.

GRÁFICO 4
DESPESAS COM PESSOAL E ENCARGOS SOCIAIS

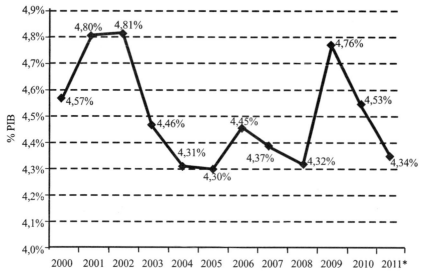

FONTE: STN. Elaboração Cesef/STN.
NOTA: (*) Dados de 2011 referem-se aos valores constantes do Decreto nº 7.477/2011.

Concorre também para a melhoria fiscal, a redução do déficit da Previdência Social. Como mostra o Gráfico 5, as medidas empreendidas nos últimos anos reverteram a tendência de elevação do déficit.

GRÁFICO 5
RESULTADO DA PREVIDÊNCIA SOCIAL

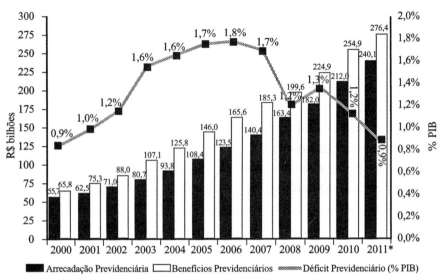

FONTE: IBGE, SOF/MP e STN/MF. Elaboração: STN/MF.
NOTA: (*) Dados de 2011 referem-se aos valores constantes do Decreto nº 7.477/2011.

INVESTIMENTO PÚBLICO

O investimento público é um dos instrumentos por meio dos quais a política fiscal pode contribuir para o alcance de crescimento sustentado da economia e para a melhoria da competitividade do país.

De fato, estudos empíricos tendem a evidenciar o forte impacto dos investimentos públicos, notadamente em infraestrutura, sobre o crescimento econômico. A falta de infraestrutura adequada resulta em perda de produtividade e em custos mais altos de produção. A redução na lucratividade, por sua vez, desencoraja os investimentos privados.[3]

---
[3] Aschauer (1989 e 1997); Calderon e Servén (2002).

Em conformidade com essa avaliação da dinâmica econômica, foi criado o Programa de Aceleração do Crescimento (PAC). Este programa reflete a ação articulada do governo para coordenar e ampliar a realização de investimentos e foi um marco na recente retomada do investimento público e na recuperação e ampliação da infraestrutura econômica e social do país.

A ampliação dos investimentos públicos, ainda que tenha efeitos sobre a expansão da demanda agregada no curto prazo, age de forma significativa sobre a expansão da oferta e, consequentemente, contribui para que se atinjam taxas elevadas de crescimento sem que se formem pressões inflacionárias no futuro.

Os investimentos do Governo Federal passaram de 0,4% em 2003, ano marcado por intenso ajuste fiscal, para 1,3% do PIB em 2010,[4] mais do que triplicando a sua participação no PIB. Entre janeiro e abril de 2011, o Governo Federal investiu R$ 13,4 bilhões, sendo R$ 5,5 bilhões referentes a projetos inseridos no PAC. O Gráfico 6 apresenta a evolução do investimento do Governo Federal entre 2003 e 2011.[5]

Agregam-se a isso os gastos do governo em habitação, por meio do Programa Minha Casa Minha Vida (MCMV), instituído em 2009. Embora as despesas do MCMV não sejam classificadas como investimentos, por se tratarem de subvenções econômicas, constituem-se aplicações de recursos do governo para viabilizar a construção de moradias para a população de baixa renda, isto é, possuem de fato caráter de investimentos que concorrem para a melhoria da infraestrutura urbana e social do país.[6] O pagamento de subvenção pelo Programa MCMV, no primeiro quadrimestre de 2011, foi de R$ 1,8 bilhão.

---

[4] Contempla apenas as despesas pagas, não incluindo os restos a pagar.

[5] Os dados de 2011 seguem a programação do Decreto nº 7.477/2011.

[6] O Manual Técnico do Orçamento define as subvenções como "Outras Despesas Correntes". A legislação do MCMV trata todas as ações, inclusive as transferências ao Fundo de Arrendamento Residencial (FAR) e ao Fundo de Desenvolvimento Social (FDS), como subvenção econômica. A Lei nº 4.320/1964 classifica as despesas de subvenções como Transferências Correntes. Entretanto, as transferências ao FAR e ao FDS poderiam ser consideradas transferências de capital, já que se destinam à realização de obras de habitação popular.

GRÁFICO 6
INVESTIMENTOS DO GOVERNO FEDERAL

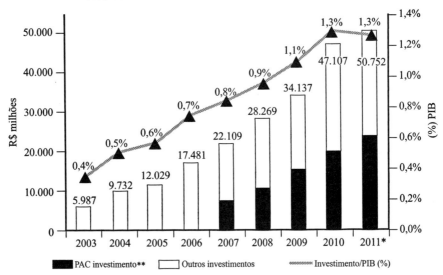

FONTE: STN. Elaboração Assec/STN.
NOTAS: (*) Os dados de 2011 seguem a programação do Decreto nº 7.477/2011.
(**) PAC Investimento não contempla os gastos de custeio incluídos no Programa, formados principalmente pelas subvenções pagas pelo Programa MCMV.

Dessa maneira, as despesas do Governo Federal realizadas com investimentos e com o MCMV devem alcançar, ao final de 2011, 1,5% do PIB, representando um avanço de 0,2 ponto percentual do PIB comparativamente a 2010, conforme demonstra o Gráfico 7, apresentado a seguir.

Vale destacar, que, para se avaliar a magnitude dos investimentos que estão sendo feitos pelo setor público, é necessário ir além dos gastos que o Governo Federal faz diretamente. É importante agregar os investimentos que são realizados pelas empresas estatais e, também, pelos governos subnacionais, isto é, pelos estados e municípios.

GRÁFICO 7
INVESTIMENTOS E MCMV — GOVERNO FEDERAL

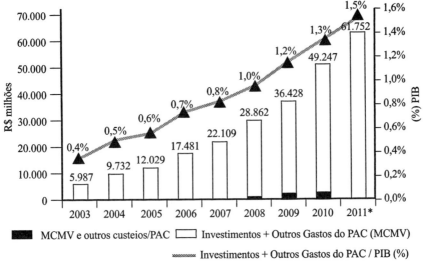

FONTE: STN. Elaboração Assec/STN.
NOTAS: (*) Os dados de 2011 são projeções da STN, conforme o Decreto nº 7.477/2011, e englobam os gastos com o Programa MCMV.

O Gráfico 8, apresenta a evolução do investimento público em percentual do PIB, separado por esfera de governo.[7]

Entre os anos de 2003 e 2010, houve aumento do investimento público da ordem 2,1 pontos percentuais do PIB, crescimento esse que ganhou grande impulso com o lançamento do PAC. A administração direta, representada pela União e por estados e municípios, elevou seus investimentos de 1,6% do PIB para 2,9%, enquanto as empresas estatais promoveram aumento nos seus empreendimentos que saltaram de

---

[7] Os dados referem-se à razão entre a Formação Bruta de Capital Fixo (FBKF) e o PIB e têm como fonte o Instituto de Pesquisa Econômica Aplicada (Ipea). Os dados de FBKF são divulgados oficialmente pelo Instituto Brasileiro de Geografia (IBGE) anual e trimestralmente. No que se refere às administrações públicas, o número de FBKF deste setor institucional só é divulgado anualmente, com defasagem considerável. Entretanto, o IBGE não divulga a abertura da Administração Pública por esferas (estados e municípios, estatais e Governo Federal). Para dados até 2003, era possível chegar a essa abertura utilizando a pesquisa anual do IBGE Finanças Públicas. Entretanto, como esta pesquisa foi desativada (a última divulgada foi em 2006, com dados de 2003), não é mais possível chegar ao número desagregado utilizando a fonte IBGE. Como alternativa, é utilizada a série preparada pelo Ipea, ainda não divulgada ao público.

GRÁFICO 8
INVESTIMENTO PÚBLICO POR ESFERA DE GOVERNO

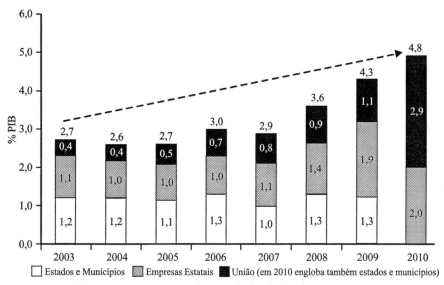

FONTE: Ipea. Elaboração Assec/STN (com base em dados divulgados em: Ministério da Fazenda: Economia Brasileira em Perspectiva Edição Especial e 10ª edição, jan.-fev./2011).

NOTA: Para a União e estados considera as despesas liquidadas; para municípios considera valores empenhados e interpolados do Finbra; no caso das empresas estatais, considera os valores executados do orçamento de investimentos, excluindo aqueles realizados no exterior.

1,1% para 2% do PIB. Ressaltamos que as transferências, tanto obrigatórias, quanto voluntárias, para estados e municípios por parte do Governo Federal têm se elevado consideravelmente, o que aumenta a capacidade financeira desses entes, inclusive para realizarem investimentos.

É importante destacar, também, a ação articulada do governo para assegurar o volume de crédito necessário após a eclosão da crise de 2008. O estado de incerteza presente naquele momento provocou estrangulamento nas condições de liquidez da economia com a súbita retenção de crédito por parte das instituições financeiras, a despeito das ações do Banco Central.[8] Neste sentido, as ações do governo estimula-

---
[8] Dentre as ações empreendidas pelo Banco Central para o enfrentamento da crise destacam-se a redução dos compulsórios, ampliação de liquidez às instituições financeiras menores, criação do Recibo de Depósito Bancário (RDB) com garantias de até R$ 20 milhões pelo Fundo Garantidor de Crédito (FGC), e a injeção de liquidez em moeda estrangeira.

ram a ação dos bancos públicos que vieram a suprir momentaneamente a diminuição da oferta de crédito por parte das instituições financeiras privadas nacionais e estrangeiras.

Com relação à oferta de crédito de longo prazo, o governo iniciou um processo de concessão de empréstimos ao Banco Nacional de Desenvolvimento Econômico e Social (BNDES) para elevar a capacidade financeira do banco de desenvolvimento, especialmente para conceder financiamentos para a realização de investimentos de longo prazo pelas empresas privadas.

Esses empréstimos ao BNDES, cujo volume total autorizado soma R$ 235,00 bilhões,[9] permitiram o *funding* adequado para garantir a sustentação dos investimentos, apesar das incertezas que pairavam no mercado externo. Caso os investimentos no país fossem abortados, efeitos negativos para o crescimento e a estabilidade da economia brasileira adviriam não apenas naquele momento, mas poderiam vir a ser sentidos ainda agora.

Ainda dentro das ações articuladas do Governo Federal no combate à crise, merece destaque a concessão de subvenção econômica por parte da União,[10] sob a modalidade de equalização de taxas de juros, nas operações de financiamento contratadas, primeiramente, pelo BNDES e, em sua última fase, também pela Financiadora de Estudos e Projetos (Finep). Esses financiamentos destinam-se à aquisição e produção de bens de capital e à inovação tecnológica, no que ficou conhecido como Programa de Sustentação do Investimento (PSI).

Nas duas primeiras fases do PSI, implementadas nos anos de 2009 e 2010, os financiamentos passíveis de serem beneficiados com a equalização de juros montavam R$ 134 bilhões, com um custo estimado de R$ 29,2 bilhões para o Tesouro Nacional, considerando todo o horizonte dos financiamentos (até 2040). Na terceira fase do Programa, iniciada em 2011, os financiamentos poderão chegar a R$ 75 bilhões, mas o custo para o Tesouro Nacional será bem mais reduzido, estimado

---

[9] Os empréstimos foram autorizados pela Lei nº 11.948/2009 e pela Medida Provisória nº 526/2011. Do montante autorizado, R$ 215 bilhões foram contratados até junho de 2011.

[10] Autorização dada pela Medida Provisória nº 465, de 2009, convertida na Lei nº 12.096, de 24 de novembro de 2009.

em R$ 4,1 bilhões, tendo em vista que apenas parte desse montante de financiamentos deverá ser passível de equalização.

A explicação para essa diferença deriva das taxas de empréstimo ao mutuário final que foram aplicadas em cada uma das fases do Programa. Enquanto nas primeiras fases as taxas cobradas do mutuário final variavam entre 3,5% e 8% a.a., incorporando o custo do agente financeiro, na terceira fase do Programa as taxas de empréstimo são superiores, variando entre 4% e 10% a.a. Com isso, o diferencial de taxa de juros que o Tesouro terá de equalizar na terceira fase é bastante inferior, representando um custo menor para o caixa da União.

Dentro das ações do governo de estímulo ao crédito para a sustentação dos níveis de investimento, nunca foi sua intenção substituir a função das instituições financeiras privadas. Uma demonstração disso foi a estratégia de realinhamento nas taxas do PSI em sua terceira fase.

Outra demonstração são as ações que visam estimular a realização de investimentos com *funding* privado. Ao final de 2010, o governo adotou uma série de medidas para estimular o financiamento de longo prazo no país.[11]

Essas medidas, cujo impacto fiscal inicialmente estimado para o primeiro ano alcançava R$ 162 milhões, focaram-se na desoneração do financiamento privado a projetos de infraestrutura. Além disso, envolveram incentivos para o desenvolvimento do mercado de títulos privados de longo prazo, estímulos à recuperação de crédito rural e crédito pessoal e incentivo à securitização de créditos imobiliários.

Embora essas medidas tenham demandado regulamentações posteriores, adiando o período a partir do qual elas pudessem começar a ter efeitos, alguns resultados já podem ser verificados. Exemplo é o desempenho das letras financeiras, debênture privada criada em março de 2010 com foco em prazos maiores, que foi isentada do recolhimento compulsório pelo pacote de medidas lançadas em dezembro de 2010. O estoque deste instrumento financeiro privado alcançou R$ 79,3 bilhões ao final de maio de 2011, sendo que, desse volume, R$ 49,2 bilhões, ou 62%, foram lançados em 2011.

---

[11] Vide Nota à Imprensa divulgada em 15/12/2010 pelo Ministério da Fazenda.

Não obstante, o perfil desses títulos ainda não é o ideal para o financiamento de longo prazo, posto que menos de 30% dos papéis emitidos em 2011 tinham prazo superior a seis anos, e apenas 11% não tinham remuneração atrelada aos juros de curtíssimo prazo (DI).[12]

Diante disso, vê-se que, dentro de uma política coordenada, o governo contribui para estimular o aumento do investimento da economia brasileira, o que concorre para a redução de gargalos em infraestrutura e dos constrangimentos à trajetória de crescimento sustentado da economia brasileira.

EDUCAÇÃO

A educação é outro desafio para promover a competitividade da economia brasileira e é entendida pelo governo como um dos meios mais eficazes de combate às desigualdades sociais e regionais e de promoção do desenvolvimento e do crescimento econômico. O Plano Plurianual (PPA) 2008-2011 definiu "Desenvolvimento com Inclusão Social e Educação de Qualidade" como política de governo e constituiu ações estratégicas para atingir esse objetivo.

O financiamento adequado das políticas educacionais foi fundamental para o alcance das metas contidas em planos nacionais, como o Plano Nacional de Educação e o Plano Nacional de Desenvolvimento da Educação. Segundo o Ministério da Educação (MEC), o aumento dos investimentos do governo tem sido direcionado a todos os níveis, etapas e modalidades de ensino e para o desenvolvimento de ações que promovam a inclusão social, valorizem a diversidade e garantam condições de oferta de educação de qualidade para toda a população.

Considerando apenas os recursos aplicados pela União na função orçamentária Educação, observa-se nítido aumento nos gastos do governo com essa finalidade, conforme se pode observar no Gráfico 9.

---

[12] Informações elaboradas pela Secretaria de Política Econômica (SPE), tendo como fonte dados da Cetip.

Gráfico 9
GASTOS DA UNIÃO NA FUNÇÃO EDUCAÇÃO

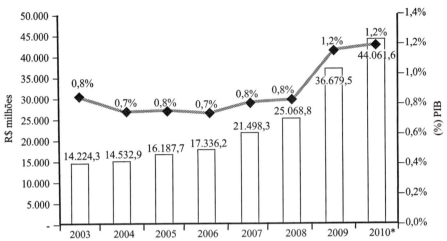

Fonte: STN/Consolidação das Contas Públicas. Elaboração Assec/STN.
Nota: (*) Dados de 2010 são preliminares.

O gasto nominal da União com a função Educação passou de R$ 14,2 bilhões em 2003 para R$ 44,0 bilhões em 2010, o que reflete o aumento da aplicação de recursos públicos federais em educação da ordem de 0,4 ponto percentual do PIB.

Algumas mudanças estruturais do ponto de vista legal foram responsáveis pelo aumento de recursos aplicados na educação. Dentre elas, destacam-se a ampliação dos limites mínimos de aplicações de recursos públicos em educação e a criação do Fundo de Manutenção e Desenvolvimento da Educação Básica e de Valorização dos Profissionais da Educação (Fundeb).[13]

O Fundeb, que passou a vigorar a partir de 2007, em substituição ao Fundo de Manutenção e Desenvolvimento do Ensino Fundamental e de Valorização do Magistério (Fundef), que vigorou de 1998 a 2006, estabeleceu a elevação no percentual de destinação obrigatória de parte das transferências constitucionais do Governo Federal para

---

[13] O Fundeb foi criado pela Emenda Constitucional nº 53/2006 e regulamentado pela Lei nº 11.494/2007 e pelo Decreto nº 6.253/2007.

estados e municípios para serem aplicadas em educação. Determinou, também, a obrigatoriedade da complementação de recursos pela União para aqueles entes subnacionais que não conseguirem assegurar, com recursos próprios, a aplicação mínima de recursos por aluno a cada ano (R$ 1.722,05 em 2011) nas suas esferas de responsabilidade.

A evolução das transferências do Governo Federal para estados e municípios por meio do Fundeb, destacando-se a complementação realizada pela União, pode ser visualizada no Gráfico 10.

GRÁFICO 10
FUNDEB: TRANSFERÊNCIAS DA UNIÃO
PARA ESTADOS E MUNICÍPIOS

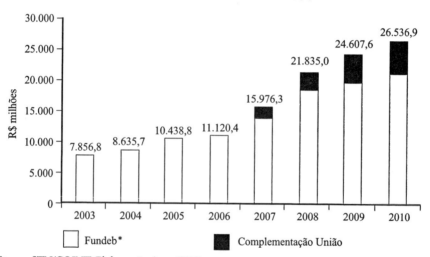

FONTE: STN/COINT. Elaboração Assec/STN.
NOTA: (*) Até 2006, as informações são relativas ao extinto Fundef.

O aporte de recursos do Governo Federal ao Fundeb, de R$ 2 bilhões em 2007, aumentou para R$ 3,2 bilhões em 2008, aproximadamente R$ 5,1 bilhões para 2009, alcançando R$ 5,4 bilhões em 2010, refletindo o comprometimento do Governo Federal com a melhoria da educação e a redução das desigualdades do serviço disponibilizado à população nas diferentes regiões do país.

Dos recursos que a União complementa ao Fundeb, apenas uma pequena parcela (até 10%) pode ser utilizada em programas executados pelo Governo Federal. O restante é transferido aos entes que, diretamente, empregam os recursos para financiar as políticas de educação básica sob sua competência. Dessa maneira, parte considerável dos recursos transferidos pela União, a título de complementação para o Fundeb, contribuiu para incrementar ainda mais os gastos dos estados e municípios com a educação.

Segundo as informações mais atualizadas elaboradas pelo Instituto Nacional de Estudos e Pesquisas Educacionais (Inep), entre 2003 e 2009, considerando as três esferas de governo, os investimentos do setor público em educação tiveram sua participação no PIB ampliada em 1,1 ponto percentual, passando de 4,6% para 5,7% do PIB.

O Gráfico 11 apresenta a composição dos gastos em educação segundo a esfera de governo no horizonte que vai de 2003 e 2009:

GRÁFICO 11
EVOLUÇÃO DOS GASTOS EM EDUCAÇÃO
POR ESFERA DE GOVERNO

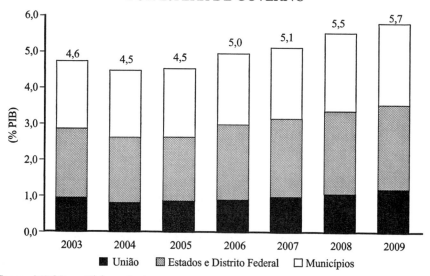

FONTE: MEC/Inep. Elaboração Assec.
NOTA: Considera toda despesa efetuada em educação pelas unidades orçamentárias que exercem funções governamentais, independentemente de estar registrada em outras funções orçamentárias.

Tomando como base os gastos em educação como proporção do PIB em 2003, o esforço do Governo Federal nessa ampliação representou aumento de 1/3 nos seus gastos em educação no período. Os estados ampliaram suas aplicações na área em 26% e os municípios expandiram seus dispêndios na área em 22%.

Os números revelam inequívoco aumento nos valores investidos pelo setor público, em linha com a preocupação em ampliar o financiamento para a educação. Para avaliar a melhoria no setor e traçar prognósticos para o futuro, a ampliação desses investimentos deve ser utilizada conjuntamente com outros indicadores qualitativos, que permitam inferir a qualidade da educação. Mas essa evolução aponta na direção correta das políticas que vêm sendo adotadas para ampliar o acesso à educação de qualidade no Brasil.

CONSIDERAÇÕES FINAIS

A política fiscal no Brasil nos anos recentes tem como marca a consolidação dos bons indicadores fiscais aliados à recuperação do investimento público. Como se demonstrou no decorrer da segunda seção, a diminuição do risco de solvência externa, com redução consistente da DLSP, associada à redução da vulnerabilidade externa tem possibilitado ao governo atuar de forma mais consistente na formulação de políticas anticíclicas.

Na terceira seção, foi dada ênfase ao esforço empreendido pelo governo para elevar o nível de investimento, tanto público quanto privado. Se os atuais níveis ainda estão aquém dos níveis desejados para a economia brasileira, por outro lado, não se pode negar que esse esforço tem conseguido bons resultados, elevando o investimento público em 2,1 pontos percentuais do PIB desde 2003.

A quarta seção procurou apresentar algumas ações que a Secretaria do Tesouro Nacional tem empreendido para viabilizar uma política considerada estratégica por este governo, qual seja: educação. Ganhos futuros de competitividade serão possíveis com ganhos significativos de capital humano, que só serão viabilizados com a ampliação do acesso democrático à educação de qualidade.

Em resumo, acredita-se que para a consecução de níveis mais elevados e sustentados do crescimento da economia será necessário continuar ampliando os investimentos públicos e promovendo a melhoria na qualidade dos gastos governamentais. Por sua vez, um crescimento mais robusto associado a uma política social eficaz na distribuição de renda e na redução da miséria garantirá um maior nível de bem-estar em uma sociedade brasileira menos desigual.

REFERÊNCIAS BIBLIOGRÁFICAS

ASCHAUER, D. A. "*Is Public Expenditure Productive?*" In: *Journal of Monetary Economics*. v. 23, 1989, p. 177-200.

____. "*Dynamic Output and Employment Effects of Public Capital*". In Working Paper nº 191. *The Jerome Levy Economics Institute*. Abril, 1997.

INSTITUTO DE PESQUISA ECONÔMICA E APLICADA (Ipea). *Brasil em Desenvolvimento: Estado, planejamento e políticas públicas*. Brasília, 2010.

CALDERON, C. e SERVÉN, L. "*The Output Cost of Latin America's Infrastructure GAP.*" In *Central Bank of Chile. Working Paper nº 186*. Out., 2002.

SECRETARIA DO TESOURO NACIONAL. *Resultado do Tesouro Nacional*, vários números.

MINISTÉRIO DA FAZENDA. *Economia Brasileira em Perspectiva*, Brasília, edição especial, 2010.

____. *Economia Brasileira em Perspectiva*. Brasília, 10ª ed., jan.-fev. 2011.

____. *Nota à Imprensa*, divulgada em 15/12/2010.

O câmbio no Brasil: perguntas e respostas

Affonso Celso Pastore* e Maria Cristina Pinotti**

---

* Professor da USP e da EPGE (FGV). Ex-presidente do Banco Central.
** Economista.

OBJETIVOS

POR QUE o câmbio no Brasil se valoriza continuamente desde 2002? Não há uma causa única, mas no curso desta discussão emergirá uma característica dominante da economia brasileira, que é o nível baixo das poupanças domésticas — pública e privada. Isto torna o crescimento econômico dependente da absorção de poupanças externas, na forma de importações líquidas, cujo aumento ocorre através da valorização do câmbio real. Se todas as demais causas apontadas para a valorização do real não existissem, essa dependência com relação às poupanças externas já seria suficiente para transformar o real em uma moeda forte.

Nosso propósito neste trabalho é enfatizar a importância desse efeito, bem como indicar caminhos para superar a limitação que ele impõe ao crescimento econômico. Mas antes de atingir esse ponto temos de avaliar as outras forças por trás do comportamento da taxa cambial. Para fazê-lo temos de responder a cinco perguntas.

Primeira: Qual é o verdadeiro regime cambial brasileiro? Se o caracterizarmos pelo volume das intervenções do Banco Central no mercado de câmbio à vista, ele está mais próximo do regime que existia antes de 1999 do que da flutuação cambial propriamente dita. No entanto, contrariamente ao que ocorria durante o regime no qual o Brasil fixava uma trajetória para a depreciação do real, entre 1994 e 1999, a intensidade das intervenções não tem sido suficiente para evitar a contínua valorização cambial.

Segunda: O que está por trás da contínua valorização do real desde 2002? Uma das causas é o aumento da demanda por ativos brasileiros.

No entanto, contrariamente à resposta preferida por empresários e políticos, não é apenas a elevada taxa de juros no Brasil que, ao atrair capitais de curto prazo, produz esse resultado. A valorização cambial a partir de 2002 deve-se ao aumento da demanda por ativos brasileiros, grande parte dos quais são ativos de longo prazo, que não respondem às taxas de juros, e sim à queda dos riscos macroeconômicos e às perspectivas de crescimento econômico, como são os casos dos investimentos estrangeiros diretos e dos investimentos em ações. Em resumo, a valorização cambial é em grande parte uma consequência da saúde macroeconômica.

Terceira: Por que cresceram as pressões para a valorização do real a partir de 2010? A resposta está na reação dos Estados Unidos à crise, particularmente após o anúncio, em agosto de 2010, de que o Federal Reserve adotaria uma segunda rodada de recompras de títulos de longo prazo do Tesouro, conhecida como Quantitative Easing 2 (QE2). A partir de então, ocorreu a valorização de praticamente todas as moedas em relação ao dólar, evidenciando a causa única desse comportamento — a desvalorização do dólar. O QE2 tem um efeito transitório, que temporariamente acentua a valorização do real, e nesse sentido pode-se dizer que o real está atualmente sobrevalorizado. A reação do governo brasileiro (como de muitos outros) foi: a) intensificar as intervenções no mercado à vista de câmbio, acumulando maciçamente reservas; e b) taxar o ingresso de algumas formas de capitais. Mas apesar disso o câmbio real medido com relação à cesta de moedas continuou a se valorizar.

Quarta: Por que, mesmo diante das intervenções e de controles aos ingressos de capitais, o câmbio real se valoriza? Embora o argumento de que as intervenções esterilizadas no mercado cambial são completamente ineficazes nos pareça exagerado, o fato é que na prática o real continuou se valorizando apesar da intensidade das compras do Banco Central no mercado à vista. Há pelo menos duas razões para isso. A primeira é que o câmbio real no Brasil é fortemente influenciado pelos ganhos de relações de troca. Os ganhos de relação de troca decorrem em larga medida da elevação dos preços internacionais de *commodities*, que depende do crescimento mundial, particularmente da China, mas acentuou-se com a implantação do QE2 nos Estados Unidos. A segunda é a mencionada logo no início deste trabalho: a insuficiência das poupanças domésticas. A consequência é que o crescimento dos investimentos depende da absorção de poupanças externas na forma de aumento das importações líquidas, o que leva ao aumento dos preços dos bens *non-tradables* em relação aos preços dos bens *tradables*, valorizando o câmbio real, que nada mais é do que o preço relativo entre bens *tradables* e *non-tradables*.

Quinta: Como os ganhos de relações de troca afetam as exportações de *commodities* e de produtos manufaturados, e que consequências isto acarreta sobre as importações? Há uma importante assimetria: quem ganha são as *commodities*, porém constata-se que as variações nos preços médios das manufaturas exportadas compensaram em grande parte os movimentos da taxa cambial, evitando perda maior de competitividade.

Na última seção discutimos as sugestões sobre como reagir à nova realidade externa. Não há controvérsias sobre as reações aos movimentos de curto prazo, que temporariamente valorizam o real: usam-se os instrumentos das intervenções e de taxações sobre os ingressos de alguns tipos de capitais. A controvérsia está no que fazer para evitar forças que a longo prazo tornam o real uma moeda mais forte. Na nossa interpretação, a primeira reação deveria consistir em reformas que levassem à elevação das poupanças domésticas, tornando o crescimento econômico menos dependente da absorção de poupanças externas. O governo teria de mudar radicalmente os objetivos da política fiscal: o que interessa não é mais a geração de superávits fiscais primários, mas sim a elevação da poupança do setor público, o que significa cortar gastos correntes relativamente às receitas tributárias. Mas somos céticos quanto à determinação de fazê-lo, o que nos diz que teremos de conviver com um real mais forte do que no passado. Para conviver com ele a política fiscal novamente teria de ser chamada. Em primeiro lugar teria de desonerar plenamente as exportações de tributos sobre o valor adicionado, o que requer uma reforma completa do ICMS. Da mesma forma, o país precisaria encarar outras desonerações tributárias, como os impostos sobre energia elétrica, bens de capital e folha de pagamentos.

QUAL É O REGIME CAMBIAL BRASILEIRO?

O Brasil aderiu à flutuação cambial no início de 1999. Mas se caracterizarmos o regime cambial brasileiro não pelo comportamento da taxa cambial, e sim pela intensidade das intervenções, a partir de janeiro de 2006 o Brasil vem praticando um regime cambial muito distante do câmbio flutuante puro.

Entre 1994 e 1999 o câmbio era reajustado em uma trajetória prefixada. Neste regime (tanto quanto no regime de câmbio fixo), o Banco Central tem de estar pronto a comprar ou a vender quaisquer que sejam os fluxos cambiais de entrada e de saída para manter o câmbio preso àquela trajetória. Já no regime *puro* de câmbio flutuante o Banco Central nem compra, nem vende: o aumento de fluxos de entrada leva à valorização do câmbio, e o aumento dos fluxos de saída leva à sua desvalorização.

No Gráfico 1 estão superpostas a taxa cambial (o câmbio nominal) e as compras e vendas de dólares por parte do Banco Central no mercado à vista de câmbio. No regime de câmbio com trajetória prefixada (entre as duas primeiras barras verticais no Gráfico 1) eram frequentes as intervenções de compra e venda. Já no regime de câmbio flutuante há dois períodos distintos. No primeiro, entre a segunda e a terceira barra vertical (localizada ao final de 2005), as intervenções eram muito pequenas. Havia nesse período uma flutuação cambial quase pura. Já à direita da última barra vertical, no início de 2006, as intervenções são mais intensas do que no período entre 1994 e 1999.

Três observações cabem neste ponto. Primeiro, a intensidade das intervenções no último período é tão forte, que por este critério o regime cambial se assemelha ao que existia quando o real seguia uma trajetória prefixada. Segundo, contrariamente ao que ocorria entre 1994 e 1999, apesar da intensidade das intervenções o câmbio não deixou de se valorizar. Terceiro, ao contrário do que ocorria entre 1994 e 1999, quando havia uma alternância de compras e vendas, neste segundo período em quase todos os meses (a exceção são os quatro meses mais agudos da crise mundial de 2008) somente ocorreram compras. Foram compras tão intensas que de janeiro de 2006 até o presente o Brasil acumulou um adicional de mais US$ 274 bilhões de reservas.

Gráfico 1
CÂMBIO NOMINAL E INTERVENÇÕES DO BC NO MERCADO DE CÂMBIO

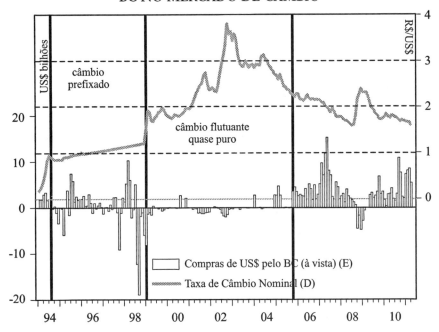

Qual o motivo dessas intervenções intensas? A explicação oficial é que com isso buscava-se a acumulação de reservas. Este é, de fato, um objetivo de política econômica, mas não era o único. O outro, não declarado, é a busca para, pelo menos, evitar uma valorização mais intensa do real.

O QUE ESTÁ POR TRÁS DA CONTÍNUA VALORIZAÇÃO CAMBIAL DESDE 2002?

Não há apenas uma única causa por trás da contínua valorização cambial desde 2002, mas uma, muito importante, é o aumento progressivo da demanda por ativos brasileiros a partir de 2002, derivada da adesão do país à disciplina macroeconômica, junto com a melhoria do cenário internacional.

A grande queda da percepção de riscos macroeconômicos ocorreu quando o governo Lula, logo no início, se comprometeu a manter o mesmo tripé implantado no governo anterior: superávits fiscais primários; metas de inflação; e flutuação cambial. Buscava, com isso, a redução da dívida pública; a sua desdolarização; o controle da inflação; e o aumento da liquidez externa do país. A percepção da seriedade do compromisso com esses objetivos reduziu drasticamente a percepção de riscos, elevando a demanda por ativos brasileiros. O modelo de prêmio de risco apresentado no Apêndice 2 mostra a importância empírica das variáveis explicativas do comportamento do Embi-Brasil.

Os ativos brasileiros podem ser demandados quer no mercado financeiro internacional (como é o caso de bônus de dívida soberana), quer no mercado financeiro doméstico (como é o caso de títulos da dívida pública em reais). O aumento da demanda no mercado financeiro internacional eleva os preços dos bônus brasileiros no mercado secundário, o que eleva seus *yields*, reduzindo seus prêmios de risco; e o aumento da demanda no mercado financeiro por parte de estrangeiros eleva o ingresso de dólares para permitir as compras, valorizando o real. Ou seja, a queda na percepção de riscos macroeconômicos produz, ao mesmo tempo, a baixa dos prêmios de risco e a valorização cambial. Prêmios de risco mais elevados e câmbio mais desvalorizado ocorrem quando cresce a percepção de riscos.

É isso que está por trás da elevada correlação positiva entre os prêmios de risco, medidos pelo Embi-Brasil, e o câmbio nominal (Gráfico 2). Não há nessa correlação positiva (que no período mostrado no gráfico é de 0,7) nenhuma sugestão quanto à ordem de causalidade. Na realidade os movimentos dos prêmios de risco e da taxa cambial são consequência de uma terceira variável, que é a percepção da queda dos riscos macroeconômicos. Ou seja, o câmbio era depreciado quando o Brasil não tinha disciplina macroeconômica, e a partir do momento em que adquiriu mais disciplina o real tendeu a se fortalecer.

210

GRÁFICO 2
EMBI-BRASIL E CÂMBIO NOMINAL — DADOS DIÁRIOS

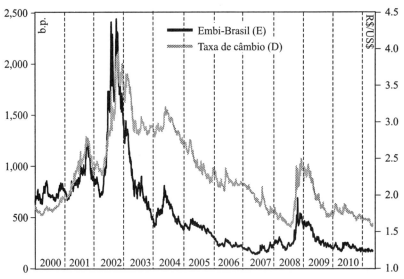

Que ativos brasileiros são comprados no mercado doméstico? Será que são somente capitais de curto prazo que buscam os ganhos do diferencial de taxas de juros, ou assistimos a um elevado ingresso de capitais de longo prazo? Em todo esse período há ingressos de capitais de curto prazo, mas há, também, um forte ingresso de capitais de longo prazo, que não são diretamente estimulados pelo diferencial de taxa de juros.

No grupo dos capitais de longo prazo há duas classes: a) os investimentos estrangeiros diretos; e b) os investimentos em porfólio, quer em ações, quer em renda fixa. No Gráfico 3 estão os ingressos de investimentos estrangeiros diretos e no Gráfico 4 estão os ingressos em portfólio. Em ambos os gráficos também representamos as barras verticais que separam as variantes de regimes cambiais descritas na seção anterior. Antes de 2006 o maior ingresso ocorre em investimentos estrangeiros diretos, estimulados pelo programa de privatizações implementado no governo FHC. Entre o início da flutuação cambial e o final de 2005 os ingressos em porfólio de renda fixa e em ações oscilam em torno de zero, e os investimentos diretos mostram uma tendência declinante.

Mas do início de 2006 em diante ambos entram em forte tendência crescente, apenas interrompida transitoriamente pela crise de 2008. Nos últimos 12 meses ingressaram em torno de US$ 60 bilhões em investimentos diretos, dos quais US$ 50 bilhões em participação no capital e em torno de US$ 10 em empréstimos entre companhias, e ingressaram pouco mais de US$ 60 bilhões em portfólio, dos quais um pouco mais de US$ 50 bilhões em ações.

GRÁFICO 3
INVESTIMENTOS ESTRANGEIROS DIRETOS

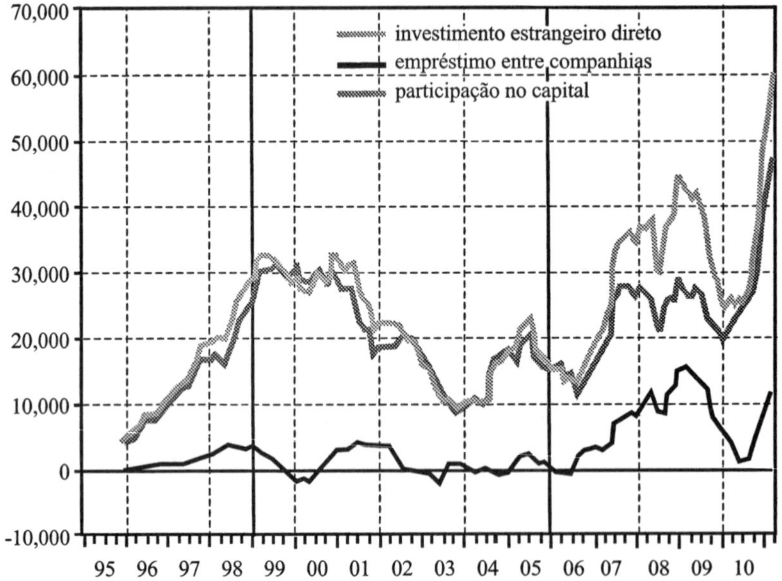

Os fortes ingressos de investimentos diretos e de porfólio de renda variável, cuja soma nos últimos 12 meses atingiu US$ 100 bilhões, aproximadamente, não são induzidos pelo diferencial de taxa de juros. São atraídos pelas boas perspectivas econômicas do Brasil, que baixou os riscos macroeconômicos e vem crescendo a taxas mais elevadas do que a média dos últimos 10 anos, e ao mesmo tempo são empurrados para dentro do Brasil devido à abundante liquidez no mercado financeiro internacional.

GRÁFICO 4
INVESTIMENTOS EM PORTFÓLIO

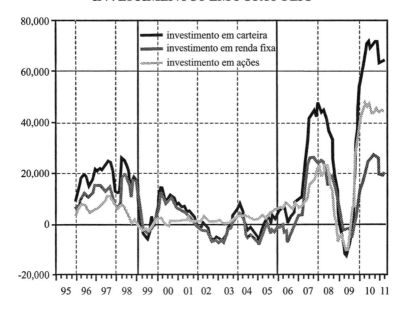

POR QUE A PARTIR DE 2010 CRESCEU A PREOCUPAÇÃO COM A VALORIZAÇÃO?

Em 2010 o Federal Reserve iniciou o QE2 (um programa de recompra de títulos de longo prazo do Tesouro dos Estados Unidos), que acentuou a desvalorização do dólar com relação a praticamente todas as moedas. Por isso cresceram as pressões para a valorização do real, o que ensejou reações do governo brasileiro.

A importância da desvalorização do dólar pode ser vista comparando os índices das taxas cambiais mostradas no Gráfico 5. Os índices para oito países (dólar australiano; dólar canadense; peso chileno; euro; libra; dólar neozelandês; rande sul africano; e real) têm a base 100 na média do período do gráfico. Na Tabela 1 está a matriz de correlações, par a par, entre esses índices. O fato de que todas as moedas caminham juntas, com correlações muito altas, evidencia claramente que por trás desse movimento está a desvalorização do dólar norte-americano, que foi acentuada com a implantação do QE2.

Gráfico 5
TAXAS CAMBIAIS EM RELAÇÃO AO DÓLAR PARA VÁRIOS PAÍSES

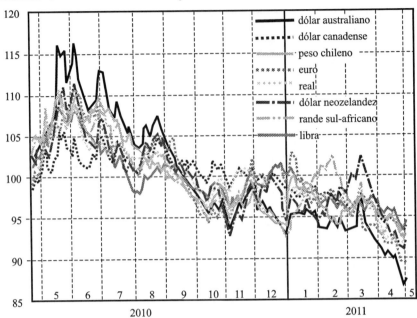

Tabela 1
MATRIZ DE CORRELAÇÕES

	real	Dólar Austral.	Dólar Canad.	Peso Chile	Euro	Libra	Dólar Neozel.	Rande
real	1.000000							
Dólar Austral.	0.947886	1.000000						
Dólar Canad.	0.892720	0.882825	1.000000					
Peso Chile	0.881666	0.939623	0.743234	1.000000				
Libra	0.899781	0.908812	0.818363	0.831564	1.000000			
Dólar Neozel.	0.877549	0.880587	0.761032	0.850108	0.912811	1.000000		
Rande	0.886149	0.938214	0.801301	0.846984	0.854610	0.850319	1.000000	
Dólar Austral.	0.878484	0.922203	0.749998	0.907945	0.816976	0.798171	0.855203	1.000000

Duas foram as reações do governo brasileiro. Primeiro, foram retomados os controles nos ingressos de capitais, elevando para 6% o IOF para os ingressos em portfólio de renda fixa. Segundo, contrariamente à suspeita de que o governo teria "largado o real", deixando que ele se valorizasse para ajudar o Banco Central na sua tarefa de combater a inflação, intensificaram-se as intervenções no mercado à vista (Gráfico 6). Foram realizadas compras no mercado à vista que nos últimos quatro meses atingiram a média de US$ 7,3 bilhões por mês. Foram compras tão intensas que adicionaram às reservas um fluxo total próximo ao estoque total de reservas existente ao final do governo FHC. Mais do que isso, foram tão intensas que provocaram a explosão do cupom cambial (Gráfico 7).

GRÁFICO 6
COMPRAS DO BANCO CENTRAL NO MERCADO À VISTA

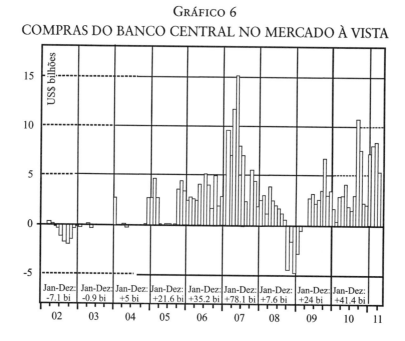

Gráfico 7
CUPOM CAMBIAL

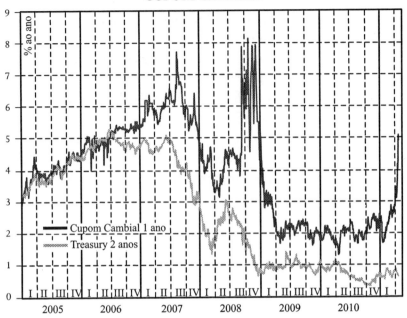

POR QUE APESAR DO ESFORÇO CONTRÁRIO O CÂMBIO REAL SE VALORIZA?

Essa valorização é uma consequência de duas forças. A primeira são os ganhos de relações de troca. A segunda é o fato de que o Brasil é um país no qual o aumento dos investimentos depende da complementação de poupanças externas, porque as poupanças domésticas são baixas. A absorção de poupanças externas se faz com o aumento das importações líquidas, mas para que elas possam se elevar têm de se tornar mais baratas, o que exige a valorização do câmbio real.

Olhemos primeiramente para as relações de troca, mas antes de analisar o caso brasileiro, concentremo-nos por um momento no comportamento do dólar australiano, mostrado no Gráfico 5.

O gráfico mostra que o dólar australiano foi a moeda que mais se valorizou depois de implantado o QE2. Em junho de 2010 ele estava 15% desvalorizado com relação à sua média no período (seu índice chegou próximo de 115), e no último mês estava 10% valorizado com relação à média (seu índice atingiu perto de 90). A desvalorização da moeda norte-americana atua valorizando as demais moedas através de canais de transmissão, mas no caso australiano o diferencial de juros não foi um desses canais, simplesmente porque a taxa de juros daquele país é muito próxima da dos Estados Unidos. O canal de transmissão relevante, no caso da Austrália, foi a elevação dos preços de *commodities*.

O câmbio real é um preço relativo (entre bens *tradables* e *non-tradables*), e responde aos estímulos de variáveis reais. Por isso os ganhos de relação de troca tendem a valorizar o câmbio real em países cujas exportações de *commodities* são elevadas. No caso brasileiro, tanto quanto no caso da Austrália, ganhos de relações de troca ocorrem quando os preços das *commodities* se elevam.

Nos últimos anos há uma associação clara entre a elevação dos preços internacionais de *commodities* e os ganhos de relações de troca no Brasil. Esses ganhos foram ainda maiores a partir de 2009, quando os preços das exportações (que sempre seguiram de perto a elevação dos preços internacionais de *commodities*), responderam ao ciclo internacional de elevação dos preços das *commodities*. Mas isso não ocorreu com os preços das importações, que reagiram mais lentamente (Gráfico 8). A partir de 2009 o Brasil ganhou perto de 30% de relações de troca.

A correlação inversa entre as relações de troca e o câmbio real não é um fenômeno recente no Brasil (Gráfico 9). Entre 1994 e 2011 a correlação inversa é -0,63.

Olhemos agora para o fato de que no Brasil as poupanças domésticas são baixas, e que os investimentos dependem da absorção de poupanças externas, na forma de aumento das importações líquidas.

GRÁFICO 8
ÍNDICE CRB E PREÇOS EM DÓLARES DAS
EXPORTAÇÕES E IMPORTAÇÕES BRASILEIRAS

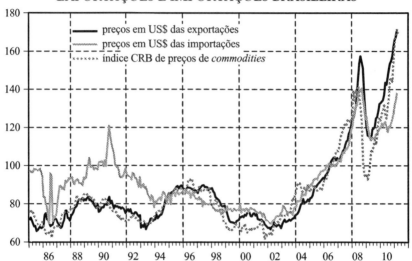

GRÁFICO 9
CORRELAÇÃO INVERSA ENTRE O
CÂMBIO REAL E AS RELAÇÕES DE TROCA

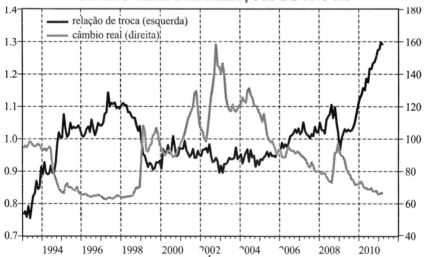

Contabilmente um superávit nas contas-correntes (exportações líquidas positivas) é o excesso de exportações sobre as importações de bens e serviços, mas economicamente ela pode ser vista: ou como o excesso da absorção (a soma da formação bruta de capital fixo e dos consumos das famílias e do governo) sobre a renda; ou como o excesso das poupanças totais domésticas sobre os investimentos.[1] No Gráfico 10 superpomos a formação bruta de capital fixo às importações líquidas, ambos medidos em proporção ao PIB, e no Gráfico 11 mostramos o diagrama de dispersão entre estas duas variáveis. É claro que quando a taxa de investimentos se eleva ocorre, também, um aumento das importações líquidas, e isso se deve ao fato de que ao aumento dos investimentos não corresponde um aumento suficiente das poupanças totais domésticas. Dito de outra forma, o aumento dos investimentos provoca o crescimento da absorção acima do PIB, porque não ocorre nem uma queda suficientemente grande do consumo das famílias, nem do consumo do governo, que provocariam a elevação das poupanças domésticas. Com isso fica estabelecido o fato empírico de que no Brasil o aumento dos investimentos requer a complementação de poupanças externas. Mas por que isso levaria à valorização do câmbio real?

O câmbio real é um preço relativo, entre bens *tradables* e *non-tradables*, e o aumento da absorção relativamente à renda provoca a sua apreciação. Para mostrar esse ponto partimos de uma situação inicial na qual os investimentos são iguais às poupanças domésticas (a absorção é igual à renda), com importações líquidas nulas. Admitamos que a partir desse ponto a absorção doméstica se eleva acima da renda (os investimentos crescem acima das poupanças domésticas), levando a um

---

[1] Para simplificar admitimos nula a renda líquida enviada ao exterior. A oferta total de bens e serviços é obtida somando o produto, Y, às importações, M, e a demanda agregada de bens e serviços é obtida somando o consumo das famílias, C, aos investimentos, I, ao consumo do governo, G, e às exportações, X (a demanda externa). O equilíbrio impõe a igualdade $Y+M=C+I+G+X$, ou $(X-M)=Y-(C+I+G)$, onde as exportações líquidas, $(X-M)$, são iguais ao saldo nas contas-correntes (a renda enviada ao exterior é nula), e $(C+I+G)$ é a absorção. Somando e subtraindo a arrecadação tributária, T, obtemos $[(Y-T)-C]+(T-G)-I=(X-M)$, onde $(Y-T)$ é a renda disponível. A diferença entre a renda disponível e o consumo é a poupança das famílias, e a diferença entre a arrecadação tributária e o consumo do governo é a poupança do setor público. Ou seja a poupança das famílias é $S_f=[(Y-T)-C]$, e a poupança pública é $(T-G)=S_p$, e fazendo $S=S_f+S_p$ obtemos $S-I=X-M$, ou seja, as exportações líquidas (o superávit nas contas-correntes) é o excesso das poupanças sobre os investimentos.

GRÁFICO 10
FORMAÇÃO BRUTA DE CAPITAL FIXO E IMPORTAÇÕES LÍQUIDAS

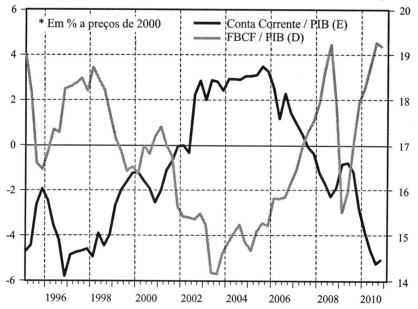

aumento nas importações líquidas. Expansão da demanda doméstica significa aumento quer da demanda por bens *tradables*, quer da demanda por bens *non-tradables*. Mas com um dado valor do câmbio nominal o preço nominal dos *bens tradables* não se altera (ele é o produto do câmbio nominal pelo preço internacional, e lembremos que este último não se altera, porque o Brasil é um "tomador de preços" no mercado internacional). Em contrapartida, o aumento da demanda de bens *non-tradables* leva ao aumento de seu preço relativo (os salários, por exemplo), e como o câmbio real é o preço relativo entre bens *tradables* e *non-tradables*, este se valoriza. A valorização do câmbio real é necessária para levar ao aumento das importações líquidas, que conduzem à elevação da taxa de investimentos.

Por quais canais essa valorização ocorre? Ela pode ser tanto decorrente de uma apreciação do câmbio nominal, sem que os preços dos bens *non-tradables* se alterem no mercado doméstico; quanto de uma elevação dos preços dos bens *non-tradables*, isto é, através de uma inflação (caso o câmbio nominal não se aprecie).

GRÁFICO 11
DIAGRAMA DE DISPERSÃO ENTRE FORMAÇÃO BRUTA
DE CAPITAL FIXO E IMPORTAÇÕES LÍQUIDAS

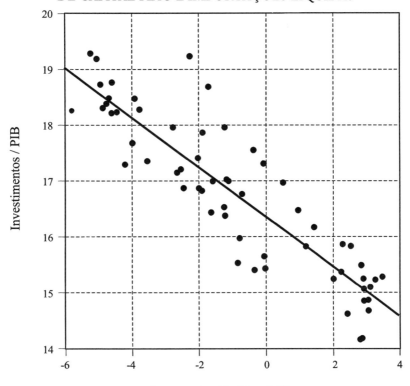

No Gráfico 12 mostramos o comportamento do câmbio real. A sua valorização após 2002 é em grande parte explicada pelos movimentos do câmbio nominal. Mas a inflação (de bens *non-tradables* e serviços) também teve a sua parte pelo menos em dois episódios. O primeiro ocorreu após a implantação do Plano Real, entre 1994 e 1999. Note-se que nesse período o câmbio real se valorizou apesar do câmbio nominal ter uma trajetória prefixada de desvalorização. O segundo vem ocorrendo depois de 2010, quando se intensificaram as intervenções do Banco Central no mercado à vista, buscando evitar uma apreciação do real com relação ao dólar, e quando assistimos novamente a uma forte inflação de serviços.

GRÁFICO 12
TRÊS MEDIDAS DO CÂMBIO REAL

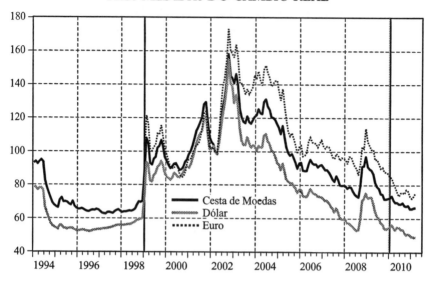

COMO AS RELAÇÕES DE TROCA AFETAM AS EXPORTAÇÕES E IMPORTAÇÕES?

Para as exportações como um todo a valorização do câmbio real com relação à cesta de moedas é compensada pela elevação dos preços das exportações medidos em dólares. As evidências empíricas que suportam essa afirmação estão no Apêndice A, que mostra que: a) o valor em dólares das exportações responde significativamente ao câmbio real e aos preços em dólares das exportações; b) a elasticidade das exportações aos preços é um pouco maior do que com relação ao câmbio real. Mas os preços dos produtos manufaturados cresceram menos do que os preços dos produtos básicos (Gráfico 13). Quanto isso representa em termos de perdas de competitividade?

A resposta obviamente não pode ser dada olhando apenas para o câmbio real. Uma medida mais precisa ocorre computando-se o produto do câmbio real pelos preços em dólares de manufaturados, semi-

GRÁFICO 13
PREÇOS EM DÓLARES DE IMPORTAÇÕES E DE
EXPORTAÇÕES DE BÁSICOS E MANUFATURADOS

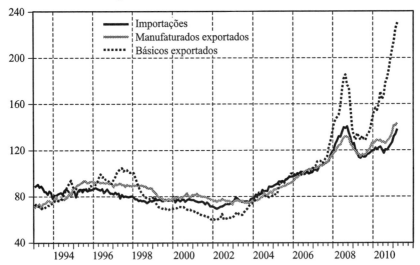

manufaturados e básicos. Consideramos dois casos. No primeiro os exportadores vendem esses produtos na mesma diversificação geográfica média da pauta brasileira de exportações, e neste caso a medida de câmbio real usada é a referida à cesta de moedas. No segundo admitimos que as exportações são dirigidas apenas aos Estados Unidos e a países com as moedas presas ao dólar (como a China), e neste caso usamos o câmbio real com relação ao dólar.

No Gráfico 14 estão as medidas usando a cesta de moedas e no Gráfico 15 estão as medidas usando o dólar. Em ambos os casos nos últimos anos as exportações de produtos básicos tornam-se extremamente mais competitivas. No ano de 2007, antes do estouro da crise internacional, elas se beneficiaram da forte elevação dos preços de *commodities*; passaram por uma fase pior quando a crise levou a uma forte queda nos preços internacionais de *commodities* que não foi compensada pela depreciação de nenhuma das duas medidas de câmbio real; e voltaram a se beneficiar da recente elevação de preços de *commodities*, que mais do que compensou a valorização das duas medidas de câmbio real.

Gráfico 14
PRODUTO DO CÂMBIO REAL NA CESTA DE MOEDA PELOS PREÇOS DE EXPORTAÇÃO E IMPORTAÇÃO

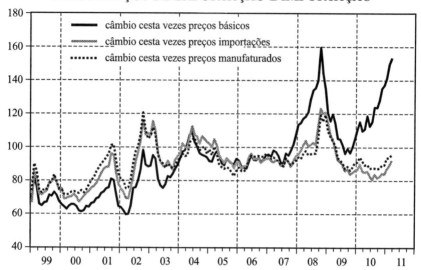

Gráfico 15
CÂMBIO REAL RELATIVO AO DÓLAR VEZES PREÇOS DE EXPORTAÇÕES E IMPORTAÇÕES

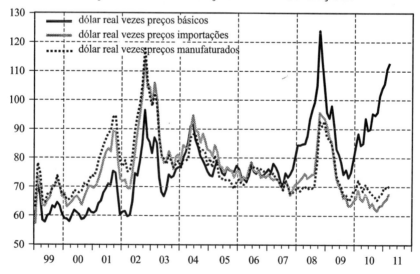

Já para os exportadores de produtos manufaturados para os Estados Unidos e para países com moedas atreladas ao dólar norte-americano a perda de competitividade vem ocorrendo continuamente. Mas ela é bem menor do que a estimada pela valorização do real, e é ainda menor caso se exporte em uma diversificação geográfica próxima da existente na pauta brasileira de exportações. Obviamente quem exportar manufaturados para os países cujas moedas vêm se valorizando com relação ao dólar tem perdas ainda menores, ou eventualmente até ganhos.

O caso das importações é semelhante ao das exportações de produtos manufaturados. Importações provenientes dos Estados Unidos ou de produtos cotados em dólares têm seus preços convertidos em reais mostrando queda contínua.

QUAIS SÃO OS CAMINHOS?

Em situações de valorizações transitórias excessivas, como a que vem ocorrendo em resposta à crise internacional, o governo reage intervindo mais pesadamente e/ou "colocando areia nas rodas" dos ingressos de capitais, evitando uma sobrevalorização. A grande maioria dos países lança mão desses instrumentos. O que nos interessa mais de perto, diante da análise exposta neste trabalho, é como reagir ao movimento permanente de valorização do real.

A primeira providência é elevar as poupanças totais domésticas, de forma a tornar o crescimento econômico menos dependente da absorção de poupanças externas. Para isso é necessário redefinir completamente os objetivos da política fiscal. Há alguns anos, quando o Brasil sofria do problema da não sustentabilidade da dívida pública, tinha que gerar superávits primários suficientemente grandes para, dadas a taxa real de juros e a taxa de crescimento econômico, produzir o declínio da relação dívida/PIB. Agora teria de dar um passo além, cortando gastos de custeio em relação às receitas de forma a elevar simultaneamente suas poupanças e os seus investimentos.

A segunda providência é tomar medidas no campo tributário para elevar a competitividade das exportações. É preciso, primeiro, que os impostos sobre o valor adicionado permitam a total isenção nas exportações, o que não existe atualmente com o ICMS. É necessário reformar completamente o ICMS. O ideal é que as receitas sejam dos estados, mas a legislação seja federal, de forma a tolher o poder dos estados na concessão de incentivos e isenções. O ICMS também teria de ser recolhido de acordo com o princípio do destino, e não da origem, de forma a eliminar o problema da não utilização dos créditos tributários. São necessárias ainda a desoneração da tributação sobre a folha de pagamento e a queda drástica de impostos sobre energia elétrica e bens de capital.

APÊNDICE 1

Na tabela abaixo, está um modelo explicativo das exportações. XTOT_SA representa o valor mensal em dólares (sazonalmente ajustado) das exportações brasileiras; WEXPORTS_SA é o valor em dólares das exportações mundiais; CESTA é o câmbio real medido com relação à cesta de moedas; XPTOTAL_SA é o preço médio em dólares das exportações brasileiras. Foi incluído um termo MA(1) para tornar os resíduos aleatórios.

Dependent Variable: LOG(XTOT_SA)
Method: Least Squares
Date: 05/15/11   Time: 11:20
Sample (adjusted): 1999M01 2011M03
Included observations: 147 after adjustments
Convergence achieved after 6 iterations
MA Backcast: 1998M01 1998M12

Variable	Coefficient	Std. Error	t-Statistic	Prob.
LOG(WEXPORTS_SA)	0.695955	0.086446	8.050732	0.0000
LOG(CESTA)	0.181089	0.054069	3.349242	0.0010
LOG(XPTOTAL_SA)	0.245726	0.082330	2.984638	0.0033
LOG(XTOT_SA(-1))	0.425944	0.069727	6.108737	0.0000
C	-1.389549	0.386043	-3.599467	0.0004
MA(12)	-0.331544	0.084119	-3.941368	0.0001
R-squared	0.987524	Mean dependent var	9.043924	
Adjusted R-squared	0.987081	S.D. dependent var	0.520804	
S.E. of regression	0.059195	Akaike info criterion	-2.776005	
Sum squared resid	0.494068	Schwarz criterion	-2.653946	
Log likelihood	210.0364	Hannan-Quinn criter.	-2.726411	
F-statistic	2232.089	Durbin-Watson stat	1.993484	
Prob(F-statistic)	0.000000			
Inverted MA Roots	.91	.79+.46i	.79-.46i	.46+.79i
	.46-.79i	.00+.91i	.00-.91i	-.46+.79i
	-.46-.79i	-.79-.46i	-.79+.46i	-.91

APÊNDICE 2

Na tabela a seguir, mostramos a estimação do modelo explicativo dos prêmios de risco. EMBI-BRASIL é o prêmio de risco; IPCA12M é a taxa de inflação em 12 meses; NSFPRIMÁRIO é o superávit primário; DIVLIQPUBEXPIB é a dívida pública externa menos as reservas; FEDFUND é a taxa de juros de certo prazo nos Estados Unidos; e HIGHYIELD é uma medida de aversão ao risco. Além delas incluímos três variáveis *dummy*, cujos coeficientes também diferiram significativamente de zero. Elas captam os choques da crise russa; da transição do regime de câmbio fixo para o câmbio flutuante, em 1999; e da crise de confiança na transição FHC para Lula, em 2002 e 2003.

PRÊMIOS DE RISCO DEPENDENT VARIABLE: LOG (EMBI-BRASIL) METHOD: LEAST SQUARES

Variable	Coefficient	Std. Error	t-Statistic	Prob.
C	0.363943	0.362758	1.003267	0.3172
LOG(IPCA12M)	0.108291	0.023405	4.626745	0.0000
LOG(FEDFUND)	0.041651	0.023258	1.790836	0.0752
LOG(HIGHYIELD)	0.584759	0.070236	8.325689	0.0000
NFSPPRIMARIO	0.064281	0.013972	4.600624	0.0000
DIVLIQPUBEXTPIB	0.043735	0.006097	7.172870	0.0000
DUMMYRUSSIA	0.268406	0.087698	3.060573	0.0026
DUMMYBRAZIL99	0.169351	0.083496	2.028254	0.0442
DUMMYBRAZIL2002	0.072422	0.073861	0.980514	0.3283
LOG(EMBIBRASIL(-1))	0.335406	0.081330	4.124000	0.0001
MA(1)	0.621413	0.089570	6.937709	0.0000
MA(2)	0.386007	0.103231	3.739247	0.0003
MA(3)	0.215804	0.084798	2.544915	0.0119
R-squared	0.974180	Mean dependent var	6.338479	
Adjusted R-squared	0.972291	S.D. dependent var	0.615737	
S.E. of regression	0.102496	Akaike info criterion	-1.647371	
Sum squared resid	1.722899	Schwarz criterion	-1.414095	
Log likelihood	158.7924	Hannan-Quinn criter.	-1.552764	
F-statistic	515.6374	Durbin-Watson stat	1.916839	
Prob(F-statistic)	0.000000			

Ajuste fiscal inteligente: controlando a inflação e preparando o crescimento de longo prazo

Raul Velloso* e Marcos Mendes**

---

* Consultor especializado em contas públicas. Ex-secretário de Assuntos Econômicos do Ministério do Planejamento.
** Consultor Legislativo do Senado Federal.

INTRODUÇÃO

ESTE ESTUDO PROCURA mostrar que o cenário favorável vivido pela economia brasileira no período 2003-2010 (com breve interregno na crise de 2009) tem razoável probabilidade de se esgotar: a economia dá mostras de superaquecimento, a inflação pressiona, há deterioração das contas fiscais (apesar de estarmos em um auge de ciclo econômico) e o déficit em transações correntes se eleva. A equipe econômica parece apostar em um cenário benigno, em que a situação internacional evolua de modo favorável ao país, o que viabilizaria mais alguns anos de crescimento econômico sem grandes prejuízos no que diz respeito à inflação e contas externas.

Consideramos arriscado apostar na realização de um determinado cenário externo, quando não temos nenhum controle sobre o volátil cenário econômico internacional. Também consideramos que os fatores internos que geraram ganhos de produtividade (privatização, reformas microeconômicas, abertura comercial), que permitiram um aumento da taxa de crescimento de equilíbrio da economia, estão se esgotando, sendo necessárias novas reformas.

O fio da meada para evitar a deterioração da inflação e das contas externas, bem como o seu consequente efeito negativo sobre as expectativas de crescimento de longo prazo, seria um ajuste fiscal "inteligente" baseado no controle da despesa corrente, na gestão e seleção criteriosa dos investimentos públicos, e na maior participação do setor privado nos investimentos de infraestrutura.

Isso reduziria a pressão sobre a demanda agregada, os preços e as importações (contendo o déficit em transações correntes); permitiria que o Banco Central praticasse uma política de juros mais branda; viabilizaria a desoneração tributária das empresas e a racionalização do sistema tributário; desestimularia a valorização cambial; e diminuiria a dependência do país em relação às *commodities*.

A complementação dessas medidas, com outras que melhorem o ambiente de negócios, elevaria a Produtividade Total dos Fatores (PTF), permitindo ao país obter saltos relevantes de Produtividade, ampliando seu potencial de crescimento.

O ajuste fiscal "inteligente" também resultaria em expansão mais rápida do estoque de capital da economia. Associar essa política a um redirecionamento das despesas públicas para a formação de capital humano, em detrimento de políticas de subsídio creditício ao investimento privado, estimularia ainda mais o crescimento de longo prazo.

O tópico seguinte descreve o que nos parece ser o esgotamento da conjuntura econômica favorável dos últimos anos. O segundo tópico apresenta o discurso oficial em defesa da política econômica e as premissas que embasam tal raciocínio. O terceiro expõe um caminho alternativo de política econômica que, com base em um ajuste fiscal inteligente, buscaria conciliar o controle da inflação e a estabilização do câmbio, no curto prazo, com a ampliação do potencial de crescimento de longo prazo. No quarto tópico é analisada a situação fiscal em detalhes, como forma de fazer um diagnóstico do ajuste fiscal necessário. A conclusão apresenta uma sugestão de medidas que comporiam um ajuste fiscal inteligente.

O ESGOTAMENTO DA CONJUNTURA FAVORÁVEL DOS ANOS RECENTES

No período 2003-2010 a economia brasileira contou com condições externas muito favoráveis (exceto pelo episódio da crise de liquidez internacional em 2009). Passado o período mais agudo da crise de 2009, o baixo crescimento nos Estados Unidos e na Europa foi compensado pelo rápido crescimento chinês, que impulsionou o preço das *commodities* vendidas pelo Brasil. A estagnação dos Estados Unidos e da Europa, embora tenha estreitado o mercado para as exportações brasileiras, produziu o efeito colateral de baratear diversos insumos e bens de consumo importados pelo Brasil.

Daí decorreram significativos ganhos nos termos de troca internacional. O aumento de renda gerado pela expansão das exportações estimulou consumo e investimentos domésticos, que puderam ser realizados, sem maior impacto inflacionário, por meio da expansão das importações (a preços reduzidos).

Houve progressos também no *front* interno. Como mostra Veloso (2011), a eficiência agregada da economia brasileira (Produtividade Total dos Fatores — PTF) reverteu uma tendência de queda observada desde o início da década de 1980. De acordo com esse autor,

> é possível que a mudança na trajetória da PTF brasileira observada a partir de 2004 esteja associada a ganhos de eficiência propiciados pela estabilização da economia e pelas reformas da década de 1990, como a abertura e as privatizações. As reformas microeconômicas implementadas em 2003-2005, como a criação do crédito consignado e a aprovação da Lei de Falências, também pode ter tido um papel importante para reduzir os custos de transações econômicas e, dessa forma, elevar a produtividade (Velloso, 2011, p. 70).

Os fatores positivos externos e internos propiciaram um salto na taxa média de crescimento real do PIB, que passou de 2,8% a.a. no período 1995-2003, para 4,4% no período 2004-2010.

O crescimento econômico levou à expansão da receita fiscal, o que permitiu ao governo aumentar seus gastos sem afetar significativamente o resultado fiscal primário. Apenas em 2010 as contas públicas começaram a dar sinais preocupantes.

O crescimento econômico viabilizou a formalização da mão de obra que, conjugada com programas de assistência social, levou à redução das desigualdades de renda.

O saldo da balança comercial, embora tenha caído de 5% para 1% do PIB entre 2005 e 2010,[1] não chegou a se transformar em déficit, pois

---

[1] Fonte: Banco Central do Brasil, Séries temporais.

a expansão da receita de exportações (em função do efeito-preço das *commodities*) compensou o aumento das importações.

Até meados de 2010 tudo parecia conspirar a favor da economia brasileira, colocando o país em destaque no cenário econômico internacional. Ao final de 2010 algumas luzes de alerta começaram a surgir indicando sinais de superaquecimento. A inflação mostrou tendência de alta persistente (fechando o ano em 5,9%, contra uma meta de 4,5%). Em abril de 2011 a média das expectativas de mercado para o IPCA acumulado no ano já chegavam a 6,32%[2] e o Banco Central já havia anunciado a desistência de perseguir o centro da meta nesse ano.

Há sinais de escassez de mão de obra, com as taxas de desemprego batendo recorde de baixa.

O resultado primário do Governo Federal caiu fortemente, induzindo o governo a fazer manobras contábeis, antecipar receitas e postergar despesas para se aproximar da meta fiscal.

O saldo em transações correntes no Balanço de Pagamentos deteriorou-se bastante: um superávit de 1,8% do PIB em 2004 transformou-se em um déficit de 2,3% do PIB em 2010. A experiência recente da economia brasileira mostra que um déficit em transações correntes da ordem de 4% do PIB já é motivo para bastante insegurança em relação à liquidez internacional do país: em 1999 foi esse o nível de déficit que gerou uma crise de Balanço de Pagamentos. Não obstante, vivemos hoje uma forte entrada de capital, que tem financiado com folga a necessidade de divisas do país gerando, inclusive, acúmulo recorde de reservas internacionais que, no início de 2011, superaram os US$ 300 bilhões.

Tal entrada de capital, contudo, não é apenas uma benção. Ela é decorrência, principalmente, da forte expansão monetária promovida pelo Banco Central dos Estados Unidos. Ela gera pressão inflacionária em escala mundial (e explica, em parte, o comportamento ascendente da inflação brasileira). Também provoca uma forte valorização do real, ameaçando a competitividade de vários setores produtivos nacionais. Reduz a margem de manobra da política monetária, pois elevações mais

---

[2] Fonte: Banco Central do Brasil, Séries temporais.

ousadas dos juros tendem a ampliar a atração de capital. Dá origem a um alto custo fiscal de acúmulo de reservas internacionais pelo governo, que para comprar e estocar divisas (evitando maior valorização do real), precisa se financiar em reais (tomando empréstimos a uma taxa de juros elevada) para manter ativos de rentabilidade real próxima de zero.

O futuro da economia brasileira parece fortemente condicionado ao que ocorrerá com os Estados Unidos, a Europa e a China. Em um cenário benigno de recuperação gradual da economia dos Estados Unidos e da Europa, com reequilíbrio de suas contas fiscais e desaceleração suave da China, pode-se esperar o fim da política monetária frouxa dos Estados Unidos, o arrefecimento da pressão inflacionária internacional e mais dinamismo da economia internacional, o que garantiria um cenário favorável. Um cenário menos auspicioso, de crise fiscal e baixo crescimento nos Estados Unidos e na Europa e de exaustão do modelo de crescimento chinês (por falta de mercados para exportação de seus produtos), abre um quadro preocupante para o Brasil.

Essa fotografia da economia ao final de 2010 e seus possíveis desdobramentos futuros levam os analistas a questionar qual seria a melhor estratégia de gestão macroeconômica do Brasil. Diante da nossa forte dependência em relação aos desdobramentos da economia internacional, o que se poderia fazer com os instrumentos que estão ao alcance dos gestores da política econômica nacional?

A VISÃO OFICIAL: CENÁRIO POSITIVO E ESPAÇO PARA MAIS EXPANSÃO

A perspectiva esposada por membros da equipe econômica é de que não há impedimentos para que surja, nos próximos anos, um quadro de baixo desemprego, alto crescimento econômico, controle da inflação e queda na desigualdade de renda. Fazendo "mais do mesmo" o país manteria uma rota de crescimento sustentável capaz de elevar substancialmente a renda per capita e a qualidade de vida da população.

A equipe econômica afirma repetidas vezes que a economia brasileira não estaria superaquecida, com a principal fonte de inflação sendo um choque de oferta que levou à elevação dos preços internacionais das *commodities*. Tão logo se normalizem esses preços, a inflação convergirá para a meta de 4,5%.

O déficit em transações correntes, embora crescente, seria plenamente financiável, não constituindo fonte de preocupação.

A elevação das taxas de investimento público e privado seria suficiente para aumentar a oferta agregada já nos próximos anos, de modo que não se manterá por muito tempo o cenário de pressão de demanda agregada.

As contas fiscais podem se equilibrar com ajustes marginais. Dado que se espera um alto crescimento do PIB, as despesas podem crescer em termos reais, mas em ritmo menor que o PIB. Isso poderia ser feito com o controle da despesa de pessoal (via contenção das contratações e dos reajustes), do custeio e de alguns programas sociais não indexados ao salário-mínimo. Além da queda da relação despesa/PIB, espera-se que a receita continue a crescer a taxas mais altas que o PIB.

As receitas públicas decorrentes da exploração do pré-sal seriam um reforço de peso às contas públicas podendo, inclusive, ser antecipadas mediante venda a termo do petróleo que cabe ao Tesouro no novo sistema de partilha.

Uma adequada composição de poupança externa (pequena expansão do déficit em transações correntes), poupança do governo (receitas do pré-sal, ganhos do crescimento econômico, redução da taxa de juros) e poupança privada (lucro das empresas) permitiria a expansão da taxa de investimento para 24% do PIB até 2014, o que realimentaria o ciclo de crescimento econômico.

É evidente que esse cenário positivo depende de que existam condições ótimas na economia internacional. Na hipótese de uma reincidência da crise de 2008-2009, ou de uma crise fiscal nas economias avançadas, o nível de atividade da economia brasileira seria afetado, a arrecadação tributária diminuiria, o déficit público cresceria, os preços das *commodities* poderiam cair e reverter os ganhos de termos de troca obtidos nos últimos anos. Além disso, nova parada súbita nos fluxos de capitais internacionais interromperiam o financiamento do Balanço de Pagamentos via conta de capital. Ainda que se possa contar com abundantes reservas internacionais para garantir tal liquidez, uma rápida desvalorização do real provocaria fortes mudanças de preços relativos, com impacto inflacionário. Não se poderia, também, descartar um estouro de bolha imobiliária, visto que o crédito nesse setor cresceu aceleradamente nos últimos anos e que uma queda súbita da renda poderia deflagrar uma onda de inadimplência.

Outro componente importante do cenário positivo traçado pela equipe econômica é a expectativa de que todos os óbices tecnológicos, logísticos e de disponibilidade de capital associados ao pré-sal serão adequadamente resolvidos, de modo que receitas públicas abundantes permitirão sustentar as finanças públicas. Mas mesmo que tudo dê certo na exploração do pré-sal, é preciso lembrar a impossibilidade de internalização integral de elevadas receitas de exploração de petróleo, sob pena de se provocar forte valorização do real; de modo que tal receita pública precisará ser aplicada majoritariamente no exterior e internalizada com parcimônia.

TRABALHANDO COM PRECAUÇÃO E VISANDO AO CRESCIMENTO DE LONGO PRAZO

Não parece ser prudente montar uma estratégia de condução da política econômica contando com a certeza de que tudo correrá a favor do país no cenário internacional. Esse tipo de procedimento foi adotado no início dos anos 1980, quando o governo apostou que a crise econômica internacional seria passageira. O resultado foi o descontrole da inflação, forte endividamento público, paralisia da capacidade de investimento do governo em capital fixo e em capital humano e uma década de estagnação da economia brasileira.

Parece mais interessante perguntar o que se pode fazer na política econômica interna para reduzir os riscos de curto prazo e, ao mesmo tempo, aumentar o potencial de crescimento econômico de longo prazo. O que interessa não é crescer intensamente por dois ou três anos, e sim criar condições para se crescer consistentemente por décadas. Estratégias arriscadas no curto prazo, ainda que eleitoralmente recompensadoras, costumam cobrar alto preço a longo prazo.

Por isso, é preciso deixar claros os riscos existentes no curto prazo e buscar instrumentos para minimizá-los. Ao mesmo tempo é necessário pôr em prática medidas que elevem o potencial de crescimento de longo prazo.

Quanto aos riscos de curto prazo, percebe-se que a *inflação* tende a se expandir por vários motivos. Em primeiro lugar, o aumento de preços das *commodities*, embora positivo para as exportações brasileiras, afeta os índices de preços internos. Em segundo lugar, o superaquecimento da demanda interna pressiona o preço dos bens não comercializáveis, em especial os serviços. Em terceiro lugar, o baixo índice de desemprego pressiona os custos salariais. Em quarto lugar, a rápida expansão do crédito interno, estimulada pelo governo (que agora tenta contê-lo via restrições impostas pelo Banco Central), reforça a pressão de demanda. Em quinto lugar, uma possível recuperação da economia dos Estados Unidos elevará o preço dos bens comercializáveis importados pelo Brasil. Em sexto lugar, a expansão da demanda tem sido gerada, principalmente, pelo aumento do consumo, o que não gera capacidade futura de produção (como ocorreria se a demanda estivesse crescendo por elevação do investimento). Em sétimo lugar, ainda que esteja havendo uma discreta elevação do investimento (público e privado), o aumento da oferta agregada decorrente desse investimento demorará a acontecer, com o efeito de curto prazo sendo, apenas, uma expansão da demanda por bens e serviços necessários aos investimentos.

A *deterioração do quadro fiscal* também joga lenha na fogueira da *inflação* e das *expectativas de crescimento* de longo prazo da economia. A receita do Governo Federal que sempre cresceu mais rápido que o PIB nos anos recentes, não poderá continuar indefinidamente nesse ritmo, sob pena de a carga tributária superar os 50% do PIB. Por outro lado, o gasto corrente mantém trajetória de crescimento acelerado, com forte indexação das despesas ao crescimento nominal do PIB (via salário-mínimo) ou do crescimento da arrecadação (transferências intergovernamentais).

A disposição do governo de ampliar os investimentos públicos (ao mesmo tempo em que demonstrou dificuldade ou pouco apetite para atrair o capital privado para os investimentos em infraestrutura) e os compromissos decorrentes da Copa do Mundo e das Olimpíadas apontam para gastos crescentes de investimento público.

Já em 2010 tornou-se impossível para o Governo Federal cumprir sua meta de superávit primário, o que o levou a recorrer a truques contábeis, tais como: elevação dos dividendos pagos ao Tesouro por empresas estatais e a realização de venda antecipada de petróleo (ainda não extraído do solo) à Petrobras financiada por emissão de dívida pública.

O *déficit em transações correntes*, embora plenamente financiável no curto prazo, pela entrada de investimentos e pelo saldo de reservas internacionais, apresenta um acelerado ritmo de crescimento. Esse é um indicador vital para os investidores internacionais. Uma eventual parada súbita ou desaceleração da China ou de outra economia importante, que tenha reflexo significativo para o Brasil, associado a um déficit elevado em transações correntes, representa um risco de *stress* ou crise de liquidez para o país.

As tentativas do governo para segurar a expansão desse déficit têm sido no sentido de tentar evitar a valorização do real perante o dólar. Mas a política cambial vive um dilema: se o governo for bem-sucedido em desvalorizar a moeda, haverá impacto inflacionário pelo canal das importações; se o governo não for bem-sucedido, e o real continuar se valorizando, amplia-se o déficit em transações correntes.

A valorização cambial também tem o efeito perverso de aumentar a dependência do país em relação às *commodities*, devido à perda de competitividade das exportações não *commodities*. Como os preços de *commodities* são historicamente voláteis, amplia-se a exposição do país ao risco de queda em tais preços.

Outro efeito colateral da valorização cambial é o desestímulo ao ajuste fiscal. O câmbio valorizado permite que se atenda à expansão da demanda agregada por meio de importações baratas, o que desestimula o governo de apertar a política fiscal para conter a demanda agregada.

O Banco Central, ao observar a aceleração da inflação, eleva os juros, o que tem efeito colateral de valorização do câmbio (pela atração de capital de investimentos) e de deterioração das contas fiscais (pelo aumento da despesa com juros). Sabedor de tais efeitos, o Banco Central acaba sofrendo perda de espaço de manobra na política monetária e perde credibilidade junto ao mercado.

Por outro lado, a ação do Banco Central para conter a valorização cambial, via aquisição de dólares, também deteriora as contas fiscais, devido ao diferencial de juros entre a remuneração das reservas e o custo da dívida pública.

Nesse quadro de aparente aquecimento excessivo da economia, o fio da meada para evitar a deterioração da inflação e das contas externas, bem como o seu consequente efeito negativo sobre as expectativas de crescimento de longo prazo, seria um ajuste fiscal "inteligente" baseado: a) no controle da despesa corrente; b) na gestão e seleção criteriosa dos investimentos públicos a serem realizados, tanto para reduzir despesa total, quanto para priorizar investimentos que gerem ganhos de competitividade das exportações e de produtividade da economia; c) na maior participação do setor privado nos investimentos de infraestrutura, de modo a reduzir a necessidade de recursos públicos.

Isso reduziria a pressão sobre a demanda agregada, os preços e as importações (contendo o déficit em transações correntes); permitiria que o Banco Central praticasse uma política de juros mais branda; viabilizaria a desoneração tributária das empresas e a racionalização do sistema tributário (mais fácil de executar quando não há pressão para se gerar receitas a qualquer custo com vistas a fechar as contas do governo); desestimularia a valorização cambial; e diminuiria a dependência do país em relação às *commodities*.

Esse ajuste fiscal "inteligente" (que vai além de simplesmente cumprir a necessária, porém não suficiente, meta de resultado primário) embutiria vários componentes capazes de elevar o potencial de crescimento da economia brasileira. Em primeiro lugar, afetaria positivamente a Produtividade Total dos Fatores (PTF): racionalização tributária, melhoria da logística e da infraestrutura, ampliação do mercado privado de financiamento de longo prazo (viabilizado pela queda da taxa de juros real). A complementação dessas medidas, com outras que melhorem o ambiente de negócios, facilitem a abertura e fechamento de empresas e reforcem o cumprimento dos contratos, permitiria ao país obter saltos relevantes de produtividade, ampliando seu potencial de crescimento.[3]

---

[3] Para uma avaliação da evolução da produtividade total dos fatores na economia brasileira ver: Gomes, Pessôa e Veloso (2003); Vilela, Veloso e Giambiagi (2008), Bacha e Bonelli (2004) e Veloso (2011).

Em segundo lugar, o ajuste fiscal "inteligente" permitiria uma expansão mais rápida do estoque de capital da economia, devido à ênfase no investimento em infraestrutura, seja por investimento público, seja por investimento privado.

Outro componente fundamental para se ampliar o potencial de crescimento da economia brasileira é a elevação do capital humano, o que requer atenção ao sistema público de ensino e de formação profissional. A princípio parece contraditório falar em controle dos gastos públicos correntes e investimento prioritário em educação que, afinal de contas, representa gastos correntes.

Todavia, o que se observa na política econômica brasileira é a busca do crescimento a partir de uma política industrial baseada em subsídios aos investimentos de alguns setores da economia e de desenvolvimento regional (incentivos fiscais, créditos subsidiados, proteção de mercado), de alto custo fiscal e com escassos resultados práticos.

Até mesmo fortes defensores do uso de política industrial, como Suzigan e Furtado (2006) reconhecem que esta tem seu potencial fortemente prejudicado em um contexto de infraestrutura precária, inadequação do sistema educacional, sistema tributário pouco preocupado em minimizar distorções alocativas e instabilidade macroeconômica que produzem alta volatilidade das taxas de juros e câmbio. Em uma situação como esta, o que resta da política industrial é a simples distribuição de subsídios fiscais e creditícios.

Quanto às tentativas de buscar o desenvolvimento das regiões de menor renda per capita, a despeito dos fortes incentivos fiscais carreados ao longo de décadas para as regiões Norte e Nordeste do Brasil, estudo do Ipea (2010, p. 12) mostra que não houve "qualquer mudança substantiva no padrão regional de distribuição da atividade econômica brasileira". O próprio Governo Federal, durante o governo do presidente Lula, apresentou, no âmbito de sua proposta de reforma tributária (PEC 233 de 2008) a transformação dos fundos constitucionais de desenvolvimento regional (que carreiam recursos para subsídios creditícios a empresas privadas) em fundos para investimento em infraestrutura.

A substituição gradual dessas políticas de subsídio ao investimento por uma política de investimento em capital humano compatibilizaria austeridade fiscal e mais investimento em educação.

ANALISANDO A QUESTÃO FISCAL MAIS DE PERTO

Os fluxos fiscais: receita, despesa e déficit

Contrariando expectativas gerais, o Brasil conseguiu sair do nó fiscal em que se encontrava entre 2002 e 2003, com relativa facilidade. Àquela época, projeções sob hipóteses razoáveis sinalizavam explosão da razão dívida líquida/PIB (DL/PIB), e a consequente insolvência do setor público brasileiro. Os cálculos partiam de um estoque em torno de 50% do PIB. Os superávits primários máximos possíveis estimados àquela altura eram insuficientes para viabilizar uma trajetória futura de queda de DL/PIB, sob hipóteses de taxa de câmbio estável, crescimento do PIB ao redor de 2,8% a.a., e custo real implícito da dívida líquida de 11% a.a. acima do IPCA. Nessas condições, era muito alta a sensibilidade da economia brasileira aos choques externos desfavoráveis que ocorriam com frequência.

O equacionamento do impasse se deveu, primeiro, a uma mera correção estatística. O IBGE corrigiu a série de valores do PIB, elevando-os em 10%. Feita essa correção, a razão DL/PIB passaria de 50% a 45%. Só por conta disso, o superávit mínimo requerido para estabilizar DL/PIB poderia ser menor em 0,4 ponto percentual do PIB. Ou seja, parte do problema simplesmente não existia.

Em segundo lugar, a economia brasileira passou a crescer a um ritmo mais acelerado, em função do cenário externo positivo e dos ganhos de produtividade, conforme já comentado no primeiro tópico.

Daí decorreu impulso na arrecadação fiscal, que ajudou a ajustar as contas pelo lado da receita. Note-se que a estrutura tributária brasileira está organizado de forma a maximizar receita, deixando em segundo plano a minimização dos efeitos colaterais negativos dos tributos sobre a eficiência econômica. Assim, a arrecadação cresceu em ritmo superior ao PIB, com surgimento de novas bases de incidência tributária (como os ganhos de capital nas aquisições de empresas por detentores de capitais no exterior), mesmo considerando que houve mudanças tributárias que pressionaram a arrecadação para baixo, como o fim da CPMF.

242

Paralelamente, com um maior potencial de crescimento econômico e sem crises externas que gerassem problemas de balanço de pagamentos, foi possível acomodar a taxa de juros em um nível mais baixo, com subidas apenas em momentos de forte pressão inflacionária. A taxa Selic média real caiu de 12,7% a.a. em 2005 para 6,3% em 2008 e 5,4% em 2009.[4]

Nessas condições, ao contrário do que se previa em 2002, foi possível até aumentar os superávits primários. Mais que isso, foi possível obter, ao mesmo tempo, razoável recuperação dos investimentos públicos, a partir de 2004, enquanto se mantinha o modelo de crescimento dos gastos públicos correntes a plena carga, inclusive a taxas mais aceleradas. Ainda assim, houve espaço para que a razão DL/PIB caísse até as vésperas da crise do *subprime* americano, afastando consideravelmente os temores de insolvência pública.

Esse processo tenderia a produzir maior aumento da taxa sustentável de crescimento do PIB, se não fosse pelo forte crescimento dos gastos correntes. Por um lado, porque não sobraria espaço no orçamento para os investimentos públicos crescerem numa velocidade mais próxima do ideal. E, depois, sem a ajuda da política fiscal (e também da política cambial), o BC continuaria de tempos em tempos sendo instado a subir a taxa Selic, para conter pressões inflacionárias, não importa de onde se originassem.

A crise de 2008-2009 alterou esse quadro de forma expressiva, trazendo novos problemas (ou os velhos de volta). Em primeiro lugar, porque, na sua fase crítica, a atividade econômica e a arrecadação de tributos desabaram, enquanto os gastos públicos cresciam a taxas elevadas, mantendo a tendência histórica, acrescida das medidas do arsenal anticrise. Diante disso, produziu-se uma forte queda no superávit primário da União, ainda sem perspectiva de recuperação. E a queda do superávit só não foi maior porque o governo lançou mão, com firmeza, de receitas não convencionais, como a de dividendos de empresas e bancos estatais.

Em segundo lugar, porque surgiu um novo papel na atuação do BNDES, que passou a emprestar volumes maciços e inéditos de recur-

---

[4] Deflacionado pelo IPCA. Fonte: Banco Central do Brasil, Séries Temporais.

sos financiados por captações do Tesouro à taxa Selic, introduzindo nova conta de subsídios creditícios, em adição à já elevada conta decorrente do diferencial de juros na acumulação de reservas internacionais.

É importante chamar atenção que esse mecanismo de fornecimento de *funding* ao BNDES não se esgotou com o fim da crise, o que configura uma opção de política econômica de estímulo ao crescimento via política industrial. Vale dizer, através do subsídio ao crédito. Tal opção confronta com a estratégia de ação pública sugerida no terceiro tópico: desaceleração do crescimento da despesa pública corrente, redução dos incentivos de política industrial e regional, investimento público em infraestrutura e capital humano, racionalização da regulação e do sistema tributário.

O Governo Federal parece acreditar que pode promover uma elevação na taxa de crescimento e de investimento por meio de subsídio ao investimento. Não leva em conta que tal subsídio precisa ser financiado por elevada carga tributária; que o crédito subsidiado exige uma taxa de juros de equilíbrio mais elevada (pois o crédito subsidiado não é afetado pela elevação da Selic); que tal política drena recursos fiscais que poderiam ser investidos em infraestrutura e educação. Todos esses efeitos colaterais reduzem a taxa de crescimento de equilíbrio da economia.

O Gráfico 1 mostra a evolução dos gastos e das receitas entre 2004 e 2010. No período de dezembro de 2004-2008, do começo da fase de bonança até o início da crise, as taxas de crescimento médio da despesa e da receita primárias da União foram, respectivamente, de 9,0% e 8,9% a.a., para dados acumulados em 12 meses, deflacionados pelo IPCA. Enquanto isso, a série de PIB estimada pelo BC indicava aumento médio de 6,3% a.a. acima do IPCA. Portanto, despesa e receita pública cresceram em ritmo muito superior ao PIB.

Isso mostra que o modelo de crescimento dos gastos correntes vem "puxando a carruagem", enquanto a receita corre atrás para tentar fechar o resultado primário. A consequência é que o peso relativo do setor público federal aumenta seguidamente na economia brasileira.

Nesse mesmo período de dezembro de 2004 a setembro de 2008 o peso das "demais receitas" (onde ultimamente têm predominado os dividendos recebidos de empresas estatais) aumentou de 11,0% para 13,1%

da receita total. Isso indica o esforço na busca de receitas extraordinárias, dedicado a conciliar gastos correntes crescentes, superávits em ascensão e recuperação dos investimentos públicos, ainda que isso implique maior peso relativo do Estado, ingerência na gestão das empresas estatais e maior fragilidade dos resultados fiscais (que precisam se apoiar em receitas extraordinárias, não necessariamente disponíveis no futuro).

GRÁFICO 1
TAXAS DE CRESCIMENTO REAL DO GASTO PRIMÁRIO, DA RECEITA LÍQUIDA E DO PIB MENSAL
(EM %, PARA DADOS ACUMULADOS NOS ÚLTIMOS 12 MESES)

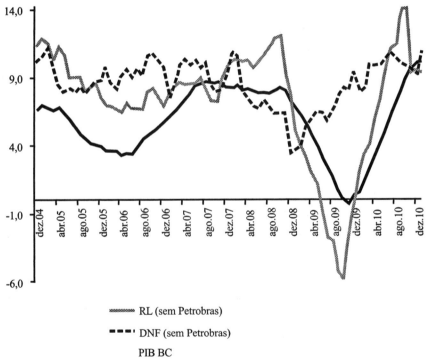

RL = receita líquida.
DNF = despesa não financeira (ambas sem o efeito da operação de capitalização da Petrobras de setembro de 2010).
FONTES: STN — Resultado do Tesouro Nacional e Banco Central do Brasil, Séries temporais.

Com o surgimento da crise ao final de 2008, a taxa de variação da receita cai fortemente. Também houve uma suave queda no crescimento real da despesa durante alguns meses um pouco antes da crise (o que se deveu ao comportamento não bem-explicado à época do item de maior peso no gasto, Benefícios do INSS), mas logo nos primeiros meses da fase crítica as taxas foram aos poucos voltando ao padrão descrito anteriormente. De forma que, para o período outubro de 2008-fevereiro de 2011, a taxa média de crescimento real do gasto caiu apenas um pouco (de 9% para 8% a.a.), enquanto a do crescimento real da receita desabava de 8,9% a.a. para 5% a.a., uma queda mais intensa que a do próprio PIB.

A deterioração das contas públicas ao longo de 2009 e 2010 foi tão intensa que o governo acabou por lançar mão de procedimentos pouco usuais para se aproximar da meta estabelecida para o resultado primário.[5]

Em primeiro lugar, utilizou-se o já citado expediente de aumentar o pagamento, ao Tesouro, de dividendos de empresas estatais não incluídas no conceito de setor público. Isso levou a um aumento do item Demais Receitas, cujo peso no total alcançou o ponto máximo de 17% em abril de 2010, e vem declinando desde então, mas ainda assim registrando a marca de 13,6% em fevereiro de 2011.

Em segundo lugar, aproveitou-se a exclusão da Petrobras do conceito de setor público para fins de apuração das estatísticas fiscais, lançando-se mão de operações com a estatal para gerar receitas primárias. O Tesouro emitiu títulos públicos e os utilizou para capitalizar a Petrobras. A empresa usou os mesmos títulos para comprar direitos de exploração de petróleo do pré-sal. Essa venda antecipada do petróleo enterrado foi considerada uma entrada de caixa e contabilizada como receita primária (equivalente a 0,9% do PIB), ainda que os recursos que deram origem a tal receita tenham sido obtidos por aumento da dívida do Tesouro. Ou seja, aumentou-se o resultado primário à custa de expansão da dívida pública.

---

[5] Não foi apenas na apuração do resultado primário do governo central que foi preciso fazer ginástica para cumprir a meta. No resultado primário agregado do setor público, a meta foi reduzida de 3,3% do PIB para 3,1% sob o argumento de que a retirada da Eletrobras do conceito de setor público deveria ser acompanhada da redução, na meta, dos 0,2 p.p. do PIB de superávit programado para a estatal, não obstante o fato de a Eletrobras ter registrado resultado primário negativo. Também se descontou 0,32% do PIB referente a investimentos do PAC e se contabilizou como receita primária depósitos judiciais referentes a ação de débitos do PIS/Pasep. Para mais detalhes ver Tavares e Moura (2011).

Em terceiro lugar, aprofundou-se o tradicional expediente de empurrar despesas para o exercício seguinte. Como o resultado primário é contabilizado pelo conceito de caixa, despesas contratadas em um determinado ano que ficam por ser pagas no próximo exercício não afetam o saldo primário.

A Tabela 1 mostra uma estimativa desse efeito. Na coluna (A) mostra-se o valor oficial do resultado primário publicado pelo Tesouro Nacional. A coluna (B) mostra o montante de despesa contratada no exercício cujo pagamento foi postergado para exercícios posteriores, por meio da geração de restos a pagar (os números negativos indicam que, em todos os anos, houve postergação de despesas). A coluna (C) mostra uma estimativa do resultado primário no caso de se considerar as despesas de restos a pagar como sendo despesas do exercício em que foram contratadas. A coluna (D) mostra qual o percentual do resultado primário que decorreu da postergação de despesas. Percebe-se que a partir de 2007 houve significativo aumento da postergação de despesas. Em 2009, por exemplo, 25% do resultado primário (equivalente a 0,3 ponto percentual do PIB) se deveu à prática de empurrar despesa para pagamento nos anos seguintes.

Tabela 1

RESULTADO PRIMÁRIO OFICIAL E AJUSTADO
POR RESTOS A PAGAR % DO PIB

	Superávit Primário no conceito de caixa	Fator de Ajuste Competência — Caixa	Superávit Primário no conceito de competência	% do Superávit de caixa decorrente de RP
	(A)	(B)	(C) = (A) + (B)	(D) = - (B)/(C)
2004	2,56%	-0,02%	2,54%	1%
2005	2,46%	-0,11%	2,35%	4%
2006	2,06%	-0,03%	2,04%	1%
2007	2,17%	-0,19%	1,98%	9%
2008	2,36%	-0,34%	2,01%	15%
2009	1,24%	-0,30%	0,93%	25%
2010	1,25%	-0,22%	1,02%	18%

FONTE: Tesouro Nacional. Relatório Resumido da Execução Orçamentária.
NOTAS: (a) Exclui restos a pagar cancelados. (b) Em 2010 exclui 0,9% do PIB referente à operação de capitalização da Petrobras.

O problema do uso desse procedimento, além da redução da transparência das contas públicas, é que ano após ano se acumula um grande estoque de "restos a pagar". Em 2011 há um saldo de R$ 124 bilhões em restos a pagar pendentes de pagamento, já deduzidos os cancelamentos.[6] Isso equivale a 3,5% do PIB. Em algum momento esses valores precisarão ser quitados, afetando o resultado primário do ano em que isso acontecer. Do contrário se terá uma bola de neve crescendo ano após ano, e sendo devidamente contabilizada pelos agentes econômicos como um passivo contingente que precisará ser saldado.

Parte significativa dos restos a pagar acumulados refere-se a gastos de investimentos, que por problemas operacionais têm seu cronograma retardado e pagamentos postergados. De fato, houve esforço de recuperação de investimentos levado a efeito pela União nos últimos anos. Como vemos no Gráfico 2, depois de a participação dos investimentos no gasto total ter desabado de 5,3% para 2% entre 2002 e 2003, o peso dos investimentos aumentou seguidamente até atingir a marca de 6,8% no ano passado.

GRÁFICO 2
PARTICIPAÇÃO DOS INVESTIMENTOS NOS GASTOS
PRIMÁRIOS TOTAIS DA UNIÃO (EM %)

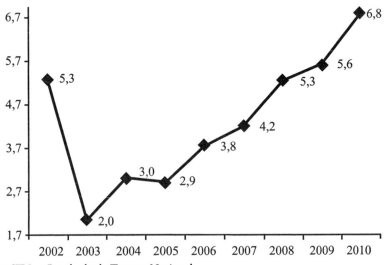

FONTE: STN — Resultado do Tesouro Nacional.

---

[6] Já descontados os cancelamentos. Fonte: Siafi, Sistema Siga Brasil.

A taxa de investimento da União observada em 2010 se situou em 1,2% do PIB, demonstrando o empenho que tem estado presente na gestão federal para a recuperação dos investimentos desde o início dos anos 2000. É fato que as marcas mais recentes ainda se situam aquém dos valores registrados pelo IBGE para os investimentos da União no início da década de 1970. Ainda que haja dúvidas sobre a efetiva comparabilidade dos dados, a taxa de investimento média da União na fase áurea de inversões de 1970 a 1976 alcançava a cifra de 1,7% do PIB.

Balanceando a evolução de despesas e receitas primárias recorrentes, nos últimos meses, o superávit primário da União parece ter caído do ponto máximo alcançado em outubro de 2008 (3,1% do PIB) para 1,3% do PIB, marca em torno da qual os resultados devem continuar oscilando sem mudanças de políticas. De fato, a marca de 1,3% do PIB vem mais ou menos se repetindo desde março do ano passado, conforme se vê na linha "Sem Capitaliz. Petrobras" do Gráfico 3, mesmo sem considerar, nesse cálculo, os restos a pagar (que não impactam o resultado primário) e o aumento dos subsídios implícitos na compra de reservas e nos empréstimos a juros subsidiados pelo BNDES (já que, tradicionalmente, esses subsídios são computados como parte do custo implícito da dívida líquida, não afetando as contas primárias).

Outra forma de visualizar a estagnação do resultado primário é através da sua tendência de longo prazo em comparação com a tendência do PIB. Em todas as economias do mundo, as contas fiscais são prócíclicas. Vale dizer: quando a economia está crescendo mais rápido, é mais fácil obter resultados fiscais positivos. Logo, uma tendência de crescimento do PIB deveria ser acompanhada de uma tendência de crescimento do resultado primário. O Gráfico 4 mostra que isso não está acontecendo com o resultado primário do governo central. Toma-se, nesse gráfico, a média do resultado primário e do crescimento real do PIB ao longo de três anos. O que se observa é que até 2005 o resultado primário acompanha a melhoria de performance do PIB. Porém, a partir daí, a economia entra em um ciclo de crescimento mais intenso e o resultado primário simplesmente fica estagnado.

Gráfico 3
SUPERÁVIT PRIMÁRIO DA UNIÃO (EM % DO PIB)

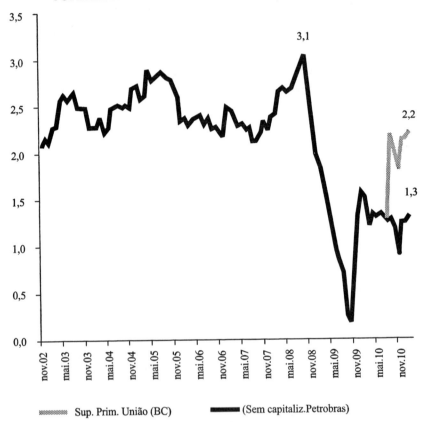

FONTE: Banco Central do Brasil — Séries Temporais.
NOTA: A linha "Sem Capitaliz. Petrobras" corresponde à mesma linha calculada pelo BC, mas deduzindo cerca de 0,9% do PIB, valor referente ao impacto no resultado primário da União, calculado pelo governo em face da operação de capitalização da Petrobras contabilizada em setembro do ano passado (veja indicação a respeito no endereço http://www.fazenda.gov.br/portugues/docs/perspectiva-economia-brasileira/edicoes/Economia-Brasileira-Em-Perpectiva-Especial-10.pdf, onde o Ministério da Fazenda define como "Resulta do Primário Recorrente", de 2010, a diferença entre o resultado oficial apurado pelo BC e a parcela de 0,87% do PIB, correspondente ao impacto da operação de capitalização da Petrobras nas contas da União.

A questão que surge é: O que acontecerá com o resultado primário se a economia entrar em uma fase de crescimento mais baixo? Ou, alternativamente: Se no auge de um ciclo de crescimento o país não consegue gerar um resultado primário superior a 2% do PIB, o que acontecerá com as contas públicas quando sairmos dessa fase de crescimento acelerado? Estando no auge de um longo processo de crescimento econômico, as contas públicas deveriam apresentar superávit nominal, e não o déficit nominal de 1,25% do PIB verificado ao final de 2010.[7]

GRÁFICO 4
SUPERÁVIT PRIMÁRIO DA UNIÃO (EM % DO PIB) E TAXA DE CRESCIMENTO REAL ANUAL DO PIB — MÉDIA DE TRÊS ANOS

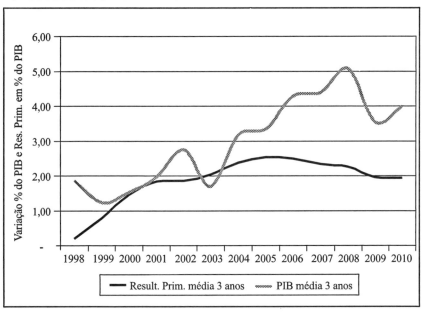

FONTE: Banco Central do Brasil, Séries temporais.

Em consequência da queda do superávit primário e dos fatores anteriormente descritos que afetam a dívida sem impactar o resultado primário, a razão dívida líquida/PIB, que havia caído de marcas entre 50% e 60% do PIB, no início dos anos 2000, voltou a subir, atualmente situando-se em torno de 40% do PIB, como mostra o Gráfico 5. A relação só não está em patamar mais alto por conta da forte recuperação das taxas de crescimento do PIB em 2010, após o fundo do poço da crise, algo que não se repetirá em 2011. Logo, surge o alerta para uma evolução desfavorável da dívida líquida ao longo deste ano.

---
[7] Fonte: Banco Central, Sistema de séries temporais.

GRÁFICO 5
DÍVIDA LÍQUIDA/PIB (EM %)

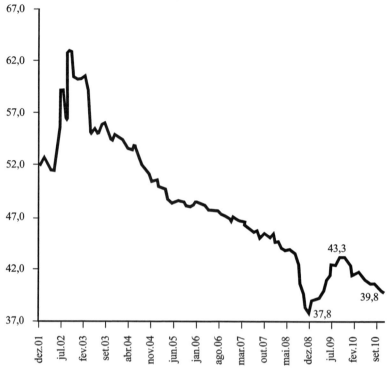

FONTE: Banco Central, Sistema de séries temporais.
NOTA: Na evolução da dívida líquida o BC abateu parcela de cerca de 0,9% do PIB, em face da recente operação de capitalização da Petrobras (setembro de 2010).

Voltam, portanto, as velhas preocupações com o risco de insolvência pública, que pareciam afastadas após o bom desempenho da economia, iniciado em 2004. Cabe, então, perguntar qual será a tendência futura da relação DL/PIB, a partir de um nível ao redor de 40% do PIB.

Imaginando que a taxa de crescimento sustentável do PIB se situe em 4,5% a.a., e um custo real implícito da dívida ao redor de 11% a.a. (que não tem acompanhado as quedas da Selic por conta dos subsídios creditícios anteriormente referidos), calcula-se, supondo a taxa de câmbio constante, um superávit primário global mínimo requerido em torno de 2,5% do PIB para estabilizar DL/PIB em torno de 40%

do PIB. Supondo que as demais esferas/níveis de governo gerem superávit total de 0,5% do PIB, a exemplo de dados recentes, caberia à União gerar um saldo específico de 2% do PIB, ou seja, 0,7 ponto percentual do PIB a mais do que parece estar gerando no momento atual. Qualquer resultado abaixo dessa marca implicaria aumento da razão DL/PIB.

Para tentar fechar esse hiato o Governo Federal sinalizou um ajuste fiscal, com um suposto corte de despesas de R$ 50 bilhões em 2011. Um rápido exercício, com base nos valores das despesas em 2010, mostra como a despesa é rígida e difícil de cortar apenas com procedimentos administrativos e gerenciais, sem mudança na legislação.[8]

A Tabela 2 abre as despesas de custeio, classificadas como "outras despesas correntes" em grandes itens de despesa.

O primeiro item refere-se à "distribuição obrigatória de receitas": Fundos de Participação dos Estados e dos Municípios, Fundo Constitucional do DF, royalties de petróleo etc. O Governo Federal, por determinação constitucional ou de diversas leis, é obrigado a compartilhar sua arrecadação com estados. Trata-se, portanto, de despesa obrigatória e incomprimível.[9]

O segundo item de despesa é aquele referente à Saúde. De acordo com a Emenda Constitucional nº 29, de 2000, o Governo Federal é obrigado a gastar com saúde o valor efetivamente gasto no exercício anterior acrescido da variação nominal do PIB. Portanto, tudo o que se gasta em saúde em um ano converte-se em despesa obrigatória para o ano seguinte, reajustado pela variação do PIB. Não só não há possibilidade de cortes, como há obrigatoriedade de crescimento real desse gasto ano após ano.

---

[8] Mendes (2011) analisa esse ponto em detalhes.
[9] Note-se que não foi considerado nesse total o montante de transferências emergenciais, feitas aos estados e municípios em 2009 e 2010, a título de compensação por perdas de receitas decorrentes da crise econômica internacional. Esta seria uma despesa não obrigatória.

TABELA 2

OUTRAS DESPESAS CORRENTES DO GOVERNO CENTRAL
(ORÇAMENTOS FISCAL E DA SEGURIDADE SOCIAL): 2010

Despesa*	R$ Bilhões	% do Total
OUTRAS DESPESAS CORRENTES (TOTAL) (A)	593,8	100%
1. Distribuição obrigatória de receitas	137,0	23%
2. Saúde	50,9	9%
3. Associada a pessoal e encargos (exceto saúde)	3,8	1%
4. Sent. Judic., Exerc ant. e compr. financ.(exceto saúde)	16,5	3%
5. Benefícios previdenciários e assistenciais (exceto saúde)	246,5	42%
6. Seguro Desemprego e PIS/PASEP	29,2	5%
7. Benefício mensal ao deficiente e ao idoso	22,2	4%
9. Educação	22,0	4%
10. Bolsa Família	13,5	2%
Somatório das despesas rígidas (1+2+...+8) (B)	541,7	91%
outras despesas correntes não rígidas (C)=(A)-(B)	52,1	9%
Memo: Despesas vinculadas ao salário-mínimo, ao PIB ou à inflação: 2+5+6+7	348,8	59%

FONTE: SIAFI — Sistema "Siga Brasil". Elaborado pelos autores.
* Conceito de "despesa liquidada".

O terceiro item de despesas é aquele associado aos gastos com pessoal. Os pagamentos de remunerações de servidores públicos não são classificados como "outras despesas correntes". São classificados como "pessoal e encargos sociais". Não fazem parte, portanto, do "custeio" considerado na Tabela 2. Porém, existem despesas classificadas como "outras despesas correntes" intimamente ligadas à despesa de pessoal, tais como: auxílio alimentação, auxílio transporte, salário família etc. Todas essas despesas decorrem de obrigações legais da União na condição de empregadora.[10]

O quarto item da Tabela 2 representa despesas geradas no passado e que não podem ser cortadas no presente. É o caso, por exemplo, de

---

[10] Não se considera nesse item as "outras despesas correntes" associadas ao gasto com pessoal na função saúde, pois já foram incluídas no item anterior.

sentenças judiciais, indenizações e restituições que a União é obrigada a pagar.[11]

O quinto item representa as aposentadorias, pensões e outros benefícios previdenciários pagos pelo INSS. Não há como fazer redução dessa despesa negando-se a concessão de benefícios para os quais os requerentes tenham direito.

Ademais, por decisão governamental, o salário-mínimo (que é a base de referência para aproximadamente 2/3 dos benefícios previdenciários) tem subido acima da inflação. Nos últimos anos o seu reajuste tem sido feito com base no crescimento do PIB. Os benefícios previdenciários superiores a um salário mínimo são reajustados pela inflação passada.

Note-se que em 2012 o reajuste do salário-mínimo será da ordem de 14%, em função de legislação recentemente aprovada; o que representará significativo impulso nos gastos.

Por isso, as únicas formas de redução desse tipo de dispêndio são a reforma na legislação previdenciária ou a desvinculação do valor dos benefícios básicos do valor do salário-mínimo.[12]

Os itens sexto e sétimo são similares ao anterior. A Lei Orgânica da Assistência Social define a obrigatoriedade do pagamento de benefícios aos deficientes físicos e idosos de baixa renda. Tais benefícios são indexados ao salário-mínimo. O PIS-Pasep e o seguro desemprego pagam abonos e remuneram temporariamente os desempregados, e são parcialmente associados ao salário-mínimo.

O oitavo item contém as "outras despesas correntes" em educação, boa parte dela não obrigatória. Contudo, a prioridade conferida à área não permite que se vislumbre corte muito forte. Fazendo uma hipótese heroica, poderíamos imaginar que um corte radical no custeio da educação representaria uma economia de 10% a 20%. Ou seja, no máximo R$ 4,4 bilhões.

---

[11] Mais uma vez, não se incluem nesse item as despesas realizadas no âmbito da função Saúde, já consideradas no item 2.

[12] Sempre há a necessidade de manter vigilância em relação às fraudes contra a Previdência. No passado recente, por exemplo, mais rigor na concessão de auxílio doença provocou uma forte desaceleração no crescimento dessa despesa. Mas esse tipo de providência gerencial não é capaz de fazer a despesa da Previdência diminuir de forma significativa.

O nono e último item diz respeito ao Programa Bolsa Família. Obviamente, o grande peso político desse programa, aliado aos seus resultados positivos na mitigação da miséria, e possíveis contestações judiciais à redução do valor do benefício, tornam tal procedimento bastante improvável.

Ao deduzir todos esses itens rígidos das "outras despesas de custeio" sobram apenas R\$ 52 bilhões de despesas flexíveis: 9% da despesa total, utilizados para custear todos os demais programas de governo que não tenham sido listados na Tabela 2: saneamento básico, ciência e tecnologia, defesa, urbanização, agricultura, meio ambiente etc. O espaço para cortes é, portanto, ínfimo. A menos que se revejam as regras de indexação da despesa ao PIB e ao salário-mínimo. Nada menos que 59% das "outras despesas correntes" são reajustados, automaticamente, pela variação do PIB ou pela inflação do ano anterior.

A elevação do resultado primário fica, portanto, condicionada à elevação da receita ou à repressão de gastos com pessoal (adiamento de contratações, retenção de reajustes etc.) que têm pouca probabilidade de se consolidar como uma redução de despesa sustentável no longo prazo.

Tendo anunciado um corte orçamentário abaixo do ideal, o governo vem tentando ajustar as contas na "boca do caixa" nesses primeiros meses de 2011. No primeiro trimestre, os dois itens de maior peso no gasto federal (Previdência e pessoal, que respondem conjuntamente por 64% do total da despesa primária) cresceram a taxas reais bem abaixo de toda a fase Lula, como se vê na Tabela 3. Só que isso se deu sem o apoio de qualquer reforma estrutural para sustentação do ajuste, e com a vantagem de o salário-mínimo, que afeta sobremaneira os gastos sociais, ter subido apenas pela inflação (enquanto no ano que vem terá forte aumento real, pela regra em vigor).

Começando pela receita, e como se vê na Tabela 3, excluindo-se a observação atípica de 2009 (queda de 6,4%), a receita líquida cresceu 11% em 2011, ligeiramente acima da média 2004-2010, mantendo o mesmo padrão de crescimento bem acima do PIB dos anos anteriores.[13]

Na área de gastos, tomando o caso da Previdência, por exemplo, houve claro represamento das despesas com "Sentenças Judiciais", gasto

---

[13] Espera-se crescimento de 4% no primeiro trimestre de 2011 relativamente a idêntico período de 2010. O crescimento médio anual do PIB em 2004-2010 foi, excluindo 2009, de 5,1% a.a.

esse que tem crescido sistematicamente desde muito, e alcança valores anuais um pouco acima de R$ 7 bilhões. No primeiro trimestre, quando esse tipo de despesa se concentra, o gasto foi de R$ 4 bilhões em 2010. Já este ano, foi de apenas R$ 700 milhões.

Como se vê na Tabela 3, se recalcularmos a despesa com "Sentenças Judiciais" com base na taxa de crescimento do primeiro trimestre de 2010, a variação real do total do gasto previdenciário aumentaria de -0,9 para 5,5%.

Essa taxa aumentaria para um numero mais próximo da média de 2004-2010, se considerássemos um salário-mínimo reajustado em 2011 pela taxa real média de crescimento do PIB dos últimos anos. (Pela regra atual, considera-se o crescimento do PIB com dois anos de defasagem.)

No caso da despesa de pessoal o adiamento de pagamento de despesas judiciais se repete. Usualmente a União paga seus precatórios judiciais até o mês de março. Em 2011, de um total de R$ 6,6 bilhões em sentenças judiciais orçadas relativas a pessoal e encargos judiciais, apenas R$ 3,9 bilhões haviam sido pagas até maio.

Ou seja, parece que estamos diante de um caso de postergação de despesas. A rigor, olhando para a frente, nada mudou.

TABELA 3

TAXAS DE CRESCIMENTO REAL (DEFLATOR IPCA)
DOS PRINCIPAIS ITENS DO ORÇAMENTO FEDERAL,
NO PRIMEIRO TRIMESTRE (2004-2011), EM %

	Média 2004-2010	2011
Receita líquida (a)	9,4 (b)	11,0
Gasto Total	10,0	1,0
Benefícios previdenciários	9,6	(5,6)(c) -0,9
Pessoal	6,6	(5,5)(d) -2,3 (5,4)(e)

FONTE: STN — Resultado do Tesouro Nacional.
(a) Exclusive capitalização da Petrobras. (b) Exclusive a observação de 2009 (-6,4%). (c) Supondo nova hipótese sobre o crescimento dos gastos com "Sentenças Judiciais"(veja notas *d* e *e* abaixo). (d) Supondo que em 2011 os gastos com "Sentenças Judiciais" crescessem à mesma taxa de 2010. (e) Supondo execução de "Sentenças Judiciais" em rel.ao autorizado no mesmo % de 2010.

A EVOLUÇÃO DA DÍVIDA BRUTA E LÍQUIDA

Na sequência da crise de 2008-2009 e de seus desdobramentos, a evolução da dívida pública brasileira passou a ser impulsionada pelas principais fontes de pressão que se seguem. Em primeiro lugar, pela queda inédita dos superávits fiscais primários do governo central, já que os gastos continuaram crescendo e a arrecadação desabou. Em segundo lugar, pela manutenção da compra sistemática de reservas em divisas, pois essas são aplicadas a juros praticamente nulos no exterior, enquanto o endividamento que as financia (taxa Selic) custa atualmente 12% a.a. no mercado interno. Isso se deve à decisão adotada pelas autoridades brasileiras de não permitir a livre movimentação da taxa de câmbio internamente. Nessas condições, a taxa de câmbio vem se apreciando lenta e levemente há vários meses, o que atrai ainda maior volume de recursos.

Em terceiro lugar, pela destinação maciça de recursos para empréstimos ao sistema produtivo via BNDES, mediante a emissão de expressivo volume de títulos da dívida mobiliário captados internamente. Também nesse caso o Tesouro arca com elevado volume de subsídios creditícios, pois os empréstimos ao BNDES são concedidos à TJLP, abaixo da Selic, que representa o custo de captação de recursos pelo Tesouro.

Como se vê no Gráfico 6, no Brasil, por conta de todos esses fatores, a dívida bruta do governo geral aumentou cerca de R$ 718 bilhões nos últimos 29 meses que precederam dezembro de 2010, passando de R$ 1,7 trilhão, em julho de 2008, para R$ 2,4 trilhões, em dezembro de 2010, em termos nominais. Isso representa um aumento total de 42,0%, em contraste com o crescimento de 12,3% nos preços internos, com base no IPCA, nesse mesmo interregno. O que implica aumento real total de 26,5%, ou crescimento real médio de 10,2% a.a. Destaque-se que nesse mesmo período o crescimento real médio do PIB brasileiro foi de apenas 3,4% a.a.

Gráfico 6
DÍVIDA BRUTA DO GOVERNO GERAL (EM R$ MILHÕES)

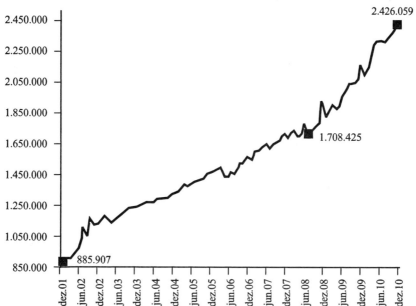

(Governo geral abrange o Governo Federal, governos estaduais e governos municipais. Exclui Banco Central e empresas estatais.)
FONTE: Banco Central do Brasil, Séries Temporais (metodologia antiga).

A evolução mais recente da dívida bruta, acima comentada, deve ser confrontada com o ocorrido entre os meses de dezembro de 2001 (primeiro ano disponível da série) e julho de 2008. Como se vê no Gráfico 6, a dívida bruta crescera R$ 822 bilhões, passando de R$ 0,9 para R$ 1,7 trilhão, naquela fase, implicando crescimento total de 92,8%, ante aumento de 57,0% do IPCA. Nesses termos, constata-se expansão real total de 22,8% e taxa de crescimento real médio de 3,2% a.a., entre dezembro de 2001 e julho de 2008. A Tabela 4 traz um resumo da evolução da *dívida bruta do Governo Federal (DB) e do PIB real* nas fases escolhidas:

Como se vê, houve forte aceleração do crescimento real médio da dívida após a crise, tanto em relação à fase precedente como em relação ao PIB. Por tudo isso, e segundo dados do FMI, o Brasil se situou com destaque, ao final do ano passado, entre os países com dívidas brutas mais elevadas em relação aos respectivos PIB.

TABELA 4
CRESCIMENTO NOMINAL E REAL DA DÍVIDA BRUTA: 2001-2010

	Pré-crise (dez. 01/jul. 08)	Pós-crise (jul. 08/dez. 10)
Cresc. total da DB:		
Em R$ bilhões	822	718
Em %	92,8%	42,0%
Cresc. do IPCA (%)	57,0%	12,3%
Cresc. real da DB (%):		
Total	22,8%	26,5%
Médio	3,2%	10,2%
Cresc. real médio do PIB(%)	4,0%	3,4%

FONTE: Banco Central do Brasil, Séries Temporais (metodologia antiga).

GRÁFICO 7
DÍVIDA BRUTA/PIB (%) EM 2010

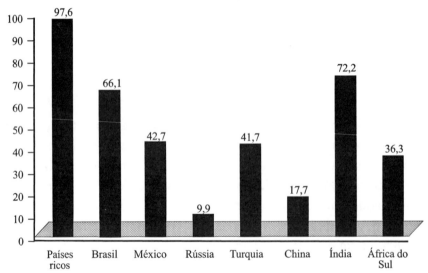

FONTE: FMI.

Como se vê no Gráfico 7, a razão dívida bruta-PIB do Brasil ficou acima das de todos os países emergentes de maior destaque, com exceção da Índia. É fato que, ao mesmo tempo, a razão dívida bruta-PIB média dos principais países desenvolvidos alcançava marca levemente abaixo de 100%,[14] refletindo o maior grau de desarranjo fiscal desses países, no momento atual.

Mas não podemos esquecer que o Brasil está no auge de um ciclo de crescimento (quando o déficit e a dívida pública tendem a ser menores, por terem comportamento procíclico), enquanto a maioria dos países desenvolvidos está em situação de crise econômica.

A concessão de empréstimos do Governo Federal via BNDES e a acumulação de reservas internacionais são, no momento, os principais pontos na discussão dos fatores que se destacaram na explicação do crescimento da dívida bruta nos últimos anos, lembrando que essas duas modalidades de aquisição de ativos são financiadas basicamente com dívida mobiliária federal.

O Gráfico 8 mostra, em eixos antagônicos, a evolução recente da dívida bruta e dos créditos concedidos via BNDES com recursos do Tesouro. Deduz-se dos números sob as curvas do mesmo gráfico que o peso dos créditos do BNDES no total de DB aumentou, progressiva-mente, de valores na faixa entre 0,5% e 1,1% entre dezembro de 2001 e agosto de 2008, até atingir cerca de 10% nos últimos meses.

De forma análoga, o Gráfico 9 mostra a evolução recente da dívida bruta e das reservas internacionais medidas em reais. Deduz-se que o peso das reservas na dívida bruta passou de algo próximo de 10% de DB até o início de 2006, quando começou a subir rapidamente, para valores ao redor de 20% nos últimos meses.

Em síntese, como se vê no Gráfico 10, a participação conjunta dos créditos junto ao BNDES e das reservas internacionais passaram, em poucos anos, de valores pouco expressivos, a marcas que se situam hoje em quase um terço do total do endividamento bruto do governo geral.

---

[14] Países considerados: Alemanha (80,0%); Áustria (69,9%); Bélgica (97,1%); Canadá (84,1%); Espanha (60,1%); Estados Unidos (91,6%); França (81,8%); Grécia (142,0%); Holanda (63,7%); Irlanda (96,1%); Itália (119,0%); Japão (220,3%); Portugal (83,3%); Reino Unido (77,2%).

GRÁFICO 8
DÍVIDA BRUTA DO GOVERNO GERAL E CRÉDITOS DO TESOURO JUNTO AO BNDES (R$ MILHÕES)

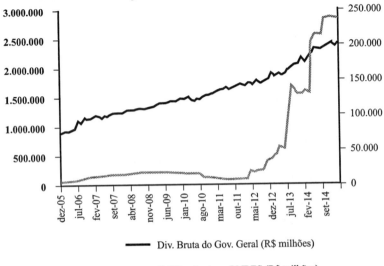

FONTE: Banco Central do Brasil, Séries Temporais.

GRÁFICO 9
DÍVIDA BRUTA DO GOVERNO GERAL E RESERVAS INTERNACIONAIS LÍQUIDAS (R$ MILHÕES)

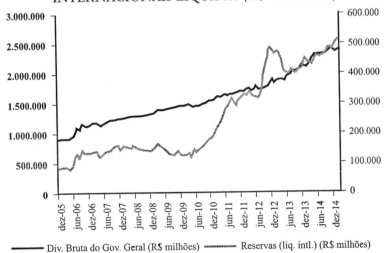

FONTE: Banco Central do Brasil, Séries Temporais.

GRÁFICO 10
PESO DA DÍVIDA BRUTA DO GOVERNO GERAL (%)

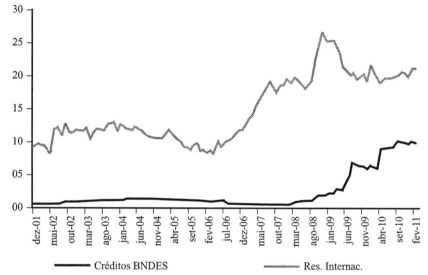

FONTE: Banco Central do Brasil, Séries Temporais.

E quanto aos fatores tradicionais de explicação da expansão da dívida pública? (Ou seja, o déficit público, o efeito dos choques cambiais, mais a explicitação de dívidas escondidas menos as privatizações?) As estatísticas divulgadas pelo Banco Central infelizmente não permitem uma decomposição precisa e completa de todos os "fatores condicionantes da dívida bruta", que incluem esses últimos fatores além dos dois outros examinados inicialmente. Mas é possível fazer algo por etapas, ou seja, trazendo à cena o conceito de dívida líquida (DL).

Recorde-se que a dívida líquida é a dívida bruta menos os ativos financeiros de propriedade do setor público, especialmente as operações de compra de reservas internacionais e de créditos junto ao BNDES, acima citadas. Assim, se trabalharmos com o conceito de dívida líquida, que exclui essas operações (mas capta os subsídios creditícios nelas contidos), estaremos trabalhando exatamente com os fatores restantes, basicamente o déficit público (juros menos superávit primário), reconhecimento de dívidas escondidas, privatizações e efeitos das mudanças nas taxas de câmbio. Examinemos a Tabela 5:

TABELA 5
FATORES DE AUMENTO OU REDUÇÃO
DA DÍVIDA LÍQUIDA: 2002-2010

Aumento da DL	Déficit público	Dívidas "escondidas"	Privatizações	Ajustes cambiais
(1) = 2) + (3) + (4) + (5)	(2)	(3)	(4)	(5)
dez. 02	214.861	65.745	6.694	- 3.637	146.059
dez. 03	39.846	89.009	605	0	- 49.767
dez. 04	50.371	56.306	6.514	- 753	- 11.696
dez. 05	57.537	76.808	3.262	- 954	- 21.578
dez. 06	80.007	86.010	- 375	- 2.049	- 3.579
dez. 07	91.710	74.460	- 630	- 1.265	19.144
dez. 08	- 43.524	61.927	135	- 767	- 104.820
dez. 09	194.472	106.242	- 345	- 3.217	91.793
dez. 10	113.109	93.673	2.969	- 2.742	19.210

FONTE: Banco Central do Brasil, Séries Temporais.

Assim, o que explica basicamente a evolução da dívida líquida, em primeiro lugar, é o déficit público, como seria de se esperar; em segundo, as variações cambiais, nesse caso especialmente nos anos em torno de crises agudas, ou seja, quando há grandes oscilações da taxa de câmbio. Registre-se que na crise de 2002 o impacto do grande aumento da taxa de câmbio ali ocorrido foi desfavorável (isto é, expansionista), pois o peso da dívida externa no total da dívida pública era bastante elevado. Já em 2008 deu-se o inverso, porque, mais recentemente, o governo se tornara credor líquido em dólares, após a forte acumulação de reservas ocorrida entre 2003 e 2008. Assim, a subida da taxa de câmbio provocou, isoladamente, queda do endividamento líquido medido em reais. Só que em 2009-2010 todo o ganho obtido em 2008 foi virtualmente compensado por perda de idêntico valor, à medida que a taxa de câmbio passou a se apreciar e voltou aos níveis pré-crise.

Registre-se ainda o papel insignificante dos outros itens: reconhecimento de dívidas e privatizações, pois esses fatores perderam completamente a importância que detinham durante as gestões FHC.

Para encerrar, a Tabela 6 a seguir traz a decomposição do déficit público entre a despesa líquida de juros e o superávit primário entre

2002 e 2010. Diante dos elevados (e quase sempre crescentes) valores da despesa de juros, muitos atribuem a esse fator a principal responsabilidade pela causação da dívida pública.

TABELA 6
AUMENTO DA DÍVIDA LÍQUIDA E
COMPOSIÇÃO DO DÉFICIT PÚBLICO: 2002-2010

	Aumento da DL	Déficit público	Desp. Juros	Sup. Primário
	(1)	(2) = (3) — (4)	(3)	(4)
dez. 02	214.861	65.745	113.270	47.524
dez. 03	39.846	89.009	144.600	55.591
dez. 04	50.371	56.306	128.524	72.218
dez. 05	57.537	76.808	158.094	81.286
dez. 06	80.007	86.010	161.925	75.915
dez. 07	91.710	74.460	162.538	88.078
dez. 08	- 43.524	61.927	165.511	103.584
dez. 09	194.472	106.242	171.011	64.769
dez. 10	113.109	93.673	195.369	101.696

FONTE: Banco Central do Brasil, Séries Temporais.

Como se trata de fatores numa subtração (déficit público = despesa de juros menos superávit primário), não se pode afirmar que um ou o outro fator tenha contribuído mais decisivamente para a geração dos déficits, em qualquer momento. O que se deve destacar, contudo, conforme salientado no início desta nota, é a mudança no padrão de comportamento da contribuição dos superávits primários para a contenção do crescimento da dívida líquida em seguida à crise (2009 relativamente a 2008). Como se vê na tabela, após anos de crescimento sistemático da contribuição do superávit primário, esta desabou de R$ 103.584 milhões para R$ 64.769 milhões, em apenas um ano.

Em 2010, embora o valor total do superávit primário tenha voltado a ser superior a R$ 100 bilhões, deve-se considerar que R$ 32 bilhões referem-se à já comentada operação de capitalização da Petrobras. Abatendo-a do valor do resultado primário, este regride para R$ 68 bilhões, ficando muito próximo do que se obteve em 2009, no auge da crise. Donde se conclui que estamos diante de um nível de esforço fiscal inferior ao padrão vigente até 2008, como já havia sido argumentado anteriormente.

Em conclusão, a dinâmica benigna de crescimento do PIB acelerado, baixa taxa de juros e resultados primários capazes de estabilizar a dívida parece ter se encerrado. As condições fiscais voltam a gerar preocupação quanto à trajetória da dívida líquida. A contabilidade criativa utilizada para mascarar o problema vem apenas gerar perda de credibilidade dos indicadores fiscais e desconfiança quanto à capacidade e interesse do governo em manter o equilíbrio fiscal. Os resultados aparentemente auspiciosos mostrados no início de 2011 parecem ser uma continuidade do roteiro visto no passado: expansão da receita, cortes marginais e pouco sustentáveis no custeio e na despesa de pessoal, associados a postergação de despesas para o final do ano.

A GUISA DE CONCLUSÃO SUGERIMOS MEDIDAS PARA UM AJUSTE FISCAL INTELIGENTE

Pelo exposto neste estudo, concluímos ser necessário adotar uma gestão macroeconômica que lide com os riscos de curto e médio prazos ao mesmo tempo que abra espaço para um crescimento sustentável de longo prazo. Não parece ser esta a postura adotada pela atual política econômica, que prefere confiar que acontecerá um cenário benigno na economia internacional que permitiria ao país mais alguns anos de crescimento do PIB na faixa de 4% a 5%, sem a necessidade de ajustes estruturais.

No curto e médio prazos, os maiores desafios são o controle da inflação e a redução da perda de competitividade dos exportadores brasileiros em decorrência da valorização do real. Como restrição, registra-se a rigidez do orçamento, que não permite que se faça um ajuste fiscal consistente que vá além do represamento de despesas e de cortes não sustentáveis no tempo.

Na agenda de longo prazo, os maiores estrangulamentos ao potencial de crescimento brasileiro estão nos seguintes pontos: a) déficit fiscal crônico e baixa capacidade de poupança e investimento do setor público; b) precariedade da infraestrutura; c) carência de capital humano; e d) precário ambiente de negócios, devido a burocracia e excessiva regulação.

Em um contexto como este, não parece produtivo tentar estimular o crescimento econômico através de subsídios creditícios e incentivos fiscais a empresas com suposta capacidade de gerar efeitos sistêmicos de crescimento. Essa postura tanto expande a demanda agregada, dificultando o controle da inflação, quanto deteriora as finanças públicas, sem resolver as questões que entravam a expansão do produto potencial. Ao mesmo tempo, a hesitação perante o risco de desgaste político decorrente de medidas estruturais de ajuste fiscal expõe o país a um elevado risco de desestabilização na esteira de eventual crise internacional.

A chave para lidar, ao mesmo tempo, com o aquecimento excessivo da demanda doméstica, com as ameaças de instabilidade externa e ampliar o potencial de crescimento da economia é a adoção do que chamamos de ajuste fiscal inteligente, composto pelas seguintes medidas:

a) Complementação da reforma da previdência social de forma a gerar equilíbrio estrutural das contas públicas e preparar o país para enfrentar os custos do envelhecimento de sua população. Um conjunto de medidas nessa área incluiria pontos já bastante conhecidos:[15]

- instituição de limite mínimo de idade para aposentadoria dos trabalhadores do setor privado;
- criação do sistema de aposentadoria complementar dos servidores públicos, limitando-se a aposentadoria bancada pelo Tesouro ao valor teto vigente para o INSS;
- condicionar o valor da pensão por morte e o período de seu pagamento ao grau de dependência e idade do beneficiário;
- fim do diferencial de idade e tempo de contribuição entre homens e mulheres.

b) Desvinculação dos valores de aposentadorias e benefícios sociais em relação ao salário-mínimo, ou revisão da regra de reajuste do salário-mínimo, com a correção dos valores das aposentadorias

---

[15] Amaro (2011) apresenta uma análise atualizada e abrangente do tema.

pela inflação e eventuais ganhos reais em ritmo mais modesto que o atual.

c) Benefícios sociais pagos sem contribuição prévia do beneficiário (como o atual Benefício de Prestação Continuada) devem ser fixados em valor inferior ao piso de aposentadoria da Previdência Social e pagos a partir de idade superior àquela fixada para a aposentadoria por idade (atualmente 65 anos para homens e 60 para mulheres) de forma a não desestimular a contribuição à previdência.

d) Racionalização da política de pessoal que contemple os seguintes pontos:

- planejamento da ação dos órgãos públicos com vistas a manter o foco em suas áreas-fim e evitar o inchaço de pessoal nas áreas-meio;
- cronograma de concursos anuais, com regularidade similar à dos concursos vestibulares, que selecionem poucos candidatos, evitando-se: a necessidade de barganha política para abertura de concursos; a realização de megaconcursos de alto custo; e a criação de listas de espera, com até quatro anos de validade, que geram *lobby* por parte dos componentes da lista e resultam em contratação excessiva de pessoal;
- melhorar a qualidade dos concursos públicos, exigindo-se mais conhecimentos técnicos, capacidade de raciocínio e de expressão escrita, em vez dos conteúdos enciclopédicos e superficiais atualmente cobrados nas provas;
- substituir os cursos de formação, ministrados em início de carreira e de conteúdo superficial, por formação ao longo da carreira, oferecendo-se oportunidades em cursos de reconhecida qualidade para servidores que se destaquem por mérito;
- evitar exigência de qualificação acima da necessária para o cargo, que acaba por estimular o desvio de função, o pagamento de vencimentos excessivos e a baixa produtividade na prestação de serviços;
- recriação da ascensão funcional por mérito, com vagas limitadas e critérios transparentes, de forma a estimular servi-

dores que entraram no serviço público em carreiras de nível intermediário a ascender para carreiras de nível médio;

- criação de carreiras de nível intermediário não vinculadas a órgãos específicos, para permitir maior mobilidade da mão de obra dentro do serviço público e reduzir a necessidade de contratações;
- preenchimento de funções comissionadas e DAS por meio de concorrência, por meio eletrônico;
- drástica redução nos mais de 20 mil cargos de confiança existentes no Governo Federal, determinando o preenchimento das vagas exclusivamente por servidores de carreira, reservando-se as exceções para os cargos máximos, como ministros, secretários-executivos etc.;
- uso de gratificação de desempenho apenas em serviços em que se possa mensurar resultados: professores, policiais, fiscais tributários; nos demais casos usar promoção por mérito ao longo da carreira, sempre com um número de vagas menor que o de candidatos à promoção;
- ampliar a diferença de remuneração e os níveis entre o início e o final da carreira, de forma a estimular o servidor a se esforçar para obter promoções por mérito;
- fixar vencimentos e percentuais de reajuste com base no que é praticado no setor privado;
- regulamentação do direito de greve no setor público, reduzindo-se o atual viés em favor dos servidores, que usam a falta de regulamentação e a pressão política para realizar greves longas sem desconto de remuneração.

e) Recuperação da capacidade de planejamento e monitoramento de investimentos de infraestrutura pelo Governo Federal. Em estudo recente, o Banco Mundial (2009) demonstra que o governo brasileiro tem grande fragilidade em todo o processo de concepção de investimentos de infraestrutura, desde o momento inicial, de detecção do problema a ser resolvido, até a fase final de monitoramento e manutenção da infraestrutura, passando por incapacidade de desenhar uma estratégia que conecte e priorize investimentos, fracos projetos, dificuldade de realizar análise de diferentes opções de investimento, baixa tradição de análise de custo-benefício, inexistência de instâncias independentes de avaliação de viabilidade e custos, implementação e operação.

f) Substituição gradual dos atuais incentivos regionais e setoriais baseados em subsídios creditícios por investimentos em infraestrutura, em especial nas regiões menos desenvolvidas, de modo a ampliar sua competitividade na captação de investimentos privados.

g) Ênfase nos investimentos que gerem ganhos de produtividade das empresas e, em especial, aumentem a competitividade das exportações, evitando-se projetos não prioritários e de alto custo, como o do chamado trem-bala.

h) Participação do Tribunal de Contas da União e demais instâncias de controle nas etapas iniciais de elaboração e seleção de projetos, de forma a evitar problemas que, no futuro, levem a paralisações e atrasos em obras de infraestrutura.

i) Qualificação do corpo técnico do Ibama e aperfeiçoamento dos processos de licenciamento ambiental dos investimentos, com adoção de critérios técnicos transparentes que evitem a judicialização e a politização dos processos de licenciamento.

j) Dinamização dos procedimentos de concessões e demais modalidades de participação da iniciativa privada nos investimentos de infraestrutura (inclusive melhoria na regulação e na capacidade das agências reguladoras), com vistas a se acelerar os investimentos nessa área, com menos recursos públicos e maior eficiência.

k) Recuperação da transparência e credibilidade da política fiscal, com base nas seguintes medidas:

- limitação no volume de restos a pagar transferidos para exercícios posteriores e estabelecimento de um cronograma de quitação dos débitos vigentes;
- suspensão das operações financeiras triangulares com empresas públicas (Petrobras, Eletrobras, bancos públicos) com vis-

tas a gerar receitas primárias fictícias baseadas em elevação da dívida pública;

- suspensão dos empréstimos do Tesouro ao BNDES sem registro no orçamento, passando-se a registrar como despesa todos os repasses ao banco público;
- regulamentação do uso das rendas provenientes da exploração do pré-sal por meio de um fundo soberano, com critérios conservadores e baseados em critérios de desembolso anticíclico;
- critérios objetivos e transparentes para o pagamento de dividendos por empresas estatais ao Tesouro.

l) Aplicação de parte das economias decorrentes do ajuste fiscal em um plano de expansão da educação de base, com vistas à expansão do capital humano do trabalhador brasileiro.

m) Aperfeiçoamento da regulação e desburocratização com vistas a melhorar o ambiente de negócios, facilitando a abertura e fechamento de firmas, e reforçando o cumprimento de contratos.

n) Aproveitar parte das economias decorrentes do ajuste fiscal para viabilizar uma racionalização do sistema tributário (que inevitavelmente levará à redução da receita total), que ampliará a competitividade e produtividade das firmas.

REFERÊNCIAS BIBLIOGRÁFICAS

ALMEIDA, M. (2011). *Restos a pagar e artifícios contábeis*. Mimeo disponível em http://mansueto.wordpress.com/2011/02/25/restos-a-pagar-e-truques-fiscais/

AMARO, M. N. (2011). *Terceira reforma da previdência: até quando esperar?* Centro de Estudos da Consultoria do Senado. Texto para Discussão nº 84. Disponível em: http://www.senado. gov.br/senado/conleg/textos_discussao.htm

BACHA, E., BONELLI, R. (2004). *Accounting for Brazil's growth experience: 1940-2002*. Texto para discussão nº 1.018. Ipea. Disponível em: http://www.ipea.gov.br/portal/index.php?option=com_content&view=article&id=1339&Itemid=68#.

BANCO MUNDIAL (2009). *Assessment of the Efficiency of public investment management*. Mimeo. 2º Seminário Nacional de Orçamento Público. Ministério do Planejamento Orçamento e Gestão — Secretaria de Orçamento Federal.

FERNANDES, E. L. B (2004). *Restos a pagar*. Monografia. Universidade de Brasília. Disponível em: https://www.portalsof.planejamento.gov.br/bib/Estudos/2004-07-28_Monografia_-_Ernani_Fernandes.pdf

GOMES, V., PESSÔA, S. A., VELOSO, F. Evolução da produtividade total dos fatores na economia brasileira: uma análise comparativa. *Pesquisa e Planejamento Econômico*, v. 33, nº 3, dezembro de 2003, p. 389-434.

IPEA. *Desigualdade regional recente: uma nota a partir de dados estaduais*. Comunicado Ipea nº 71/2010, dez. de 2010. Disponível em: http://www.ipea.gov.br/portal/index.php?option=com_content&view=article&id=6587

MENDES, M. (2011). *Desembrulhando o ajuste fiscal: há espaço para ajuste fiscal no governo federal sem reformas legais ou revisão de políticas públicas?* Centro de Estudos da Consultoria do Senado. Texto para Discussão nº 86. Disponível em: http://www.senado.gov.br/senado/conleg/textos_discussao.htm

DA SILVA, A. M. A et al. (2007). *Restos a pagar: implicações sobre a sustentabilidade fiscal e a qualidade do gasto público*. Prêmio SOF de monografias 2007. Disponível em: http://www.mp.gov.br/secretarias/upload/Arquivos/sof/publicacoes/premio_sof/1mono_tema2_1lugar.pdf

SUZIGAN, W., FURTADO, J. "Política industrial e desenvolvimento". In *Revista de Economia Política,* v. 26, nº 2 (102), p. 163-185, abr.-jun. de 2006.

TAVARES, F. L., MOURA, M. R. (2011). *Primeira avaliação orçamentária de 2011*. Nota Técnica nº 6/2011 da Consultoria de Orçamento e Fiscalização Financeira da Câmara dos Deputados. Disponível em: http://www2.camara.gov.br/atividade-legislativa/orcamentobrasil/orcamentouniao/estudos/2011/nt06.pdf

VELOSO, F. (2011). "Crescimento econômico brasileiro: desafios e perspectivas". In: GIAMBIAGI, F.; PORTO, C. *2022 propostas para um Brasil melhor no ano do bicentenário*. Campus-Elsevier, Rio de Janeiro, 2011, p. 63-78.

VELOSO, F., VILLELA, A., GIAMBIAGI, F. "Determinantes do milagre econômico brasileiro (1968-1973): uma análise empírica." In *Revista Brasileira de Economia*, v. 62, nº 2, p. 221-246, abr.-jun. de 2008.

O problema da estrutura de nossas exportações: caminhos de saída

*José Augusto de Castro**

---

* Presidente em exercício da Associação de Comércio Exterior do Brasil, AEB.

REALIDADE

BRASIL: PAÍS EXPORTADOR DE PESO

A AFIRMAÇÃO ACIMA permite uma interpretação de duplo sentido. Em uma primeira leitura, sua avaliação indica que o Brasil, por ser um tradicional país exportador de *commodities*, exporta principalmente peso, ou seja, grandes quantidades e elevados volumes de produtos de alto peso específico.

Todavia, o duplo sentido dessa assertiva deve ser considerado como um objetivo a ser perseguido pelo Brasil, ou seja, em que além de ser conhecido como exportador de grandes quantidades, também o montante financeiro de suas exportações seja reconhecido pela importância no cenário econômico internacional.

Este reconhecimento se justifica pelo fato de o Brasil ser o único país entre os 10 maiores PIBs do mundo que não está classificado entre os 10 maiores exportadores, figurando em 2010 como o 8º PIB, porém posicionado em torno do 20° lugar como maior exportador.

EXPORTAÇÕES BRASILEIRAS, EM QUANTIDADE

TABELA 1

| | | | | | Em milhões de toneladas | | |
PRODUTOS	2000	2002	2005	2007	2008	2009	2010
Básicos	192	225	301	362	373	363	424
Semimanufaturados	22	29	38	38	39	39	43
Manufaturados	26	36	52	56	51	47	47
Operações especiais	5	5	5	6	6	6	6
TOTAL	245	295	396	462	469	455	520

FONTE: MDIC/Secex.
ELABORAÇÃO: AEB.

A confirmação de que o Brasil é um país exportador de peso, em termos quantitativos, pode ser constatado na Tabela 1, que mostra as exportações brasileiras nos últimos 10 anos, em milhões de toneladas, separadas por produtos básicos, semimanufaturados, manufaturados e operações especiais.

Podemos observar na tabela que, a cada ano, o *quantum* vem aumentando, em milhões de toneladas, das exportações de produtos básicos e semimanufaturados, integralmente constituídos por *commodities*, enquanto, em contrapartida, tem diminuído o peso, em milhões de toneladas, das exportações de produtos manufaturados.

VIAS DE TRANSPORTE DAS EXPORTAÇÕES, EM 2010

Os dados apresentados na Tabela 2 permitem analisar as exportações brasileiras sob outro prisma, através de suas vias de transporte, e estas se mostram coerentes com as características da pauta brasileira de exportação, em que predomina o aspecto peso.

TABELA 2

VIA DE TRANSPORTE	VALOR		QUANTIDADE	
	US$ MILHÕES	PART. %	1.000 TONS	PART. %
Marítima	167.896	83,15	499,374	96,02
Aérea	9.916	4,91	1,059	0,20
Terrestre	15.100	7,48	5,780	1,11
- Rodoviária	14.733	7,30	5,264	1,01
- Ferroviária	367	0,18	0,516	0,10
Fluvial	1.223	0,61	12,493	2,40
Meios Próprios	6.014	2,98	1,311	0,25
Linha Transmissão	1.423	0,70	0,100	0,02
Postal/Tubo conduto	343	0,17	0	0,00
TOTAL	201.915	100,0	520,117	100,0

FONTE: MDIC/Secex.
ELABORAÇÃO: AEB.

Como resultado natural, a via de transporte mais utilizada, e quase a única, é a marítima, que em 2010 foi responsável por transportar mais de 83%, em valor, e mais de 96%, em quantidade, das exportações brasileiras.

COMPOSIÇÃO DAS EXPORTAÇÕES BRASILEIRAS

A Tabela 3 mostra, agora tendo como base valores de exportação, a composição percentual das exportações brasileiras nos últimos 45 anos, separadas por produtos básicos, semimanufaturados, manufaturados e operações especiais, em que fica evidente a contínua e rápida elevação da participação percentual dos produtos básicos, integrados por *commodities*, em contrapartida à também contínua e rápida redução do índice percentual de participação dos produtos manufaturados.

Estes dados justificam, sob outro ângulo, a razão da elevada quantidade das exportações brasileiras, em peso.

Além disso, os números mostrados indicam e sinalizam uma realidade que o Brasil não desejaria que estivesse ocorrendo, qual seja, uma perspectiva de volta ao final dos anos 1970, em que a participação percentual dos produtos básicos e manufaturados se aproximam dos vigentes atualmente.

TABELA 3

ANO	BÁSICOS %	SEMIMANUFAT. %	MANUFAT. %	OP. ESP. %
1966	82,9	8,1	8,7	0,3
1970	74,8	9,1	15,2	0,9
1975	58,0	9,8	29,8	2,4
1978	47,2	11,2	40,2	1,4
1980	42,2	11,7	44,8	1,3
1985	33,3	10,8	54,8	1,1
1990	27,8	16,3	54,2	1,7
1995	23,6	19,7	55,0	1,7
2000	22,8	15,4	59,1	2,7
2002	28,1	14,8	54,7	2,4
2005	29,3	13,5	55,1	2,1
2007	32,1	13,6	52,2	2,1
2009	40,5	13,4	44,0	2,1
2010	44,6	14,0	39,4	2,1
2011*	46,5	13,9	37,4	2,2

* Previsão.
FONTE: MDIC/Secex. Elaboração: AEB.

Com a apresentação desses dados, naturalmente, a primeira avaliação que vem à mente é: o Brasil, um país que exporta peso, que tem elevada participação percentual de *commodities* na sua pauta de exportação e que transporta seus produtos na exportação, prioritariamente, por via marítima, certamente deve dispor de uma excelente infraestrutura rodoviária, ferroviária e portuária, que constituem uma indispensável logística integrada para atender à crescente demanda internacional por *commodities*.

A primeira parte desta avaliação é correta, pois em razão das características dos produtos exportados pelo Brasil, não existe a possibilidade de se adotar na exportação transporte alternativo à via marítima.

Entretanto, a realidade que se verifica na segunda parte da análise é exatamente o oposto: não existe uma logística integrada, muito menos planejamento e programa visando à implantação, antecipadamente, de medidas para aumentar a capacidade de operação com vistas a atender à demanda futura por *commodities*.

Apesar de a pauta de exportação e as perspectivas de demanda do mercado internacional serem amplamente conhecidas, cenário que permite planejar e executar, antecipadamente, obras para ampliar, racionalizar e se preparar para a demanda futura, o que ocorre, na verdade, é o contrário: projetos são desenvolvidos com atraso e em regime de urgência, com vistas a atender à demanda atual e efetiva.

O cenário até aqui descrito permite duas afirmações e suas consequências:

- o Brasil não adota planejamento para atender à demanda futura, buscando apenas suprir a demanda presente, normalmente com defasagem de tempo e em desvantagem de custo;
- a realidade atual, em que a demanda real normalmente é maior que a oferta disponível, faz com que o custo de logística integrada seja elevado, afetando a competitividade do produto exportado no mercado internacional e/ou sua rentabilidade financeira interna, independente de o produto ser manufaturado ou *commodity*.

COMPARAÇÕES ENTRE BRASIL, CHINA E ÍNDIA

Mudando de enfoque, mas ainda inserido no tema básico proposto, as comparações entre Brasil, China e Índia oferecem e mostram profundas diferenças entre os três países. E as principais são listadas abaixo:

- a China e a Índia são os únicos países com população superior a um bilhão de habitantes, mais especificamente, a China com 1,330 bilhão e a Índia com 1,210 bilhão;
- a China possui área de 9.536.499km^2, a Índia de 3.287.50 km^2 e o Brasil de 8.514.876km^2;
- como resultado de suas elevadas populações, a densidade demográfica na China é de 138 habitantes/km^2 e na Índia de 368 habitantes/km^2. Enquanto isso, no Brasil alcança apenas 22 habitantes/km^2;

- a Índia e a China não possuem área disponível para expandir sua produção agrícola, ao contrário, a perspectiva é reduzir a área hoje destinada à agricultura, em razão do contínuo êxodo rural para as cidades;
- o forte crescimento econômico observado na China e na Índia tem elevado a demanda por alimentos e outras matérias-primas, beneficiando diretamente o Brasil, que dispõe de aproximadamente 50 milhões de hectares de área agricultável ociosa, sem envolver qualquer desmatamento, e que necessitam apenas de infraestrutura para viabilizar a produção e escoar a safra;
- ao longo dos últimos anos, a China e a Índia têm reservado em seus orçamentos expressivos valores para investimento em educação, que é a base para seu crescimento;
- em resposta aos investimentos efetuados em educação, os produtos manufaturados representam mais de 70% da pauta de exportação da Índia e mais de 95% nas vendas ao exterior da China. Em contrapartida, no Brasil, as *commodities* é que são responsáveis por mais de 70% das exportações;
- na China, os investimentos em infraestrutura são programados e realizados, antecipadamente, visando representar fator de estímulo à criação ou viabilização da expansão das atividades econômicas, enquanto no Brasil ocorre o contrário, com o desenvolvimento de atividades sendo o motor que viabiliza a posterior realização de investimentos em infraestrutura;
- a malha ferroviária do Brasil de 29 mil km é a mesma de 1920, enquanto a China construiu apenas nos últimos 5 anos 13 mil km em novas ferrovias;
- no setor rodoviário, a China construiu nos últimos 5 anos 192 mil km em rodovias, dos quais 28 mil km em vias expressas;
- o desenvolvimento de novas fronteiras agrícolas no Centro-Oeste brasileiro e o correspondente aumento da produção de grãos têm provocado fortes distorções nos preços de fretes. Isto ocorre em consequência da ausência de adequado e suficiente sistema de transporte para escoar a safra agrícola, em que uma tonelada de soja transportada via rodoviária de Mato Grosso para Santos tem

como frete interno o custo de US$ 120,00/ton, enquanto o transporte marítimo da mesma soja no percurso Santos para a China custa US$ 30,00/ton de frete externo. Ressalte-se que, enquanto o custo do frete interno é assumido pelo produtor/exportador brasileiro e o preço de exportação da soja seja uniforme no mundo, o valor do frete externo é absorvido pelo importador, em níveis similares aos praticados por outros países exportadores de soja;

- como consequência do cenário descrito, o Brasil dispõe de uma infraestrutura insuficiente, deficiente e onerosa, mesmo sendo um país exportador de peso, razão pela qual sempre se diz que a logística do Brasil constitui fator que pode inviabilizar exportações;
- finalmente, sem levar em consideração o fato de o yuan estar artificialmente desvalorizado em relação ao dólar, a China definiu e mantém a mesma política de comércio exterior ao longo dos últimos 30 anos. Nesse mesmo período o Brasil ainda não estabeleceu sua política de comércio exterior, adotando medidas pontuais e isoladamente por órgão público ou ministério, à medida que surgem as necessidades.

DADOS DO COMÉRCIO EXTERIOR BRASILEIRO

No que concerne ao comércio exterior brasileiro, resumidamente, alguns de seus principais dados podem ser destacados sob diferentes ângulos:

- o último déficit apresentado pela Balança Comercial do Brasil ocorreu no longínquo ano de 2000;
- em 2001 teve início o venturoso ciclo de elevação das cotações das *commodities* no mercado internacional, temporariamente interrompido no final de 2008, mas que retomou seu ritmo de alta no segundo semestre de 2009;
- não por coincidência, com o início da elevação das cotações das *commodities* em 2001, a partir deste ano o Brasil também passou a obter superávits comerciais em sua Balança Comercial;

- o montante das exportações de US$ 202 bilhões em 2010 representa um incremento de 267% sobre o total das exportações de US$ 55 bilhões no ano 2000;
- no mesmo período, as cotações em US$/ton e as quantidades em milhões de toneladas dos quatro principais produtos da pauta de exportação tiveram o seguinte comportamento nos anos 2000 e 2010:

TABELA 4

PRODUTOS	COTAÇÕES US$/TON.			QUANTIDADES MILHÕES TONS.		
	2000	2010	Var.%	2000	2010	Var. %
Minério Ferro	19	93	389	157	311	98
Soja em Grão	190	380	100	11,5	29	152
Petróleo	-	495	-	-	32,6	-
Açúcar Bruto	175	444	154	4,3	21	388

- no longo período de elevadas cotações de *commodities*, compreendido entre 2001 a 2010, o Brasil gerou e acumulou US$ 277 bilhões de superávit comercial;
- também não por coincidência, o valor acumulado de superávit comercial foi maior que a antiga dívida externa, o qual teve participação marcante para a colocação da dívida externa em segundo plano e foi de fundamental importância para afastar o risco de vulnerabilidade externa que rondava o Brasil no passado;
- analisados sob o aspecto puramente econômico, os atuais dados numéricos do comércio exterior brasileiros são considerados excelentes;
- graças às suas elevadas cotações, as receitas de exportação geradas pelas *commodities* de origem agrícolas, minerais e metálicas correspondem a mais de 70% das receitas totais de exportação do Brasil;
- embora numericamente sejam muito expressivos e positivos, os favoráveis dados das exportações brasileiras somente têm sustentabilidade em um cenário econômico internacional de crescimento, em especial da China, a principal demandante mundial de *com-*

modities e um dos mais importantes fatores determinantes de suas elevadas cotações internacionais;

- a justificativa para esta afirmação deve-se ao fato de que, embora o Brasil se situe, conforme o produto, entre os dois maiores produtores e exportadores mundiais de *commodities*, sua atuação na exportação é meramente passiva e dependente, pois não exerce qualquer controle sobre suas cotações no mercado internacional;
- destarte, a forte expansão das exportações e os robustos superávits comerciais apurados nos últimos anos são decorrentes mais do significativo crescimento econômico mundial ocorrido neste mesmo período, e menos de iniciativas e ações desenvolvidas pelo Brasil.

ESTRUTURA POLÍTICA DE COMÉRCIO EXTERIOR

A estrutura política de comércio exterior do Brasil, foco e tema básico desse estudo, constitui uma das deficiências observadas no dia a dia do nosso comércio internacional, indiretamente provocando reflexos negativos nas operações de exportação e importação, afetando o desenvolvimento de suas atividades e elevando os custos operacionais.

O primeiro e principal entrave verificado na estrutura política de comércio exterior do Brasil refere-se a uma dicotomia entre os ministérios da Fazenda e do Desenvolvimento, Indústria e Comércio Exterior.

O Ministério da Fazenda tem o poder para legislar sobre temas vinculados ao comércio exterior, em suas diferentes vertentes, mas não tem a missão de administrar o comércio exterior.

Por sua vez, o Ministério do Desenvolvimento, Indústria e Comércio Exterior tem a missão de administrar o comércio exterior, mas não dispõe de instrumentos de poder para legislar sobre o comércio exterior.

Esse impasse gera dificuldades para a adoção e aplicação de simples medidas, muitas vezes meramente desburocratizantes, mas que dependem de decisão e envolvimento de pessoas ligadas ao ministério não participante diretamente da atividade.

Naturalmente, por trás dessa dificuldade de entendimento, efetivo ou figurado, existe a perspectiva real ou a interpretação virtual da possibilidade de perda de poder por um dos envolvidos. E todos sabemos a importância que o fator "poder" representa em órgãos públicos.

Lamentavelmente, muitas vezes, esta dicotomia implica perda de eficiência, qualidade, produtividade e competitividade, para as empresas e para o próprio país, pois passam a ser consideradas e computadas como ineficiência, falta de qualidade, baixa produtividade e falta de competitividade, dificultando, ou mesmo impedindo, a participação da empresa e do produto brasileiro no concorrido mercado internacional.

Exemplo concreto desta situação ocorre atualmente com a criação do Exim-Brasil — mundialmente conhecido pela sigla Exim-Bank —, decisão anunciada há mais de um ano como solução para agilizar procedimentos, racionalizar tempo e reduzir custos de financiamentos à exportação, mas cuja implantação efetiva ainda não saiu do papel.

Esta situação de indefinição ocorre por razões políticas de poder, pois ambos os ministérios mencionados desejam que o Exim-Brasil fique sob sua órbita de poder.

Enquanto esta pendência técnica não encontra uma solução política, as empresas exportadoras de produtos manufaturados de alto valor agregado, aqueles que seriam os mais beneficiados com a criação do Exim-Brasil, a cada dia que passa vão enfrentando mais dificuldades para concorrer no mercado internacional.

Outrossim, analisando-se os órgãos intervenientes no comércio exterior, sob o prisma da postura, constata-se que inexiste uniformidade de princípios e procedimentos, pois enquanto o Banco Central adota atitude de orientação, a Receita Federal do Brasil tem postura de arrecadação e o Ministério do Desenvolvimento, Indústria e Comércio Exterior tem atuação focada em aspectos administrativos e controles.

Uma vez mais, essa diferença de visão operacional gera dúvida, insegurança jurídica, incerteza e problema, pois interpretações diversas antes de o fato ocorrer provocam inviabilização da operação, mas após o fato consumado geram multas e penalidades, devido à aprovação da operação, sob a ótica do órgão concedente poder ser diferente do órgão fiscalizador, na maioria das vezes subordinados a ministérios diferentes.

Outro aspecto relacionado à estrutura política de comércio exterior diz respeito à elevada quantidade de intervenientes governamentais participando, direta ou indiretamente, de atividades do comércio exterior, que atinge inacreditáveis 16 órgãos, cada um com autonomia legal e operacional para desempenhar suas tarefas.

A existência de objetivos e *modus operandi* distintos, geram burocracia, superposição de atividades, perda de tempo, custos ociosos, baixa produtividade e perda de competitividade, fatores que impactam negativamente as operações de comércio exterior, tanto de exportação quanto de importação.

Essa liberalidade dificulta o Brasil implantar uma política integrada de comércio exterior, em substituição às atuais políticas isoladas de comércio exterior vigentes em cada ministério.

Em 2003, através do Decreto nº 4.732, foi formalizada a criação da Camex — Câmara de Comércio Exterior, com o objetivo prioritário de constituir-se na base para implantação de uma política integrada de comércio exterior.

Todavia, as deficiências estruturais observadas ao longo dos anos, aliadas ao fato de sua criação ter sido efetuada por Decreto, e não por Lei, reduzem a força legal de sua atuação perante outros órgãos governamentais amparados em leis específicas para desempenhar suas atividades.

Outro aspecto a ser destacado refere-se aos sete ministérios que compõem a Camex, representados pelos ministérios do Desenvolvimento, Indústria e Comércio Exterior; das Relações Exteriores; da Fazenda; da Agricultura, Pecuária e Abastecimento; do Planejamento, Orçamento e Gestão; do Desenvolvimento Agrário; Casa Civil da Presidência da República.

Causa surpresa nessa relação a inclusão do Ministério do Desenvolvimento Agrário, que não possui qualquer participação em atividades de exportação e/ou importação, ao contrário do Ministério do Transporte e da Secretaria Especial de Portos, ausentes da relação, mesmo sendo suas atuações nos segmentos de infraestrutura e portos de fundamental importância em um país que exporta peso, sob a ótica de quantidade.

Enfim, este conjunto de fatores serve para explicar e justificar o fato de o Brasil ainda não dispor de uma política integrada de comércio exterior.

CAMINHOS OPERACIONAIS PARA O COMÉRCIO EXTERIOR

Os caminhos operacionais de saída para solucionar os problemas atuais de estrutura do comércio exterior brasileiro, em especial nas exportações, requerem a implantação de um conjunto de medidas, em diferentes áreas, de forma a dotar o Brasil de condições similares a seus concorrentes de outros países para participar do mercado internacional.

Dentre as medidas recomendadas, as descritas abaixo estão entre as mais importantes e urgentes:

- investir fortemente na expansão e melhoria da infraestrutura rodoviária, ferroviária, aérea e portuária, visando a reduzir o atual elevado custo de logística, além de eliminar o fantasma do apagão da logística já vislumbrado em alguns segmentos econômicos;
- desenvolver agressiva política de inovação tecnológica, com vistas a estimular, viabilizar e aumentar a participação de produtos manufaturados na pauta de exportação;
- promover profunda reforma tributária, visando modernizar o arcaico e atual sistema tributário, eliminar e/ou consolidar a diversidade de tipos de tributos, racionalizar e/ou simplificar procedimentos administrativo-tributários e, como consequência, proporcionar redução de custos tributários e financeiros;
- realizar reformas previdenciária e trabalhista, destinadas a ajustar suas obsoletas estruturas e princípios à realidade vigente, assim como propiciar a redução de seus custos;
- promover diminuição nominal da carga tributária do Brasil, com vistas a estimular a produção industrial, reduzir o custo produtivo, diminuir preços de venda e viabilizar a ampliação do acesso ao mercado por novos consumidores gerados com a elevação do poder aquisitivo;

- adotar medidas na área cambial destinadas a reduzir o custo financeiro praticado em operações brasileiras, seja administrando a qualidade da entrada de capitais estrangeiros, seja mediante a redução dos gastos governamentais, objetivando permitir a redução nominal da taxa Selic e, por consequência, de seus elevados juros reais;
- implementar política de desburocratização no comércio exterior, envolvendo os 16 órgãos com atuação, direta ou indireta, neste segmento, mediante a simplificação de procedimentos, eliminação de superposição de tarefas, redução dos prazos de execução, facilitação operacional, informatização e modernização de processos, entre outras ações e atividades destinadas a reduzir o custo da burocracia.

Este conjunto de fatores constitui o já famoso "custo Brasil", cujo somatório atinge estimados 30%, com determinados setores industriais superando este índice.

Registre-se que, não significa esquecimento o fato de não ter sido apresentada nenhuma proposta para alteração da atual política de câmbio flutuante, pois entendemos que, isoladamente, o nível atual da taxa de câmbio não é causa da falta de competitividade enfrentada pelos exportadores na tentativa de venda de seus produtos manufaturados no exterior, mas também sofre os efeitos negativos provocados pelos itens relacionados, os quais são, de fato, as reais causas dos atuais problemas detectados na exportação.

Outrossim, *grosso modo*, se fossem acrescentados à atual taxa cambial de R$ 1,60 vigente os 30% correspondentes ao "custo Brasil", teríamos uma taxa de câmbio equivalente a R$ 2,10, patamar que proporcionaria competitividade à grande maioria dos produtos manufaturados brasileiros no mercado internacional.

Adotando-se outro enfoque de análise, caso os fatores que compõem o "custo Brasil" fossem eliminados da estrutura de custo, a atual taxa de câmbio praticada seria suficiente para proporcionar competitividade às exportações de produtos manufaturados.

Embora o "custo Brasil" afete negativamente as exportações de *commodities*, são feitas mais referências aos reflexos negativos da taxa de câmbio sobre a exportação de produtos manufaturados.

Isto porque, nas exportações de *commodities*, a taxa cambial é fator de rentabilidade, enquanto nas exportações de produtos manufaturados é fator de competitividade.

A atual taxa de câmbio reduz a rentabilidade das exportações de commodities, mas ainda permite manter sua competitividade, devido às elevadas cotações praticadas.

Em contrapartida, o nível de taxa cambial vigente limita, e até mesmo elimina, a competitividade das exportações de produtos manufaturados e, como consequência natural, gera rentabilidade negativa, fator que por si só desestimula e mesmo impede a concretização da exportação.

CAMINHOS POLÍTICOS PARA O COMÉRCIO EXTERIOR

Os caminhos para expandir, fortalecer e consolidar o comércio exterior brasileiro requerem a tomada de decisões, que dependem de ações e iniciativas de natureza política.

As razões para o envolvimento político em área de atuação eminentemente técnico-operacional devem-se à necessidade de serem efetuadas alterações de arcabouço legal, cenário que exige ampla negociação política visando à aprovação das sugestões apresentadas, mesmo na hipótese em que a maioria esteja a favor das mudanças propostas.

Nesse sentido, as propostas descritas adiante constituem as alternativas necessárias para solucionar o atual problema estrutural de nossas exportações, as quais exigem que caminhos políticos também sejam percorridos para obter sua aprovação, ter caráter legal e viabilizar sua implementação.

- iniciar e dar celeridade às sempre prometidas, mas até agora não realizadas, reformas tributária, previdenciária, trabalhista e política, especialmente a tributária, com vistas a elevar o índice de competitividade, reduzir o nível de desnacionalização e/ou evitar o crescente risco de desindustrialização;

- criar permanente política governamental integrada de comércio exterior, em substituição às atuais políticas isoladas de ministérios com atuação na exportação e/ou na importação;
- fortalecer a estrutura legal e operacional da Camex para constituir-se no embrião de criação da permanente política governamental integrada de comércio exterior;
- definir e implementar política estrutural de comércio exterior, objetivando impedir, ou pelo menos evitar, a adoção de medidas temporárias, conjunturais e paliativas;
- aproveitar o ainda favorável panorama econômico internacional para agilizar a realização das indispensáveis reformas necessárias, sob risco de o Brasil precisar ampliar a já elevada dependência de cenário econômico externo favorável para geração de superávits comerciais.

Aos pontos aqui relacionados outros poderão ser agregados, porém, se apenas estes forem tornados realidade, um grande passo terá sido dado para a expansão, fortalecimento e consolidação do comércio exterior brasileiro.

PERSPECTIVAS

As perspectivas positivas do Brasil no comércio exterior estão, direta e exclusivamente, vinculadas à realização de seu dever de casa.

Nesse sentido, ações e iniciativas políticas e operacionais devem ser tomadas internamente visando a integrar políticas ministeriais, eliminar gargalos e custos ociosos de infraestrutura, investir em inovação tecnológica, realizar as reformas estruturais exigidas, racionalizar e desburocratizar procedimentos, entre diversas outras.

Na eventualidade de estas ações e iniciativas não serem desenvolvidas, o comércio exterior do Brasil continuará dependente da existência de favorável cenário econômico internacional, condição básica para que suas receitas de exportação possam atingir patamares suficientes para a geração de superávits comerciais.

Resumidamente, e em outras palavras, isto significa dizer que:

> **OU O BRASIL SE INTEGRA INTERNAMENTE NOS CAMPOS POLÍTICO E ECONÔMICO, OU SE ENTREGA EXTERNAMENTE NO CAMPO COMERCIAL**

Reindustrializar o Brasil

Mauro Arruda* e Nelson Brasil**

---

* Economista, sócio-diretor da Macrotempo Consultoria Econômica.
** Primeiro vice-presidente da Associação Brasileira das Indústrias de Química Fina, Biotecnologia e suas especialidades, Abifina.

INTRODUÇÃO

ESTE ESTUDO OBJETIVA apresentar aspectos básicos que servirão, de acordo com a intenção da direção do Fórum Nacional, para uma possível discussão em torno do que poderia ser um Plano de Reindustrialização do Brasil. Nesse sentido, não pretende esgotar todos os aspectos que deveriam estar envolvidos, mas apenas aqueles que são tidos como indispensáveis. Na realidade, são aspectos que dificultam a competitividade de toda a indústria. As únicas políticas específicas são as apresentadas para o complexo da química fina, pela Abifina, entidade que o representa, convidada pelo Fórum para elaborar deste texto.

O texto está dividido em três partes, além desta introdução: I) na primeira, serão abordados pontos do Custo Brasil, do câmbio e o comportamento das cadeias produtivas, procurando deixar claro o papel que exercem na competitividade da indústria com o objetivo de mostrar o quanto a indústria de transformação é sufocada pela pressão que exercem; II) na segunda, será feita uma análise do que aconteceu e está acontecendo com o complexo da química fina; III) por fim, serão apresentadas algumas conclusões e sugestões.

Antes de entrar em cada uma dessas partes, convém ressaltar que a indústria brasileira perdeu a importância que tinha no PIB brasileiro. Na realidade, sua participação se viu reduzida, significativamente, nos últimos vinte anos, caindo para cerca de 17%. É muito pouco, para um país que ambiciona estar entre as maiores economias do mundo.

Vale lembrar que nenhum dos países de desenvolvimento tardio que saiu do subdesenvolvimento, ou que está prestes a sair, deixou de eleger a indústria como prioridade para o seu desenvolvimento. Sim, a indústria foi e tem sido o carro-chefe do desenvolvimento de todos eles. Da Coreia do Sul que, nos anos 1960, escolheu a indústria como ponto de partida para o seu desenvolvimento; a China, dos anos 1980; a Índia, mais recentemente; e o Brasil dos anos 1950,[1] mas que, a partir dos anos 1980, foi pouco a pouco deixando-a de lado, relegando-a a segundo plano.[2]

No caso brasileiro, é preciso ter presente que a reindustrialização só será possível se algumas condições forem satisfeitas.

A primeira delas é a necessidade de uma política macroeconômica menos prejudicial ao desenvolvimento da indústria. A excessiva valorização do real, fruto, por sua vez, da aplicação de uma enorme taxa de juros básica, a Selic, instrumentos utilizados para combater a inflação que prejudicam a indústria mais que qualquer outro setor. Afinal, o que dizer do crescimento recente dos preços, puxado pelos setores primário (subida, ao nível internacional, dos preços dos alimentos e outros tipos de *commodities*) e terciário (entre eles, serviços pessoais e aumento das tarifas de serviços de utilidade pública), em relação aos quais o câmbio tem pouca influência (o preço da maioria das *commodities* superou a valorização cambial) ou nenhuma (no caso do setor terciário, pelo fato dos serviços não serem *tradeables*)?

A segunda condição é a necessidade de o governo trabalhar para reduzir, substancialmente, o Custo Brasil. Este texto procurará mostrar o quanto esse custo tira a competitividade da indústria. O que será apresentado não dá margem a muita discussão. Ou o governo e a classe política se convencem que isso deve estar na pauta de suas prioridades ou um plano de reindustrialização, qualquer que seja ele, terá alcance limitado. Uma observação: o Custo Brasil sempre foi desfavorável à indústria de transformação. Não há dúvida que com o aumento

---

[1] Não é por outra razão que Brasil e Coreia do Sul foram as economias que mais crescerem no mundo no período que vai de 1955 a 1979. O Brasil cresceu 7,5% a.a. e, a Coreia do Sul, 7,3% a.a.

[2] Entre 1979 e 2010, o Brasil cresceu apenas 2,7% a.a., menos da metade do crescimento da Coreia do Sul, que cresceu 6,3% a.a.

sistemático do Custo sua competitividade passou a depender do câmbio. Mas se este está sobrevalorizado, a indústria de transformação perdeu, praticamente, qualquer possibilidade de sobreviver.

A terceira condição é melhorar a estrutura produtiva da indústria, isto é, o desempenho das cadeias produtivas. Como estão, os mais fortes, os que estão no topo das cadeias, os produtores de *commodities*, imporão seus preços (quase sempre acima da valorização cambial) e aplicarão outras práticas abusivas. Nesse caso, sem dúvida, um plano de reindustrialização poderá contribuir para melhorar a situação da indústria de transformação; mas se medidas, como as que serão discutidas adiante, entre outras, não forem aproveitadas, não terá sucesso.

ASPECTOS BÁSICOS DE UM PLANO DE REINDUSTRIALIZAÇÃO DO PAÍS

Como anunciado, o que se pretende é trazer à baila aspectos que limitam, de fato, o desenvolvimento da indústria nacional.

Portanto, uma parte deste item é dedicada ao que se convencionou chamar de Custo Brasil. O que se verá é quanto ele pesa no custo de produção da indústria e o quanto é absurdamente elevado quando confrontado com o que acontece nos países concorrentes.

Mas, como será exposto mais adiante, o Custo Brasil piorou muito com a sobrevalorização cambial, a ponto de o país deixar de exportar produtos industrializados que, mesmo com todo o peso do Custo Brasil, exportava. Na realidade, a valorização cambial é tão ruim que nivela, por baixo, as empresas competitivas com as que não o são.

Uma observação: o Custo Brasil foi quantificado utilizando informações secundárias. Pode ser que o Custo a que se chegou seja maior ou menor que o em vigor, porém isso em nada prejudica a apresentação. Estudos posteriores, que possam aprofundar mais a análise poderão chegar ao seu valor real, mas, com certeza, as diferenças não serão muitas em relação às que serão aqui retratadas.

Alguns elementos do Custo Brasil

No país, o setor industrial é onerado por custos de produção, dentre os mais elevados do mundo, em relação aos quais pouco ou nada pode fazer.

Assim, são discutidos alguns dos elementos do Custo Brasil, a valorização cambial e seus efeitos para a competitividade industrial.

Tributos

Como é por demais conhecido, a carga tributária na economia brasileira é bastante elevada. Em 2008, era cerca de 35% do PIB.

Entretanto, ela onera muito mais a indústria de transformação. Com efeito, como mostra o Gráfico 1, é o setor mais tributado da economia brasileira: com 16,6% do PIB, sua carga tributária representa 37,6% do total arrecadado. Dessa forma, paga tributos em proporção 126% superior à sua participação no PIB.

Assim, a carga tributária da indústria de transformação correspondeu a 59,5% do seu PIB setorial (média de 2005 a 2009).

Sem dúvida, a elevada tributação da indústria de transformação é fruto de uma política tributária voltada para arrecadar onde a formalização é maior; logo, onde a capacidade de sonegar é menor. Como consequência, a estrutura tributária é altamente regressiva e onera, sobremaneira, a indústria de transformação. O setor financeiro, por exemplo, que é o mais formalizado de todos, até porque é altamente concentrado — o número de bancos é infinitamente menor que o número de indústrias — contribui, proporcionalmente (em relação à sua participação no PIB), bem menos que a indústria de transformação.

Não bastassem esses problemas, alguns segmentos da indústria de transformação têm sido profundamente afetados pela substituição tributária do ICMS, implementada em diversos Estados da Federação, para uma ampla gama de produtos finais. Essa estratégia agrava ainda mais o tratamento diferenciado e discriminatório entre os setores da economia, uma vez que obriga as indústrias a adiantar recursos para o recolhimento de tributos devidos pelas empresas localizadas a jusante da cadeia produtiva.

GRÁFICO 1
PARTICIPAÇÃO NO PIB E CARGA TRIBUTÁRIA SETORIAL

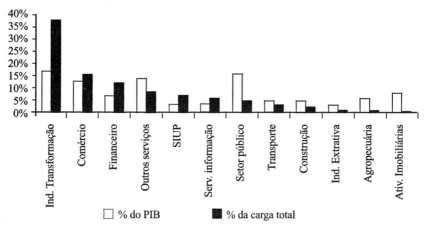

FONTES: RFB; CEF; Previdência Social; CNM; Confaz; IBGE. Compreende tributos federais e ICMS.
ELABORAÇÃO: Decomtec/Fiesp.

Com base em dados da PIA/IBGE, estimou-se o impacto dos tributos no custo total das empresas da indústria de transformação. Eles representam 15,8% do custo total dessas empresas. É muito.

Custo de capital

Um dos maiores problemas para as empresas brasileiras, de todos os setores, é o alto custo de capital, fruto de uma taxa de juros básica e de *spreads* bancários elevadíssimos.

Também nesse aspecto, a indústria de transformação é o setor mais afetado. Primeiramente, porque sua intensidade de capital, ainda que heterogênea entre seus segmentos, é elevada, comparativamente à de outros setores. Por outro lado, necessita de grande volume de capital de giro, uma vez que o seu ciclo produtivo é relativamente extenso — há segmentos que só recebem o que vendem com prazos superiores a 90 dias.

O Brasil pratica, há muitos anos, a maior taxa de juros básica do mundo — ver Gráfico 2. Numa aferição envolvendo trinta países, baseada em dados de 11 de abril de 2011, o juro no Brasil era de 11,75% a.a.[3] Para uma inflação um pouco maior que a chinesa, a taxa de juros básica no Brasil é duas vezes maior que a praticada na China. Em relação à Índia, cuja inflação é maior que a brasileira, nossa taxa de juros básica é quase duas vezes maior.

A taxa de juros básica real do Brasil é, também, a maior do mundo, acima de 6,5% a.a. A chinesa é quase um quinto da brasileira. Depois do Brasil, a Turquia, com 2,2% a.a, e a Austrália, com 2% a.a, são os países com as maiores taxas reais de juros básicas.

GRÁFICO 2
TAXA DE JUROS BÁSICA EM PAÍSES SELECIONADOS (% A.A., EM 11/ABR/2011)

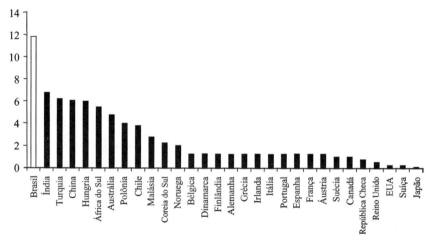

FONTE: FMI. Elaboração própria.

Estão certos os economistas que apontam essa diferença de taxas de juros básicas como a principal causa da sobrevalorização do real, problema que afeta, sobremaneira, a competitividade da indústria de transformação, como fica evidenciado neste trabalho.

Apesar dos juros básicos, o elevado custo de capital no Brasil, depois de 2008, se explica, em sua maior parte, pelo *spread* bancário. O Gráfico 3 destaca a trajetória da taxa de juros Selic, do *spread* e da

---

[3] O gráfico foi elaborado pouco antes da reunião do Copom, de 20 de abril de 2011, que elevou a Selic para 12% a.a.; na reunião de 8 de junho, a taxa foi elevada, novamente, para 12,25%.

taxa de juros para pessoa jurídica. Chama a atenção o fato de o Banco Central, na crise, sobretudo a partir de 2009, ter diminuído a Selic e o compulsório, ao passo que o *spread*, fixado pelo setor financeiro, aumentou em 2009 e continuou crescendo em 2010 e 2011. O resultado disso é que o *spread* no Brasil, ponderado pelo saldo das operações de crédito em Paridade de Poder de Compra (PPC) em dólares, é 19,8 vezes o *spread* médio de 42 países.[4]

GRÁFICO 3
TAXA DE JUROS SELIC, SPREAD E TAXA PARA PJ (% A.A.)

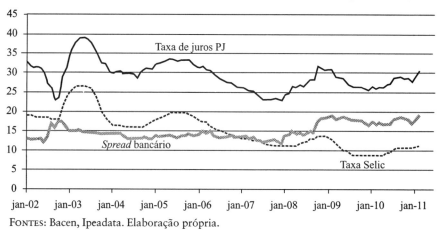

FONTES: Bacen, Ipeadata. Elaboração própria.

Como consequência, a taxa média mensal (prefixada, pós-fixada e flutuante) das operações de crédito com recursos livres é, no Brasil, 20 vezes maior que a média mundial. Se ponderada pelo saldo das operações de crédito em PPC, em dólares, em fevereiro/2011, foi de 38,04% a.a.

Como já exaustivamente apontado por inúmeros economistas — aliás, pelo próprio Banco Mundial —, o alto nível do *spread* bancário se deve à falta de competição entre os bancos que operam no país.

Tomando o valor da produção como *proxy* do preço de venda, como mostra a Tabela 1, o custo do capital de giro para as indústrias, no Brasil, seria da ordem de 6,7% do preço dos produtos industriali-

---

[4] Fonte: Fiesp/Decomtec. A amostra do estudo compreende 42 economias cuja metodologia para cálculo das estatísticas oficiais de juros é conceitualmente semelhante à do Brasil. Os dados são divulgados pelo FMI.

dos, contra 1,97% nos países avaliados em estudo da Fiesp. Portanto, o impacto do custo do crédito para capital de giro no Brasil é 3,4 vezes maior do que o verificado nesses países. Trata-se de um enorme ônus para a indústria nacional.

TABELA 1

IMPACTO DO CUSTO DO CAPITAL DE
GIRO NO VALOR DA PRODUÇÃO (2007)

	Direto	Indireto	Total
Brasil	2,89%	3,78%	6,67%
Benchmarks	0,84%	1,13%	1,97%

FONTE: Bacen, IBGE, FMI. Elaboração: Decomtec/Fiesp.

Outra abordagem acerca do efeito das despesas financeiras nas indústrias pode ser feita a partir de dados econômico-financeiros das próprias companhias. A Serasa-Experian compila essas informações e as disponibiliza de forma agregada, para cada setor, na nomenclatura CNAE (em nível 3 dígitos, com 103 grupos de atividades). Dentre as informações divulgadas estão as despesas financeiras como percentual do Ebitda,[5] tal como descritas na Tabela 2.

Dessa forma, sem esgotar o universo dos diversos grupos de atividade, a Tabela 2 tem o objetivo de ilustrar o elevado impacto do alto custo de capital nos resultados das empresas de certos segmentos da indústria de transformação. Foram relacionados dez segmentos, que respondem por mais de 39% da quantidade de empresas, 26% do pessoal ocupado e mais de 10% da receita da indústria de transformação, e cujas empresas têm porte econômico pequeno e médio (receita média por empresa 74% inferior à da indústria de transformação). Observam-se elevadas proporções de despesas financeiras em relação ao Ebitda, variando entre 36% e 91%, o que indica expressivo comprometimento dos resultados.

---

[5] Ebitda significa "Earning Before Interests, Taxes, Depreciation and Amortization". Presta-se a indicar se a empresa obteve lucro em sua atividade, sem considerar despesas financeiras, impostos, depreciações e amortizações. Significa a capacidade de geração de caixa de uma empresa.

TABELA 2

DESPESAS FINANCEIRAS COMO PERCENTUAL DO EBITDA EM
DEZ SEGMENTOS DA INDÚSTRIA DE TRANSFORMAÇÃO (2009)

Segmento de atividade (código CNAE e descrição)	Valor
14.1 — Confecção de artigos do vestuário e acessórios	36%
15.3 — Fabricação de calçados	66%
17.4 — Fabricação de produtos diversos de papel, cartolina, papel-cartão e papelão ondulado	56%
22.2 — Fabricação de produtos de material plástico	57%
23.4 — Fabricação de produtos cerâmicos	91%
25.1 — Fabricação de estruturas metálicas e obras de caldeiraria pesada	48%
25.3 — Forjaria, estamparia, metalurgia do pó e serviços de tratamento de metais	38%
28.1 — Fabricação de motores, bombas, compressores e equipamentos de transmissão	52%
28.4 — Fabricação de máquinas-ferramentas	56%
31.0 — Fabricação de móveis	46%

FONTE: Serasa-Experian. Elaboração própria.

Custo da mão de obra e encargos sociais

No Brasil, o custo da mão de obra é significativamente onerado pelos encargos sociais.

Um estudo Bureau of Labor Statistics (BLS), dos Estados Unidos, compara o percentual dos encargos em relação ao custo total da mão de obra em 36 países. No Brasil, os encargos trabalhistas representam quase um terço (32,4%) do custo da mão de obra, o maior entre os países analisados pelo BLS.

Mesmo na Europa, com seu alto nível de benefícios sociais, o peso dos encargos no custo da mão de obra é de 25,0%. O quadro é ainda mais grave se os encargos no Brasil forem comparados com os de países em desenvolvimento. Por exemplo, em Taiwan os encargos representam 14,7% dos custos; na Argentina e Coreia do Sul, cerca de 17%.

Em função dos elevados encargos, o custo da mão de obra no Brasil (US$ 8,32/hora) é alto em comparação com países em desenvolvimento, nossos concorrentes diretos: 7,2% maior que em Taiwan e 54,6% maior que no México.

Na comparação com os BRICs o resultado é ainda pior: nosso custo de mão de obra é mais de seis vezes (511,8%) o da China e mais de sete vezes (611,1%) o da Índia. Na realidade, esses países não pagam nada ou quase nada em termos de encargos sociais. Não são, por conseguinte, exemplos a serem considerados.

O que se pode discutir é o que tem de excesso nessa carga. Nesse sentido, uma linha de discussão poderia ser por que não procurar ter como meta trazê-la para um nível um pouco menor que a média da Europa?

GRÁFICO 4
ENCARGOS TRABALHISTAS, PARTICIPAÇÃO NO CUSTO DA MÃO DE OBRA INDUSTRIAL (% DO TOTAL, 2009)

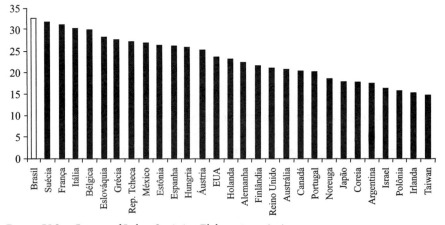

FONTE: BLS — Bureau of Labor Statistics. Elaboração própria.

É claro que o câmbio sobrevalorizado prejudica a relação câmbio/salário, tornando os custos da mão de obra — encarecida pelos referidos encargos sociais — ainda mais elevados. Segundo depoimento de empresários de segmentos mais intensivos em mão de obra, esse fato seria a principal causa da migração das empresas para outros países (Gráfico 4). No segmento calçadista, por exemplo, está havendo transferência de fábricas para países asiáticos.

Sabe-se que o governo estuda desonerar parte da folha de pagamento. Esperamos que seja alguma coisa que tenha algum impacto importante nos custos das indústrias.

Os valores referentes aos encargos sociais para o Brasil reportados pelo BLS, e comentados acima, podem ser detalhados em cinco componentes: *a)* valor total de contribuições para a previdência social; *b)* FGTS; *c)* contribuições para previdência privada; *d)* indenizações trabalhistas; e *e)* benefícios concedidos a empregados. O Gráfico 5 mostra o quanto representa cada um desses elementos, além das remunerações diretas propriamente ditas, no total dos gastos com pessoal da indústria de transformação.

GRÁFICO 5
COMPONENTES DOS GASTOS DE PESSOAL DA INDÚSTRIA DE TRANSFORMAÇÃO (2008, EM % DO TOTAL)

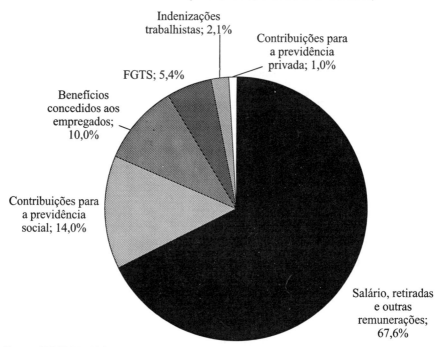

FONTE: PIA/IBGE. Elaboração própria.

Essas informações da PIA/IBGE corroboram o resultado do estudo do BLS. Com efeito, os diversos encargos sobre a mão de obra no Brasil ultrapassam 30% do seu custo total.

303

Na Tabela 3 procurou-se indicar o efeito desses custos no total dos custos das indústrias.

Assim, os gastos com pessoal corresponderam, em 2008, a mais de 12% dos custos totais da indústria de transformação. Neles, 1/3 (4%) é representado pelos encargos sociais.

TABELA 3

PARTICIPAÇÃO DOS GASTOS DE PESSOAL NOS CUSTOS TOTAIS DA INDÚSTRIA DE TRANSFORMAÇÃO (2008)

Item	% custo total
Salários, retiradas e outras remunerações	8,2%
Contribuições para a Previdência Social	1,7%
Benefícios concedidos aos empregados	1,2%
FGTS	0,7%
Indenizações trabalhistas	0,3%
Contribuições para a previdência privada	0,1%
Total dos gastos com pessoal	12,2%

FONTE: PIA/IBGE. Elaboração própria.

Mas esse valor varia conforme o segmento da indústria de transformação considerado, como pode ser visto na Tabela 4.

Como apontado na Tabela 4, nos segmentos intensivos em mão de obra, os gastos de pessoal podem ultrapassar 25% dos custos totais. Já nos setores intensivos em capital, esse percentual fica abaixo de 9%. Merece destaque os segmentos intensivos em tecnologia, em função da média alta de salários pagos — em máquinas-ferramenta, por exemplo, os gastos são de quase 24%.

De acordo com as informações da tabela, o prejuízo à competitividade decorrente do elevado custo do trabalho é mais grave nos setores intensivos em mão de obra e intensivos em tecnologia. Neste último, é mais um fator a explicar porque é marginal o seu crescimento no país.

TABELA 4

PARTICIPAÇÃO DOS GASTOS DE PESSOAL NOS
CUSTOS TOTAIS DA INDÚSTRIA DE TRANSFORMAÇÃO
— SEGMENTOS SELECIONADOS (2008)

Grupos de setores / código CNAE e descrição	Gastos de pessoal (% dos custos totais)
Intensivos em Mão de Obra	
13 — Fabricação de produtos têxteis	18,8%
14 — Confecção de artigos do vestuário e acessórios	26,5%
15 — Preparação de couros e fabricação de artefatos de couro, artigos para viagem e calçados	20,8%
22 — Fabricação de produtos de borracha e de material plástico	16,2%
31 — Fabricação de móveis	19,8%
32 — Fabricação de produtos diversos	23,2%
Intensivos em Tecnologia	
21.1 — Fabricação de produtos farmoquímicos	17,6%
21.2 — Fabricação de produtos farmacêuticos	20,7%
26.1 — Fabricação de componentes eletrônicos	15,8%
28.4 — Fabricação de máquinas-ferramenta	23,6%
30.4 — Fabricação de aeronaves	14,3%
Intensivos em Capital	
17.1 — Fabricação de celulose e outras pastas para a fabricação de papel	5,4%
20.2 — Fabricação de produtos químicos orgânicos	6,6%
20.3 — Fabricação de resinas e elastômeros	5,1%
23.2 — Fabricação de cimento	8,8%
24.2 Siderurgia	7,3%
29.1 — Fabricação de automóveis, camionetas e utilitários	8,5%

FONTE: PIA/IBGE. Elaboração própria.

Custos logísticos

Os custos com logística são um tema recorrente nas análises sobre o Custo Brasil. Esses custos se referem a cinco itens: transporte, administração, armazenagem, estocagem e trâmites legais. O principal deles é transporte, responsável por 31,8% do total.[6] Por sua vez, o elevado custo do transporte no Brasil é atribuído:

---

[6] Ministério da Defesa (2007). Plano Nacional de Logística e Transportes — PNLT.

- à alta dependência do modal rodoviário (principal modal de transporte, com mais de 60% da carga total transportada), que possui deficiências como alto custo de frete para cargas pesadas em longas distâncias, e alta taxa de perdas e avarias de cargas (quase quatro vezes maior que no ferroviário);
- ao custo do seguro de carga, devido à alta taxa de sinistros no transporte rodoviário;
- à malha rodoviária antiga, sobrecarregada e em péssimas condições de manutenção. Quando isso não se verifica, no caso das rodovias privatizadas, o custo com pedágios é muito elevado;
- à carência de mão de obra qualificada (especialmente motoristas);
- à tributação em operações intermodais, que onera o custo global do transporte, incentivando a predominância do modal rodoviário.

TABELA 5

CUSTO DE LOGÍSTICA

EM % DO PIB — 2007

País	% do PIB
Peru	24,0
Argentina	21,0
Brasil	20,0
México	18,0
Irlanda	14,2
Cingapura	13,9
Hong Kong	13,7
Alemanha	13,0
Taiwan	13,0
Dinamarca	12,8
Portugal	12,7
Canadá	12,0
Japão	11,3
Holanda	11,3
Itália	11,2
Reino Unido	10,6
EUA	10,5

FONTE: Ministério da Defesa (2007). Plano Nacional de Logística e Transportes — PNLT.

Segundo o Plano Nacional de Logística e Transportes (PNLT), do Ministério da Defesa, os custos logísticos representam aproximadamente 20% do valor do Produto Interno Bruto (PIB) brasileiro. Essa proporção é muito superior à verificada em outras economias, inclusive em relação a países com grande extensão territorial e maior dispersão regional da atividade econômica, como é o caso dos Estados Unidos, como mostra a Tabela 5.

Outro estudo, do Centro de Estudos em Logística da Coppead-UFRJ,[7] apresenta estimativas diferentes, mas que igualmente colocam o Brasil em posição bastante desfavorável. A Coppead estimou que 7,5% da receita líquida das empresas brasileiras são direcionados para cobrir custos logísticos em geral. Considerando somente empresas de alguns segmentos da indústria, estimou-se que os custos com transporte são como consta na Tabela 6.

TABELA 6

CUSTOS COM TRANSPORTE EM % DA RECEITA LÍQUIDA
DAS EMPRESAS, PARA ALGUNS SEGMENTOS DA INDÚSTRIA

Setor	% da receita líquida
Químico, Petroquímico, Papel e Celulose	5,0%
Alimentos, Farmácia, Higiene e Fumo	4,7%
Automotivo	4,2%
Siderurgia, Metalurgia e Mineração	3,8%
Tecnologia, Computação e Eletroeletrônicos	3,2%
Bens de capital por encomenda	25,0%*

FONTE: Coppead/UFRJ (2009).
*Referente ao custo médio de transporte em % do preço de produto do segmento (equipamentos sob encomenda, não divisíveis). Fonte: Abdib.

Com base nesses valores e informações da PIA/IBGE, estima-se que os custos com transporte na indústria de transformação sejam da ordem de 4,1% do total de seus custos (base 2008).

---

[7] Coppead/UFRJ (2009). Custos Logísticos no Brasil — 2006/2008.

Custo da energia

A tarifa da energia elétrica no Brasil é uma das mais caras do mundo. Uma comparação com diversos países — Gráfico 6 — mostra que a tarifa industrial no país é a segunda maior (US$ 138,00/MWh), inferior, apenas, à da Itália. Na comparação com importantes economias que competem com o Brasil nos mercados mundiais e local a situação é extremamente desfavorável para o país; com relação aos BRICs a situação é ainda pior.

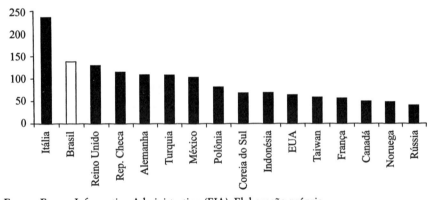

GRÁFICO 6
ENERGIA ELÉTRICA: TARIFA PARA
CONSUMIDOR INDUSTRIAL — US$/MWH (2007)

FONTE: Energy Information Administration (EIA). Elaboração própria.

Comparando com a tarifa do Canadá — Tabela 7 —, país cuja matriz energética tem grande semelhança com a brasileira, pela elevada participação da fonte hidroelétrica, a tarifa brasileira foi, em 2007, 182% maior. Mesmo sem tributos e encargos é 108% maior.

Uma das principais causas do elevado preço da energia no país é o nível dos tributos e encargos que, em 2007, representava 34,3% da tarifa de fornecimento para o consumidor industrial. Mas o que a comparação com o Canadá mostra é que, independente de tributos e encargos, a tarifa continua bem elevada.

Ainda assim, é importante registrar que o Brasil é um dos países que mais tributa a energia elétrica, como mostra o Gráfico 7.

TABELA 7
TARIFAS DE ENERGIA ELÉTRICA BRASIL
E CANADÁ (US$/MWh, 2007)

	Tarifa cheia	Diferença (%)	Tarifa sem tributos e encargos	Diferença (%)
Brasil	138	181,6%	90,7	108,3%
Canadá	49	—	43,6	—

FONTE: Energy Information Administration (EIA). Elaboração própria.

GRÁFICO 7
ENERGIA ELÉTRICA: TARIFA PARA CONSUMIDOR
INDUSTRIAL — TRIBUTOS MAIS ENCARGOS (% DO TOTAL)

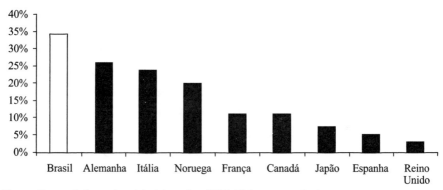

FONTE: Energy Information Administration (EIA). Elaboração própria.

Os preços de gás natural no Brasil são também elevados. Segundo a Associação Brasileira de Grandes Consumidores Industriais de Energia e de Consumidores Livres (Abrace), a tarifa brasileira é a segunda mais cara do mundo, somente inferior à da Coreia do Sul.

O crescimento da tarifa do gás gerou uma pressão de custos e uma incerteza para segmentos usuários de gás natural (Gráfico 8). Segundo a ANP, entre 2000 e 2007, o aumento foi de 395,3%. De acordo com a Abrace, para garantir a competitividade dos setores usuários intensivos de gás natural, seu preço precisaria baixar 26%

GRÁFICO 8
GÁS NATURAL: TARIFA PARA
CONSUMIDOR INDUSTRIAL (US$/MMBTU, 2006)

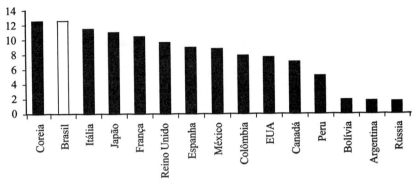

FONTE: Energy Information Administration (EIA). Elaboração própria.

De fato, observando os dados referentes a custos diretos com energia na produção industrial da PIA/IBGE (energia elétrica e consumo de combustíveis para aquecimento e operação de maquinaria), observa-se que no agregado da indústria de transformação, 2,6% dos custos totais se referem à energia — Tabela 8.

Ressaltamos que diversos segmentos relacionados (destacados em itálico) são formados por empresas cujo porte médio é inferior ao da indústria de transformação. Essa característica expõe que os efeitos da energia (não somente elétrica, mas também o gás natural) não afetam apenas os segmentos tradicionalmente reconhecidos como intensivos em energia, tais como fabricação de cimento e vidro, formados por poucas empresas de porte elevado, mas a todos os outros segmentos da indústria de transformação.

A desoneração das tarifas de energia teria de ser coordenada com medidas regulatórias para propiciar queda efetiva de preços ao consumidor. Além disso, é importante desonerar novos investimentos na área de energia elétrica, para fomentar o aumento da sua oferta. Ainda de acordo com a Abrace, estima-se que os tributos representem 40% do valor do investimento em energia nova no país.[8]

---

[8] Agenda de Política Energética 2011-2014 — uma contribuição ao país.

TABELA 8

PARTICIPAÇÃO DOS CUSTOS DIRETOS COM ENERGIA NOS CUSTOS TOTAIS DA INDÚSTRIA DE TRANSFORMAÇÃO — SEGMENTOS SELECIONADOS (2008)

Segmento de atividade (código CNAE e descrição)	Custos com energia (% dos custos totais)
Indústrias de transformação	2,6%
23.2 — Fabricação de cimento	16,5%
23.4 — Fabricação de produtos cerâmicos	14,5%
13.4 — Acabamentos em fios, tecidos e artefatos têxteis	11,4%
24.4 — Metalurgia dos metais não-ferrosos	11,1%
23.1 — Fabricação de vidro e de produtos do vidro	10,9%
24.1 — Produção de ferro-gusa e de ferroligas	9,9%
13.1 — Preparação e fiação de fibras têxteis	7,5%
13.2 — Tecelagem, exceto malha	7,1%
17.2 — Fabricação de papel, cartolina e papel-cartão	6,6%
23.9 — Aparelhamento de pedras e fabricação de outros produtos de minerais não-metálicos	6,5%
16.1 — Desdobramento de madeira	6,3%
24.5 — Fundição	5,5%
16.2 — Fabricação de produtos de madeira, cortiça e material trançado, exceto móveis	5,2%
20.4 — Fabricação de fibras artificiais e sintéticas	5,1%

FONTE: PIA/IBGE. Elaboração própria.

Síntese: O Custo Brasil "aleija"...

A conclusão principal decorrente dos dados e outras informações discutidas até aqui é que a indústria de transformação brasileira é afetada por itens de custo que se encontram entre os mais elevados do mundo.

É por essa razão que se coloca que o Custo Brasil "aleija", pois prejudica excessivamente a competitividade da indústria de transformação brasileira que pouco pode fazer para reduzi-lo. Com efeito, as empresas do setor têm pouca ou nenhuma condição de interferência. Pode-se buscar formas de reduzir alguns desses custos, por meio, por exemplo, da redução do consumo de energia, o que normalmente é feito,[9] mas em relação a custos como, por exemplo, *spreads* bancários, ou tributos, a indústria não tem o que fazer. No mais, a diferença é tão grande em relação aos principais concorrentes que diminuir alguma coisa, mesmo sendo indispensável, em quase nada mudará o *status quo*.

É forçoso acentuar que a indústria já passou por um profundo e rigoroso processo de racionalização produtiva, especialmente na década de 1990. Não é possível alegar que o setor é ineficiente do ponto de vista produtivo. Afinal, as empresas que se mantêm atuantes nesse ambiente altamente hostil são eficientes, com as exceções que sempre ocorrem em qualquer atividade produtiva. Se não fossem, há muito tempo a indústria de transformação brasileira teria desaparecido.

Consolidando os componentes de custo discutidos para a indústria de transformação, tem-se um total de 41,4% — Tabela 9. Como indicado, esse efeito resulta de fatores/insumos cujos "preços" (carga tributária, taxa de juros, tarifa de energia etc.) são muito superiores aos observados nas principais economias que competem com o Brasil no mercado internacional e no mercado doméstico, via importações.

TABELA 9

ELEMENTOS DE CUSTO DA INDÚSTRIA DE TRANSFORMAÇÃO (% DO CUSTO TOTAL)

Item de custo	Percentual do custo total	Percentual acumulado
Tributos	15,8%	15,8%
Crédito para capital de giro	6,7%	22,5%
Salários	8,2%	30,7%
Transporte	4,1%	34,8%
Encargos sobre mão de obra	4,0%	38,8%
Energia	2,6%	41,4%
Total	41,4%	—

FONTE: RFB; CEF; Prev. Social; CNM; Confaz; IBGE; Coppead/UFRJ; Decomtec/Fiesp. Elaboração própria.

---

[9] Como visto, o custo de energia no Brasil é tão caro que a indústria, mesmo fazendo um esforço enorme para economizar, conseguirá diminuir pouco a diferença em relação aos seus principais concorrentes. A comparação com o Canadá retratou com clareza o tamanho da diferença.

Agravando o Custo Brasil, a indústria de transformação tem de enfrentar, ademais, a sobrevalorização cambial.

...E o câmbio "mata"

Desde 2003, as taxas de câmbio das principais economias do mundo valorizaram-se menos que o real, sendo que algumas até se desvalorizaram, casos da moeda mexicana e argentina. O Gráfico 9 procura mostrar isso, com base na seleção de alguns países.

De janeiro de 2003 a janeiro de 2011, a taxa de câmbio do Brasil se valorizou em 106,2%. Com tamanha valorização cambial, os custos discutidos anteriormente aumentaram significativamente em dólar, agravando, ainda mais, a competitividade da indústria de transformação brasileira.

GRÁFICO 9
TAXA DE CÂMBIO NO MUNDO —
US$/MOEDA LOCAL, ÍNDICE 100 = JAN./2003

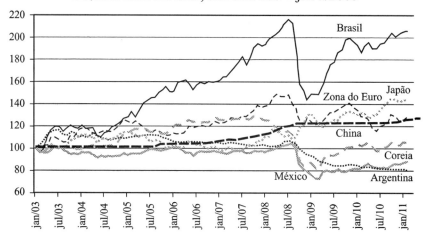

FONTE: Ipeadata. Elaboração própria.

O problema pode ser melhor demonstrado quando se observa a trajetória recente dos custos com mão de obra, cotados em dólar, no Brasil e em outras economias — Gráfico 10.

No período indicado, o Brasil teve incremento de custo de mão de obra da ordem de 156,0%, cotado em dólar. Trata-se do segundo maior aumento dentre as 12 economias apresentadas e 223,2% maior do que o crescimento médio verificado nesses países, que foi de 48,3%. Quando o custo da mão de obra é aferido em moeda local, o aumento no Brasil foi de 66,6%, equivalente a 58,9% a mais do ocorrido na média dos demais países (41,9%). Em síntese, o aumento dos custos com mão de obra no Brasil foi 134,4% maior quando medido em dólares.

Como o custo total da mão de obra (salários mais encargos) representa, para a indústria de transformação, 12,2% dos custos totais, o aumento de 156,0% nesse componente de custo, em dólares, implica, sem contar qualquer outro fator, um aumento de custo global da ordem de 19,0%.

O mesmo raciocínio pode ser aplicado aos demais fatores de custo, que são sempre precificados em reais. Portanto, quando o câmbio se valoriza o custo desses fatores em dólares aumenta, pressionando a competitividade da indústria de transformação, visto que, como indicado, tais fatores correspondem a mais de 40% dos custos totais.

GRÁFICO 10
CUSTO DA MÃO DE OBRA INDUSTRIAL
EM US$/HORA (ÍNDICE 100=2002)

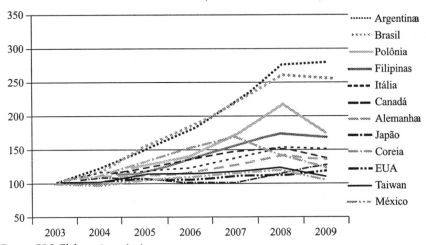

FONTE: BLS. Elaboração própria.

Tomando-se o aumento de 106,2% na taxa de câmbio, entre janeiro de 2003 e fevereiro de 2011, estima-se que a estrutura de custos da indústria de transformação teve um aumento da ordem de 43,9%, apenas em função da valorização cambial.

É uma falácia o argumento utilizado por muitos economistas de que isso favorece a indústria local, uma vez que parte dos insumos consumidos são importados. Como discutido anteriormente, ainda que parte dos insumos seja "barateada" todos os demais custos são em reais, portanto caros em dólar, de modo que o efeito total é amplamente negativo, inclusive e, principalmente, sobre as exportações.

Outra falácia é dizer que o câmbio favorece a importação de bens de capital modernos, e, portanto, a modernização fabril. Isso valeu, de certa forma, no passado, ou no contexto mais recente para segmentos específicos. Com a sobrevalorização do real quem investe em capacidade ou modernização são predominantemente segmentos que desfrutam de uma proteção natural, como cimento, vidro, bebidas, alimentos e mais alguns poucos segmentos. Obviamente, a maior parte da indústria não tem ambiente para produzir, e, menos ainda, para investir. Isso ficará mais claro na análise das cadeias produtivas.

Para deixar consignada a grande preocupação com a sobrevalorização do real, mesmo os importadores de máquinas (representantes deles no país) para determinados segmentos reclamam da perda de mercado. Afinal, se os produtores de têxteis, por exemplo, vendem menos, devido à rápida expansão de confecções importadas, por que investiriam em máquinas mais modernas?

CADEIAS PRODUTIVAS E A INDÚSTRIA DE TRANSFORMAÇÃO

Um aspecto raramente presente no debate sobre industrialização, no Brasil, é o quanto os segmentos de certas cadeias produtivas locais se comportam como agentes antagônicos e não como parceiros. Como parceiros, o objetivo seria o de aumentar a competitividade do todo. Pelo menos é isso que ocorre em boa parte dos países que são nossos concorrentes.

A outra parte deste item traz à discussão algo que a maioria dos economistas tem desconsiderado, isto é, os efeitos de como estão estruturadas e operam as cadeias produtivas ligadas à indústria. As empresas do topo dessas cadeias, as produtoras de *commodities*, são responsáveis pelo aumento de uma outra parte dos custos da indústria de transformação, sufocando-a com preços exorbitantes e práticas inaceitáveis, algumas típicas de cartel. Com relação ao aumento dos preços, nossa visão é bem diferente das anunciadas costumeiramente. Com efeito, esse aumento não se deu por uma mera consequência do aumento da demanda em relação à oferta (efeito China) ou por especulações do mercado financeiro, provocada, por exemplo, por fundos hedge. Ainda que estas possam ter contribuído, não foram as principais razões. Sem dúvida, pesou muito mais o nível de oligopolização internacional da indústria e das *tradings* que comercializam grande número de *commodities* e, até mesmo, alguns produtos manufaturados.

Alguns dados bastante ilustrativos de algumas cadeias, no Brasil, são apresentados na Tabela 10.

Salientamos que as empresas que estão no topo das cadeias mencionadas, sinalizadas em cinza-escuro, são oligopólios concentrados, em nível nacional ou internacional. No setor de minério de ferro, por exemplo, as três maiores do mundo, entre elas, uma nacional, são responsáveis por 70% da oferta mundial dessa matéria-prima. São formadoras de preço.

Em que pese serem produtos consumidos pela indústria de todo mundo, para países como a China, que subsidiam grande parte de sua indústria (sua siderurgia, por exemplo, é estatal), os efeitos desses aumentos são amortecidos, diferentemente do que ocorre no Brasil.

Sem dúvida, as quatro maiores siderúrgicas brasileiras, aumentaram seus preços, em 2010, em 50%, acima do aumento ocorrido no mercado internacional — o Ebitda do segmento corresponde às três de capital nacional, com ações na Bovespa . Elas são, também, formadoras de preço — umas são mais verticalizadas que outras (mas, todas estão se verticalizando), produzindo o minério de ferro que consomem. Elas costumam impor uma série de condições às empresas a jusante da cadeia produtiva.

316

Tabela 10
INDICADORES ECONÔMICO-FINANCEIROS E ESTRUTURAIS DE SETORES NAS CADEIAS DE VALOR

	Margem Ebitda	Estabelecimentos	Pessoal Ocupado	Dispêndio inovação / empresa (1000 R$)
		Média 2008-2009		2008
Setores à montante/jusante				
Madeira (desdobramento)	29,5%	1	85.522	589*
Móveis	7,0%	16.636	231.504	296
Celulose	31,8%	2	12.971	15.645
Produtos de papel	10,5%	328	37.635	1.985
Refino de petróleo	30,0%	1	16.557	64.128
Petroquímica (resinas e elastômeros)*	14,8%	1	11.449	3.005
Artigos de borracha e plástico	6,5%	11.496	321.233	914
Mineração (minerais metálicos)	34,8%	1	55.201	1.402
Siderurgia	28,3%	3	82.331	19.260
Produtos de metal	8,5%	9.285	172.483	490
Máquinas e equipamentos	0,2%	12.509	345.687	1.062
Autopeças	8,5%	2.794	283.875	2.602
Automóveis, camionetas e utilitários	12,0%	94	86.461	194.878
Setores intensivos em P&D selecionados				
Farmacêuticos	12,0%	301	90.449	4.879
Componentes eletrônicos	4,5%	157	21.839	531
Equip. de informática e periféricos	6,5%	119	46.045	5.149
Equip. de comunicação	5,5%	82	19.987	6.965
Outros produtos eletrônicos e ópticos	16,5%	18	1.440	745

Fonte: IBGE/PIA, RAIS/MTE, Serasa, demonstrativos financeiros das empresas. Elaboração própria.
*Se refere ao agregado do segmento.

É claro que suas imposições não são as mesmas, por exemplo, em relação à indústria automobilística, cujo poder de mercado também é grande. Quando preciso, as empresas dessa indústria jogam juntas para derrubar os preços das siderúrgicas. No limite, até importam. Mas, o que dizer da indústria de autopeças que enfrenta, de um lado, a indústria siderúrgica, e, de outro, a indústria automobilística, da qual é fornecedora?

Em outros segmentos, como o de máquinas e equipamentos, em que nenhuma das empresas tem porte internacional, não há como se contrapor às imposições do setor siderúrgico.

No seu conjunto, o segmento de máquinas teve uma margem Ebitda média de 0,2%, refletindo os aumentos do preço do aço, bem como o Custo Brasil exposto acima. Evidentemente uma margem Ebitda desse tamanho coloca as empresas em posição defensiva, priorizando a gestão financeira de curto prazo. O desenvolvimento de tecnologia e os investimentos em ativo fixo são, evidentemente, postergados. Os números da última coluna da Tabela 10, que se referem a investimentos em tecnologia por empresa, deixam isso claro. A única indústria de transformação que investe mais em tecnologia que as empresas de *commodities* é a automobilística. É o inverso do que acontece nos países que prestigiam a indústria de transformação.

Uma das conclusões em torno do que mostra a Tabela 10 é que, com base no tamanho do Ebitda das empresas, pode-se afirmar que, de certa forma, as que estão no topo se apropriam do lucro potencial que as indústrias de transformação poderiam ter.

Algumas considerações a mais poderiam ser feitas sobre essa tabela em relação a outros segmentos da indústria de transformação. Todavia, para não alongar a análise, é fundamental levar em conta os números de outros segmentos, não perdendo de vista as empresas com capacidade de ditar preços.

Isso serve tanto para madeira, cujos preços são determinados pelas maiores *tradings* do mundo que atuam no segmento, quanto para as duas maiores fabricantes de celulose brasileiras, ou para uma fabricante brasileira de petroquímicos. Neste último segmento uma única empresa domina mais de 80% do mercado.

Por fim, em relação aos segmentos de tecnologia de ponta, fica a mensagem de que, nas atuais circunstâncias, o país deve esperar pouco. A não ser a indústria farmacêutica, porque algumas poucas ainda exercem uma certa influência de mercado, apesar do número das que detêm patentes ser cada vez menor — mesmo assim, o Ebtida é medíocre —, o Ebtida dos outros segmentos é irrelevante.

Em função desses números, está implícita a necessidade de melhoria do nosso sistema de defesa da concorrência e, também, a aplicação de políticas que sirvam para diminuir tamanho desequilíbrio de ganhos entre as empresas do topo das cadeias produtivas e as indústrias de transformação. Como está, o país tem aplicado políticas totalmente distintas da China e da Índia, que valorizam a indústria de transformação, porque, além de ser o setor com maior capacidade de gerar empregos de qualidade, e que demanda, em função da sua diversidade, pessoal de todos os níveis de qualificação, é o setor que realmente mais inova — o Brasil, pelas razões discutidas, pouco inova.

É importante acrescentar à análise das cadeias produtivas o exposto no Gráfico 11.

Como se pode observar, os preços das *commodities* sempre se colocaram acima da valorização do real, o que significa que não são afetados por ela, ao contrário do que acontece com a indústria de transformação.

É bom que se diga que o Brasil é um grande produtor de todas as *commodities* que o gráfico retrata. Em petróleo é autossuficiente. Em matérias-primas agrícolas, como o algodão, é um dos maiores do mundo, apesar do preço deste ser ditado por cinco grandes *tradings* internacionais e não pelos produtores.

Feita essa análise, é imperativo fazer referência ao Sistema Brasileiro de Defesa da Concorrência (SBDC).[10] É inegável que tem passado por aprimoramentos importantes, como mudanças na sua estrutura e na dinâmica dos processos analisados. Não obstante, ainda é reduzida a quantidade de processos por condutas anticompetitivas. Por exemplo, entre 2006 e 2010 o Cade analisou uma média anual de 547 atos de

---

[10] Formado pelo Conselho Administrativo de Defesa Econômica (Cade), autarquia vinculada ao Ministério da Justiça, pela Secretaria de Defesa Econômica (SDE), também do Ministério da Justiça, e pela Secretaria de Acompanhamento Econômico (Seae), do Ministério da Fazenda.

concentração, mas somente 33 processos administrativos, que contemplam casos como denúncias de cartel e condutas anticoncorrenciais.

GRÁFICO 11
PREÇOS DE *COMMODITIES* E CÂMBIO US$/R$,
ÍNDICE 100 = JAN./2003

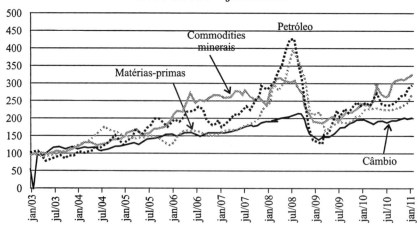

FONTE: Ipeadata. Elaboração própria.

A reduzida quantidade de processos desse tipo denota que tanto o governo quanto as empresas brasileiras ainda não deram a devida importância à aplicação de mecanismos contrários às condutas anticompetivivas.

Concluindo, a tendência de concentração de mercado em diversos setores da economia, ainda que deva ser tratada como um fenômeno normal, tendo em vista que está acontecendo no mundo todo, no caso brasileiro, por falta de efetiva atuação anticoncorrência, é preocupante. Pode implicar ou agravar a ocorrência de condutas anticompetitivas, sobretudo por parte das empresas que estão no topo das cadeias produtivas e dos bancos.[11]

---

[11] A respeito do setor financeiro, a tendência de concentração não tem encontrado qualquer restrição por parte do Bacen. A participação dos cinco maiores bancos no total de ativos aumentou de 50,8%, em 1996, para 67,4%, em 2010, sendo que, em depósitos, a concentração entre os cinco maiores ainda foi maior, de 75,0%, em 2010. Na realidade, a questão do elevado *spread* nas taxas de juros no Brasil não foi adequadamente tratada pelas políticas públicas, inclusive no âmbito da regulação setorial.

Como está, é um óbice relevante ao processo de desenvolvimento da indústria de transformação que precisa passar, também, por um processo de consolidação, tendo em vista, como mostra a Tabela 10, seu alto grau de pulverização. Sim, para competir no país e no exterior, é fundamental um maior grau de consolidação na maioria dos segmentos da indústria de transformação. Com mais peso não só poderão se impor mais em relação aos seus fornecedores de matéria-primas como, também, poderão ativar muito mais o Sistema Brasileiro de Defesa da Concorrência.

O COMPLEXO INDUSTRIAL DA QUÍMICA FINA

O complexo industrial da química fina compreende os segmentos da indústria química com alto valor agregado e elevada densidade tecnológica, com destaque para fármacos, medicamentos, defensivos agrícolas, catalisadores, aditivos industriais etc. Seu faturamento anual é da ordem de US$ 35 bilhões.

Esse complexo teve início, no Brasil, nos anos 1980; dez anos depois, estava, praticamente, em extinção. De alguma forma, é um exemplo do por que o país não consegue dispor de segmentos de tecnologia de ponta em sua indústria de transformação. O que apresentamos anteriormente neste estudo reforça esse aspecto, no sentido que esses segmentos precisam de um ambiente especial para poderem investir (e investir muito) em inovação, o que só é possível se houver mercado minimamente previsível. Com o Custo Brasil elevadíssimo e o real sobrevalorizado, os segmentos intensivos em tecnologia não conseguem sobreviver, a não ser com políticas de compras do Estado, as quais só produzem efeito em relação a alguns deles.

A IMPLANTAÇÃO DA INDÚSTRIA DE QUÍMICA FINA NO BRASIL

A implantação da moderna indústria petroquímica no Brasil passou por duas fases de afirmação:

Período inicial: 1950-1965

Primeiramente, com a criação da Refinaria Presidente Bernardes de Cubatão (RPBC) e seus contornos nos anos 1950.

Depois da RPBC, ainda nesses anos, foi implantada uma fábrica de fertilizantes nitrogenados (Fafer) e uma unidade dedicada à produção de etileno. A Union Carbide passou a fabricar polietileno de baixa densidade (PEBD), perto da RPBC, valendo-se do etileno da refinaria, e a Koppers (CBE) iniciou a fabricação de poliestireno, também com insumos da refinaria. A Rhodia iniciou a fabricação de adiponitrila e ácido adípico (para Nylon 6.6), a Alba passou a fabricar metanol e a Copebras negro de fumo, todos com insumos da refinaria.

Nos anos 1960, foi criada a Refinaria Duque de Caxias (Reduc) e seus contornos.

Com a Reduc atribuiu-se à Petrobras a missão estratégica de implantar a primeira fábrica de borracha sintética no Brasil, a Fabor (hoje Lanxess), que iniciou suas operações em 1962. Foi usada a tecnologia de fabricação contratada às empresas Goodyear e Firestone, e a assistência técnica ao consumidor e a base para P&D&I contratada à Chemische Werke Hülls. Leopoldo Miguez de Mello pretendia fazer da Fabor um polo para o desenvolvimento da tecnologia petroquímica dentro da Petrobras. Essa fábrica comportava a unidade de polimerização e a fabricação de butadieno e estireno.

Período dos complexos petroquímicos 1965-1990

Em 1964, foi criado o Grupo Executivo da Indústria Química (Geiquim), responsável pela implantação da política industrial para a área química, iniciando pela petroquímica. Nesse período surge a Petroquímica União (PQU). A Carbide teve seu primeiro grande insucesso ao desenvolver e implantar o processo Wulf para pirólise total de nafta. A Petroquisa foi criada em 1967, absorvendo, em 1968, a Fabor, que passou a chamar-se Petroflex. Também a Petroquisa, em 1969, absorveu a Fafer e se associou à PQU, assumindo, em 1973, o seu controle. A Nitriflex foi implantada, em 1975, para fabricar resinas ABS. A Copene, Central de

Matérias-Primas de Camaçari, iniciou suas operações em 1978; a Norquisa foi criada em 1980; e a Copesul deu início a suas operações em 1983.

A química fina emergiu, na Copene, em 1985, depois da edição da Portaria Interministerial nº 4/1984, que autorizava o CDI a examinar projetos de implantação de novas unidades da química fina no país, assegurando aos projetos aprovados: 1) via Ceme: compras governamentais; 2) via BNDES: apoio de financiamento ao investimento (inclusive BNDESPAR); 3) via Codetec: apoio a P&D&I.

Até 1995, com apenas 10 anos, a química fina teve a maioria das suas unidades implantadas fechada.

O DESINVESTIMENTO NA QUÍMICA FINA

Em decorrência da abrupta abertura comercial no início dos anos 1990, que foi turbinada pela apreciação do real, ocorreu, até 1995, o encerramento do processo produtivo em cerca de mil unidades, e foram paralisadas e desativadas outras quinhentas, conforme mostra a Tabela 11.

TABELA 11

DESINVESTIMENTO OCORRIDO NA QUÍMICA FINA

Discriminação	Nº de Unidades		
	Paralisadas	Não implementados	Total
Intermediários de química fina	241	208	449
Farmoquímicos	407	110	517
Princípios ativos para defensivos agrícolas	73	10	83
Aditivos, corantes e aromatizantes	375	27	402
Total	1.096	355	1.451

FONTE: SPI/MDIC

O Gráfico 12 complementa o que está na Tabela 11, mostrando o crescimento acentuado das importações de medicamentos acabados e vacinas. Impressiona ver o rápido crescimento de um e de outro, ainda que o crescimento da importação de produtos biológicos e vacinas tenha sido, nos últimos anos, maior em termos percentuais que o de medicamentos.

GRÁFICO 12
IMPORTAÇÕES DE MEDICAMENTOS ACABADOS E VACINAS

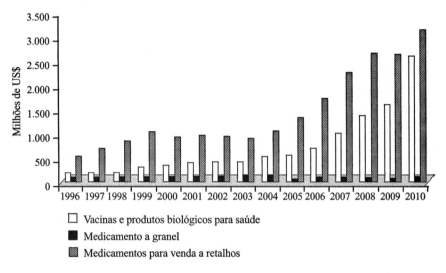

Quanto aos farmoquímicos, ou princípios ativos de medicamentos, tratam-se de produtos com elevado valor agregado e estratégico para qualquer país, posto que nessa área a dependência do exterior é crítica para qualquer processo de desenvolvimento autônomo que se pretenda realizar. No Gráfico 13 nota-se claramente o aumento expressivo das importações desses produtos, com especial ênfase no período de sobrevalorização do real.

Com relação aos defensivos agrícolas, nota-se que ocorreu um grande aumento das importações nos últimos anos, coincidente com a valorização cambial que levou ao encerramento da fabricação local de produtos técnicos que formam a base dessa cadeia produtiva (Gráfico 14).

GRÁFICO 13
IMPORTAÇÃO DE FARMOQUÍMICOS

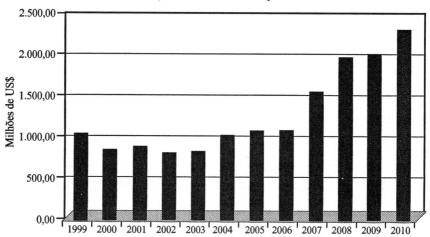

GRÁFICO 14
IMPORTAÇÃO DE DEFENSIVOS AGRÍCOLAS ACABADOS

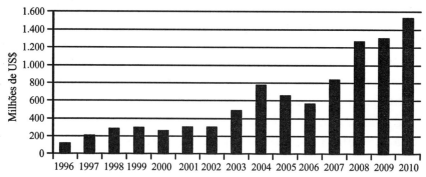

A síntese do que aconteceu com o complexo industrial da química fina pode ser vista no Gráfico 15, que registra o resultado do efeito do Custo Brasil no complexo da química fina e da sobrevalorização cambial, agravado pela ausência de políticas industriais específicas para o setor, como o uso do poder de compra do Estado para desenvolver a indústria doméstica.

GRÁFICO 15
IMPORTAÇÕES TOTAIS DE QUÍMICA FINA (US$ MILHÕES)

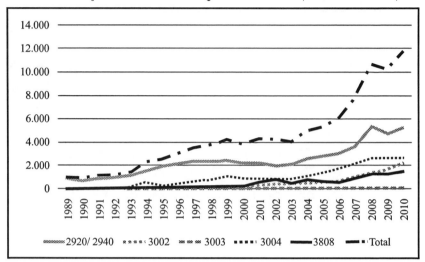

CONCLUSÕES E SUGESTÕES

Como muitas das conclusões e sugestões estão no bojo desta análise, os autores se preocuparam mais em realçar as que ainda não haviam sido citadas ou merecido destaque.

O QUE É COMUM À TODA INDÚSTRIA DE TRANSFORMAÇÃO

É importante frisar mais uma vez que a análise, as conclusões e sugestões apresentadas neste estudo não pretendem esgotar a discussão de um Plano de Reindustrialização para o país, mas dar destaque aos aspectos relacionados com os elementos que compõem o Custo Brasil, incluindo o câmbio, e as relações nas cadeias produtivas, para que seja possível, depois, discutirmos uma política industrial que possa alimentar expectativas.

Na realidade, o objetivo do trabalho foi o de evidenciar que se não for dada prioridade à redução do Custo Brasil, a começar pela revisão da política cambial — até porque, como demonstrado, a sobrevalorização do real, que tem a ver com o aumento da taxa Selic, agrava o preço de todos os itens do Custo Brasil — e ao melhoramento do ambiente das cadeias produtivas, de pouco adiantará a maioria das outras medidas que vierem a ser sugeridas, porque terá efeito muito pequeno. Sim, a política industrial, por exemplo, que tem um caráter predominantemente setorial, por segmentos, perderá força ou, mais do que isso, qualquer sentido.

Todavia, algumas dessas medidas, na maioria dos segmentos, se fazem necessárias, como é o caso da consolidação setorial, indispensável para aumentar o porte e melhorar a competitividade das empresas, de forma que elas possam negociar com mais poder de barganha com as empresas do topo das suas respectivas cadeias produtivas e ter maior presença junto aos órgãos que compõem o Sistema Brasileiro de Defesa da Concorrência.

Com relação ao que se passa nas cadeias produtivas, pelo menos duas das medidas discutidas em trabalho recente da Abiplast[12] deveriam ser adotadas: a taxação das exportações de *commodities*,[13] aplicada por alguns países concorrentes do Brasil, e o aperfeiçoamento do sistema de concorrência.

Com a receita obtida com a taxação das exportações, poder-se-ia diminuir, na mesma proporção, a carga de impostos nos segmentos da indústria de transformação. Não custa frisar que, como observado em outros países, tal medida, quando adequadamente dosada, não afeta as exportações dos produtos básicos.

O aperfeiçoamento do nosso sistema de concorrência é urgente, para que se possa combater, de maneira eficaz, práticas danosas como a formação de cartéis e outras que caracterizam claro abuso do poder econômico.

Mas, com relação à indústria de transformação como um todo, com o objetivo de estancar as perdas de vários segmentos, urge uma política

---

[12] "Priorizar o Aumento de Competitividade dos Segmentos de Cadeias Produtivas Fabricantes de Produtos de Maior Valor Agregado, Maior Conteúdo Tecnológico e Maior Geração de Emprego" — março de 2011.

[13] Alguns economistas vêm como absurda essa medida. É porque, no mínimo, desconhecem as políticas adotadas por outros países grandes exportadores de *commodities*.

cambial mais proativa. Afinal, poderão levar muito tempo as melhorias a serem feitas nos itens que compõem o Custo Brasil — muitas delas exigirão um grande arranjo político entre governo e Congresso — e nas próprias cadeias produtivas. Assim, uma política de metas de câmbio, que pode conviver perfeitamente com a política de metas de inflação, que objetive, por exemplo, um dólar entre R$ 1,75 e R$ 1,80, até o final de 2011, e entre R$ 1,80 e R$ 2,00, em dezembro de 2012, servirá, no mínimo, para reduzir, no curto prazo, os efeitos nocivos do Custo Brasil e o que está acontecendo nas cadeias produtivas. Claro está que ela deve estar associada a uma política de redução da taxa Selic, cuja despro-porcionalidade em relação ao que acontece no resto do mundo serve, quando muito, para colocar à mostra os seus verdadeiros propósitos.

Somente assim as exportações da indústria de transformação bra-sileira aumentarão, contribuindo para gerar superávits comerciais, que são a melhor forma, a mais apropriada, de reforçar as reservas cambiais do país. Estas não podem continuar crescendo, apenas, com interven-ções de compra de câmbio pelo Bacen que, além de ter um custo altís-simo e apresentar poquíssimos resultados, alimentam a especulação no mercado de câmbio.

Por outro lado, a desvalorização do real nos patamares indicados contribuiriam, também, para evitar a deterioração da nossa balança de transações correntes que está pondo em perigo o grande trunfo que o país desfrutou na crise que eclodiu em 2008, qual seja, o de contar com um vasto volume de reservas cambiais e de ter uma dívida externa relativamente pequena.

POLÍTICA INDUSTRIAL PARA O COMPLEXO DE QUÍMICA FINA

Com relação ao complexo da indústria de química fina, para a Abi-fina, sem prejuízo das medidas sugeridas anteriormente para a indústria de transfomação como um todo, a sua reindustrialização requereria as seguintes providências em termos de política industrial:

- Subvenção tecnológica: a subvenção tecnológica para o desen-volvimento de processos e produtos industriais, que já foi definida em lei, deveria ser operacionalmente direcionada diretamente à empresa privada visando ao *scale up* de processos industriais desenvolvidos em escala laboratorial, em vez de se atribuir à academia tarefa para a qual ela não dispõe da mínima competência. Vale dizer que esse preceito não é específico para a química fina, sendo aplicável aos demais setores industriais.

- Incentivos fiscais: os incentivos fiscais estabelecidos em lei visam exclusivamente às empresas que usam o sistema de lucro real, que constituem menos de 10% daquelas que atuam na indústria. Pelo menos na indústria, o segmento mais carente de incentivos fiscais é formado por empresas do Simples — micro, pequenas e até médias empresas. Adicionalmente, os incentivos fiscais concedidos deveriam cobrir períodos plurianuais, e não simplesmente orçamentos anuais como ocorre atualmente. Além disso, os critérios utilizados pela Receita Federal para aferição de tais aplicações deveriam ser harmonizados nacionalmente — hoje cada estado ou região usa critérios próprios. Vale dizer, também, que esse preceito não é específico para a química fina, sendo aplicável aos demais setores industriais.

- Fortalecimento das Parcerias Público-Privadas (PPPs) para o complexo industrial da saúde (CIS): as parcerias entre empresas privadas, fabricantes de fármacos ou medicamentos no país, com laboratórios oficiais, deveriam ser fortalecidas através da regulamentação da Lei nº 12.349/2010, visando-se o uso do poder de compra do Estado em favor de industrialização local.

- Marco regulatório (registro sanitário e propriedade industrial): o marco regulatório da propriedade intelectual e do registro sanitário de produtos deveria ser implantado de forma consistente com as políticas públicas visando ao desenvolvimento industrial do país. Hoje operam como compartimentos estanques, dentro da máquina pública.

Desindustrialização com pleno emprego: que milagre é esse?[*]

Francisco Eduardo Pires de Souza[**]

---

[*] O autor agradece a colaboração de Rafael Feler e, sobretudo, a valiosa contribuição de Sander Magalhães Lacerda que realizou um meticuloso trabalho de investigação empírica, que viabilizou a construção de alguns importantes indicadores aqui apresentados.

[**] Professor do Instituto de Economia da UFRJ.

INTRODUÇÃO

O COMPORTAMENTO RECENTE das principais variáveis relativas à produção e ao comércio exterior testemunham a rapidez e profundidade das transformações estruturais em curso na economia brasileira.

No primeiro trimestre de 2011 a produção industrial brasileira alcançou o nível do pico pré-crise (terceiro trimestre de 2008). Esta variação nula contrasta com um crescimento estimado de 6,7% para o PIB no período. Ou seja, pela primeira vez desde o início da apuração das contas nacionais trimestrais, em 1991, um ciclo de recuperação da economia não foi liderado pela indústria.

Mas não é só. Nos últimos quatro trimestres, num momento em que a recuperação da economia deveria ter ganhado grande impulso (e, de fato, o PIB se expandiu cerca de 4%), o crescimento industrial se limitou a magros 2,3%. Este fato chama atenção quando se tem em conta que a demanda agregada na economia cresceu ainda mais do que o PIB, e a demanda por produtos industriais expandiu 4,4% (Gráfico 4).

No plano do comércio exterior o desempenho da indústria também vem perdendo importância relativa, num movimento em que a concentração da pauta de exportação aumenta, com destaque para alguns poucos produtos primários. Apenas para dar um exemplo emblemático da nova situação, o valor da exportação de petróleo e minério de ferro, que representava 7,6% da pauta em 2004, alcançou 23,3% nos últimos 12 meses, encerrados em março de 2011.

A tendência à primarização da pauta de exportação e a perda de participação da indústria no PIB são fenômenos em curso que vêm despertando interesse e preocupação. O debate remete inevitavelmente às ideias de desindustrialização e doença holandesa. Alguns negam a própria existência do fenômeno. Outros reconhecem sua existência, mas acham que não há nada de mal com tal tendência, que não pode ser identificada com uma regressão ao passado, dadas as características contemporâneas do setor primário exportador brasileiro. Por fim há aqueles que o consideram como um retorno a um passado, atraso tecnológico, de dependência externa, de alta volatilidade da economia e mesmo estagnação.[1]

No presente texto procura-se, inicialmente, mapear e analisar as transformações estruturais em curso na economia brasileira, para tentar quantificar e qualificar um eventual processo de desindustrialização. Em seguida aponta-se alguns paradoxos, à luz do que se imaginava que seriam as consequências de um processo de desindustrialização. Por fim, o texto encerra com uma reflexão sobre o que é necessário rever e o que deve ser mantido em relação às nossas crenças sobre os efeitos de uma eventual desindustrialização da economia brasileira. Talvez a principal pergunta a responder seja: se a economia vem mostrando capacidade de crescer, liderada por outros setores que não a indústria (a ponto de esbarrar na barreira do pleno emprego), e gerar saldos comerciais positivos (além de atrair capitais), há razões para temer a desindustrialização?

OS MACRO DETERMINANTES DAS MUDANÇAS ESTRUTURAIS

As mudanças que vêm ocorrendo na estrutura da economia brasileira nos últimos anos não se assemelham àquilo que poderia ser considerado um processo lento e gradual de amadurecimento endógeno. Pelo contrário, como se procurará argumentar a seguir, resultam da ação de importantes "forças motrizes", de origem externa e interna, que vem imprimindo, nos últimos anos, novos rumos à economia. Pode-se destacar pelo menos quatro delas.

---

[1] Sobre a primeira posição, vide Schwartsman (2010). Vide também a respeito do debate, Bonelli e Pessoa (2010). Sobre a posição de que há doença holandesa no Brasil e que há uma desindustrialização regressiva, vide Marconi e Barbi (2010) e Nakano (2011).

A primeira, e certamente a mais duradoura dessas forças, foi a rápida emergência da China, que começou a rivalizar com os Estados Unidos na posição de centro de gravidade da economia mundial,[2] provocando acentuada mudança na composição da demanda internacional — tanto em termos geográficos quanto no que toca à cesta de mercadorias negociadas. Em consequência, os preços relativos internacionais vêm sofrendo um longo processo de alteração em prol das *commodities* e em detrimento dos produtos industrializados. As *commodities* energéticas, por exemplo, mais do que duplicaram seus preços em relação às manufaturas negociadas no mercado internacional entre 2003 e 2010, enquanto as alimentares subiram 35%.

As alterações na composição e no volume da demanda internacional coincidem com (e reforçam) um processo de deslocamento da oferta doméstica. Seja pela maturação de investimentos em novas tecnologias nos setores de energias (de origem agrícola, como o etanol, e mineral), agricultura e pecuária (*The Economist*, 2010), seja por novas e importantes descobertas, destacadamente as do pré-sal, o Brasil se encontra em meio a um processo de ampliação significativa de produção e, sobretudo, exportação de produtos básicos. O país passou a ser visto como um dos principais componentes do grupo de economias destinadas a ocupar o papel de fornecer os recursos que se tornaram mais escassos no mundo, dentro da nova configuração da demanda e da divisão internacional do trabalho.

Uma terceira força motriz das mudanças é o volumoso e crescente ingresso de capitais na economia brasileira, que não é um fenômeno inteiramente independente dos anteriores. O potencial agromineral-energético brasileiro combinado com a emergência chinesa tem funcionado como poderosa força indutora de investimentos diretos e de carteira no Brasil. Mas, como se sabe, outros fatores têm pesado tanto ou mais do que esse para a afluência de capitais externos ao país. De um lado, a perda de atratividade das economias avançadas a partir da crise financeira internacional (e a abundância de liquidez dela decorrente), tem

---

[2] Uma contribuição decisiva para a inserção desta questão no debate brasileiro tem sido a de Antônio Barros de Castro. Vide, por exemplo, Castro (2008).

levado os investidores internacionais a buscar alternativas nas economias emergentes menos afetadas pela crise. A esse fato soma-se a alta atratividade de ativos brasileiros, seja pelo diferencial de juros, seja pela perspectiva de valorização de ativos reais e financeiros. Tudo isso se combina para provocar uma apreciação real da taxa de câmbio, que reduz a competitividade dos setores comercializáveis e, no caso específico dos comercializáveis industrializados, agrava tremendamente os efeitos da mudança de preços relativos causada pelo "efeito China".

Por fim, a quarta força, recém-descoberta, atuando pelo lado da oferta, foi a rápida redução do ritmo de crescimento da população brasileira, que também já está se refletindo no crescimento da população em idade ativa. Na medida em que isso tem contribuído para a escassez de mão de obra e para o aumento dos salários reais, como argumenta Arbache (2011), é mais um fator a operar no sentido de reduzir a competitividade dos bens comercializáveis.

Efeitos esperados da ação das quatro forças motrizes sobre a estrutura produtiva

Num artigo clássico da literatura sobre a chamada "doença holandesa", Corden e Neary (1982) examinaram as consequências de um *boom* num determinado setor — digamos a "extrativa mineral" — sobre a estrutura da economia. O resultado mostrava um processo de desindustrialização causado por dois efeitos: o aumento do gasto em não comercializáveis, que eleva o preço deste tipo de bem relativamente aos comercializáveis — fenômeno que pode ser identificado com uma apreciação real do câmbio; a transferência de recursos, que consistia na atração da mão de obra do setor industrial para os demais setores (o mineral e o não comercializável), que também contribui para a desindustrialização.

O conjunto de forças econômicas contemporâneas anteriormente elencadas compreendem o efeito do *boom* setorial de Corden e Neary (principalmente nos casos do minério de ferro e do petróleo), mas incorporam além dele vários outros fatores que atuam no mesmo sentido. Poderíamos esperar então os seguintes efeitos:

a) aumento dos gastos agregados provocado pelo crescimento da renda dos setores produtores de *commodities*; a este efeito (contemplado por Corden e Neary) soma-se, no caso brasileiro atual, um segundo impulso adicional à demanda resultante do ingresso de capitais externos;[3]

b) a elevação dos preços relativos dos bens e serviços não comercializáveis, resultante da expansão da demanda num contexto em que os preços dos comercializáveis estão contidos pela competição externa; trata-se de um processo de apreciação real da taxa de câmbio, que reduz a competitividade da produção de bens comercializáveis, ao aumentar seus custos (o componente não comercializável) *vis-à-vis* seus preços;

c) aumento dos salários reais induzido pelo aquecimento do mercado de trabalho derivado da expansão dos gastos agregados; este efeito tende a ser potencializado, pela redução do ritmo de crescimento da força de trabalho associado às recentes tendências demográficas acima assinaladas; na medida em que os aumentos de salários reais ultrapassem o crescimento da produtividade, reduzem adicionalmente a competitividade externa da produção de bens comercializáveis;

d) por fim, na medida em que a expansão dos gastos agregados acaba tendo consequências inflacionárias, e não apenas de mudança de preços relativos, ela tende a provocar, como resposta de política econômica, elevações das taxas de juros, que contribuem adicionalmente, via reforço do ingresso de capitais, para a apreciação cambial nominal e real.[4]

Resultaria deste conjunto de fatores uma situação econômica que poderíamos denominar, na falta de melhor nome, como "doença holandesa de tipo B", caracterizada pela expansão da produção, concentrada

---

[3] Este efeito se dá seja quando o Banco Central faz intervenções cambiais (não inteiramente esterilizadas) para deter a apreciação cambial — e com isso contribui para a expansão monetária e do crédito —, seja quando o câmbio se aprecia, elevando a renda real dos consumidores. Adicione-se ainda o efeito do crescimento do crédito que vem acompanhando o longo processo de normalização da economia brasileira pós-estabilização.

[4] Este tipo de efeito não aparece em modelos como o de Corden e Neary, que trabalham com a hipótese de uma economia não monetária.

nos setores produtores de *commodities* e bens e serviços não comercializáveis, induzida por uma forte expansão da demanda. Em contrapartida, o setor produtor de bens e serviços comercializáveis, sobretudo o industrial, tenderia a sofrer um encolhimento relativo, resultante da perda de competitividade derivada da apreciação real do câmbio.

No que se refere às transações com o exterior, a consequência seria o aumento das exportações líquidas do setor produtor de *commodities* e das importações líquidas do setor industrial. Os dois efeitos poderiam, em princípio, se compensar, de forma que o saldo comercial não fosse afetado. Contudo, os ingressos líquidos de capitais tendem a produzir, por meio da apreciação cambial e da expansão induzida da demanda, aumento do déficit em conta-corrente.[5]

Em suma, a operação das quatro forças motrizes referidas anteriormente é compatível com importantes modificações nas estruturas da demanda e da oferta (e também, por consequência, do emprego), bem como das transações com o exterior. Tais mudanças ocorreriam, primeiramente, induzidas pelo crescimento da demanda internacional por produtos primários (*booming sectors*), que elevaria seus preços, e, ao aumentar a renda, elevaria também a demanda da economia e os preços dos bens e serviços não comercializáveis. Os preços dos comercializáveis, sujeitos à competição externa, não teriam como acompanhar a alta dos demais. Resultaria então uma alta da relação de preços não comercializáveis/comercializáveis. Esta alta pode ser entendida como uma apreciação da taxa de câmbio real. O câmbio nominal não precisa, necessariamente, se apreciar, bastando que o aumento da oferta de divisas propiciada pelo crescimento das exportações dos *booming sectors* seja compensado pela queda das exportações (e aumento das importações) dos comercializáveis não *commodities*. Mas a elevação no ingresso de capitais faz com que também o câmbio nominal se aprecie, reforçando os mecanismos anteriores. Então, temos como consequência a alta persistente dos preços dos serviços (em resposta ao aumento da demanda) e a alta menor dos preços dos produtos industrializados comercializáveis (dado o efeito amortecedor do aumento das importações líquidas

---

[5] Os mecanismos através dos quais um aumento nos fluxos de capitais levam a uma mudança de sinal contrário nas transações correntes são tratados na literatura de economia internacional sob o rótulo de "problema da transferência". Vide, por exemplo, Mckinnon (1976).

desses bens). Cresce então a oferta serviços (em adição ao aumento da oferta de *commodities*), enquanto a de bens industriais é contida (pela apreciação cambial e maior entrada líquida de importados).

AS MUDANÇAS NA ESTRUTURA PRODUTIVA E NO COMÉRCIO EXTERIOR: EVIDÊNCIAS EMPÍRICAS

Os motores das transformações estruturais em curso na economia brasileira tem sido, conforme já discutido, as mudanças na demanda agregada e nos preços relativos. A não ser que compensadas por forças opostas — destacadamente aumentos de produtividade nos setores co-mercializáveis — elas tendem a produzir as transformações conjecturadas anteriores. A Tabela 1 apresenta um conjunto de indicadores que impres-sionam pela magnitude do impacto que vêm exercendo sobre a economia brasileira, sugerindo quão difícil é alcançar os efeitos compensatórios que logrem evitar ou amortecer as tendências estruturais por eles induzidas. Chamemos esses indicadores de "indutores das mudanças estruturais".

Tabela 1

PREÇOS RELATIVOS, CÂMBIO E CUSTO UNITÁRIO DO TRABALHO

Ano	Índices de Preços das Exportações Mundiais		Índice da Taxa de Câmbio Real Efetiva (IPCA)	Índ. de Preços de Serviços/ IPCA	Índice do Custo Unitário do Trabalho (em US$)	
	Commodities Energéticas / Manufaturas	Alimentos / Manufaturas			Brasil	EUA
2003	100	100	100	100	100	100
2004	121	105	98	100	113	92
2005	164	102	80	100	146	91
2006	191	110	72	102	168	91
2007	197	119	67	103	193	90
2008	258	137	64	103	222	94
2009	172	123	63	105	225	95
2010	214	135	55	107	259	—

Fontes: IBGE, PIM e PIMES; OECD; Banco Central do Brasil; OMC; MI, WEO.

Enquanto a mudança nos preços relativos das *commodities* diante dos produtos industrializados, ilustrada nas duas primeiras colunas da tabela, reflete fundamentalmente a primeira macrotendência elencada anteriormente (para simplificar, a emergência chinesa), a forte apreciação cambial mostrada na terceira coluna é um fenômeno mais amplo, que expressa também, entre outros fatores, o crescente movimento de capitais em direção a esta economia. Ela aponta que, em média, os preços dos produtos estrangeiros ficaram 45% mais baratos que os domésticos ao longo do período. Ou que um produto brasileiro médio encareceu cerca de 80% em relação aos externos entre 2003 e 2010.

Os serviços encareceram mais do que a média (coluna 4), o que reflete a demanda aquecida pelos produtos do setor e a ausência de competição externa.[6]

Por fim, a fortíssima alta do custo unitário do trabalho, em dólares, é um indicador-síntese, que mostra, de forma dramática, quanto o aumento de produtividade esteve longe de compensar o aumento dos salários medidos em dólares — já que uma compensação plena deixaria o custo unitário do trabalho estabilizado em dólares.

Diante da pressão exercida pelo conjunto de fatores anteriormente, seria surpreendente se os agentes econômicos não reagissem, seja para se defender das ameaças, seja para aproveitar as novas oportunidades, em ambos os casos produzindo importantes mudanças estruturais na economia. E, de fato, transformações importantes vêm ocorrendo num período muito curto. As variáveis relacionadas ao comércio exterior são, por natureza, mais flexíveis do que as relativas à produção, e por isso reagem com mais rapidez às mudanças nos sinais de mercado (Tabela 2). Comecemos por elas.

---

[6] Além, evidentemente da indexação, que impõe uma rigidez à inflação de parte deste conjunto de preços.

TABELA 2
MUDANÇAS ESTRUTURAIS NO COMÉRCIO EXTERIOR BRASILEIRO

Ano	Participação na Pauta de Exportações (%)			Saldo Comerical Setorial (US$ bilhões)[1]			Coeficientes de Comércio Exterior da Ind. de Transf. (% a preços de 2006)	
	Básicos	Semi-manufaturados	Manufaturados	Ind. de Transformação	Ind. Extrativa	Agropecuária	Exp./Produção	Imp. / Cons. Aparente
2005	30	14	56	31,9	1,8	9,1	19,7	13,9
2006	30	14	56	30,4	3,5	9,9	18,8	14,2
2007	33	14	53	19,5	4,4	13,1	18,3	16,0
2008	38	14	48	-6,2	8,6	17,6	17,1	18,2
2009	41	14	45	-7,0	10,1	18,3	15,2	16,2
2010	46	14	40	-33,5	29,9	19,8	15,0	20,1
var 2005 a 2010	16	1	-16	-65	28	11	-5	6

[1]A soma dos saldos comerciais não coincide com o saldo comercial total porque as exportações não contemplam as "operações especiais".

FONTES: Funcex, Secex/MDIC e IBGE. Elaboração do autor.

Começando pelo conjunto de dados referentes aos saldos comerciais setoriais, podemos verificar uma alteração rápida e volumosa na composição do saldo total. Tais mudanças são inteiramente consistentes com a descrição estilizada da doença holandesa de tipo B. Observemos, antes de mais nada, que o saldo comercial da indústria de transformação é idêntico à diferença entre a produção e a aquisição doméstica de produtos industriais. De fato, partindo da identidade entre oferta e dispêndios totais relativos a bens industriais, temos:

$$Yi+Mi = Ai+Xi,$$

e, reordenando:

$$Yi-Ai = Xi-Mi,$$

onde Yi é a produção de bens industriais, Mi as importações, Ai a absorção doméstica de produtos industriais e Xi suas exportações.

Assim, uma redução do saldo $(Xi-Mi)$ significa que a demanda está crescendo mais (ou caindo menos) do que a oferta doméstica deste tipo de bem. O mesmo se pode dizer em relação aos demais setores produtores de comercializáveis. Portanto, a redução de US$ 65 bilhões no saldo comercial da indústria de transformação entre 2005 e 2010, ao mesmo tempo que nos demais setores comercializáveis (extrativa e agropecuária) o saldo aumentou cerca de US$ 40 bilhões, expressa uma importante mudança nos perfis da oferta e da demanda no país. Enquanto a produção industrial cai relativamente às compras domésticas de bens industriais, a produção de *commodities* agropecuárias e minerais cresce relativamente à demanda.[7]

Uma outra faceta do mesmo fenômeno aparece nas duas últimas colunas da tabela: a fatia da produção industrial reservada para as exportações tem declinado acentuadamente (menos 5 pontos percentuais) enquanto que a penetração das importações no mercado doméstico de manufaturas cresceu, também substancialmente (6 pontos percentuais),

---

[7] E a queda do saldo agregado significa que o gasto agregado em bens cresceu mais do que a produção de bens. Se somarmos os serviços e as rendas, veremos que ocorreu uma queda no saldo em conta-corrente, que significa que o gasto total cresceu mais que a renda total da economia (ou, o que é o mesmo, o investimento cresceu mais do que a poupança doméstica).

nos ultímos cinco anos. É claro que a mesma redução do saldo comercial da indústria poderia ter sido obtida sem queda do coeficiente exportado (ou mesmo com aumento) e ampliação ainda maior do coeficiente de importação do setor. O fato de que não tenha sido assim, ou seja, de que a parcela exportada da produção industrial tenha caído, é significativo. Ele sugere que não estamos apenas diante de um salto na demanda doméstica por produtos industriais, que poderia ser atendida por importações, sem que as empresas precisassem perder posições no mercado externo, cuja conquista é difícil e envolve custos importantes, e sim diante de um fenômeno de perda de competitividade, como se argumenta a seguir.

As três colunas referentes à composição da pauta de exportações mostram uma retração substancial — 16 pontos percentuais em apenas cinco anos — da participação dos manufaturados, em detrimento dos produtos básicos. Cabe destacar que este resultado não é explicado apenas, como alguns analistas chegaram a sugerir, pelo sucesso das exportações de *commodities*. Ou seja, não estamos diante de uma situação em que as exportações de produtos manufaturados vai bem, mas perde posição porque as de básicos vão muito melhor. Ao contrário, como mostra o Gráfico 1, as exportações brasileiras de manufaturados vêm perdendo terreno para os competidores externos e seu *market share* vem caindo nas exportações mundiais.[8]

As mudanças na estrutura do comércio exterior brasileiro anteriormente analisadas começam a alcançar, ainda que de forma mais lenta, a estrutura produtiva da economia. Na Tabela 3 pode-se observar que a indústria de transformação, cuja participação no PIB havia caído para 16,8% em meio ao Plano Real (1996), ganhou peso após as desvalorizações cambiais de 1999 e 2002, quando dinamizada pelas exportações e reconquista de posições no mercado doméstico, chegando a alcançar 19,2% do PIB em 2004. Depois, contudo, no contexto da perda de competitividade já referida, baixou em 3,4 pontos percentuais sua participação ao longo dos seis anos seguintes.

---

[8] Este ponto foi desenvolvido em texto preparado para o Fórum Especial, Inae, de setembro de 2009. Vide Souza (2009).

GRÁFICO 1
EXPORTAÇÕES BRASILEIRAS/EXPORTAÇÕES MUNDIAIS DE MANUFATURADOS (ÍNDICE RELATIVO DE VOLUME, 2004 = 100)

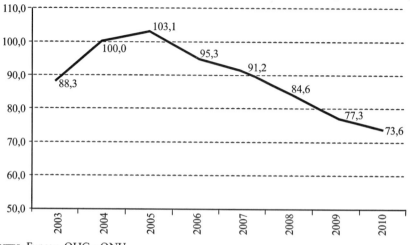

FONTES: Funcex, OHC e ONU.

A perda de peso da indústria de transformação foi compensada principalmente pelo aumento do peso da indústria extrativa e dos serviços. Este último descreve um movimento como um espelho da indústria: perde peso até 2004 e depois ganha 4,4 pontos percentuais do PIB nos anos seguintes até 2010.

No que se refere à indústria extrativa, um ponto importante a destacar é que, apesar de ter mais do que dobrado sua participação no período mostrado na tabela, em 2010 ainda representava parcos 2,5% do PIB, ou seja, 16% do peso da indústria de transformação. Ao mesmo tempo, as exportações do setor representam 24% das exportações totais (dez vezes sua participação no PIB), e 150% do saldo comercial do país em 2010. Isto significa que este setor tem uma influência sobre a balança comercial (e sobre a taxa de câmbio) desproporcional ao seu impacto na economia. Voltaremos a este ponto mais adiante.

As transformações na estrutura produtiva antes referidas estão provavelmente se acelerando na margem. A melhor informação para aferir esta tendência seriam os dados de formação bruta de capital fixo por setor. Infelizmente não dispomos desta informação desagregada por

TABELA 3
ESTRUTURA DA ECONOMIA BRASILEIRA
(% DERIVADOS DE VALORES A PREÇOS CORRENTES)

Período	AGROPECUÁRIA	INDÚSTRIA						SERVIÇOS								VA
	Total	Ext. Mineral	Transformação	Construção	Eletricidade e gás, água, esgoto e limpeza urbana	Total	Comércio	Transporte, armazenagem e correio	Serviços de informação	Interm. financeira e seguros	Outros Serv.	Serviços imobiliários de aluguel	APU, educação pública e saúde pública	Total	
1996	5,5%	0,9%	16,8%	5,7%	2,6%	26,0%	10,4%	4,2%	1,0%	8,1%	17,3%	12,1%	15,3%	68,5%	100,0%
2000	5,6%	1,6%	17,2%	5,5%	3,4%	27,7%	10,6%	4,9%	3,6%	6,0%	15,4%	11,3%	14,9%	66,7%	100,0%
2004	6,9%	1,9%	19,2%	5,1%	3,9%	30,1%	11,0%	4,7%	3,8%	5,8%	13,8%	9,1%	14,7%	63,0%	100,0%
2008	5,9%	3,2%	16,6%	4,9%	3,1%	27,9%	12,5%	5,0%	3,8%	6,8%	14,1%	8,2%	15,8%	66,2%	100,0%
2010	5,8%	2,5%	15,8%	5,3%	3,3%	26,8%	11,9%	5,3%	3,4%	7,7%	14,7%	7,9%	16,5%	67,4%	100,0%

FONTE: IBGE, Contas Nacionais Trimestrais, 4° trimestre de 2010.

atividade. Porém, podemos ter indicações sugestivas da tendência através de dois conjuntos de evidências: os investimentos diretos estrangeiros no país e a pesquisa sobre perspectivas do investimento realizada pelo BNDES.

As informações sobre investimento direto provenientes dos registros no Banco Central do Brasil têm a vantagem da precisão, mas sofrem dois inconvenientes: representam apenas os investimentos feitos por não residentes e incluem aquisições de ativos preexistentes, que não fazem parte da formação bruta de capital fixo do período. Ainda assim, tem o mérito de mostrar que setores (e em que proporções) estão atraindo o investimento estrangeiro — e que não deve divergir substancialmente, salvo exceções — do interesse do capital doméstico (pelo menos do grande capital doméstico).

A Tabela 4 mostra que os investimentos diretos estrangeiros na agropecuária e na extrativa mineral elevaram sua participação no investimento direto estrangeiro de 8,3% no período 2001-2007 para 26,3% no triênio 2008-2010. Note-se que o aumento é forte nos três subconjuntos discriminados e são consistentes com a ideia de que, na margem, a formação de capacidade e o aumento do produto tende a favorecer a extrativa mineral (incluindo petróleo e gás).

TABELA 4

INVESTIMENTO DIRETO ESTRANGEIRO
POR ATIVIDADES (PARTICIPAÇÕES %)

Atividades	Estoque (2000)	Ingressos	
		2001-2007	2008-2010
Agricultura, pecuária e extrativa mineral	2,3	8,3	26,3
Extração de petróleo e gás natural	1,0	3,3	10,1
Extração de metais metálicos	0,6	3,7	13,7
Demais	0,7	1,4	2,5
Indústria	33,7	38,1	36,0
Serviços	64,0	53,6	37,8
Total	100,0	100,0	100,0

FONTE: Banco Central do Brasil.

As perspectivas dos investimentos mapeados pelo BNDES têm uma cobertura de aproximadamente 40% dos investimentos da economia, superior a 60% para os investimentos industriais e 90% para os de infraestrutura. O mais recente levantamento mostra que o investimento no setor de petróleo e gás deve crescer o dobro do ritmo do investimento na indústria de transformação, no período 2011-2014 (relativamente ao período 2006-2009).[9]

QUE DESINDUSTRIALIZAÇÃO É ESSA?

Todas as evidências empíricas acima apresentadas apontam inegavelmente a existência de um processo de desindustrialização da economia brasileira. No entanto, é preciso ter cautela no sentido de interpretá-la simplesmente como uma regressão a um estágio primitivo da economia brasileira. Há sem dúvida muitos casos de primarização da estrutura produtiva,[10] mas observa-se também alguns avanços. Como mostra o Gráfico 2, por trás de um crescimento medíocre da indústria de transformação no período 2004-2010, verifica-se uma grande disparidade no crescimento das diferentes atividades industriais. Ou seja, estamos diante de uma *desindustrialização parcial e desigual*. A explicação para a sobrevivência e até o sucesso de algumas atividades pode ser atribuída a um conjunto de características dos setores e suas respectivas estratégias de sobrevivência.

Um primeiro fator que pode explicar o crescimento de algumas atividades é o *efeito purgação*. As condições ultra-adversas para competir nos mercados externo e interno leva à eliminação dos produtores menos eficientes (entre eles muitos que seriam competitivos num ambiente macroeconômico menos favorável quando comparado ao dos

---

[9] O investimento no setor de mineração exibe resultados bem mais modestos. No entanto, segundo informações do BNDES, o dado está provavelmente subestimado e deve sofrer uma substancial correção para cima na próxima revisão da pesquisa.

[10] Entre as inúmeras evidências "anedóticas" chama a atenção o caso da recente decisão da Samarco, de fazer uma compra estimada em US$ 140 milhões de tubos de aço (um produto no qual o Brasil era, num passado recente, altamente competitivo) no exterior (Vide a edição do *Valor Econômico* de 14/3/2011). O caso traz à mente o modelo de economias de enclave em que há uma especialização completa na extração mineral com importação de tudo o mais.

principais competidores). A partir de certo momento chega-se a um piso — com uma indústria mais delgada, *hollowed out*. Contudo, os sobreviventes têm altíssima competitividade e capacidade de progredir num ambiente inóspito. E a partir desse piso, a indústria volta a crescer, porém ocupando uma fatia bem menor do produto agregado.

GRÁFICO 2
TAXAS MÉDIAS ANUAIS DE CRESCIMENTO
DA INDÚSTRIA, 2004-2010

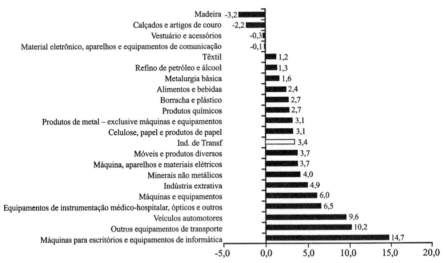

A purgação também se dá entre setores. Setores que operam com um elevado conteúdo de insumos importados, e/ou dependem de crédito de longo prazo (que barateou e se tornou mais abundante com a política do BNDES, especialmente o PSI), estão crescendo e investindo. Este é o caso, por exemplo, dos setores de equipamentos hospitalares, máquinas e equipamentos, e equipamentos de informática. Uma variante dessa é a dos setores com um grande dinamismo do mercado interno viabilizado pela forte expansão do crédito ao consumidor, em que se destaca, certamente, a automobilística. Ainda assim, há que se ressalvar que esse setor, apesar de crescer, vem perdendo sistematicamente posições nos mercados interno e externo para competidores estrangeiros.

Um segundo fator é o que se vem chamando de efeito *hollowing out*, conforme discutido por Ferraz, Kupfer e Souza (2010). A substituição de insumos produzidos internamente por insumos importados torna a rentabilidade das empresas menos sensível à apreciação cambial, já que seu efeito sobre os preços finais tendem a ser crescentemente compensados pela queda dos preços, em moeda doméstica, dos insumos importados. O Gráfico 3 ilustra o fenômeno. Nele podemos observar o rápido processo de penetração dos insumos importados na indústria em substituição à produção doméstica.[11]

GRÁFICO 3
COEFICIENTE DE IMPORTAÇÃO DE BENS INTERMEDIÁRIOS PELA INDÚSTRIA, A PREÇOS DE 2004, EM %[1]

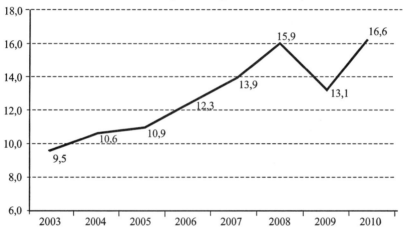

[1] Relação entre o Valor das Importações de intermediários e o Valor Bruto da Produção Industrial a preços de 2004.
FONTES: Funcex e IBGE. Elaboração do autor.

O *hollowing out* inicialmente desidrata a indústria, por reduzir a produção de bens intermediários, diminuindo o componente de insumos de origem doméstica nos produtos finais. Contudo, ao aumentar sua competitividade aumenta as chances de sua sobrevivência. É verdade que, em

[11] Se o Gráfico 3 fosse construído a preços correntes não mostraria um processo importante de queda do coeficiente importado. Isto porque a apreciação cambial e a própria queda dos preços externos em dólar reduziram substancialmente o custo em reais dos insumos importados. Mas é exatamente disso que se trata: insumos importados mais baratos que substituem em quantidades crescentes os insumos domésticos, cuja produção é reduzida ou mesmo encerrada. Daí que a construção do índice a preços constantes é mais relevante para entender o fenômeno.

alguns casos, pode ser que sobrevivam apenas as operações de finalização, montagem e embalagem, transformando a indústria no que se convencionou chamar, a partir da experiência mexicana, de "maquiladoras".

Pode-se então, eventualmente, observar até mesmo um aumento dos investimentos externos no setor que está sofrendo este processo. Mas tais investimentos estão orientados à montagem e algumas outras tarefas e insumos são mais baratos ou mais interessantes do ponto de vista comercial, tributário e político, no país onde está o mercado. Este parece ser o caso de alguns investimentos chineses recentes no Brasil.

Um terceiro fator capaz de dinamizar algumas atividades industriais é o *efeito arrasto* dos setores que tem grandes vantagens comparativas baseadas em recursos naturais (e, em muitos casos, P&D ligados a estes setores). O dinamismo dos setores de petróleo e gás, mineração, etanol e pecuária tende a gerar forte crescimento da demanda de insumos industriais, de forma que, mesmo aumentando o coeficiente importado, o crescimento da demanda intermediária é suficientemente grande para arrastar os fornecedores domésticos.

Por fim, a acentuada redução do custo dos bens de capital importados tem um efeito benéfico sobre a competitividade do conjunto dos setores. É verdade, contudo, que o aumento de produtividade da indústria nos últimos oito anos nem de longe compensou o efeito adverso da apreciação cambial, conforme visto anteriormente.

O conjunto de efeitos anteriores torna o processo de desindustrialização parcial e desigual, admitindo inclusive crescimentos fortes em algumas atividades. Apesar disso, os determinantes mais gerais de perda de competividade estão levando a um encolhimento relativo da indústria como um todo. E mais, parece que o desempenho do setor vem se tornando cada vez mais débil.

COMO TEM SIDO POSSÍVEL CRESCER?

Dissemos antes que o crescimento da indústria vem perdendo força. E isto em dois sentidos. O primeiro deles é o sentido literal, e tem a ver com a observação feita no início deste texto, que no período pós-crise de 2008, o máximo que a indústria logrou, em termos de desempenho, foi retornar a um nível próximo ao pré-crise, um ano e meio depois (março de 2009), e que daí para a frente ficou razoavelmente estagnada.

O segundo sentido em que se pode dizer que o crescimento industrial ficou mais débil é que ele passou a depender de condições que tendem a se revelar insustentáveis no futuro. Para examinar essa importante questão, pode-se distinguir três momentos ou fases do crescimento industrial a partir de 2004, conforme sugerido pelos Gráficos 4 e 5.

GRÁFICO 4
CONSUMO APARENTE E PRODUÇÃO DA
INDÚSTRIA DE TRANSFORMAÇÃO

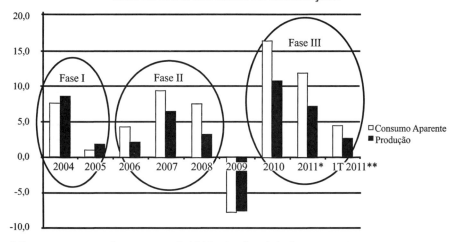

* Doze meses encerrados em março de 2011 x igual período do ano anterior.
** Primeiro trimestre de 2011 x igual período do ano anterior.
FONTES: IBGE e Funcez. Elaboração do autor.

Num primeiro momento, que podemos identificar com o biênio 2004-2005, a demanda interna cresce forte e a produção industrial doméstica cresce mais ainda, porque está ganhando *market share*, interno e externo. Detendo uma competitividade externa substancial, a indústria exibe grande dinamismo (cresce 5,6% a.a.), sendo capaz de impulsionar a economia como um todo (que cresce 4,4% a.a.). Trata-se de um padrão de crescimento semelhante ao asiático que, se mantido, poderia nos levar a um tipo de inserção internacional mais diversificado e menos complementar com a China.

GRÁFICO 5
DIFERENÇA ENTRE OS GASTOS INTERNOS COM
PRODUTOS INDUSTRAIS E A PRODUÇÃO INTERNA
DA INDÚSTRIA EM PONTOS PERCENTUAIS

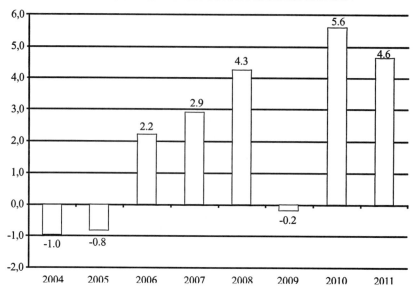

FONTE: IBGE e Funcex. Elaboração do autor.

Na segunda fase, entre 2006 e 2008, há uma inversão do padrão anterior de crescimento. Agora a demanda doméstica por produtos industriais cresce à frente da oferta nacional. A indústria brasileira perde espaço para os competidores externos tanto no mercado externo quanto interno. O ritmo de crescimento declina para 3,9% a.a., enquanto o PIB cresce 5,1%, o que implica que a economia já estava sendo tracionada mais por outros setores do que pela indústria de transformação.

A terceira fase, pós-crise, de 2010 ao primeiro trimestre de 2011, mostra uma situação que deve ser analisada com cautela. O crescimento do ano de 2010 sobre 2009 é muito forte (10,3%, para um crescimento do consumo aparente de 16,3%!). Mas é apenas uma recuperação da queda sofrida, na esteira da crise internacional, em 2009. No primeiro trimestre de 2011, a produção da indústria de transformação encontrava-se apenas 0,8% acima do pico pré-crise (terceiro trimestre de 2008). No mesmo período, o consumo aparente de bens industriais cresceu 4,4%. Isto significa que a propensão marginal a gastar em bens industriais é quase que inteiramente destinada a bens externos. Neste sentido, a terceira fase pode ser pensada como uma versão agravada da segunda fase.

A perda progressiva e acentuada da competitividade e do dinamismo industrial contrasta com uma certa onda de euforia e otimismo em relação à economia brasileira, que se expressa, por exemplo, no crescimento dos investimentos diretos estrangeiros no país (Gráfico 6).

GRÁFICO 6
INVESTIMENTO DIRETO ESTRANGEIRO,
ACUMULADO EM 12 MESES, EM US$ BILHÕES

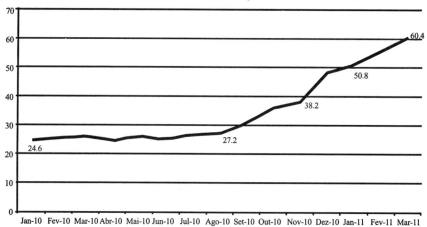

FONTE: Banco Central do Brasil.

Diante do que seria de se esperar de um processo de desindustrialização, há de fato algumas surpresas, senão paradoxos.

TRÊS FENÔMENOS PARADOXAIS NO CONTEXTO
DA DESINDUSTRIALIZAÇÃO

O primeiro deles é o crescimento do investimento. Uma possível explicação, que já foi sugerida anteriormente, é que os investimentos estejam se dirigindo para os setores de serviços, extrativa mineral, construção civil e infraestrutura. Além disso, dentro da própria indústria de transformação há algumas poucas atividades que vão muito bem, embora mais raro seja o caso daquelas em que a produção esteja crescendo acima do consumo aparente, como no padrão de 2004-2006.[12] As políticas de crédito de longo prazo têm jogado, neste caso, um papel decisivo.

Um segundo paradoxo refere-se à Balança Comercial. Com o fraco desempenho das exportações de industrializados e forte expansão da importação de produtos industriais, ambos com peso grande na pauta, porque o saldo comercial não baixa rapidamente.

Mais que isso, se a demanda está crescendo muito acima da oferta nos setores de comercializáveis, deveria estar ocorrendo uma deterioração rápida da Balança Comercial. Mas a deterioração da Balança Comercial tem sido relativamente pequena e lenta. Ocorre que, quando olhamos as informações da Balança Comercial da indústria de transformação, de fato percebemos que está havendo uma deterioração muito intensa e rápida. Mas é claro que do ponto de vista agregado, macroeconômico, isso também deveria estar ocorrendo. Mas não está por causa do benefício gerado pela grande melhoria dos termos de troca, sobretudo em função do aumento dos preços de exportação dos produtos básicos. Medida a preços constantes de 2004, a Balança Comercial já estaria apresentando um elevado déficit, como mostra o Gráfico 7.

Por fim, o maior paradoxo de todos reside no estado de aquecimento da economia e sobretudo na aproximação de uma situação que poderia ser caracterizada como de pleno emprego. Como compatibilizar esse estado da economia e do emprego com as evidências de desindustrialização da economia? Mais paradoxal ainda é o fato de que diversos setores da indústria — inclusive setores em declínio há longo tempo, como o calçadista — vêm se queixando da falta de mão de obra, fato que é confirmado pelas pesquisas de emprego.

Tentar desvendar este mistério é crucial. Afinal, se a despeito da desindustrialização a economia é capaz de crescer o suficiente para alcançar o pleno emprego da força de trabalho, por que se preocupar com ela?

---

[12] Este é o caso, por exemplo, da indústria de equipamentos de instrumentação médico-hospitalar, ópticos e outros, cuja produção vem crescendo acima do consumo aparente no período recente.

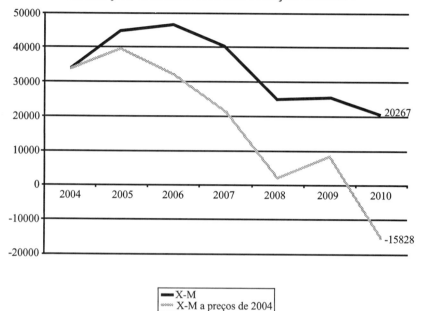

FONTE: Secex e Funcex. Elaboração do autor.

Concretamente, o PIB cresceu a um ritmo médio anual de 4,4% de 2004 a 2010. Neste mesmo período, a taxa de desemprego da economia caiu de 11,5% para 6,7% (médias anuais).[13] Tudo o mais constante, um crescimento esperado da economia brasileira entre 4,5% e 5,5% nos próximos anos esbarraria inevitavelmente no limite da mão de obra. Esta é uma questão que seguramente não estava na agenda de debates, pelo menos até há pouco tempo.

Certamente contribuiu para este resultado a forte e súbita queda nas taxas de crescimento da população e, com certa defasagem, também no crescimento da população em idade ativa e da população economicamente ativa. Contribuiu ainda o relativamente baixo crescimento da produtividade. A questão é saber até que ponto os setores que agora lideram

---

[13] Ao final de 2010, a taxa de desemprego, com ajuste sazonal, já estava em torno de 6%.

a expansão da economia — e sobretudo o setor de serviços, que é de longe o maior de todos, mas também outros, como o da construção civil — têm condições de crescer com aumento importante da produtividade. Ou, ainda, se a própria indústria, que deu demonstrações de crescer no passado com forte aumento de produtividade, pode voltar a desempenhar um papel relevante para o desenvolvimento da economia brasileira.

Quanto aos casos específicos de setores em queda que vêm enfrentando problemas de escassez de mão de obra, é ilustrativo o caso recente da indústria norte-americana que, em longo declínio, e num país que experimenta altíssimas taxas globais de desemprego, também vem enfrentando dificuldades para encontrar mão de obra.[14] A questão parece ser que, lá como aqui, o declínio prolongado de uma indústria provoca a migração da mão de obra para outros setores e a ausência de formação e treinamento de trabalhadores para aquela atividade, que diminuem a oferta de trabalho para o setor (como resposta a redução da demanda). Quando em determinado momento o setor tem alguma recuperação do crescimento (mesmo que partindo de um nível muito baixo) não é capaz de encontrar mão de obra com capacitação específica para aquela atividade.

IMPLICAÇÕES

Nos últimos anos a economia brasileira vem passando por um processo de desindustrialização, ainda que parcial e desigual entre atividades. Esse processo avançou mais rapidamente no plano do comércio exterior: a participação de produtos manufaturados na pauta de exportações que chegou a 60% no início da década passada, alcançou 56% em 2005 e despencou para 40% em 2010; e o saldo comercial da indústria de transformação passou de um superávit de US$ 32 bilhões em 2005 para um déficit de US$ 34 bilhões em 2010. Mas a desindustrialização também vem avançando rapidamente no plano da estrutura produtiva: a participação da indústria de transformação no PIB caiu de 19,2% em 2004 para 15,8% em 2010.

---

[14] Vide a respeito matéria do *Wall Street Journal*, publicada no *Valor Econômico* de 10/5/2011, intitulada "Falta mão de obra para as fábricas dos EUA"

A implantação e o desenvolvimento da indústria nesse país (e em muitos outros) foi responsável por um significativo aumento da produtividade e por elevar as taxas de crescimento da renda. Durante décadas o dinamismo da indústria respondeu pelo dinamismo da economia como um todo. Os ciclos da indústria comandavam os ciclos do PIB. O fantasma da desindustrialização assusta porque desconhecemos como se comportará a economia sem a liderança desse setor.

É no entanto surpreendente que apesar do baixo crescimento industrial e de sua perda de participação no PIB, a economia venha crescendo a um ritmo razoável, se aproximando de uma zona de pleno emprego e inspirando confiança nos investidores, sobretudo nos estrangeiros, chegando a criar, em certos momentos, um clima de euforia. Há razões então para se preocupar com a desindustrialização?

A resposta a esta pergunta é, sem dúvida, positiva, porém, com a ressalva de que pelo menos o risco do desemprego, que se julgava associado a um processo de desindustrialização, não parece mais uma tendência inexorável. Mas há outros riscos importantes. No que se segue, enunciaremos de forma sumária apenas dois deles.

O primeiro já foi, de certa forma, abordado no tópico anterior. A questão é: será que os setores que adquirem liderança na economia serão capazes de imprimir dinamismo para a economia crescer tanto quanto podia crescer sob a liderança da indústria? E mais, dado o novo problema de escassez de mão de obra, o crescimento depende cada vez mais do aumento de produtividade. E os setores a princípio mais dinâmicos — petróleo e mineração —, embora tenham um peso grande na pauta de exportações, têm um peso bem menor na estrutura produtiva. Será que os demais setores, não industriais, serão capazes de crescer baseados em aumento da produtividade, e assim viabilizar o crescimento econômico com baixo crescimento da oferta de trabalho?

O segundo risco, não mencionado até aqui, é o retorno de crises periódicas de balanço de pagamentos e volatilidade elevada da economia. Até agora (2010) nossa Balança Comercial continua positiva em função do grande aumento dos preços dos produtos básicos exportados — que aliás vêm ganhando um peso cada vez maior na pauta de exportação. As receitas de exportação do petróleo do pré-sal só farão reforçar esta tendência. Mas como se sabe, países com pautas de exportação muito concentradas em produtos primários estão sujeitos a grandes flutuações de preços e de receitas de exportação que os torna mais propensos a crises de balanço de pagamentos. Além do mais, a conta-corrente já está deficitária, o que não tem causado problema pelas fartas entradas de capitais externos. Mas sabemos também que os fluxos de capitais são procíclicos, tendendo a agravar os problemas de balanço de pagamentos quando a conta-corrente piora.

Visto pela ótica macroeconômica, este último risco tem um outro ingrediente. Como foi dito anteriormente, o crescimento futuro do Brasil tem pela frente um obstáculo representado pela disponibilidade de mão de obra, e que só pode ser superado de duas maneiras: pelo aumento da produtividade e/ou pelo aumento do estoque de capital. Este último ingrediente significa que o investimento terá de crescer como proporção do PIB. Na ausência de uma elevação da taxa de poupança doméstica, teremos inevitavelmente que contar com uma elevação da taxa de poupança externa — idêntica à relação déficit em conta-corrente/PIB. Déficits em conta-corrente maiores, financiados por fluxos de capitais que são procíclicos e associados a uma pauta de exportação concentrada em primários, cuja volatilidade das receitas é grande, cria um ambiente de alta volatilidade do balanço de pagamentos e da economia.

Em suma, a despeito dos bons resultados que a economia vem alcançando, sobretudo, no que se refere ao emprego, a desindustrialização é um processo que traz riscos não desprezíveis para a economia brasileira no futuro. Dadas as poderosas forças econômicas em ação, tanto no plano doméstico quanto, sobretudo, no plano internacional, que incentivam a especialização da economia brasileira em produtos baseados em recursos naturais, dificilmente seria possível manter a estrutura industrial com o tamanho e a diversidade do passado. Mas o encolhimento em curso da indústria brasileira parece estar indo muito além daquilo que seria possível alcançar com as mudanças que estão ao alcance do país naquilo que foi aqui chamado de indutores das transformações estruturais.

REFERÊNCIAS BIBLIOGRÁFICAS

ARBACHE, J. *A Transformação Demográfica já Está Afetando a Competitividade Internacional da Economia Brasileira?* Nota preparada para o Seminário "Mudança Demográfica e Crescimento Econômico no Brasil", Rio de Janeiro, 6 abr. 2011.

BONELLI, R., PESSOA, S. "Desindustrialização no Brasil: Um Resumo da Evidência", Centro de desenvolvimento econômico, Ibre-FGV, TD 7 maio 2010.

CASTRO, A. B. *No Espelho da China.* Disponível em www.ie.ufrj.br/aparte/pdfs/castro_no_espelho_da_china_.pdf. 2008.

CORDEN, W. M., NEARY, J. P. *Booming Sector and De-industrialization in a Small Open Economy.* The Economic Journal, 92 (dez. 1982), p. 825-848.

FERRAZ, J. C., KUPFER, D., SOUZA, F. E. P. "Trajetórias para o Desenvolvimento Brasileiro." Texto preparado para o 6º Seminário Boletin Techint, realizado em Buenos Aires, em 26 de agosto de 2010.

MARCONI, N., BARBI, F. *Taxa de Câmbio e Composição Setorial da Produção: Sintomas de Desindustrialização da Economia Brasileira.* FGV/SP, Texto para Discussão 255, setembro de 2010.

McKINNON, R. I. (1976). "International Transfers and Non-traded Commodities: The Adjustment Problem". In LEIPZIGER, D. M. (ed.), *The International Monetary System and the Developing Nations.* Washington, D.C.: Agency for International Development.

NAKANO, Y. Desafios da presidente Dilma. *Valor Econômico,* 10/05/2011.

SCHWARTSMAN, A. *Doença holandesa x Evidência holandesa.* Publicado em 29 maio 2010. Disponível em http://maovisivel.blogspot.com/2010/05/doenca-holandesa-x-evidencia-holandesa.html

SOUZA, F. E. P. "Da reativação da economia ao crescimento de longo prazo: a questão da competitividade e do câmbio". In VELLOSO, J. P. R., ALBUQUERQUE, R. C. *Na crise, esperança e oportunidade, desenvolvimento como sonho brasileiro.* Editora Elsevier, 2010.

THE ECONOMIST. *Brazil's agricultural miracle: How to feed the world.* Edição de 26 de ago. 2010.

QUARTA PARTE

GRANDES OPORTUNIDADES ECONÔMICAS PARA O BRASIL DESENVOLVIDO

Tecnologia da Informação e os desafios da competitividade

Antonio Gil*

---

* Presidente da Associação Brasileira de Empresas de Tecnologia da Informação e Comunicação, Brasscom.

O BRASIL POSSUI um mercado sofisticado de Tecnologia da Informação (TI). Em 2010, o setor movimentou US$ 85,1 bilhões (Gráfico 1), segundo a consultoria IDC, o que representa 4% do PIB e nos posiciona como o oitavo maior mercado interno do mundo. A indústria de TI, que emprega 1,2 milhão de pessoas, é essencial para a competitividade do país, perpassando diversos setores da economia. Nossos avançados sistemas em finanças, governo eletrônico, motores flex, gestão de produção agrícola, visualização de reservas de petróleo e gás e automação de manufatura são desde já um ativo na economia mundial, ainda que muito disso precise ganhar curso no mercado global para que o país se destaque, nos próximos dez anos, como uma das três potências emergentes em TI.

GRÁFICO 1
MERCADO BRASILEIRO DE TI (US$ 85,1 BI)

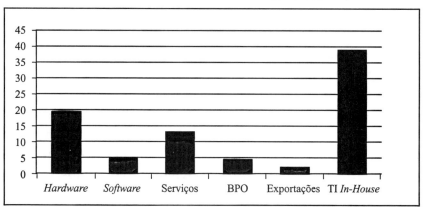

O sistema financeiro no Brasil é um dos mais avançados do mundo, reflexo dos altos investimentos em TI — da ordem de US$ 13 bilhões por ano. Por meio da tecnologia, as transferências bancárias são efetuadas em tempo real, mais de 403 milhões de cartões de crédito e débito estão em circulação, 56 bilhões de transações bancárias são realizadas por ano e, no mercado de capitais, 106 milhões de transações foram efetuadas na Bovespa em 2010, entre outros exemplos relevantes.

A urna eletrônica possibilita que os mais de 135 milhões de eleitores brasileiros, distribuídos por 5.564 municípios, conheçam os resultados das eleições em poucas horas. É um caso sem paralelo no mundo. Em governo eletrônico, o país se destaca pela entrega totalmente informatizada do Imposto de Renda, que este ano atingiu a marca dos 24 milhões de declarações.

A tecnologia dos motores flex, conhecida mundialmente, é fruto da utilização de software inteiramente desenvolvido no país e que permite o uso de gasolina ou etanol como combustível veicular. O setor agrícola é permeado por tecnologias que elevam a produtividade. De georreferenciamento a softwares de gestão de safra, passando por previsões climáticas do Inpe (Instituto Nacional de Pesquisas Espaciais) e do Inmet (Instituto Nacional de Meteorologia), o Brasil consegue tirar bom proveito da TI, a qual contribui, ao lado de técnicas avançadas de plantio e colheita, para o fato de o país ser responsável por 25% do comércio mundial de alimentos.

A meta do setor de TI para os próximos dez anos é elevar seu peso no PIB para algo entre 5,5% e 6% e aumentar as exportações de US$ 2,4 bilhões para, pelo menos, US$ 20 bilhões (Tabela 1). As oportunidades durante esta década são imensas, em um mercado global que deve duplicar de tamanho, alcançando US$ 3 trilhões, dos quais US$ 900 bilhões serão provenientes de novas aplicações em bancarização, segurança, educação, saúde e transporte, áreas em que o Brasil tem experiência e encontra-se bem-posicionado para, com políticas adequadas, dar um salto. Tal expansão será movida, inclusive, pelas novas tendências tecnológicas, baseadas em mobilidade e *Cloud Computing* (Computação em Nuvem) — visualização e hospedagem remota de conteúdos, software e serviços, sobre uma infraestrutura de banda larga.

TABELA 1

PERSPECTIVAS DO MERCADO DE TI

	2010	2020
Mercado Global	US$ 1,5 tri	US$ 3 tri
Offshore Global	US$ 100 bi	US$ 500 bi
Perspectiva Brasileira	US$ 85,1 bi	US$ 150 bi-US$ 200 bi
Participação do setor no PIB	4%	5,5% a 6%
Exportações Brasileiras	US$ 2,4 bi	US$ 20 bi

Nesse cenário, os países da América Latina, China e Índia serão os grandes motores do crescimento do mercado de TI, em consequência das mudanças demográfica e econômica que o mundo vivenciará (Figura 1). No primeiro caso, haverá o envelhecimento da população economicamente ativa nas maiores economias do mundo — Estados Unidos, Europa e Japão —, fato que será acompanhado da janela de oportunidade demográfica em países emergentes, aonde mais jovens irão ao mercado de trabalho do que pessoas à aposentadoria. Além disso, o Brasil possui crescente importância econômica e política, caminhando para se tornar a quinta maior economia do mundo. Junto com os demais países dos BRICs, terá um Produto Interno Bruto (PIB) combinado de US$ 25 trilhões.

Alguns desafios, no entanto, devem ser superados para que o Brasil possa abocanhar uma fatia significativa do mercado global de Tecnologia da Informação e projetar-se como uma potência mundial do setor nos próximos dez anos. Acreditamos que quatro fatores principais têm tornado a TI brasileira menos competitiva no mundo e ameaçado o atual modelo de negócios praticado no país. No curto e médio prazos, agrava-se o Custo Brasil, em especial os fatores decorrentes do significativo avanço da inflação de serviços, combinados aos altos encargos sobre o trabalho e à insegurança jurídica no regime de terceirização. O setor ainda enfrenta forte carência de mão de obra qualificada e, até 2020, serão necessários mais 750 mil profissionais de TI bem-formados, dos quais pelo menos 300 mil com domínio da língua inglesa. O desenvolvimento de TI e a absorção da grande mudança tecnológica que está em andamento depende de infraestrutura, que é caracterizada no Brasil pelos altos custos e baixa qualidade de banda larga e energia elétrica. Por fim, o país tem baixa cultura de inovação e os grandes desafios dos próximos anos vão requerer, para ser superados, soluções diferenciadas.

FIGURA 1
OPORTUNIDADES E RISCOS PARA O BRASIL 2020

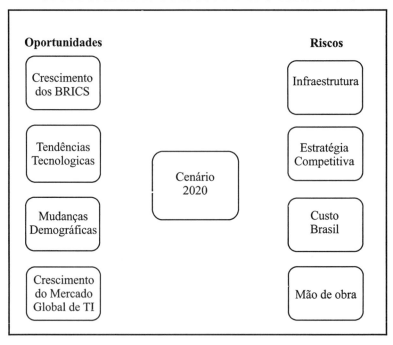

Acreditamos que o Brasil só poderá encarar os desafios do aumento de competitividade em toda a economia a partir do uso cada vez mais intenso e racional de Tecnologia da Informação. Eis porque a Brasscom tem trabalhado, com as demais entidades setoriais e o governo, para definir um Plano Diretor de TI (Figura 2), envolvendo esforços comuns e ações conjuntas do governo, empresas, trabalhadores e academia. As oportunidades são grandes e o cenário é favorável, mas não estamos sozinhos neste jogo. China, Índia e outros vizinhos da América Latina estão fazendo a lição de casa, definindo programas de estímulo ao desenvolvimento e uso intensivo de TI em todas as suas cadeias produtivas e no mercado global. É hora de o Brasil também fazer a sua parte e mostrar ao mundo seus diferenciais.

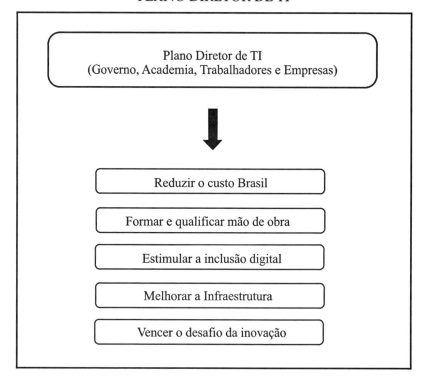

FIGURA 2
PLANO DIRETOR DE TI

Para tanto, a primeira das prioridades é reduzir o Custo Brasil, começando por evitar a armadilha da indexação de preços e salários. A lógica da reposição da inflação passada, mais ganho real, que tem valido para os salários, pode, em curto espaço de tempo, inviabilizar os contratos de TI, predominam uma competição feroz e baixa elasticidade de preços. Como os serviços e o desenvolvimento de software podem ser feitos em qualquer parte do mundo, a competição é global, movida pela análise comparativa de custos. A desoneração dos elevados encargos incidentes sobre a folha de salários é, neste aspecto, urgente para o setor de TI, onde o custo da mão de obra representa em torno de 70% das receitas das empresas. A alta combinação de tributos e encargos sobre o trabalho, de par com uma competição acirrada por preços no mercado, explica a ocorrência de informalidade da ordem de 50% no setor. A mudança da base das contribuições da folha salarial para o faturamento é uma maneira de formalizar a atividade, valorizar as empresas e evitar a perda de receitas da parte do governo. Exercícios feitos pela Brasscom e demais entidades do setor de TI estimam que a adoção de uma alíquota de contribuição sobre receitas entre 2,5% e 3% está bem próxima da neutralidade tributária; nem o governo perderia receitas previdenciárias de modo definitivo, nem as empresas de TI veriam subir o nível da carga tributária no setor.

Vencer os desafios de formar e qualificar a mão de obra também reduzirá custos e aumentará a competitividade do país. Faltam recursos humanos na base da pirâmide do mercado de trabalho, mas faltam também engenheiros de software, dada a baixa interação universidade-empresa. O recente anúncio pelo Governo Federal do Pronatec — Programa Nacional de Acesso ao Ensino Técnico e ao Emprego, cujo projeto de lei tramita em regime de urgência no Congresso Nacional, é muito positivo, dado que virá cobrir a principal lacuna até hoje existente, resultado da falta de recursos baratos e em quantidade para subsidiar a formação e a qualificação das pessoas. A meta do setor de TI é treinar de 8% a 10% do total de 4 milhões de pessoas pelo Pronatec, nos próximos quatro anos.

Desafio, grande em recursos humanos, não é menor em termos de melhoria da infraestrutura de TI do país. O estímulo à adoção e ao barateamento da banda larga, no contexto das medidas do PNBL (Plano Nacional de Banda Larga), tem se mostrado extremamente eficaz para a universalização do acesso à banda larga. No entanto, a baixa qualidade e os altos custos ainda são entraves para a instalação de empresas e o pleno desenvolvimento de suas atividades no país. Por isso, temos defendido a adoção de ações que incentivem a desoneração do ICMS para além do benefício fiscal já concedido pelos estados, a partir de acordo no Confaz, para os pacotes de banda larga com valores de R$ 30,00 mensais. A defesa do setor é de que o limite dessas contas vá até R$ 150,00 mensais, o que permitiria a um maior número de famílias subscrever planos de acesso de velocidade mais alta. Nesta década, o país também estará no radar mundial por conta dos grandes eventos esportivos que sediará. Investimentos da ordem de R$ 57 bilhões serão necessários, dos quais 10% destinados à TI.

Finalmente, vencer o desafio da inovação é uma questão-chave para se construir uma estratégia competitiva global da TI brasileira. Os desafios do governo eletrônico, do pré-sal, do sistema financeiro, da saúde, das áreas de defesa e aeroespacial, da agricultura e das mudanças climáticas oferecem ao Brasil a oportunidade de se destacar como formulador de softwares, soluções e serviços de alto valor agregado. A Tecnologia da Informação, em resumo, é essencial para que se aumente a produtividade da economia e a competitividade do Brasil no mundo. O país pode ser um protagonista global nesse terreno, se souber concentrar esforços em absorção e diferenciação tecnológica, tanto no setor privado como no setor público. Agora é a hora do Brasil.

Plano Diretor de TICs para o Brasil

*Antonio Carlos Valente**

---

* Presidente do SindiTelebrasil (Sindicato Nacional das Empresas de Telefonia e de Serviço Móvel Celular e Pessoal) e do Grupo Telefônica do Brasil.

O SINDITELEBRASIL é o Sindicato Nacional das Empresas de Telefonia e de Serviço Móvel Celular e Pessoal. Representa 83 empresas e tem 17 associadas.

Depois de 511 anos da descoberta ainda somos um Brasil de vários "Brasis", um país de grandes contrastes. Temos o sétimo maior PIB do mundo, mas 60% da população ainda possuem renda inferior a US$ 320. Temos a quinta maior rede de internet do mundo e apenas 8% de penetração de banda larga fixa por habitante. Somos o oitavo maior mercado de Tecnologias da Informação e Comunicação, mas patinamos em 73º lugar no Índice de Desenvolvimento Humano.

Nosso país tem enormes desafios, principalmente nas áreas de educação, infraestrutura, distribuição de renda e diminuição do Custo Brasil, que impacta diretamente na competitividade no cenário mundial. No ranking de "Facilidades de se fazer negócios", o Brasil está classificado em 127º lugar e cai para 152º quando consideramos os impostos. Também estamos nos patamares inferiores quando se trata de crédito (89º), contrato (89º) e nas áreas de construção (112º) e propriedade (122º).

O Brasil, de dimensões continentais, nunca esteve tão forte e tão preparado para crescer no cenário mundial. Apresentou no último ano uma evolução espetacular do PIB, a uma taxa de 7,5%. Está conseguindo efetivamente reduzir a desigualdade social, como mostrado na involução do índice Gini nos últimos quatro anos, e em 2008 e 2009 obteve o *investment grade*, que é o reconhecimento internacional com a obtenção de notas de crédito que o classificam como um país atraente e seguro para investimentos.

GRÁFICO 1
CRESCIMENTO DO PIB

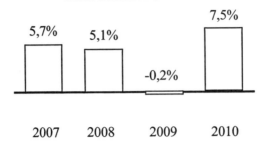

GRÁFICO 2
REDUÇÃO DA DESIGUALDADE SOCIAL

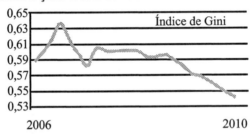

Nosso avanço digital na última década foi impressionante. Saímos da carência crônica de serviços para sermos a quinta maior rede de telecomunicações do mundo. E isso se deu graças a um ambiente favorável ao investimento, com regras estáveis e previsíveis, estabilidade institucional e processos claros e transparentes.

No fim do primeiro trimestre o setor já possuía 276 milhões de clientes, sendo 42 milhões na telefonia fixa, 210 milhões na telefonia móvel, 14 milhões de banda larga fixa e 10 milhões de assinantes de TV paga. A expansão segue em ritmo acelerado. Em 2010, a cada três segundos um novo acesso de banda larga foi ativado.

Esse ambiente de negócios atraiu um grande volume de investimentos. Desde a privatização das telecomunicações, em 1998, já foram mais de R$ 220 bilhões em aportes do setor privado, incluindo a aquisição de outorgas. Por ano, são recolhidos mais de R$ 40 bilhões em impostos e o setor já repassou aos cofres públicos mais de R$ 42 bilhões para os fundos setoriais, sem falar na geração de postos de trabalho, com mais de 430 mil empregos diretos.

Com todo esse investimento, as Tecnologias da Informação e Comunicação passaram a fazer parte da vida das pessoas. Nas últimas eleições, 100% da população votaram em urnas eletrônicas e o resultado, transmitido pelas redes das prestadoras, saiu em apenas uma hora depois do fechamento das urnas. Além disso, 99% das declarações de Imposto de Renda são enviadas pela internet e na coleta de dados para o Censo de 2010 foram utilizados 220 mil computadores de mão conectados à rede das operadoras privadas.

Estas mesmas prestadoras já conectaram mais de 58 mil escolas públicas à internet em alta velocidade que terão acesso gratuito à rede até 2025. O acesso às Tecnologias de Informação e Comunicação, desde o início da vida escolar, propiciadas pelo uso da internet em banda larga, desperta a capacidade de aprendizagem e é essencial para a inserção da população brasileira no mercado de trabalho futuro. Segundo estimativas da Agência Nacional de Telecomunicações (Anatel), que acompanha a execução do programa, o projeto tem beneficiado mais de 50 milhões de alunos, o que representa 86% dos estudantes brasileiros.

Muito já foi feito, mas precisamos avançar ainda mais para que o país alcance seu pleno potencial. Em 2020, o Brasil pode estar posicionado entre os líderes mundiais: podemos subir da sétima para a quarta colocação entre os maiores PIB do mundo, passar a ocupar a quarta em vez da quinta posição em maior rede de internet e subir do oitavo para o quarto maior mercado de TIC do mundo. O Brasil estará atrás apenas da China e da Índia e talvez passe até o Japão.

Nesse cenário de crescimento, há oportunidades em várias áreas, como petróleo e gás, biotecnologia, agronegócio, mineração e metalurgia, indústria "criativa" e Tecnologia de Informação e Comunicação. Mas o que ditará o ritmo desse crescimento, sem dúvida, será a definição de políticas públicas de incentivo aos investimentos.

Para o setor de telecomunicações, essas políticas públicas devem ser direcionadas a suprir carências específicas, sendo fundamental um tratamento regulatório diferenciado.

FIGURA 1

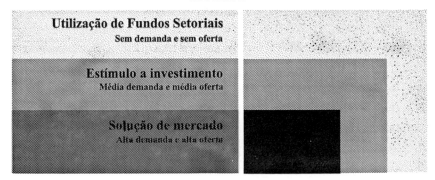

Em áreas com alta demanda por serviços de telecomunicações, por exemplo, as próprias empresas privadas criam oferta condizente com a procura. Nesse caso, a competição entre as empresas por um mercado atraente já é suficiente para manter o cenário equilibrado, deixando o foco das políticas públicas para a ampliação da rede e oferta de maiores velocidades.

Já em áreas com média demanda por serviços de telecomunicações e média oferta de serviços, as políticas públicas devem criar mecanismos para ampliar o mercado e viabilizar o acesso em áreas menos concentradas.

E nas áreas onde não há demanda por serviços de telecomunicações nem oferta de serviços, por serem inviáveis economicamente, as políticas públicas precisam subsidiar a oferta por meio da utilização dos fundos de universalização, por exemplo. Criariam também ferramentas para estimular a demanda, focando na capacitação do cidadão, na criação de conteúdos digitais, na ampliação da renda disponível e na prestação dos serviços sociais básicos, como o registro de pessoas naturais.

Sabemos que o crescimento da utilização das Tecnologias de Informação e Comunicação é potencializado pelo círculo virtuoso da economia digital. O uso dessas tecnologias alavanca as economias, gerando riquezas e produtividade para a sociedade e ampliando o mercado.

Assim, um plano diretor de Tecnologia de Informação e Comunicação deve ter como alicerce os seguintes pilares: infraestrutura de telecomunicações, estímulo à demanda de TIC, foco na capacitação digital e desenvolvimento de conteúdos e serviços de TIC.

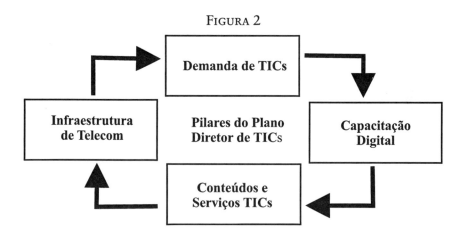

Figura 2

O primeiro e mais básico pilar do plano diretor é a necessidade de se ter uma infraestrutura de telecomunicações robusta que consiga suportar serviços convergentes e oferecer qualidade aos consumidores. A rápida evolução tecnológica requer, nesse tipo de negócio, uma quantidade muito grande de investimentos para que ele se mantenha sempre atualizado. Para se garantir intensivos aportes financeiros é necessário manter um marco regulatório previsível e estável, tratar de forma diferenciada as áreas que possuem necessidades distintas e retomar o governo como indutor desses investimentos no lugar da atuação direta no mercado.

Ainda no pilar de infraestrutura de telecomunicações, a simplificação de regras e de serviços é fundamental no cenário de convergência tecnológica. Nesse ponto, podemos destacar a adoção de licenças únicas e convergentes, a necessidade de revisão do modelo de concessão e dos bens reversíveis, a remoção de barreiras regulatórias e legais para as outorgas de TV a cabo e a liberação de espectro para viabilizar o crescimento do serviço móvel.

A redução da carga tributária na cadeia de valor também é essencial para garantir o crescimento e a atualização da infraestrutura de telecomunicações. Adotar uma tributação coerente com a essencialidade do produto ou serviço, reduzir os impostos na cadeia produtiva e encaminhar as reformas tributária e trabalhista são exemplos de ações que já poderiam ter sido implementadas.

No pilar de estímulo à demanda de TIC, é importante focar na ampliação dos programas de inclusão digital, incentivando a implantação de *lan houses* e telecentros em áreas menos concentradas. Também é necessário alterar a Lei do Fust (Fundo de Universalização das Telecomunicações) para permitir a aplicação dos recursos em serviços de banda larga e subsídio direto ao consumidor.

O incremento de programas de acesso a microcomputadores e tablets, o incentivo à produção nacional de equipamentos e a redução dos impostos de importação também se alinham como pontos-chave para a expansão da penetração de terminais e, consequentemente, para o estímulo à demanda de TIC.

Adiciona-se a isso, a redução da carga tributária para o cidadão, com diminuição dos impostos na oferta de serviços e adoção de uma alíquota coerente com a sua essencialidade.

O pilar de capacitação digital talvez seja o mais importante para o país: Avançar na educação digital é uma forma de garantir o crescimento sustentável e de longo prazo para o Brasil. É importante também focar na inclusão da educação digital no currículo das escolas públicas dos ensinos médio e fundamental, na capacitação dos professores e na criação de centros de capacitação digital para a população que já se encontra no mercado de trabalho.

Ainda sobre a capacitação digital, deve-se aumentar a segurança digital via desenvolvimento de políticas e leis contra crimes cibernéticos, de regulamentos que protejam os dados individuais e de apoio a tecnologias de pagamento eletrônico.

No pilar de conteúdos e serviços de TIC, o governo deve incentivar o desenvolvimento de conteúdos digitais, fomentando a criação de conteúdos nacionais e regionais que aumentem a demanda por acesso à internet em banda larga, estimulando o cidadão a acessar gratuitamente serviços públicos digitais e informação educacional e desenvolvendo e-Gov com aplicações que acelerem a inclusão digital.

Apoiar a indústria de Tecnologia da Informação e Comunicação também é uma ação do pilar de conteúdos e serviços de TIC. Para isso, é necessário implantar a reforma trabalhista, reforçar a marca Brasil para atuação internacional, apoiar a exportação de serviços e softwares e implantar programas para educação profissional técnica.

O estímulo à inovação também reforça este pilar e isso pode ser feito via redução do Custo Brasil, implantação de políticas de incentivo à inovação e indução do investimento privado em inovação, através de incentivos fiscais.

Em resumo, um Plano Diretor de TIC é fundamental para continuarmos avançando nas conquistas sociais. Se bem-implantado, esse plano pode acelerar o desenvolvimento social e econômico, reduzir as desigualdades regionais, ampliar o nível de educação digital, incentivar novos modelos de negócios sustentáveis e transformar o Brasil em líder mundial até 2020.

Oportunidades e desafios de uma política industrial na área de petróleo: propostas para um novo ciclo de desenvolvimento*

*Eloi Fernández y Fernández** e Bruno Musso****

---

* Agradecemos a Rodrigo de Sousa, Arthur Ramos e Paolo Pigorini da Booz & Cia, Raul Sanson, Luciana Sá e Cristiano Prado da Firjan, Aloisio Nobrega, Alfredo Renault, Carlos Camerini e Roberto Magalhães da Onip, pela inestimável colaboração ao longo de todo o estudo desenvolvido para elaboração da Agenda da Competitividade da Onip, que agora resulta neste documento.
** Diretor-geral da Organização Nacional da Indústria do Petróleo, Onip.
*** Superintendente da Onip.

INTRODUÇÃO

A CRENÇA NA existência de grande potencial de reservas de óleo e gás nas bacias sedimentares offshore sempre esteve presente na história da pesquisa geológica da indústria de petróleo do país. O primeiro indício de confirmação do sucesso das teses que enfatizavam esse grande potencial foi verificado nas descobertas na bacia de Campos, iniciada nos anos 1970, que levou o Brasil à autossuficiência de petróleo cerca de três décadas depois.

Neste momento, as recentes descobertas offshore permitem desenvolver campos e iniciar a produção em uma nova fronteira tecnológica — o chamado pré-sal —, colocando o país na perspectiva de estar entre os maiores detentores de reservas em termos globais. Descortina-se portanto um novo marco para o Brasil, não apenas pelas possibilidades de aceleração do desenvolvimento econômico e do resgate da dívida social, mas também do ponto de vista dos mercados internacionais, que saúdam o potencial de reservas e de produção a ser realizado num país com estabilidade econômica e institucional, democrático, com baixo risco geopolítico.

O pré-sal, além de fartamente discutido na imprensa, foi objeto de mudanças dos regimes exploratório e institucional. Porém, existe um outro aspecto que não tem sido abordado com a mesma intensidade, seja na esfera política ou setorial, mas cujo impacto socioeconômico pode ser muito mais rápido e duradouro do que os benefícios trazidos pela atividade de desenvolvimento da produção.

De fato, o presente estudo busca demonstrar que os dispêndios operacionais e de capital para o desenvolvimento dos campos podem ter impacto significativo em termos econômicos e de materialização de avanços sociais. Não basta desenvolver reservas visando à produção e à comercialização eficiente de óleo e gás; a diferença se dará justamente na mobilização de esforços para a sustentação de uma cadeia de fornecimento de bens e serviços cujo potencial de geração de renda, emprego e conhecimento poderá ser determinante para o futuro da sociedade brasileira.

O incremento substancial das reservas e o seu futuro desenvolvimento são, sem dúvida, a parte relevante em termos de agregação de valor econômico, próprio da natureza extrativista do processo de exploração e produção. Ao mesmo tempo, existem diversos casos internacionais em que a imensa riqueza do petróleo foi desperdiçada, sendo recorrente a expressão de "maldição do petróleo", que remete ao fracasso em reverter àquela riqueza em desenvolvimento socioeconômico a determinado país.

Até o momento, o desenvolvimento do setor offshore já movimenta um volume significativo de atividades econômicas associadas à cadeia produtiva. Historicamente, a cadeia produtiva contribuiu para o desenvolvimento industrial brasileiro, seja em seu núcleo, conformado pelos fornecedores diretos, seja na cadeia estendida de componentes básicos e setores relacionados. Estima-se que a cadeia de bens e serviços offshore, ao alcançar diversos outros segmentos da economia, proporcione aproximadamente 420 mil empregos diretos e indiretos no Brasil. Esse volume é em si bastante superior ao diretamente envolvido no primeiro elo da cadeia produtiva offshore — que atinge cerca de 10% desses postos de trabalho.

O potencial de geração de empregos exemplifica a importância de fortalecer a cadeia produtiva de bens e serviços offshore. Apenas com a previsão de desenvolvimento dos campos já concedidos aos operadores, estima-se um dispêndio médio anual da ordem de US$ 40 bilhões nos próximos dez anos, em comparação com a média de US$ 9 bilhões entre 2005 e 2008. De fato, como será amplamente demonstrado à frente, esse volume de dispêndio previsto para a próxima década tem o potencial de colocar a cadeia local em outro patamar produtivo, o que significa novas condições de oferta a partir da indústria local, que permitirão atacar desafios atuais, como escala, escopo, tecnologia e custos. Os investimentos e os gastos operacionais previstos podem assim vir a ter profundo impacto em todos os elos e segmentos da cadeia, com reflexos sobre a renda local. Essa afirmação assenta-se na investigação de países que também passaram por significativa alavancagem produtiva resultante de descobertas.

Reconhecendo-se que a maior parte dos países fracassou no objetivo de desenvolver a competitividade do fornecimento de bens e serviços offshore, o presente estudo se debruça sobre os casos das nações que efetivamente obtiveram sucesso em levar a competitividade da cadeia produtiva a um novo patamar.

O legado desses casos envolve a adoção de novos enfoques para a cadeia de bens e serviços offshore. O primeiro deles vincula a competitividade à adoção de postura inovadora em tecnologia. Nesse contexto, a geração e a disseminação de conhecimento assumem papel fundamental. Outro aspecto relevante é derivado da necessidade de atuação global, ou seja, de expandir o portfólio de atuação para além do país em que a empresa se originou. Embora a oportunidade original derive do mercado interno, a atuação internacional amplia escala e acesso a práticas e benchmarks de alta relevância para a sustentação da posição competitiva das empresas.

Inovação, conhecimento e atuação internacional, em conjunto, pressupõem solidificar empresas cujo poder de decisão adote uma perspectiva local, ou seja, empresas cuja visão envolva alavancar a posição no mercado brasileiro para servir a indústria em escala internacional.

Em resumo, o tema central do relato a seguir é o *desenvolvimento sustentável de uma cadeia de fornecimento de bens e serviços com competitividade global*, com foco no setor de exploração e produção offshore, tendo como base o estudo coordenado pela ONIP — Organização Nacional da Indústria do Petróleo, executado pela Booz & Company e consolidado no documento "Agenda da Competitividade da Cadeia Produtiva de Óleo e Gás Offshore no Brasil".

CARACTERIZAÇÃO DO FORNECIMENTO DE BENS E SERVIÇOS OFFSHORE

Perspectivas pragmáticas apontam que o petróleo continuará tendo um papel central na matriz energética global, ainda que se reconheçam importantes desafios da indústria. Esses desafios envolvem desde aspectos ambientais, relacionados com o tema da redução do aquecimento global, até a crescente dificuldade de obter hidrocarbonetos de fontes convencionais. Do ponto de vista setorial, verifica-se o deslocamento da produção das atuais empresas líderes globais para empresas vinculadas aos países detentores de grandes reservas. Além disso, sendo o petróleo um recurso finito, é preciso buscar constantemente a produção em novas áreas, para se contrapor às reservas que são diariamente consumidas — ou seja, mesmo que o volume absoluto apresente baixo crescimento, existirá a necessidade de adição de produção oriunda de novos campos.

Nesse sentido, é fato que a materialização de reservas de petróleo em larga escala constitui um ativo essencial para satisfazer a demanda futura por energia. As descobertas recentes no litoral brasileiro, representam um grande potencial de renda para o país.

Os passos seguintes para consolidar esse potencial envolvem todo um aparato produtivo que dê continuidade à inovação, viabilizando o ciclo de exploração, desenvolvimento e produção de petróleo a custos competitivos. Para tanto, será vital a solidez de uma cadeia de fornecimento de bens e serviços que contribua para superar os desafios tecnológicos, operacionais e logísticos.

O ciclo da exploração e produção de O&G Offshore, objeto deste trabalho, envolve as atividades de exploração, desenvolvimento e produção, amparadas por uma extensa cadeia produtiva, com característica de atuação global. Essa cadeia produtiva foi mapeada a partir de suas três etapas principais: exploração, desenvolvimento e produção. Em cada etapa, identificaram-se os principais processos e atividades associadas.

Os equipamentos e serviços exigidos ao longo do ciclo produtivo têm sua origem no operador, que é o responsável pela transformação

Quadro 1
CARACTERIZAÇÃO DA CADEIA OFFSHORE (DEMANDA)
PRINCIPAIS ATIVIDADES E PROCESSOS DA CADEIA OFFSHORE

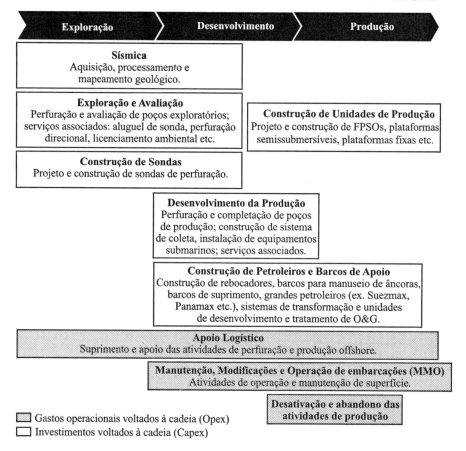

das reservas em produto, aquele que define as especificações e os requisitos de nível de serviço para a cadeia como um todo. O Quadro 2 expressa graficamente a cadeia de bens e serviços offshore, levando em conta tanto o caráter central do operador quanto a interdependência entre os demais elos. À medida que essa cadeia se distancia das camadas mais centrais, ela reduz sua especificidade, passando a envolver um universo crescente de atividades industriais de aplicação comum a diferentes setores, até atingir insumos básicos.

QUADRO 2
CARACTERIZAÇÃO DA CADEIA DE FORNECIMENTO DE BENS E SERVIÇOS OFFSHORE

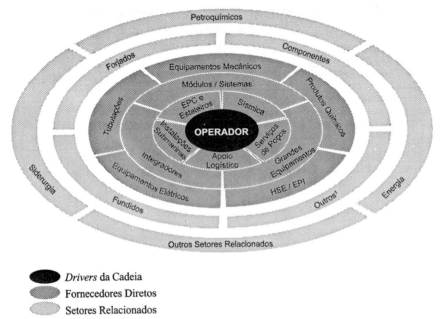

● *Drivers* da Cadeia
● Fornecedores Diretos
● Setores Relacionados

[1] Inclui todos os materiais e equipamentos para os quais a cadeia offshore é pouco representativa, ficando, portanto, fora da cadeia de fornecimento principal.

A primeira camada reflete exatamente os elos diretos do ciclo produtivo de O&G mencionado no Quadro 1, e é formada tipicamente pelos fornecedores diretos do operador[1] — sísmica, prestadores de serviços de campos e poços, estaleiros, instalações e equipamentos submarinos e atividades de apoio logístico.

Nas duas camadas seguintes aparecem integradores, sistemistas e fornecedores de equipamentos, que podem tanto atender diretamente ao operador quanto aos seus fornecedores diretos.

As três primeiras camadas caracterizam o núcleo da cadeia de fornecimento *stricto sensu* do setor.

Além do núcleo, a cadeia é suprida por componentes básicos, movimentando processos industriais e serviços de larga aplicação em ati-

---
[1] Para efeito deste estudo, a cadeia produtiva de bens e serviços offshore não inclui o operador.

vidades produtivas. Ao final, a cadeia é amparada por insumos industriais básicos, como produtos siderúrgicos, petroquímicos e energia.

O Brasil já conta com uma significativa base estabelecida de participantes da cadeia de fornecimento de bens e serviços offshore. Ainda que com foco preponderante no mercado doméstico, essas empresas têm tradição de atuar junto ao setor de óleo e gás, bem como de atender o setor de base (mineração, siderurgia, energia elétrica, petroquímica, papel e celulose), que movimentam grandes empreendimentos de engenharia.

O primeiro desafio de caracterização da cadeia no Brasil envolve separar a parcela efetiva do fornecimento da base instalada dedicada ao setor de O&G offshore, em especial daquelas atividades mais distantes do núcleo da cadeia.

Aspectos-chave para o entendimento da cadeia e suas implicações para o desenvolvimento foram levantados:[2]

- O setor offshore é composto, na média, por empresas de maior porte quando comparadas às de outros setores. As empresas de bens e serviços que fornecem ao setor faturam em média mais de R$ 80 milhões por ano, enquanto as não fornecedoras faturam cerca de R$ 23 milhões.
- Em sua maioria, as empresas fornecedoras atendem demandas de diversos setores (cerca de 90%). Na média, o segmento offshore é relevante para essas empresas, mas representa menos da metade de seu faturamento (cerca de 35%-40%).
- Parte relativamente pequena da oferta existente (10% das empresas) advém de indústrias focadas no setor de O&G Offshore. Apesar de seu número ser relativamente pequeno, elas representam quase 40% de todo o fornecimento para o setor.
- A maior parte das empresas fornecedoras de bens e serviços ao setor offshore se dedica exclusivamente ao mercado interno

---

[2] Análise da Dedicação da Cadeia Produtiva Brasileira ao Setor Offshore: para compreender a parcela efetiva do fornecimento da base instalada ao offshore, realizou-se uma pesquisa de campo que procurou entender o grau de dedicação ao setor de cada elo da cadeia. Essa pesquisa permitiu que se estabelecesse a base quantitativa e qualitativa para compreender os esforços de desenvolvimento da cadeia, bem como os benefícios dos dispêndios em cada elo, como a geração de empregos.

— apenas 25% se dizem exportadoras, e ainda assim a grande maioria exporta menos de 10% da produção.

Em seu conjunto, estima-se que a cadeia offshore no Brasil movimente atualmente cerca de 420 mil empregos diretos e indiretos, excluindo as atividades desempenhadas diretamente pelos operadores e incluindo o efeito renda.[3]

O Quadro 3 revela a estimativa de distribuição dos empregos nas diversas camadas da cadeia offshore.

QUADRO 3

GERAÇÃO DE EMPREGOS DA CADEIA DE FORNECIMENTO OFFSHORE NO BRASIL (2009)

Cadeia de Fornecimento — **Retrato Atual – Fornecimento ao Setor *Offshore***

Drivers da Cadeia	Fornecedores Diretos	Setores Relacionados	Efeito-Renda
• *Drivers* da cadeia. • Quase a totalidade de seu faturamento é direcionado ao setor O&G offshore. • Forte participação estrangeira em serviços de poços e sísmicas.	• Equipamentos em geral, tubos, integradores etc. • Parte revelante de seu faturamento é destinada ao segmento offshore. • Alta importação nestes elos.	• Setores indiretos: primários (ex. siderúrgia, forjados, fundidos, componentes) ou de suporte (ex. telecom., hotelaria). • Fornecimento a múltiplos setores, incluindo offshore.	• Efeito-renda: gastos a partir da renda gerada em todos os elos da cadeia.
Empregos (000) • EPC - 25 mil • Outros - 15 mil • **Total - 40 mil**	• Equipamentos e tubos - 20-25 mil • Outros - 10 mil • **Total - 30-35 mil**	• **Total 32-36 mil**	• **Total 310-330 mil**
• Total cadeia 410-420 mil			

FONTE: ABIMAQ, ABINEE, Petrobras, PROMINP, ABRASEG, Sinaval, ABIFA, SINDIFORJA, IBS, empresas do setor, pesquisas de campo, IBGE, BNDES, análises Booz & Company.

---

[3] Dimensionamento da Geração de Empregos pela Cadeia Offshore: a estimativa do número de empregos movimentados pela cadeia offshore envolveu a identificação de múltiplos de empregos diretos em relação ao faturamento para cada elo da cadeia. Em relação aos empregos indiretos em outros setores, foi utilizada a matriz insumo-produto do IBGE. Além disso, foi utilizada a Pesquisa de Orçamento Familiar e estudo específico do BNDES para quantificar o efeito renda da cadeia de O&G Offshore.

PERSPECTIVA DA DEMANDA POR BENS E SERVIÇOS OFFSHORE ATÉ 2020

Os desafios refletidos na caracterização da cadeia oferecem a oportunidade de levar a indústria de bens e serviços offshore a um novo patamar produtivo, em face das recentes descobertas e da perspectiva de o país se tornar um grande produtor de O&G. Fundamentalmente, as descobertas do pré-sal, em acréscimo às reservas existentes no pós-sal, permitem alcançar um novo patamar de escala, com investimentos recordes.

Para que o país atinja um novo patamar produtivo, projetaram-se para os próximos dez anos a demanda de investimentos e os dispêndios operacionais associados, a partir dos campos offshore já concedidos a operadores, ou seja, até a décima rodada de licitações de blocos para exploração e produção de O&G, realizada pela Agência Nacional de Petróleo, Gás Natural e Biocombustíveis (ANP).

Quadro 4
DEMANDA PROJETADA PARA A CADEIA PRODUTIVA OFFSHORE[4]

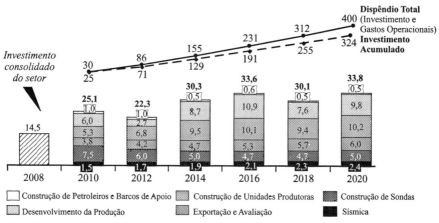

Nota: Inclui sondas e unidades produtivas já arrendadas.
Fonte: Plano de Negócios Petrobras 2009-2013 (2009); PROMINP; Clipping; análises Booz & Company.

---

[4] Na elaboração final deste documento a Petrobras estava prestes a divulgar seu Plano de Negócios 2011-2015, não sendo portanto possível sua inclusão.

Concluiu-se da projeção que há uma elevação tanto do volume de investimentos quanto de operação da cadeia produtiva offshore: os desembolsos mais que dobram em relação ao verificado em 2008. Esses desembolsos representam oportunidades e pressão sobre a cadeia produtiva como um todo, mas também um desafio de desenvolvimento de competências profissionais, de desenvolvimento tecnológico e de articulação de recursos financeiros que permitam o desenvolvimento da indústria local.[5]

Como parte das projeções dos investimentos, o Quadro 5 apresenta a quantidade de unidades previstas, resultando em mais de 400, entre unidades de perfuração, produção, navios de apoio e petroleiros.

Em resumo, a elevada demanda por unidades de exploração e produção offshore e embarcações constitui fator determinante nos investimentos futuros, que permitirão o adensamento da cadeia produtiva.

QUADRO 5
PROJEÇÕES DE DEMANDA POR EMBARCAÇÕES OFFSHORE

Tipos de Embarcações	Exemplos	Demanda Estimada até 2020
Unidades de Perfuração	• Navios sondas e plataformas fixas de perfuração.	62
Unidades de Produção	• FPSOs, plataformas semissubmersíveis, plataformas fixas, jaquetas etc.	68
Petroleiros	• Embarcações destinadas para transporte de Petróleo (Suezmax, Aframax, Panamax, outros).	74
Barcos de Apoio	• Navios rebocadores, navios para manuseio de âncoras, outras embarcações de apoio logístico e operacional.	235

---

[5] Projeção dos Dispêndios Offshore até 2020: a projeção tomou como base os planos de investimentos e a produção da Petrobras e demais operadores presentes localmente. Procedeu-se à análise segmentada dos seis principais elos que compõem o núcleo da cadeia para os próximos dez anos. Avaliaram-se gastos operacionais e investimentos dos operadores, chegando-se ao investimento total exigido pela cadeia de O&G Offshore.

DIAGNÓSTICO DA COMPETITIVIDADE DA CADEIA PRODUTIVA LOCAL

Aproveitar as oportunidades representadas pelas perspectivas de demanda sobre a cadeia produtiva exige condições de atendimento a contratantes acostumadas a padrões de referência internacionais. De fato, já existe um ponto de partida, uma vez que o Brasil dispõe de ampla base industrial, com atuação, ainda que não exclusiva, no setor de Óleo e Gás Offshore.

Porém, o maior desafio no momento diz respeito às lacunas de competitividade do fornecimento de bens e serviços. De forma geral, diversos indícios denotam lacunas de competitividade. Por exemplo, a baixa presença ou mesmo a ausência de empresas locais habilitadas, para o fornecimento de determinados grupos de bens e serviços, nas listas de fornecedores das empresas operadoras. Outro indício relevante é a limitada atuação exportadora dos produtores locais para o setor de O&G Offshore.

A manifestação direta da baixa competitividade envolve a prática de preços superiores aos praticados nos mercados internacionais. Para entender a raiz da baixa competitividade, foram investigados tanto aspectos estruturais, inerentes à presença em determinado país (como tributos e encargos sociais), quanto à comparação entre fornecedores de diferentes origens, ora com países em desenvolvimento, ora com países desenvolvidos, visando avaliar como a competitividade se diferencia em relação a diferentes origens ou tipologia de países. A seguir se apresentam exemplos de resultado das análises, incorporando tanto aspectos sistêmicos quanto microeconômicos, aplicados a diferentes países.

Dos aspectos estruturais, os impostos e o acesso ao capital têm impacto relevante. No tocante ao sistema tributário, ao estabelecer o louvável objetivo de desonerar investimentos, os regimes especiais isentaram de impostos o fornecimento internacional, sem a completa contrapartida para fornecedores locais. Com o objetivo de criar uma condição isonômica para os fornecedores locais, desenvolveu-se o tratamento aduaneiro da exportação com saída ficta, em que o bem é exportado mesmo sem deixar o território nacional, como uma tentativa de minimizar essas diferenças. Entretanto, mesmo assim, algumas assimetrias persistem, verificando-se uma desvantagem tributária intrínseca a cadeia do fornecedor local.

Já no tocante ao custo de capital, também se verificam desvantagens aos produtores locais, pois o custo local é sensivelmente superior à média internacional. Tome-se o exemplo da indústria de bens de capital sob encomenda, caracterizada por intensa dependência de capital de giro. Quando considerado o impacto do custo de capital de giro para empresas locais de pequeno e médio porte, verifica-se um diferencial da ordem de 3%-5% do preço final. O Quadro 6 reflete as diversas situações.

QUADRO 6
CUSTO DE CAPITAL DE GIRO E IMPACTO
SOBRE A COMPETITIVIDADE LOCAL

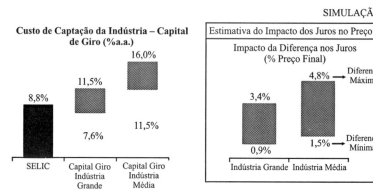

1) Capital de giro médio em novembro de 2009 no Brasil.
Premissas: Para o cenário mínimo foi considerado o 60% do montante financiado, 6 meses de prazo. Para o cenário máximo foi considerado 80% do montante financiado e 9 meses de prazo.
NOTA: Taxas de juros referentes à janeiro de 2010.
FONTE: Global Economics Research — Trading Economics; análises de balanços financeiros; análises Booz & Company.

As análises comparativas de fornecimentos específicos, segmentadas em função da origem do fornecimento, permitiram estabelecer outros aspectos críticos relacionados à competitividade, demonstrando causas diversas no diferencial de preços.

Com relação aos países em desenvolvimento, destacam-se entre as principais desvantagens os custos de matéria-prima e componentes básicos, o custo da mão de obra e impostos. Por exemplo, no caso específico de uma caldeira naval, o menor custo de mão de obra e matéria-prima chinesas combinado com a maior carga de impostos local explica a diferença de cerca de 50% nos preços finais do equipamento.

Quadro 7
COMPARAÇÃO DO DIFERENCIAL DE CUSTOS ENTRE FORNECEDOR BRASILEIRO E CHINÊS

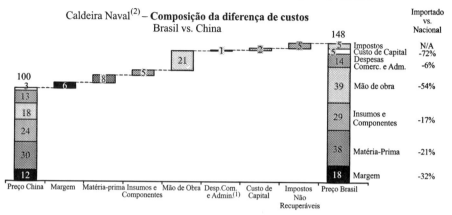

(1) Despesas de vendas, administrativas e gerais, inclui custos logísticos e depreciação.
(2) Especificação confidencial.
Fonte: Pesquisas de campo, ABIMAQ, entrevistas, análise Booz & Company.
Nota: Câmbio de R$ 1,80 por dólar

Já em relação aos países desenvolvidos, as lacunas de competitividade se deslocam para outros aspectos, como produtividade do processo de manufatura (incluindo tecnologia e capacitação da mão de obra), custo de capital e impostos, além da escala produtiva.

De fato, apesar da mão de obra nesses países ser mais cara que a local, a escala e a produtividade maiores permitem compensar a diferença de forma positiva, principalmente para equipamentos mais complexos.

Além dos itens diretamente associados aos custos dos produtos, também se verificam outras questões que impactam a competitividade local, em especial nos itens associados a serviços. Nesse caso, as especificações são adaptadas às exigências particulares a cada reservatório, exigindo requerimentos de infraestrutura específicos.

Nesse sentido, quando comparadas com ofertas de prestadores já estabelecidos, com longa tradição de atuação na cadeia produtiva de O&G, verifica-se na verdade a competição entre dois conceitos produtivos diferentes. A indústria nacional responde às encomendas dos operadores locais; a indústria presente em mercados maduros emula, a partir do conjunto das diferentes demandas, um processo de produção contínuo.

Portanto, a indústria de serviços internacional apresenta-se em vantagem competitiva intrínseca, com benefícios que permeiam toda a cadeia de fornecimento. Por exemplo, a aquisição de aço se beneficia tanto do histórico do cliente quanto da consolidação de compras, aumentando o poder de barganha junto à indústria siderúrgica. Na situação local, o construtor industrial nacional (EPC — Engineering, Procurement and Construction) ainda apresenta demandas esporádicas, não agregando volume, tendo de recorrer a distribuidores para a aquisição da matéria-prima.

QUADRO 8
COMPARAÇÃO DO DIFERENCIAL DE CUSTOS
ENTRE FORNECEDOR BRASILEIRO E NORTE-AMERICANO

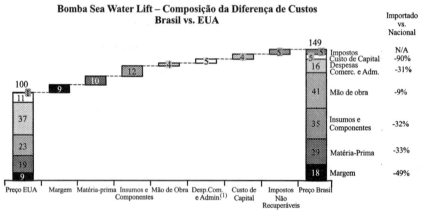

(1) Despesas de vendas, administrativas e gerais, inclui custos logísticos e depreciação.
FONTE: Pesquisas de campo, ABIMAQ, entrevistas, análise Booz & Company.
NOTA: Câmbio de R$ 1,80 por dólar.

Como resultado, constatam-se desvantagens competitivas flagrantes entre as ofertas locais e internacionais, seja nos valores da matéria-prima, na precificação de riscos do negócio ou mesmo na inclusão de margens em atividades nas quais não foi agregado valor efetivo (por exemplo, cobrança de margem sobre serviços ou produtos de terceiros).

Esses fatores ajudam a explicar não apenas a diferença de preços entre empresas locais e estrangeiras, mas também a elevada dispersão das propostas locais. O Quadro 9 aponta diferenças de precificação entre as ofertas locais e internacionais. Além da magnitude da diferença, chama atenção a elevada dispersão entre as propostas apresentadas.

Quadro 9
COMPARAÇÃO ENTRE AS PROPOSTAS LOCAIS E INTERNACIONAIS PARA A CONSTRUÇÃO DE EQUIPAMENTOS VOLTADOS A DESENVOLVIMENTO E PRODUÇÃO

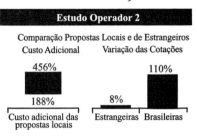

Principais Fontes da Diferença Identificada

- 60% da diferença no preço pode ser explicada pelos custos indiretos e precificação de risco das atividades de construção, integração e montagem.
- Restante da diferença ocorre devido à estrutura em aço – elementos tubulares pré-fabricados e equipamentos.

Principais Justificativas Apontadas

- Elevada incerteza em relação às características do produto e eventuais contingências.
- Inclusão de margens em atividades sem adição de valor agregado.
- Compra de aço somente através de distribuidores devido ao baixo volume dos pedidos (resultando em custo relativamente elevado da matéria-prima).

1) Produtos considerados no estudo: estacas, manifolds, engenharia, condutores, cabeças de poços e árvores de natal, revvestimentos, barcos de apoio, equipamentos de segurança, linhas flexíveis, plataforma e sondas, barcos de resgate.
Fonte: Entrevista com operadores.

Outros fatores comuns à indústria e aos prestadores de serviços, como construção civil, quando comparados com a indústria internacional, envolvem a própria fragmentação da indústria e sua dispersão geográfica, que limitam ganhos de escala e escopo, além de reduzir a eficiência logística e operacional de algumas atividades da cadeia (como a construção naval e a fabricação de equipamentos).

Já para aspectos particulares à indústria de bens de capital, existem desafios específicos. O primeiro deles decorre do fato de os projetos de engenharia básica serem desenvolvidos, em sua grande maioria, no exterior. Embora o projeto conceitual parta dos operadores (localmente, na maior parte da própria Petrobras), seu desenvolvimento é realizado com apoio das empresas de engenharia dedicadas a O&G, em geral projetistas internacionais, com longa tradição de associação a grandes empresas da cadeia internacional. A baixa incidência de projetos elaborados no país reduz as possibilidades de fornecimento da indústria local, uma vez que se tem baixa agilidade e disponibilidade para adequar sua linha de produção às necessidades técnicas e às especificações desenvolvidas nesses projetos.

Quanto aos aspectos de inovação, geração e disseminação de conhecimento, constata-se um longo caminho a ser percorrido. De fato, do ponto de vista da relação com o operador, verifica-se a tendência à maior concentração de capacitações de engenharia básica junto à Petrobras. Além disso, a cadeia apresenta uma cultura mais voltada ao detalhamento e à execução, com conhecimento não adequadamente disseminado entre os elos da cadeia — por exemplo, a maior parte das especificações é detalhada, deixando a cadeia em um papel executor e limitando o espaço para novas soluções.

Tal cultura é ainda reforçada pela baixa coordenação entre o meio acadêmico e a indústria fornecedora, seja na articulação para uso de recursos de pesquisa, seja no maior envolvimento no tocante a pesquisa efetivamente aplicada às necessidades da indústria.

Não obstante as limitações acima mencionadas, a indústria local enfrenta desafios na própria habilitação para a participação em certames competitivos. Em particular para o fornecimento de produtos de maior valor agregado, como no caso específico de uma plataforma recentemente licitada: em quase 40% dos sistemas e equipamentos nenhuma empresa local estava habilitada para o fornecimento desses itens.

Ao mesmo tempo em que se reconhecem os desafios presentes para o crescimento da base de fornecimento local resultante do diagnóstico apresentado, é importante ressaltar o contraponto exercido por empresas locais que triunfam no contexto atual. Casos como o de uma multinacional brasileira produtora de equipamentos, o de empresas internacionais de equipamentos submarinos com operação no Brasil e o de um grupo local de engenharia básica com foco em inovação mostram as possibilidades existentes em se focar nas oportunidades abertas pelo setor.

Essas empresas se destacaram em um contexto adverso, apresentando um crescimento forte e perene, elevada lucratividade e fornecimento para diversos mercados no exterior, competindo com grandes grupos internacionais.

QUADRO 10
PERFIL DE FORNECEDORES LOCAIS E INTERNACIONAIS
DE EQUIPAMENTOS E SISTEMAS PARA PLATAFORMA
RECENTE A PARTIR DE VENDOR LIST DE TOPSIDE

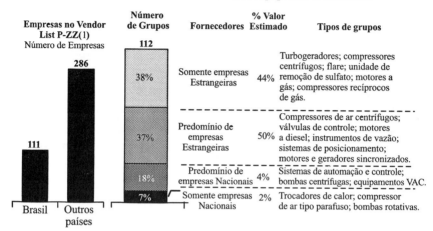

(1) Plataforma recente.
FONTE: Análises Booz & Company.

Apesar de não existir uma receita única de sucesso, alguns fatores comuns permitem superar as principais lacunas de competitividade mencionadas acima.

Em resumo, a cadeia local enfrenta uma série de desafios relacionados a fatores sistêmicos, estruturais e empresariais que devem ser abordados de forma holística na agenda de competitividade. Além disso, é importante entender e replicar para toda a cadeia as bases do sucesso de empresas locais que conseguiram superar esses desafios, alcançando níveis de competitividade comparáveis aos dos grandes grupos globais.

REFERÊNCIAS INTERNACIONAIS PARA O DESENVOLVIMENTO DA CADEIA PRODUTIVA

A experiência internacional demonstra que desenvolver a cadeia produtiva de bens e serviços de determinado país não é algo trivial. De fato, a maior parte dos países desenvolveu a produção de óleo e

Quadro 11
FATORES OBSERVADOS PARA A SUPERAÇÃO DAS LACUNAS DE COMPETITIVIDADE LOCAL

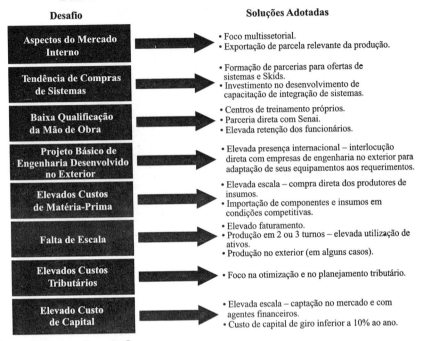

FONTE: Entrevistas Booz & Company.

gás sem o subsequente fortalecimento de uma base de fornecimento local. Além disso, são poucos os casos em que se associa o desenvolvimento da produção à atuação além das fronteiras, ou seja, muitas vezes a indústria que se ergue está basicamente sustentada nas políticas de proteção ao fornecimento local — porém despreparada para uma atuação internacional em condições competitivas.

Dos diferentes casos internacionais estudados, buscou-se identificar aqueles que permitam extrair lições alinhadas com a visão de criação de cadeias produtivas competitivas globalmente. Nesse sentido, três casos emergem como propulsores de lições importantes para a cadeia de bens e serviços do offshore brasileiro:

- Noruega — caso emblemático de desenvolvimento de uma cadeia atuante globalmente, a partir das descobertas realizadas no mar do Norte no final dos anos 1960. Partindo de uma base industrial inexistente em O&G, a Noruega fez da cadeia de petróleo uma importante indústria nacional, que atualmente representa quase 25% de seu PIB, após a descoberta de jazidas no mar do Norte, com grande foco na inovação.

- Reino Unido — importante caso de desenvolvimento motivado também pelas descobertas no mar do Norte, com interessante paralelo com o caminho traçado pela Noruega. Em um contexto de crise macroeconômica, o Reino Unido desenvolveu uma importante cadeia de petróleo após a descoberta de campos no Mar do Norte, focando na aceleração da produção e na eficiência operacional.

- Coreia do Sul — embora não tenha sido encontrado petróleo no país, há 40 anos a Coreia do Sul desenvolveu uma importante indústria naval que atualmente é a líder mundial em entrega de navios e plataformas offshore de alta tecnologia; o caso coreano demonstra que é possível desenvolver uma indústria líder para o setor de petróleo com base em uma estratégia seletiva e de apoio a grupos locais com capacitação para a competição em escala global.

Esses casos proporcionam importantes constatações quanto a estratégias para o desenvolvimento de cadeias produtivas no setor offshore, a saber:

- Adoção de políticas ativas — todos os casos demonstram a importância de se aplicar políticas ativas para buscar o desenvolvimento econômico e da cadeia produtiva, como a orientação clara dos responsáveis pelas políticas e dos reguladores para os objetivos traçados (por exemplo, metas de conteúdo local). De fato, o Estado teve um papel importante como indutor do desenvolvimento setorial, que dificilmente ocorreria de forma espontânea.
- Estratégias adaptadas ao contexto — cada país adotou estratégias diferentes de desenvolvimento da cadeia tendo como forte influência o contexto local na época da descoberta. Por exemplo,

QUADRO 12

CASOS DE REFERÊNCIA NO DESENVOLVIMENTO DA CADEIA DE BENS E SERVIÇOS OFFSHORE

		Descrição	Relevância para o Caso Brasileiro
Óleo e Gás	Noruega	• Partindo de uma base industrial inexistente, a Noruega fez da cadeia de petróleo uma importante indústria nacional, que atualmente representa quase 25% do PIB, após a descoberta de jazidas no mar do Norte	• Descoberta de grandes jazidas de petróleo, que implica em descontinuidades produtivas, com forte aumento de investimentos em curto espaço de tempo • Uso de políticas públicas de incentivo à indústria • Foco em inovação
	Reino Unido	• Em um contexto de crise macroeconômica, o Reino Unido desenvolveu uma importante cadeia de petróleo após a descoberta de campos de petróleo no mar do Norte	• Descontinuidade após a descoberta de grandes jazidas de petróleo • Pouca intervenção do Estado no segmento • Foco na excelência operacional
Associados à Cadeia do Petróleo	Coreia do Sul	• Em 40 anos, a Coreia do Sul desenvolveu uma importante indústria naval que atualmente é a líder mundial em entrega de navios e plataformas offshore de alta tecnologia	• Priorização de indústrias e grupos com foco definido • Uso de políticas públicas e mecanismos de incentivo públicos • Foco em exportação

o fato de o Reino Unido já possuir uma ampla base industrial voltada ao setor, além de estar em uma situação econômica instável, com elevados níveis de desemprego e déficit comercial, resultou em uma estratégia focada em excelência operacional para acelerar a monetização das reservas. Já a Noruega possuía uma economia estável e uma pequena base industrial, particularmente em O&G; entretanto com larga experiência offshore. Além disso, o setor de O&G seria de enorme importância econômica para o país, considerando o tamanho de sua economia (hoje o setor representa 25% do PIB). Como resultado, a Noruega incentivou um ritmo moderado e sustentável de desenvolvimento dos campos, priorizando a inovação e atividades de maior valor agregado.

- Internacionalização — foco tanto na atuação internacional das empresas locais quanto na atração de empresas globais capazes de aportar tecnologia e acelerar o desenvolvimento setorial.
- Concentração via polos produtivos — a concentração geográfica (em *clusters*) se configura em um fator-chave de desenvolvimento, principalmente para atividades relacionadas a conhecimento, inovação e tecnologia.
- Forte ligação entre o desenvolvimento tecnológico e a cadeia local — parcerias entre a indústria e o meio acadêmico fomentaram o desenvolvimento de novas tecnologias, que foram rapidamente incorporadas e aplicadas pela cadeia local.

Da análise dessas constatações emergem quatro orientações que direcionam a definição de políticas de desenvolvimento:

QUADRO 13
ORIENTAÇÕES PARA O BRASIL ADVINDAS
DOS CASOS INTERNACIONAIS

Implicações para o Caso Brasileiro	
Contexto	• Alavancar bom ponto de partida inicial (indústria desenvolvida e solidez macroeconômica) para desenvolvimento de uma política ampla com foco de longo prazo
	• Reconhecer desafios associados ao desenvolvimento econômico social

Continua...

	Implicações para o Caso Brasileiro
Estratégia de Desenvolvimento da Cadeia	• Identificar as capacitações locais para desenvolver áreas com potencial para atingir elevados níveis de competitividade
	• Desenvolver mecanismos de maximização de conteúdo local como instrumento temporário para que a cadeia tenha curva de aprendizado e seja capaz de competir em um ambiente sem incentivos
Localização	• Adaptar o modelo de *cluster* ao contexto local (país continental com grandes desigualdades regionais)
	• Desenvolver centros voltados ao desenvolvimento de tecnologia aplicada próximos aos polos produtivos
	• Identificar requerimentos de infraestrutura necessários para formação de polos (de conhecimento e produtivos)
Internacionalização	• Estabelecer coerência via uma política ativa orientada à competitividade global (tecnologia, *joint venture*, incentivos etc.)
	• Criar bases para a internacionalização da cadeia, preferencialmente mantendo o poder de decisão localmente

Uma importante constatação envolve o tema do conteúdo local. Nos casos analisados, as normas de conteúdo local para o setor de O&G offshore são principalmente qualitativas e de caráter negocial, sem a adoção de parâmetros formais expressos nos mecanismos regulatórios. Tal fato pode ser explicado em relação à tradição legislativa desses países, que permite maiores grau de liberdade aos gestores de política para escolhas e utiliza aspectos de *goodwill* (ou seja, compromissos negociais, não necessariamente refletidos em instrumentos normativos) como ferramenta para a obtenção dos objetivos de governo para o setor.

Quadro 14

AVALIAÇÃO COMPARATIVA DE PRÁTICAS
DE PROMOÇÃO DO CONTEÚDO LOCAL

Caso	Política de Conteúdo Local	Comentários
Noruega	• A Noruega não impôs metas nem requerimentos de conteúdo local mínimo para promover a cadeia de óleo e gás	• Operadoras deveriam fornecer lista de participantes nas concorrências e o MPE (Ministério do Petróleo e Energia) poderia incluir empresas locais • Empresas com elevado percentual de conteúdo local eram favorecidas nas rodadas de licitações subsequentes
Reino Unido	• Meta de 70% de conteúdo local nos projetos	• O Reino Unido, através da OSO (Offshore Supplies Office) monitorava a demanda das operadoras e incentivava a participação de fornecedores locais • Não havia privilégios competitivos para a indústria local, porém todas as concorrências deveriam respeitar os padrões industriais do Reino Unido • Empresas com elevado percentual de conteúdo local eram favorecidas nas rodadas de licitações subsequentes
Indonésia	• Meta de 35% de conteúdo local nos projetos	• Nos casos em que a indústria local não é competitiva, tanto em qualidade quanto em preço, as operadoras são autorizadas a importarem conteúdo • Devido às deficiências no suprimento local, o conteúdo local na Indonésia é estimado entre 10% e 20%
México	• Mínimo de 40% em projetos de mão de obra intensiva e 25% para projetos de capital intensivo	• O conteúdo local está incorporado na legislação petrolífera e tornou-se um instrumento legal e não uma obrigação contratual

Continua...

Caso	Política de Conteúdo Local	Comentários
Nigéria	• Metas de 50% por itens, subitens e sistemas	• Operadoras devem apresentar um "Plano Mestre de Procurement" que é fiscalizado pelo NCD (Nigerian Content Division) • Determinados itens devem, obrigatoriamente, ser fabricados localmente (ex.: âncoras, risers, árvores de natal etc.)

Além da necessidade de adotar políticas proativas para o desenvolvimento da cadeia, quais as implicações de todas as referências internacionais para o Brasil?

Em primeiro lugar, a referência ao contexto local oferece a perspectiva de um dilema a ser atacado na definição das políticas destinadas à cadeia produtiva. Por um lado, o Brasil apresenta bons fundamentos macroeconômicos, que colocam o país no caminho de configurar-se como uma das mais importantes economias globais. Além disso, conta com uma base industrial diversificada e bem desenvolvida. Por outro lado, diferentemente dos casos de referência, o Brasil é um país de dimensões continentais, de importantes necessidades sociais e de significativas diferenças socioeconômicas entre suas regiões.

Um exemplo da necessidade de adequação ao contexto local envolve a própria questão de concentração geográfica. Uma transposição imediata do foco na formação de um grande *cluster* não se mostra adequada às dimensões geográficas, à complexidade política e à necessidade de descentralização do desenvolvimento econômico do Brasil. Sendo assim, a concentração geográfica deve ser aplicada de forma seletiva, com foco na alavancagem da tecnologia dos centros de pesquisa dos operadores. Admite-se portanto a dispersão geográfica de bases industriais de grande escala (como estaleiros e sistemistas), constituindo polos de produção, geradores de emprego, disseminadores de tecnologia e multiplicadores da atividade econômica na sua área de influência (fabricação de navipeças, insumos, serviços). No outro extremo, deve-se evitar uma excessiva pulverização dos esforços em múltiplas unidades geográficas, com limitada massa crítica.

A VISÃO DE MÉDIO E LONGO PRAZOS
PARA A CADEIA OFFSHORE

Superar os desafios e aproveitar as oportunidades resultantes do ciclo de investimentos no setor de O&G Offshore no Brasil permite atingir uma visão clara a médio e longo prazos: a consolidação de uma cadeia de fornecimento de bens e serviços apta às condições de competitividade global.

Para atingir tal visão, aspectos como tecnologia, fortalecimento produtivo, atuação internacional, fortalecimento do sistema empresarial nacional e escala/escopo serão pilares fundamentais.

O primeiro pilar envolve a atuação proativa no sentido de se adotarem padrões de tecnologia de produtos e processos em linha com as melhores práticas mundiais. A atualização tecnológica é um requisito necessário para que se alcancem as condições competitivas exigidas pela indústria internacional de O&G.

A seguir, a visão prescreve a necessidade de se fortalecer polos produtivos, valorizando sua integração e eficiência. Além dos aspectos econômicos, esses núcleos produtivos deveriam garantir o fluxo de conhecimento entre os polos, mas também entre os diferentes elos da cadeia.

O terceiro pilar envolve a própria essência da visão: a tecnologia e a competitividade dos polos produtivos terão constante reforço, uma vez que a atuação empresarial não se limite ao mercado local. Embora grande parte do crescimento venha do desenvolvimento do mercado doméstico, a participação nos mercados internacionais será crítica: ora por trazer benchmarks de outros competidores, ora por forçar a inovação, ou mesmo por mitigar a atuação concentrada em uma única entidade empresarial.

Decorrência direta do item anterior, a questão do fortalecimento do sistema empresarial nacional é crítica para a atuação internacional, e, em consequência, para a verdadeira competitividade global. A visão prevê o fortalecimento de multinacionais brasileiras que atuem no segmento offshore, com escala e presença global, mas com visão de portfólio a partir das decisões locais.

QUADRO 15
PILARES DA VISÃO PARA A CONSOLIDAÇÃO
DA CADEIA OFFSHORE GLOBALMENTE COMPETITIVA

Visão

"Consolidar uma cadeia de fornecimento de bens e serviços em condições de competitividade global, madura do ponto de vista tecnológico, com porte e abrangência adensados em polos produtivos, com presença internacional orquestrada sob uma ótica de fortalecimento do sistema empresarial local."

Pilares da Visão	Metas
Maturidade Tecnológica	• Curva de aprendizado concedida à cadeia capaz de formentar desenvolvimento tecnológico local com horizontes definidos para não estimular a produção ineficiente. • Ampla participação da cadeia no desenvolvimento tecnológico.
Integração produtiva	• Polos produtivos e tecnológicos fortalecidos e integrados. • Elevada eficiência logística e operacional. • Fluxo de conhecimento multidirecional entre os elos.
Atuação no Mercado Internacional	• Exportação de uma fatia significativa de produtos e serviços locais. • Menor dependência de fornecimento local.
Poder de Decisão nos Elos Críticos	• Relevante número de multinacionais brasileiras atuando no setor offshore... • ... com escala e capacitações para competir com grandes grupos internacionais.
Escala	• Cadeia de fornecimento forte e consolidada. • Presença local de grandes conglomerados internacionais em segmentos consolidados globalmente.

Ao final, essa visão será sustentada por atuação que permita economias de escala — em especial volumes de demanda por vários anos à frente, e de escopo, envolvendo a atração de capacitações críticas para o desenvolvimento setorial (como serviços de poços).

Ao perseguir essa visão, vislumbra-se que o aumento da oferta local de bens e serviços para a cadeia offshore trará benefícios tangíveis, decorrentes do aumento dos investimentos, na geração de empregos (técnicos e especializados), no incremento e na distribuição de renda e na melhoria do saldo da balança comercial.

Paralelamente, o fortalecimento empresarial acarretará benefícios intangíveis igualmente significativos, como a inserção global de cadeias produtivas críticas, mediante a valorização do poder de decisão no país, e aumento do valor agregado dos produtos ofertados.[6]

De fato, o sucesso na implementação dessa visão resultará em maior participação das empresas nacionais nos investimentos dos diversos elos da cadeia, permitindo estimar, a partir da análise dos investimentos previstos para a cadeia, um potencial de geração de mais de 2 milhões de empregos ao longo dos próximos dez anos.

Ou seja, a visão de futuro prevê uma trajetória altamente positiva para a cadeia produtiva offshore. Duas das principais métricas do sucesso estão relacionadas ao valor captado pela indústria local, ampliando o mercado, e a própria geração de cerca de 2 milhões de postos de trabalho, adicionais aos cerca de 400 mil empregos atuais.

QUADRO 16
NÚMERO DE EMPREGOS NA CADEIA EM 2020 (MIL EMPREGADOS)

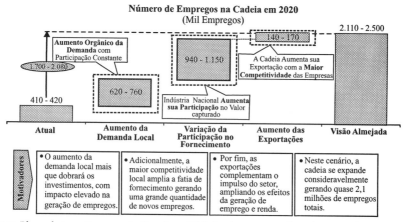

FONTE: Plano de investimentos da Petrobras, Website de empresas da cadeia, estudos e relatórios setoriais, análises Booz & Company.

---

[6] Estimativas de Geração de Emprego na Cadeia Offshore: para estabelecer o impacto da aplicação da visão à cadeia de bens e serviços offshore, foram desenvolvidos cenários relacionados à efetividade das políticas do setor. Esses cenários foram incorporados aos modelos de retenção local, levando em conta as particularidades de cada elo da cadeia. Estimaram-se assim os empregos gerados em cada cenário, determinado pelo aumento dos investimentos, pelo ganho/perda de participação das empresas nacionais e pelo aumento das exportações.

POLÍTICAS PARA UMA AGENDA DE COMPETITIVIDADE

O extenso levantamento do setor offshore, que identificou as raízes da baixa competitividade, em conjunto com as análises de referências internacionais de sucesso, permite desenhar proposições com forte impacto para a captura do potencial expresso na visão do setor offshore no Brasil.

Para aproveitar o ciclo de investimentos em O&G no Brasil e alavancar a competitividade global da cadeia de fornecimento de bens e serviços offshore estabelecida no país, será necessário preencher lacunas em capacidade, custos e qualidade, respeitando curvas de aprendizado para os fornecedores locais, mas também estabelecendo metas. Parte das políticas envolverá também priorizar segmentos da cadeia de fornecimento capazes de competir em escala global, atendendo tanto os mercados do Brasil, quanto do exterior. Em paralelo, as políticas devem buscar atrair tecnologia em segmentos com baixa perspectiva de desenvolvimento de oferta de origem local.

Como resultado, espera-se que essas políticas impulsionem uma cadeia capaz de captar grande parte do valor gerado por esses investimentos, beneficiando toda a sociedade, em termos de:

- geração de empregos técnicos e especializados;
- fortalecimento de grupos locais para a obtenção de condições adequadas à atuação global, preservando-se no país as definições de caráter estratégico para as cadeias críticas;
- incremento e distribuição de renda mediante a demanda provocada pelas necessidades operacionais e de investimentos resultantes da movimentação econômica gerada pelo setor;
- fomento à atuação de pequenas e médias empresas no suporte aos diversos elos do setor;
- desenvolvimento de tecnologia e conhecimento.

Essas políticas terão efeitos que se acentuam ao longo do tempo, configurando condições específicas para a maturação de cadeias produtivas prioritárias. Portanto, elas embutem premissas de aprendizado que se manifestam em prazos específicos para o alcance de condições de competitividade, tanto no mercado interno quanto no mercado internacional. Uma vez alcançados os alvos de competitividade, essas políticas tornam-se dispensáveis, dada a sustentação dessas cadeias, mesmo com a eliminação de benefícios ou incentivos específicos.

A seguir, são apresentadas dez políticas que permitem alcançar a visão de competitividade global almejada para a cadeia, desdobradas em frentes e ações específicas.

POLÍTICA I: GERAR E DISSEMINAR CONHECIMENTO E INOVAÇÃO AO LONGO DA CADEIA

A primeira política ataca uma das questões-chave para o desenvolvimento da cadeia, que é a capacidade de gerar conhecimento de forma conjunta, agregando o máximo de elos da cadeia local.

Apesar de a Petrobras ser referência mundial em tecnologia de exploração e produção, a cadeia local a montante tem uma característica executora, com baixa capacidade de inovação. Além disso, o fluxo de conhecimento da cadeia é deficiente, com baixa interação entre os elos e entre estes e o meio acadêmico.

Embora existam recursos disponíveis para P&D, a interlocução da indústria com o meio acadêmico não é eficiente. Os casos internacionais confirmam a importância do desenvolvimento e da disseminação de tecnologia e inovação para a formação de uma cadeia de fornecimento competitiva, apta a atender às crescentes necessidades do setor.

Faz-se necessária a indução direta através de políticas setoriais, uma vez que o desenvolvimento do conhecimento local não ocorrerá de forma espontânea com o arranjo atual.

POLÍTICA I
GERAR E DISSEMINAR CONHECIMENTO
E INOVAÇÃO AO LONGO DA CADEIA — FRENTES E AÇÕES

Frentes	Ações
Recuperação da engenharia básica	• Orquestrar a formação de empresas de engenharia básica nacionais competitivas internacionalmente, envolvendo — Capitalização e acesso a fundos — Consolidação setorial em torno de 2-3 empresas — Aquisição de empresas de engenharia internacionais • Acelerar o processo de desenvolvimento de competências em engenharia básica — Facilitando o "recrutamento/expatriação" de especialistas de engenharia básica de outros países para trabalhar nas empresas locais — Canalizando parte dos recursos do PNQP/Prominp para formar engenheiros especializados no setor • Articular junto aos Operadores uma demanda mínima/firme para projetos básicos locais (*offtaker*) garantindo uma curva de aprendizado ao setor e reduzindo a incerteza de investimentos privados • Estimular aperfeiçoamentos na forma de contratação de engenharia pelos Operadores, motivando maior relacionamento entre fornecedores
Aproximação do meio acadêmico e indústria	• Possibilitar o acesso direto da indústria a recursos de P&D dentro de condições preestabelecidas • Fortalecer canais de interlocução da indústria junto ao meio acadêmico
Disseminação do conhecimento	• Fomentar acordos/parcerias de cooperação técnica entre elos da cadeia, principalmente no que se refere às etapas do desenvolvimento tecnológico • Encorajar diversificação do fornecimento para alavancar e disseminar conhecimento desenvolvido em outros setores

POLÍTICA II: INCREMENTAR A PRODUTIVIDADE
E APRIMORAR PROCESSOS DE PRODUÇÃO LOCAL

Esta política visa reduzir as grandes diferenças de produtividade, sejam em escala, processos de produção ou qualificação da mão de obra entre as empresas locais e estrangeiras.

De fato, não obstante os significativos resultados alcançados pelo Prominp e pela própria ANP, o país ainda possui grandes desafios na melhoria da qualificação da mão de obra em relação aos principais concorrentes, devendo buscar o incremento da produtividade laboral.

As lacunas de produtividade locais implicam maiores custos e menor capacidade de assimilação de tecnologias e processos de ponta. Soluções de mercado para prover qualificação e treinamento para mão de obra local envolvem prazo de maturação longo, sendo que uma indução direta via políticas públicas pode acelerar esse processo.

POLÍTICA II

INCREMENTAR A PRODUTIVIDADE E APRIMORAR
PROCESSOS DE PRODUÇÃO LOCAL — FRENTES E AÇÕES

Frentes	Ações
Reforço de programas de educação básica junto aos polos	• Reforçar o ensino básico junto aos polos produtivos para acelerar o treinamento e desenvolvimento da mão de obra local • Desenvolver junto ao Senai programas específicos para reeducação básica junto aos polos produtivos
Ampliação da educação técnica e superior	• Ampliar o escopo das ações de desenvolvimento educacional direcionando recursos para formação de técnicos e engenheiros voltados às atividades da cadeia de suprimentos
Utilização de processos eficientes globalmente	• Promover a adoção de processos de produção de classe mundial viabilizando/facilitando o uso de tecnologias desenvolvidas em outros países • Garantir acesso a maquinário de ponta reduzindo as lacunas de produtividade das empresas locais em relação aos concorrentes estrangeiros, considerando custo — benefício, ganho tecnológico, aumento da qualidade e redução e qualificação de empregos • Desenvolver junto aos Comitês Brasileiros de Normalização Técnica a participação de especialistas de empresas de pequeno e médio porte no processo de desenvolvimento de normas técnicas internacionais

Continua...

Frentes	Ações
Estabelecimento de condições para viabilizar uma curva de aprendizado à indústria local	• Considerar curva de aprendizado no processo de avaliação de propostas • Articular junto aos Operadores e parceiros uma demanda mínima/firme, reduzindo a incerteza de investimentos e garantindo a evolução da produtividade do setor • Estabelecer critérios e mecanismos para compensar os dispêndios incrementais decorrentes da curva de aprendizagem

POLÍTICA III: FORTALECER ATIVIDADES INDUSTRIAIS EM TRÊS A CINCO POLOS PRODUTIVOS

A terceira política tem o objetivo de fomentar a organização da produção industrial local de forma a garantir a coordenação e a concentração necessárias para atingir os elevados índices de produtividade requeridos para se competir em uma economia globalizada.

O diagnóstico da cadeia demonstra que a produção para o setor de O&G local é fragmentada, não existindo uma política explícita voltada à melhor localização de atividades.

Há forte dependência entre os elos do setor, sendo que a concentração geográfica e a integração operacional garantem maior eficiência logística (como na construção naval) e a consequente redução de estoques e necessidade de capital de giro pelas empresas. Os casos internacionais apontam para uma forte coordenação para a formação de polos produtivos dedicados ao setor.

Por outro lado, tendo em vista as peculiaridades do país, como por exemplo as dimensões geográficas e as desigualdades regionais, a formação de um único polo deve ser evitada.

Como nas políticas anteriores, fica patente que a reorganização produtiva do setor não ocorrerá de forma natural, sendo necessário o desenvolvimento de incentivos que levem aos arranjos produtivos perseguidos.

POLÍTICA III
FORTALECER ATIVIDADES INDUSTRIAIS
EM TRÊS A CINCO POLOS PRODUTIVOS — FRENTES E AÇÕES

Frentes	Ações
Fortalecimento dos polos produtivos	• Fortalecer regiões com vocação para estabelecimento de polos industriais voltados ao setor offshore • Fortalecer polos produtivos para subcadeias com focos multissetoriais (ex. metal-mecânico, elétrico etc.)
Definição de escopo	• Definir escopo das atividades que incorporarão os polos produtivos
Formação e consolidação dos polos	• Desenvolver condições de financiamento e isenções específicas e restritas aos polos produtivos definidos • Articular a formação de polos produtivos, incorporando diretrizes específicas em relação à demanda

POLÍTICA IV: ESTIMULAR A FORMAÇÃO DE CENTROS DE EXCELÊNCIA TECNOLÓGICA JUNTO AOS POLOS PRODUTIVOS

Em complemento à definição dos polos produtivos, deve-se atacar outra questão crítica ao fortalecimento da cadeia nacional: a fragmentação do desenvolvimento tecnológico e o distanciamento entre sua concepção e sua efetiva adoção pela cadeia.

Atualmente, as pesquisas e as atividades voltadas à inovação no país estão concentradas no operador, porém com baixa participação da indústria. Além disso, as iniciativas atuais estão dispersas e fragmentadas, sendo que as empresas não se mostram capazes de desenvolver tecnologia e inovação com a eficácia e a eficiência requeridas.

A coordenação de esforços aumenta a eficiência, a escala e o escopo, levando ao desenvolvimento de atividades com maior valor agregado. Os casos internacionais de sucesso de atividades de alta tecnologia comprovam a tendência de coordenação e concentração de esforços voltados à inovação e à tecnologia.

POLÍTICA IV
ESTIMULAR A FORMAÇÃO DE CENTROS DE EXCELÊNCIA TECNOLÓGICA JUNTO AOS POLOS PRODUTIVOS — FRENTES E AÇÕES

Frentes	Ações
Inserção da indústria no processo de inovação	• Articular a inserção da indústria em todos os estágios do processo de desenvolvimento tecnológico, nos programas de inovação liderados pelos operadores • Incentivar criação de institutos tecnológicos voltados à pesquisa industrial aplicada junto aos polos produtivos sem compromisso acadêmico • Desenvolver mecanismos de coordenação entre os institutos/centros de pesquisa voltadas a O&G
Fortalecimento de institutos tecnológicos junto aos polos produtivos	• Direcionar fundos de P&D offshore para o desenvolvimento de institutos tecnológicos junto aos polos produtivos • Assegurar o acesso às melhores competências nacionais nos institutos tecnológicos, junto aos polos produtivos

POLÍTICA V: SIMPLIFICAR E AUMENTAR A TRANSPARÊNCIA QUANTO ÀS POLÍTICAS DE CONTEÚDO LOCAL

A quinta política visa atacar questões associadas ao tema de conteúdo local, seja na sua dificuldade de mensuração, na falta de transparência quanto às informações ou até mesmo no excesso de burocracia para seu monitoramento e controle.

É importante notar que as informações de importação do setor não fazem parte das estatísticas divulgadas pelo MDIC, dificultando uma análise mais profunda quanto à participação das empresas internacionais de fornecimento para o setor. Adicionalmente, os processos de controle atuais acarretam a prestação de uma grande quantidade de informação e a exigência de certificação, o que dificulta a agilidade da medição e resulta em custos adicionais para a cadeia local.

Além disso, a quase totalidade dos investimentos que serão feitos na próxima década — demanda na qual este estudo se baseia — já possui regras preestabelecidas de medição e aferição de conteúdo local refletidas em seus contratos de concessão e nas normas das rodadas licitatórias. Nesse sentido, qualquer influência quanto a temas de políticas de conteúdo local exigirá negociação direta com os operadores.

Por fim, existe fragilidade regulatória do ponto de vista normativo nas atuais políticas de conteúdo local que dificultam a adoção de medidas de caráter pragmático para mensurar efetivamente o conteúdo local. A principal é relativa ao entendimento da ANP de que os materiais e equipamentos amparados por *leasing* não são considerados para efeito de comprovação do conteúdo local; levando a uma situação onde as UPs (Unidades de Produção) e todo sistema submarino fiquem fora das exigências, além do fato de que as medições atuais realizadas pela Agência são analisadas unicamente mediante a apresentação de nota fiscal.

POLÍTICA V

SIMPLIFICAR E AUMENTAR A TRANSPARÊNCIA QUANTO ÀS POLÍTICAS DE CONTEÚDO LOCAL — FRENTES E AÇÕES

Frentes	Ações
Simplificação do processo de medição	• Simplificar/rediscutir regras de conteúdo local reduzindo burocracia e custos de medição para a cadeia e operadores
Transparência e credibilidade	• Garantir acesso às informações referentes às importações Repetro, drawback, e exportações fictas e investimentos nos campos — sem prejudicar sigilo de informações estratégicas (ex: preço, fornecedores etc.) • Incluir todos investimentos em E&P na base de medição
Incentivo	• Estimular, através de premiação, que as empresas superem metas de conteúdo local • Estabelecer incentivos para compensar curva de aprendizado requerida pelas empresas locais, para que atinjam níveis de competitividade esperados (ex.: desconto na participação especial para operadoras que utilizarem bens e serviços locais)
Negociação direta	• Motivar a participação dos operadores nos programas de melhoria de competitividade local, considerando o ritmo das atividades exploratórias e de desenvolvimento dos campos

POLÍTICA VI: ESTIMULAR PODER DE DECISÃO LOCAL E ATUAÇÃO INTERNACIONAL

Fomentar a atuação voltada ao longo prazo e com foco no mercado internacional exigirá fortalecer o sistema empresarial nacional.

O diagnóstico mostra que a cadeia de O&G nacional é voltada quase exclusivamente ao mercado doméstico, com baixa penetração no mercado internacional. Os casos internacionais de sucesso de desenvolvimento de uma cadeia competitiva para o setor demonstram o imperativo de não restringir o foco de atuação empresarial ao mercado local.

Portanto, o poder de decisão local tem grande influência nas decisões de investimento e exportação, fundamentais para alcançar competitividade em nível internacional. Para tanto, faz-se necessário que esses grupos tenham porte adequado para atender ao mercado local e crescer no mercado internacional — o que muitas vezes exigirá a aquisição de ativos no exterior.

Outro fator a ressaltar a importância da atuação internacional decorre da elevada dependência do setor de um único comprador, o que tende a dificultar o foco em outros mercados, sendo necessária a indução através do desenvolvimento de incentivos.

Esta política, no entanto, não deverá ter aplicação generalizada a todos os elos da cadeia produtiva. Como já foi antecipado, dada a sua complexidade e abrangência, é necessário definir os segmentos que, com as medidas adequadas, podem se tornar plataformas de competitividade global e âncoras para o desenvolvimento de outros setores, a partir de uma lógica de portfólio definido localmente.

POLÍTICA VI
ESTIMULAR PODER DE DECISÃO LOCAL E
ATUAÇÃO INTERNACIONAL — FRENTES E AÇÕES

Frentes	Ações
Consolidação e Poder de Decisão	• Fomentar a participação nacional majoritária em elos prioritários e catalisadores da cadeia — Apoiando aquisições para a consolidação do mercado local — Incentivando aquisições no exterior que permitam acesso a competências e mercados relevantes • Utilizar mecanismos de governança corporativa para incentivar a manutenção dos benefícios do poder de decisão local • Estimular a contratação local dos equipamentos definidos como prioritários para o desenvolvimento da cadeia • Garantir tempo de aprendizado necessário para o desenvolvimento dos elos de maior impacto na cadeia
Fomento à Internacionalização	• Incorporar nos critérios de avaliação das grandes licitações (ex: pontuação técnica), benefícios para empresas com poder de decisão local e atuação global no setor de O&G • Aumentar a participação da cadeia local em projetos liderados pela Petrobras no exterior • Apoiar (dentro das regras da OMC) programas de exportação da cadeia (ex: financiar compradores internacionais que adquiram produtos nacionais)

POLÍTICA VII: ATRAIR TECNOLOGIA E
INVESTIMENTO DE EMPRESAS INTERNACIONAIS

A sétima política reconhece a necessidade de incentivar a vinda de empresas internacionais para acelerar o processo de desenvolvimento local, principalmente em elos onde existam fortes lacunas de capacitação local ou elevada concentração no mercado internacional.

A tecnologia de ponta tem efeitos benéficos sobre a competitividade da cadeia produtiva como um todo, e as grandes empresas internacionais podem agir como catalisadoras, transferindo conhecimento à cadeia local. Nesse sentido, a atração de empresas internacionais desponta como outra opção a ser perseguida, tendo em vista o esforço considerável para desenvolver localmente tanto a inovação quanto a capacidade produtiva. Ademais, é imperativo atrair poupança externa via investimento estratégico, uma vez que o Brasil dificilmente terá musculatura para, sozinho, e quase exclusivamente via BNDES, financiar uma expansão dessa magnitude.

Além disso, a atração de empresas internacionais pode acelerar a geração de empregos tanto diretamente quanto devido ao efeito renda. Paralelamente, a avaliação de casos internacionais aponta para a importância da participação de empresas estrangeiras na internacionalização e na aceleração do processo de aprendizado e desenvolvimento do setor.

Portanto, para acelerar o processo de atração dessas empresas e garantir a transferência tecnológica, uma ação coordenada e abrangente se faz necessária.

POLÍTICA VII

ATRAIR TECNOLOGIA E INVESTIMENTO DE EMPRESAS
INTERNACIONAIS — FRENTES E AÇÕES

Frentes	Ações
Transferência e parceria tecnológica	• Fomentar acordos de parceria tecnológicas/ desenvolvimento de centros de pesquisa entre grandes empresas globais e operadores locais • Incentivar assistência técnica local ao longo da vida útil do bem • Incentivar a transferência de tecnologia da matriz para as filiais locais
Atração de empresas internacionais	• Criar incentivos para atrair empresas estrangeiras em elos específicos quando... — ...existirem efeitos positivos sobre outros elos da cadeia — ...a dinâmica do mercado internacional apresenta um nível de concentração da oferta que inviabiliza o desenvolvimento de participantes locais

POLÍTICA VIII: GARANTIR ISONOMIA TRIBUTÁRIA, TÉCNICA E COMERCIAL ENTRE COMPETIDORES EXTERNOS E LOCAIS

As definições tributárias locais criam distorções de caráter sistêmico, com impacto na competitividade da cadeia como um todo.

Conforme observado nas análises comparativas internacionais, o sistema tributário associado à exploração e à produção de petróleo cria distorções, oferecendo vantagens significativas aos competidores internacionais. Adicionalmente, o regime de importação temporária dificulta e restringe a aplicação de mecanismos que coíbam práticas comerciais desleais (como o *dumping*). Além disso, o regime tributário local é complexo, dificultando a compensação de créditos tributários ao longo da cadeia.

Nesse sentido, a indústria local necessita ao menos de igualdade de condições tributárias para reduzir distorções do sistema atual. É importante considerar que potenciais modificações no atual regime criariam conflito de interesse entre os elos da cadeia e até mesmo a necessidade de lidar com medidas compensatórias que envolvam as unidades federativas, o que exigiria debate sobre a direção das medidas e eventuais compensações a serem realizadas.

Práticas desleais e barreiras para importação de produtos subsidiados na origem, além de exigência de certificação não atendidas localmente, devem da mesma forma ser objeto de políticas específicas.

POLÍTICA VIII
GARANTIR ISONOMIA TRIBUTÁRIA, TÉCNICA E COMERCIAL
ENTRE COMPETIDORES EXTERNOS E LOCAIS
— FRENTES E AÇÕES

Frentes	Ações
Equalização tributária	• Garantir às empresas locais as mesmas condições de isenção das empresas estrangeiras para o fornecimento de produtos e serviços de E&P offshore • Criar medidas compensatórias — fundo para compensação tributária com recursos federais • Implementar medidas de desoneração de encargos trabalhistas, fomentando a geração de trabalho e renda locais

Continua...

Frentes	Ações
Isonomia comercial	• Coibir práticas comerciais desleais • Reforçar a fiscalização e criar mecanismos que coíbam práticas desleais de competição para os regimes especiais • Desenvolver barreiras a produtos internacionais que se beneficiem de subsídios de seus governos locais
Isonomia técnica	• Estimular especificações passíveis de serem atendidas pelas empresas nacionais • Aplicar, quando cabível, certificação técnica de bens importados em órgão nacional competente (p. ex.: entidade acreditada pelo Inmetro)

POLÍTICA IX: ESTABELECER CONDIÇÕES DE FINANCIAMENTO E GARANTIAS COMPETITIVAS INTERNACIONALMENTE

A penúltima política visa garantir condições equânimes para as empresas locais quanto ao acesso a financiamento e mecanismos de garantias em relação aos seus competidores estrangeiros.

É importante notar que, embora o custo de capital no Brasil tenha se reduzido substancialmente nos últimos anos, o país ainda não possui condições competitivas de *funding*, criando condições desafiadoras para a indústria local. Diversos elos da cadeia são intensivos em capital (seja para investimento ou capital de giro), e o elevado custos financeiro tem impacto direto na competitividade do setor. De fato, a diferença entre a taxa referencial de juros no Brasil e o custo final de captação ainda é elevado, principalmente para empresas de pequeno e médio portes.

De outro lado, o país carece de sistemas eficientes de garantia que permeiem toda a cadeia, ou até mesmo de maior utilização de alternativas de financiamento não recursivos.

POLÍTICA IX
ESTABELECER CONDIÇÕES DE FINANCIAMENTO E GARANTIAS COMPETITIVAS INTERNACIONALMENTE

Frentes	Ações
Acesso à fontes de capital alternativas	• Fomentar venture capital, FIPs, FDIC e *private equities* voltados ao setor de O&G • Promover a modalidade de financiamento não recursivo, em especial para grandes projetos assentados em contratos com os operadores
Ampliação dos sistemas de garantias	• Desenvolver e acelerar a implementação sistemática de mecanismos de garantia que facilitem o acesso a financiamentos e capital de giro nas diversas modalidades por parte da cadeia • Flexibilizar critérios de garantias atuais do BNDES, facilitando acesso a crédito por parte da cadeia • Viabilizar, para toda a cadeia, fundo garantidor com recursos federais, em grandes projetos alicerçados em contratos com os operadores

POLÍTICA X: ACESSAR MATÉRIA-PRIMA, INSUMOS E INFRAESTRUTURA EM CONDIÇÕES COMPETITIVAS

Esta política tem como objetivo reduzir as significativas diferenças entre diversos custos locais e internacionais, abordando importantes entraves para alcançar competitividade em produtos industrializados.

A comparação da formação de preços locais e internacionais demonstra que o custo da matéria-prima local é superior ao de competidores internacionais, impactando diretamente a competitividade de todo o setor. Adicionalmente, devido à fragmentação na compra de insumos, a maioria das empresas locais compra matéria-prima via distribuidores, ampliando a diferença de preços em relação a competidores internacionais. Em alguns casos, a oferta de matéria-prima é concentrada em poucos produtores, com significativo poder de mercado local.

Do mesmo modo, carências na infraestrutura, custos superiores de insumos energéticos e morosidade do processo de licenciamento ambiental, afetam negativamente a competitividade de toda a cadeia.

POLÍTICA X

ACESSAR MATÉRIA-PRIMA, INSUMOS E INFRAESTRUTURA EM CONDIÇÕES COMPETITIVAS — FRENTES E AÇÕES

Frentes	Ações
Fomento à Isonomia de preços de matéria-prima	• Buscar, via negociações diretas junto ao governo e principais produtores, condições para minimizar diferenças dos preços de matéria-prima ente os mercados locais e internacionais • Incentivar acordo entre empresas para compra de matéria-prima em maior escala diretamente dos produtores, aumentando o poder de compra face à agregação de volume
Equalização dos preço das *commodities* energéticas	• Reduzir a carga de impostos incidentes nas *commodities* energéticas de forma a equalizar os preços locais aos praticados em outros países
Melhoria das condições de infraestrutura e transporte locais	• Realizar investimentos em infraestrutura de forma a eliminar os atuais gargalos logísticos do país • Diversificar a matriz de transportes local reduzindo a dependência do modal rodoviário
Simplificação dos requerimentos ambientais	• Rever o processo e requerimento para obtenção de licenças ambientais de forma a agilizar a aprovação de investimentos e reduzir custos envolvidos

GOVERNANÇA PARA A EFETIVAÇÃO DA AGENDA DE COMPETITIVIDADE

As políticas e as ações propostas envolvem elevada abrangência, afetando diversas esferas de decisão, sejam de caráter institucional ou empresarial. Além do desafio intrínseco de desenhar e detalhar as ações, existem duas dimensões absolutamente críticas: a definição de papéis e responsabilidades pela condução da agenda de competitividade e os instrumentos a serem utilizados que ajudem a materializar as políticas propostas.

A implementação das políticas propostas requer a definição de instrumentos financeiros, negociais e regulatórios. A aplicação desses mecanismos deve ser feita de forma combinada, ou seja, vários mecanismos são utilizados concomitantemente para viabilizar as diferentes políticas. Os mecanismos têm caráter transversal à maioria das políticas, sendo que sua intensidade e sua importância são diferenciadas.

Mecanismos de caráter financeiro constituem uma das bases de grande parte das políticas, ao prover incentivos para o fortalecimento empresarial, por exemplo:

- Incentivos financeiros: como crédito para investimento, financiamento de capital de giro, oferta de garantias, são vitais para o desenvolvimento de polos produtivos regionais ou para prover condições de isonomia para que a indústria local tenha condições competitivas de operar internacionalmente.
- Incentivos fiscais: como isenções e compensações de caráter temporário para aprimorar a economicidade da produção local, sempre com metas muito bem definidas para não perpetuar atividades ineficientes.
- Alocação de recursos do orçamento da união: para programas críticos, como o aumento de produtividade através da qualificação profissional (fortalecimento do ensino básico e treinamento técnico da força de trabalho), para a constituição de centros de excelência tecnológica, além de estabelecer meios para alocação financeira para P&D&I diretamente nas empresas.

Outra categoria de mecanismos envolve aspectos negociais. A característica de definição de contratos de concessão que embasam os investimentos projetados até 2020 exigirá outro tipo de postura dos gestores da agenda de competitividade, muito mais focada na discussão de alternativas e no consenso em torno de soluções de compromisso, e não de alterações unilaterais das regras. Nessas situações, portanto, predominam mecanismos negociais:

- Negociação com as partes interessadas: ampla discussão envolvendo as empresas operadoras, entidades empresariais da indústria, financiadores e formuladores das políticas, visando alinhar diferentes interesses — por exemplo, as expectativas quanto à maturação de investimentos ou o alcance das condições de competitividade do fornecimento de bens locais.

- Atração de empresas globais: a presença de empresas internacionais, aportando tecnologia e investimento em segmentos críticos, que irão beneficiar toda a cadeia.
- Recuperação da engenharia básica: através da orquestração de empresas com poder de decisão local competitivas internacionalmente, com acesso a capital, com possibilidade de recrutamento de especialistas estrangeiros e de compra de empresas estrangeiras, para ganhar capacidade em desenvolver soluções para inovação e fortalecimento da cadeia brasileira de fornecedores.
- Consolidar o poder de decisão local: através do fomento a participação nacional majoritária em elos prioritários e catalisadores da cadeia, além de estimular mecanismos de governança corporativa e eficiente, com perfil competitivo.

Finalmente, no tocante a aspectos regulatórios, é necessária a adaptação de mecanismos voltados à:

- Adequação da regulação setorial: em especial visando à simplificação das regras de conteúdo local, à normatização das práticas anticompetitivas e eliminação de entendimentos equivocados na forma de medição do conteúdo local.
- Adequação de instrumentos alfandegários: busca constante de isonomia tributária entre a produção local e a importação, evitando onerar os investimentos.

A orquestração das políticas e dos instrumentos da agenda de competitividade exigirá grande esforço de coordenação, seja em termos das partes envolvidas, seja em termos de sincronia temporal para a maturação das iniciativas propostas. A organização institucional é, portanto, essencial para a implementação da política industrial expressa nessa agenda. Serão críticos tanto o comando político das orientações quanto a coordenação executiva e a participação das partes interessadas no debate das medidas e dos resultados alcançados.

Assim, o desafio de desenho e gestão dessas políticas exigirá estruturação de governança específica, começando pela articulação de diversas entidades governamentais e empresariais e conciliando a representação das altas lideranças políticas.

Em face dos desafios descritos ao longo deste estudo, a governança da agenda de competitividade da cadeia de bens e serviços offshore se assenta em quatro princípios:

Esses princípios conciliam o suporte político às decisões e a capacidade de condução de políticas públicas de longo prazo com o adequado envolvimento de entidades setoriais representativas. Prevê também uma importante distinção de papel entre a definição e a execução das regras, implementação e avaliação de resultado das ações propostas.

QUADRO 17

PRINCÍPIOS PARA A GOVERNANÇA

Princípios para a Governança da Agenda de Competitividade

Aproveitamento de estrutura de política industrial preexistente	• As políticas aplicadas à cadeia serão prioritariamente conduzidas pelas entidades que já conduzem os esforços de política industrial. • Nesse sentido, a agenda de competitividade deve ser inserida na Política de Desenvolvimento Produtivo, sendo necessário estruturar o Comitê de Petróleo e Gás para dar vazão às ações para sua efetiva implementação.
Liderança por núcleo diretor com poder de decisão sobre políticas de Estado	• Constituído com a alta representação da administração pública, nos tópicos relacionados a política industrial, setorial, fiscal/tributária, ciência e tecnologia, sendo as principais atribuições: – Definição dos objetivos para a cadeia de bens e serviços de O&G offshore. – Aprovação das principais políticas, ações e mecanismos. – Estabelecimento de metas e mensuração do progresso.
Execução pelas áreas responsáveis por política industrial	• Efetiva liderança pelo Ministério do Desenvolvimento, Indústria e Comércio Exterior... • ... com a delegação da condução executiva da política industrial para a cadeia de bens e seviços de O&G offshore.
Articulação com a cadeia produtiva	• Busca, em caráter permanente, da contribuição de entidades setoriais da indústria ao debate das políticas propostas, trazendo a perspectiva da cadeia produtiva e propondo alternativas e estudos setoriais. • Envolvimento dos operadores na implementação e operacionalização das políticas.

Em resumo, este trabalho realça o tema da governança como vital para se levar à frente a agenda de competitividade. De fato, inúmeros estudos e muita energia têm sido dedicados ao debate do que fazer para avançar na competitividade da cadeia, mas a mesma dedicação não tem sido aplicada à definição de papéis e responsabilidades no efetivo estabelecimento de uma política industrial para o setor.

DESAFIOS PARA A IMPLEMENTAÇÃO DAS PROPOSTAS

A implementação de uma agenda de competitividade com as características apresentadas enfrentará diversos desafios. Em primeiro lugar, a amplitude das mudanças recomendadas — e a diversidade de visões quanto às ações propostas — e o caráter de políticas de Estado duradouras exigirão forte suporte institucional para sua concretização.

Mesmo supondo-se o necessário suporte político para a efetivação da agenda, será essencial a obtenção de convergência nos temas prioritários. A ambição expressa nos temas da agenda — conhecimento, financiamento, adequação legislativa, negociação com empresas da cadeia de fornecimento e operadores — exigirá coerência entre as propostas, expressa numa articulação impecável entre políticas, mecanismos associados e a própria governança.

Serão particularmente críticos o envolvimento dos operadores e seu grau de alinhamento às diretrizes das políticas propostas. Os Operadores, em particular a Petrobras, terão papel fundamental para o sucesso da agenda. No fundo, os operadores arcarão com os benefícios da competitividade ou o ônus de uma agenda incompleta. Terão, portanto, a missão de contribuir com a execução das políticas e de participar delas, adicionando um choque de realidade às proposições. Por outro lado, os Operadores não deverão formular políticas ou ser responsáveis pela sua gestão — funções típicas da administração direta ou de agências de governo.

Além disso, a questão temporal será crítica para a condução da agenda. As propostas têm diferentes prazos de detalhamento e aprovação; cada ação terá uma maturação própria; os efeitos se processarão em diferentes horizontes. Sincronizar esses aspectos, garantindo realismo na curva de aprendizado da indústria local, será crítico.

Finalmente, o potencial de interesses presentes nas alternativas a serem adotadas também se manifesta na diversidade de estudos, grupos de trabalho, iniciativas concorrentes etc. A multiplicidade de iniciativas concorrentes pode levar à dispersão de esforços e à dificuldade de coordenação, resultando na potencial perda de impacto da agenda como um todo.

Em suma, o alinhamento em torno da agenda e a coordenação dos esforços exigirão atenção máxima dos gestores das políticas. Para tanto, a divulgação e a coordenação serão vitais.

Uma atuação passiva, ou mesmo a implementação deficiente das políticas, fruto de limitada coordenação entre as ações ou da inépcia na gestão da agenda, teria como consequência a diluição do valor retido pela cadeia local. O risco de não fazer, ou fazer incompleto, pode ter como consequência direta a perda da geração de renda e emprego em relação ao potencial que se visualiza. Na prática, o resultado da não ação seria equivalente à exportação de empregos.

O Quadro 18 registra a diferença entre o potencial expresso na visão e um cenário de implementação parcial das políticas. Nesse cenário, chamado de Diluição de Valor a massa de renda captada e o volume de empregos gerado crescem, porém de maneira inferior ao próprio crescimento do mercado. Ou seja, a diluição faz referência à perda de participação da cadeia produtiva local sobre o fornecimento à indústria offshore.

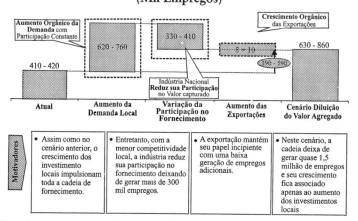

QUADRO 18
IMPACTO DA IMPLEMENTAÇÃO PARCIAL
DA AGENDA DE COMPETITIVIDADE
Número de Empregos na Cadeia em 2020
(Mil Empregos)

FONTE: Plano de investimentos da Petrobras, Website de empresas da cadeia, estudos e relatórios setoriais, análises Booz & Company.

Verifica-se, portanto, que o potencial oferecido pelo ciclo de investimentos em óleo e gás pode resultar em dois cenários diferentes. Num primeiro cenário, as oportunidades não são aproveitadas — ou são aproveitadas apenas parcialmente. No segundo, no qual os esforços se aprofundam, as ações convergem para um interesse comum e são implementadas com o envolvimento do governo e da cadeia como um todo. A diferença entre um cenário e outro se traduz em cerca de 1,5 milhão de empregos, e também na redução da renda local e na perda de oportunidades de geração e disseminação de conhecimento.

Outro aspecto crítico diz respeito à necessidade de que os efeitos da políticas permeiem todos os elos da cadeia. É natural que incentivos sejam concedidos aos elos mais diretamente envolvidos com a cadeia (ou seja, o próprio núcleo da cadeia produtiva), pois eles envolvem investimentos de alta visibilidade para o país. No entanto, conforme caracterizado ao longo do trabalho, a grande massa de geração de empregos se encontra nas empresas fora do primeiro elo de fornecimento da cadeia. Conforme se depreende do Quadro 19, o núcleo da cadeia responde por cerca de um terço dos empregos gerados do offshore (até 700 mil dos quase 2 milhões potencialmente adicionados) — ou seja, a vasta maioria de empregos é gerada nos demais elos, daí a relevância dos incentivos efetivamente atingirem os segmentos adjacentes.

Nesse contexto, as políticas de desenvolvimento do setor devem encarar a cadeia de forma holística, garantindo que seu desenvolvimento resulte em benefícios econômicos e sociais em geral.

Poucas oportunidades demonstram tão claramente o custo da adoção de caminhos alternativos. Resta, portanto, mobilizar esforços para perseguir o caminho do pleno potencial que este ciclo de investimentos oferece ao país.

Quadro 19
EVOLUÇÃO DO VALOR RETIDO PELA CADEIA OFFSHORE LOCAL (EM US$ BILHÕES)

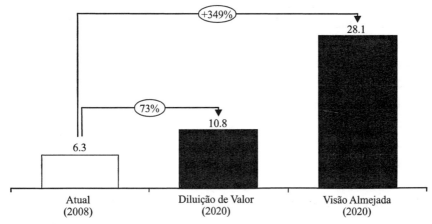

Fonte: Análises Booz & Company.

Quadro 20
GERAÇÃO DE EMPREGOS POR ELO DA CADEIA

Empregos Gerados por Origem - Visão Almejada em 2020
(Mil Empregos)

Elo	Empregos Diretos	Empregos Efeito Renda
Drivers da Cadeia	180 - 210	390 - 470
Fornecedores Diretos	300 - 370	820 - 1.000
Setores Relacionados		

Fonte: Plano de investimentos da Petrobras, website de empresas da cadeia, estudos e relatórios setoriais, análises Booz & Company.

ATIVANDO UM NOVO CICLO DE DESENVOLVIMENTO INDUSTRIAL

Este estudo enfatizou a tese de que o extrativismo de um recurso natural — que é finito, por definição — acompanhado de políticas modernas, orientadas ao mercado, pode favorecer a consolidação de uma indústria que tenha por escopo o atendimento ao mercado global de Óleo e Gás Offshore. Ou seja, o volume de investimento local pode criar a base para atender a uma demanda internacional, perenizando a atividade produtiva.

Essa tese se confirma a partir das extensas análises expostas ao longo deste estudo, a saber: lições derivadas de casos de referência na experiência internacional (Noruega, Reino Unido, Coreia); a oportunidade ímpar oferecida por uma demanda de cerca de US$ 400 bilhões estimada para os próximos dez anos, apenas com as áreas que já foram concedidas; a existência de uma indústria de base bastante desenvolvida no país; os casos de sucesso de empresas no mercado local, que conseguem superar barreiras sistêmicas e microeconômicas que impactam sua competitividade.

Nesse sentido, a visão mostra-se plenamente alcançável: "Consolidar uma cadeia de fornecimento de bens e serviços em condições de competitividade global, madura do ponto de vista tecnológico, com porte e abrangência adensados em polos produtivos, com presença internacional orquestrada sob uma ótica de fortalecimento do sistema empresarial nacional."

Para tornar realidade esse ciclo, acredita-se na adoção de novos paradigmas, como o fortalecimento de empresas locais, orientadas a metas de desempenho de classe mundial, ou a adoção de mecanismos de incentivos com prazos de extinção claramente definidos para minimizar o risco de perpetuar atividades ineficientes.

A agenda de competitividade descrita neste trabalho oferece uma série de propostas, instrumentos e princípios de governança para efetivar essa visão. Obviamente, esta agenda, ambiciosa como deve ser, não está livre de desafios, seja no desenho e no detalhamento das políticas, no alinhamento de interesses conflitantes das partes interessadas ou em sua condução.

Resta trabalhar com ardor para focar no objetivo maior representado por esse potencial: a geração de 2 milhões de empregos, a dinamização da renda em setores de ponta, a disseminação da inovação tecnológica para toda a indústria de bens e serviços.

Ao ativar um novo ciclo de desenvolvimento industrial originado no setor de Óleo e Gás, o Brasil garantirá muitos benefícios à geração atual e às futuras. No entanto, cabe às lideranças desta geração a responsabilidade de tomar as decisões corretas, de empreender o esforço necessário para um grande salto de competitividade da cadeia de bens e serviços offshore.

Um novo Instituto Brasileiro da Biodiversidade: tecnologia à base de biodiversidade

Antonio Paes de Carvalho*

---

* Presidente da Extracta Moléculas Naturais S.A.

A PROPOSTA

IMPLANTAR UM GRANDE Instituto Brasileiro da Biodiversidade, dedicado à busca de inovação industrial na natureza brasileira através da moderna biotecnologia, das engenharias e das ciências afins a esse objetivo. O Instituto atrairá instituidores e parceiros industriais nos distintos setores em que sua atividade trará mais benefício: Saúde, Meio Ambiente, Novos Materiais, Energia, Mineração, dentre outros.

Ocorre que a biodiversidade brasileira tem tal dimensão que ultrapassa as possibilidades de desenvolvimento por apenas uma empresa, uma universidade, um estado, ou um instituto público. É necessário trazê-los a todos para uma mesma ambiência coordenada, numa rede de entidades brasileiras que tenha por objetivo primário a agilidade na busca da inovação e o retorno de benefícios locais, regionais e nacionais.

O Instituto Brasileiro da Biodiversidade será o núcleo cristalizador dessa atividade, necessariamente multicêntrica no que toca à localização de seus associados tecnológicos. Para cumprir tal missão, deverá o Instituto adotar um formato jurídico de instituição privada sem finalidades lucrativas, centralmente orientada para Pesquisa, Desenvolvimento e Inovação a partir de nossos recursos naturais biológicos. O Instituto será capaz de ambientar atividades dos setores Públicos e Privados em empreendimentos de propósitos específicos, que abrangerão desde projetos científicos até o licenciamento das tecnologias, de processos e produtos originais que gerar. Será por isso um atrator para investimentos e atividades do grande empresariado brasileiro e internacional pautados pelo Marco da Convenção da Diversidade Biológica (Rio-92), que completará 20 anos em 2012.

É vocação natural do Instituto coordenar um sistema brasileiro de polos regionais de desenvolvimento tecnológico lastreados em biodiversidade. Essa ação complementará e colaborará com iniciativas públicas existentes em várias partes do país. Por exemplo, a Faperj adotou em 2011 a missão de colocar a biodiversidade química do Estado do Rio de Janeiro a serviço do desenvolvimento tecnológico e da inovação industrial. Outros estados já detêm excelentes centros de excelência e programas concentrados no estudo da biodiversidade, como Biota-Fapesp em São Paulo. Iniciativas similares em vários pontos do Nordeste e da Amazônia, do Centro-Oeste e dos estados sulinos estão ativas ou em fase de ativação. Não há, contudo, um sistema de colaboração organizado que permita concatenar com agilidade as ações de entidades públicas e privadas, especialmente o empresariado de vocação tecnológica inovadora. O Instituto visa dinamizar a capacidade instalada de nossos centros de pesquisa, desenvolvimento e inovação em biotecnologia aplicada à biodiversidade. Mormente, será necessário colocar tal colaboração num claro foco de modernidade, no sentido de fazer com que biodiversidade deixe de ser para o Brasil um passivo inexplorado para transformar-se em ativo gerador de desenvolvimento econômico e social.

O QUE É A BIOTECNOLOGIA DA BIODIVERSIDADE

A biotecnologia — uma tecnologia portadora de futuro — trata da utilização da vida, nas suas várias formas, para gerar produtos, processos e serviços em setores vitais da economia, como saúde humana e animal, alimentação, energia, mineração e proteção ambiental. A biotecnologia clássica, caracterizada pela tecnologia de fermentações em culturas de micro-organismos naturais, é uma tecnologia milenar que continua muito importante no rol das tecnologias industriais. A biotecnologia moderna vale-se das descobertas e invenções das últimas décadas, que dominaram a tecnologia do DNA recombinante e são capazes de modificar a estrutura genética de micro-organismos, plantas e animais para que se tornem melhores produtores de insumos e produtos de interesse industrial. O "clássico" e o "moderno" formam na realidade um conjunto contínuo de tecnologias baseadas no estudo e no melhoramento de seres vivos naturais.

A biodiversidade — um descritor de como a vida se acha distribuída e organizada na Terra — estuda a espantosa variedade de formas de vida que nos cerca. De seres microscópicos a grandes animais e plantas, a biodiversidade abrange um conjunto dentro do qual a espécie humana se insere, tornando-a fortemente dependente da vida de outras espécies.

A biotecnologia da biodiversidade consiste, portanto, em aproveitar a enorme variedade de seres vivos naturais para buscar neles ou para gerar a partir deles produtos e materiais inovadores úteis ao ser humano. Deve isso ser feito com o extremo cuidado de utilizar a biodiversidade de maneira sustentável, minimizando a interferência humana no ecossistema, repondo o que for retirado, e integrando soluções sociais, econômicas e ambientais capazes de devolver efetivos benefícios à sociedade.

A biotecnologia da biodiversidade lida, na prática, com o mundo vegetal e com o mundo microbiano. Mas é no primeiro — o reino vegetal — que o Brasil é preponderante no concerto das nações. Detemos mais de 20% da biodiversidade vegetal do planeta, compreendendo cerca de 60 mil espécies de plantas superiores. Não nos basta descobrir, contar e classificar essas plantas, já que são os seus componentes químicos que nos interessam em especial. Em outras palavras, se quisermos dar utilização econômica à nossa biodiversidade química, precisaremos reduzi-la a uma grande coleção de pequenas amostras, que possam ser estudadas em nossos laboratórios, aproveitando a eficiência e a velocidade da química analítica moderna, das técnicas físicas e físico-químicas de análise e do dinamismo do conjunto para o desenvolvimento de novas substâncias e novos materiais.

BUSCANDO SOLUÇÕES NA BIODIVERSIDADE QUÍMICA

São cinco os fatores de sucesso da busca de soluções na biodiversidade química:

- Escolha de "alvos", que caracterizem o problema a ser resolvido. O alvo pode ser um parasito, uma função deficiente do nosso organismo, ou uma característica especial de um novo material.
- Disponibilidade de uma coleção de substâncias, caracterizada pelo grande número de amostras e pela grande diversificação química de produtos candidatos a resolver o problema. No caso do Brasil, tal coleção será forçosamente de derivados químicos de nossas plantas.
- Capacitação tecnológica para detectar e isolar em alta velocidade substâncias naturais ativas contra os alvos escolhidos (triagem de alta velocidade ou *high throughput screening*). Ensaios-teste concebidos na bancada do laboratório são formatados para operar em alta velocidade com a assistência de equipamentos robóticos especializados no manejo de líquidos em quantidades mínimas (microlitros). O desenvolvimento de um ensaio-teste passa assim por sua concepção, teste de bancada, miniaturização e programação do controle dos equipamentos robóticos. Aplicado sobre a coleção de amostras, resultará na identificação da substância natural que teve melhor sucesso em atingir o "alvo" (um "hit", no jargão internacional do HTS). Um "hit" obtido numa coleção ampla de substâncias naturais é ainda uma mistura complexa, da qual será necessário isolar uma molécula pura que carregue consigo a atividade biológica ou as características físico-químicas desejadas.
- Capacitação científica e disponibilidade de excelentes instalações de química analítica moderna permitirão partir de um "hit" para isolar a melhor molécula bioativa pura. Esse procedimento, denominado "desconvolução", é uma sucessão de etapas de fracionamento químico, cada etapa acompanhada de verificação da atividade de cada fração sobre o "alvo". O resultado final deve ser uma molécula, ou uma mistura de poucas moléculas, que seja eficiente em atacar o "alvo" e passível de tratamento industrial, resultando em inovação no mercado.
- Capacitação para a identificação segura e para o manejo do organismo produtor. A identificação será feita por técnicas genômi-

cas modernas, capazes de caracterizar o organismo produtor e de servir de controle de qualidade para a sua explotação na natureza. Será possível utilizar marcadores genéticos de fácil identificação para garantir que a melhor variedade de uma planta (uma cultivar) possa ser utilizada na sua propagação a campo e na sua explotação econômica sustentável.

São aqui claras as vantagens competitivas do Brasil. Sua biodiversidade vegetal é a maior da terra. A variedade de estruturas químicas das coleções de produtos naturais é muito maior que a de coleções lógicas de química combinatória, pois a imaginação humana não é capaz de competir com a sabedoria evolutiva do mundo natural. Acresce-se a isso que as plantas aperfeiçoaram-se em mecanismos químicos de defesa mais capazes de atingir com eficiência alvos animais e de micro-organismos, tornando os acertos ("hits") contra alvos mais frequentes nas coleções de produtos naturais.

Além de plantas terrestres, o Brasil tem também experiência e tradição na busca de variedade química na biota vegetal de nossos ambientes aquáticos (onde desponta a explotação de algas para novos materiais). Mais ainda, nossos solos são ricos em micro-organismos cuja utilidade industrial apenas começa a ser bem-entendida. Mais recentemente, explora-se o conceito denominado "metagenômica", que propõe não ser de fato necessário identificar plantas ou micro-organismos; bastaria na prática isolar e caracterizar todos os genes presentes num torrão de terra e colocá-los a produzir em laboratório substâncias ao acaso, constituindo novas coleções químicas de grande porte e diversidade. Por enquanto, essa ideia não foi ainda equacionada economicamente, mas é um caminho futuro interessante.

A formação de grandes coleções de amostras de nossa biodiversidade química deve ser uma missão primordial do Instituto Brasileiro da Biodiversidade. O Cenargen/Embrapa têm a missão de colecionar amostras de sementes de todas as nossas plantas. Mas não há organismo público ou privado encarregado de fazer o mesmo para a biodiversidade química.

ESTUDO DE CASO:
EXTRACTA MOLÉCULAS NATURAIS S/A
E SEU BANCO DE BIODIVERSIDADE QUÍMICA

Com a finalidade de deixar claro o que pode ser feito pelo Instituto Brasileiro da Biodiversidade, é tomado como modelo unitário o caso da Extracta Moléculas Naturais S/A.

Ao longo dos seus 12 anos de vida, a Extracta conseguiu montar com recursos próprios o que é hoje a maior coleção de biodiversidade química vegetal do Brasil, localizada em sua sede no Rio de Janeiro. A coleção consiste em extratos de órgãos de plantas, coletadas ao acaso, em estado fértil (em presença de flor, fruto ou semente). A área total de coleta, medida pelas coordenadas geográficas extremas das 225 expedições que a formaram corresponde a cerca de 10.000km^2 do nosso território. Compreende amostras de Mata Atlântica, no corredor que vai de São Paulo ao Espírito Santo (80% da coleção); e áreas de Floresta Amazônica no entorno de Belém e outros pontos do Estado do Pará (20% da coleção). Foram colhidas pequenas amostras de 2,5kg de diferentes partes de 4.919 plantas (como raiz, caule, casca, folha, fruto, flor etc.). Cada planta foi georreferenciada por GPS e fotografada *in situ* em alta resolução antes de ser processada. Subamostras ("exsicatas") de cada planta foram depositadas num herbário público para estudo botânico. Todo esse procedimento acha-se convalidado pelo CGEN-MMA, o Conselho de Gestão do Patrimônio Genético, que emite bienalmente para a Extracta autorizações especiais de acesso material ao Patrimônio Genético, sem limitações geográficas.

As amostras coletadas na natureza são processadas em duas centrais de extração, uma no Rio de Janeiro e outra em Belém. Um convênio com a Universidade Federal do Pará (UFPA) permitiu que a Extracta construísse no Campus do Guamá uma infraestrutura completa para o trabalho, equipando, contratando e treinando staff para operar tais facilidades. Após dois anos de trabalho, toda essa base física e equipamentos foram transferidos para o patrimônio e a responsabilidade daquela universidade. Resultou um progresso local notável na área de química de produtos naturais dentro da UFPA, estribado na competente equipe de professores cientistas que até hoje mantêm com a Extracta estreitos vínculos de cooperação. Coube a essa organização local todo o esforço de coleta e extração do conteúdo amazônico do Banco Extracta de Biodiversidade Química. As facilidades foram simultaneamente usadas para o treinamento de pessoal técnico e o ensino de graduação e pós-graduação, num resultado multiplicador interessante. A Central de Extração da UFPA acha-se hoje conectada em rede ao Banco Extracta no Rio de Janeiro, podendo acessar e adicionar on-line todas as informações botânicas e participar de trabalhos de pesquisa e desenvolvimento da Extracta. O Núcleo da UFPA participa hoje da rede de Institutos Nacionais de Ciência e Tecnologia, em associação com a Extracta e o Instituto de Biofísica da UFRJ. Trata-se de claro exemplo de como uma interação universidade-empresa — mesmo que anterior à Lei do Bem e à Lei da Inovação — resulta em eficiente parceria público/privada, com claros benefícios para o avanço da ciência e da tecnologia no país.

Uma vez formada sua coleção e instalada sua infraestrutura laboratorial no Rio de Janeiro, a Extracta lançou-se, a partir de 1999, numa campanha de triagem robótica da natureza brasileira. Seu primeiro e histórico contrato de pesquisa e inovação foi assinado com a então GlaxoWellcome, em 1999. A Extracta trabalhou intensamente na busca de produtos capazes de atingir os seis alvos de interesse daquele cliente internacional. O exercício resultou na caracterização de 683 extratos etanólicos brutos fortemente ativos contra esses alvos. Todos os resultados da pesquisa, integralmente realizada no Brasil, pertencem à Extracta, detentora contratual da propriedade industrial sobre os mesmos. Dentro desse universo de descoberta e invenção, são particularmente promissores os antibióticos naturais contra micro-organismos causadores de doença humana ou animal. O melhor exemplo de progresso em P&D&I dentro da Extracta é o desenvolvimento de um produto contra o *Staphylococcus aureus* resistente a Meticilina, apelidado MRSA no jargão técnico internacional. MRSA é o germe principal das mortais infecções hospitalares, que agora se espalham de forma preocupante por comunidades como escolas, academias de fisiculturismo e contingentes de força de trabalho confinadas em espaço físico que obrigue o frequente contato entre pessoas. O produto EX 103764, um extrato bruto, mostrou-se tão ativo quanto os antibióticos comerciais. A sua desconvolução química em moléculas puras demonstra que derivados desse produto natural são antibióticos mais potentes que quaisquer outros hoje disponíveis no mercado. O desenvolvimento final do medicamento e seu lançamento no futuro próximo serão feitos com o apoio de indústrias farmacêuticas brasileiras.

A Extracta espera que outros clientes, no Brasil e no exterior, possam valer-se de seu acesso privilegiado à maior biodiversidade disponível no planeta. Dois movimentos devem pautar esse progresso.

Segundo, clientes de todos os portes poderão trazer suas próprias ideias de alvos e bioensaios a serem transformados em inovação pela infraestrutura técnica Extracta. Numa empresa tecnológica, são os novos contratos de P&D que, pela agregação de novos investidores e de novos clientes financiadores, permitem consolidar a estrutura física e humana da própria companhia.

Obtidos os resultados químico-biológicos, precisa a Extracta prover ainda resposta a alguns quesitos fundamentais. Um deles é o suprimento de matéria-prima de alto nível e qualidade certificada, para que indústrias possam trabalhar produtos naturais com as garantias exigidas pelo sistema de autorizações éticas (CEP-Conep) e pela Anvisa na área farmacêutica. Será necessário caracterizar plantas produtoras através *fingerprinting* químico e genético, e será preciso cloná-las para fornecer mudas certificadas aos agricultores locais contratados para a produção. Significa isso que o Banco Extracta de Biodiversidade Química se prepara para ser também um Banco da Genômica da Biodiversidade Vegetal brasileira (um banco de genes), preparando sua evolução para a futura explotação metagenômica de nossa biodiversidade.

Outro aspecto da questão, em que a Extracta dá os primeiros passos, se refere ao retorno de benefícios para os provedores iniciais de matéria-prima biológica, de forma a garantir sua participação na fase de produção agrícola que precede a produção de matéria-prima para uma indústria global.

O equacionamento dessas questões permitirá que a Extracta e o Brasil possam responder ao ABS (Access and Benefit Sharing), um requisito da CDB/Rio-92. Diz a Convenção que em troca de acesso à biodiversidade pela indústria, esta deverá prover um sistema de retorno de benefícios claro. A Extracta firmará contratos com os fazendeiros produtores, propondo dois níveis de retorno. O primeiro é a promessa já contida no TAP (Termo de Anuência Prévia), de retorno de 2,5% sobre royalties oriundos da comercialização de produtos de uma planta obtida em terras de determinado provedor. O segundo é detalhado à vista de um produto comercial concreto, com uma opção de participação do provedor agrícola inicial no mercado do fornecimento de matéria-prima à indústria. Associado a esses benefícios, é fator também importante a transferência de tecnologia intermediada pela Extracta, representada por estudos técnico-científicos, desenvolvimento de produtos, provisão de mudas certificadas e assistência extensionista às plantações.

RAZÕES PARA PROPOR O NOVO INSTITUTO BRASILEIRO DA BIODIVERSIDADE

Tomemos o número 60 mil como descritor do universo de plantas superiores que constituem a biodiversidade vegetal brasileira. O Banco Extracta, o maior do Brasil, representa apenas 8% desse potencial. Ampliar essa e outras coleções de forma centralmente coordenada por uma base de dados comum permitirá abranger toda a riqueza vegetal do país, no que seria o maior Banco de Biodiversidade Química do Planeta. Esta é uma empreitada de porte nacional que a Extracta não se propõe a fazer sozinha. Propõe, ao contrário, que se constitua uma rede interinstitucional brasileira, associando centros científicos, empresas de pesquisa, provedores de matéria-prima e indústrias para constituir um grande Instituto Brasileiro da Biodiversidade (IBB). O IBB, montado como entidade civil sem fins lucrativos, coordenará os esforços de pelo menos dez núcleos estrategicamente distribuídos pelos centros de megabiodiversidade brasileira. Será necessário acessar extensamente o patrimônio genético brasileiro com uma amostragem realizada em nossos vários biomas, reduzindo-o a uma coleção de grande porte que possa utilizar técnicas robotizadas de alta velocidade para perseguir alvos de interesse de vários setores industriais. Tal rede será necessariamente fundamentada nas facilidades de comunicação de dados em alta velocidade já existentes no Brasil, o que permitiria iniciar trabalhos colaborativos combinando o melhor de nossas cabeças e de nossas infraestruturas de pesquisa e desenvolvimento, públicas e privadas. O IBB será um passo fundamental para criar de fato, no Brasil, as bases para o desenvolvimento da biotecnologia da biodiversidade, constituindo-se assim no *maior Banco de Biodiversidade Química do planeta.*

O Instituto Brasileiro da Biodiversidade se organizará em torno de um grande banco de dados, com informações de diferentes tipos sobre o nosso mundo vegetal e sobre os solos e águas em que assentam. Sendo contribuição de vários grupos de excelência, deverá conter informações pré-competitivas, com a finalidade de permitir que grupos científico-industriais associados e empresas-clientes possam dar curso a projetos independentes, com objetivos e clientelas próprias. A organização da comunicação, da informática e do intercâmbio de informações atenderá o requisito de sigilo necessário à garantia da propriedade industrial nas atividades de pesquisa, desenvolvimento e inovação de cada projeto isolado. Todos poderão assim colaborar na formação do Banco e na coleta de amostras do nosso patrimônio genético, sob contratos pré-acordados de apropriação de resultados pelos proponentes e pelos financiadores de cada projeto.

O modelo proposto, se adotado e aperfeiçoado com a colaboração inteligente de futuros parceiros, certamente constituirá o alicerce da transformação do potencial da biotecnologia da biodiversidade brasileira em benefício para o país no mercado global; e abrirá caminho para que parceiros globais estendam esses benefícios para toda a humanidade.

PROJETO REDE BRASILEIRA DE BIODIVERSIDADE
(Projeto Extracta - Land/Coppe)

O Instituto Brasileiro da Biodiversidade, com sede administrativa no Rio de Janeiro, terá Estatuto outorgado pela Assembleia-Geral dos Instituidores. Seu organograma compõe-se de quatro Coordenações Operacionais, submetidas a uma Administração Executiva, que por sua vez responde à estrutura legal de Presidência e Conselhos.

FIGURA 1
ORGANIZAÇÃO INSTITUCIONAL DO IBB

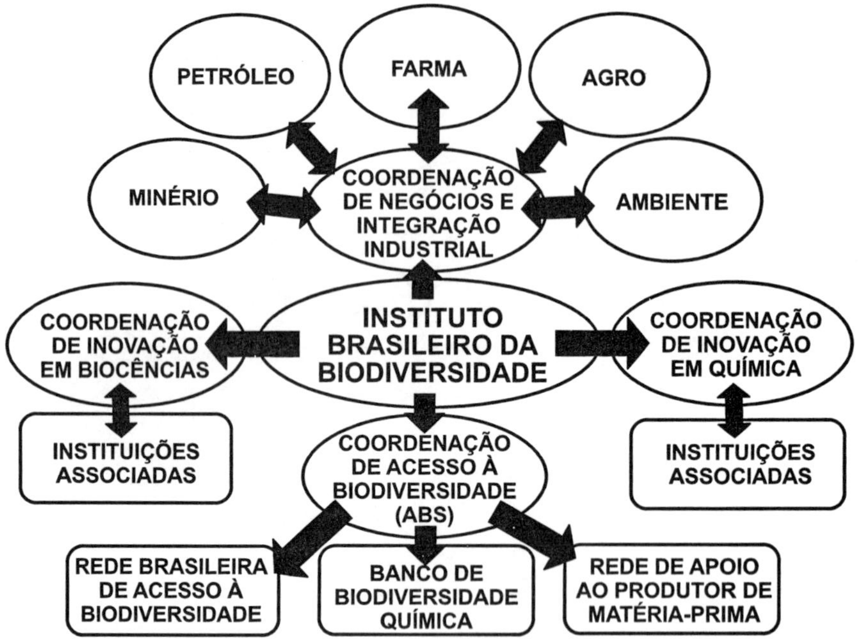

COORDENAÇÕES OPERACIONAIS (VER FIGURA 1)

A Coordenação de Acesso à Biodiversidade, é responsável pelas relações com os organismos regulatórios nacionais e internacionais, e pelas operações de acesso ao patrimônio genético brasileiro, representando seus parceiros e seus contratos de retorno de benefícios (ABS). Opera a Rede Brasileira de Biodiversidade, o Banco de Biodiversidade Química e a Rede de Apoio ao Produtor de Matéria-Prima.

Duas Coordenações de Inovação Técnico-científica: responsáveis pelos projetos internos e interinstitucionais de pesquisa, desenvolvimento e inovação em biociências e química de produtos naturais. Cabe-lhes toda a coordenação com os parceiros técnico-científicos desses setores nas empresas e instituições participantes.

Coordenação de Negócios e Integração Industrial: responsável pela atração de parceiros industriais e pelo atendimento de suas demandas.

A coordenação desses projetos é submetida ao cliente, operando com a equipe da empresa demandante. O objetivo dessas operações é a formulação de toda a cadeia de inovação que resulta em negócios concretos de licenciamento de propriedade industrial e dá apoio continuado até a comercialização de um produto ou processo.

A Administração Executiva é exercida por um diretor-geral, assistido por um diretor de Administração e Finanças e um diretor técnico-científico. A Administração Executiva é assistida por um Conselho Consultivo, com duas Câmaras: uma Técnico-Científica e uma Empresarial.

A Administração Executiva submete-se ao controle máximo da Assembleia-Geral dos Instituidores, que elege o Conselho de Administração e o Conselho Fiscal. Cabe ao Conselho de Administração nomear o diretor-geral e homologar os nomes dos demais diretores apontados pelo diretor-geral. O Conselho de Administração é responsável pelas diretrizes operacionais a serem obedecidas pela Diretoria.

Cabe à Diretoria implantar e fazer funcionar o Sistema de Qualidade do Instituto, que deverá reger todas as atividades através de Procedimentos Operacionais Padronizados. Pelas suas características de coordenadora de inovação de interesse industrial e comercial, obedece estritamente a padrões de confidencialidade empresarial, dentro das normas da Lei de Propriedade Industrial.

LOCALIZAÇÃO DA SEDE ADMINISTRATIVA

A sede do Instituto será no Rio de Janeiro, onde se concentram importantes instituições e empresas dedicadas a vários desses temas. A localização proposta é o Polo Bio-Rio, um parque tecnológico dentro do campus da UFRJ no Fundão. O parque é gerenciado pela Fundação Bio-Rio, uma entidade de caráter privado, de finalidades não lucrativas, instituída em 1988 por entidades de classe empresarial do Rio de Janeiro (Firjan e ACRJ) e por instituições de pesquisa como a UFRJ e a Fiocruz.

INFRAESTRUTURA CENTRAL DE APOIO A ATIVIDADES DE P&D&I NA REDE

O Instituto terá em sua estrutura central modelo, com corpo técnico e laboratórios de alto nível, com capacidade de prestação de serviço de qualidade internacional. Essa infraestrutura central atenderá a três demandas, a saber:

- Apoio ao desenvolvimento dos núcleos regionais da rede, dando treinamento nos procedimentos operacionais padronizados e servindo de consultor à implantação de serviços de qualidade.
- Atendimento direto a demandas de pesquisa, desenvolvimento e inovação dos sócios do Instituto.
- Atuar como núcleo central da rede de processamento integrado de informações, distribuição de atribuições em projetos multicêntricos e centralização física da infraestrutura de rede, com capacidade interativa com núcleos informatizados em cada sócio técnico-científico.

A QUESTÃO CRÍTICA DA PROPRIEDADE INDUSTRIAL SOBRE OS PRODUTOS DA BIODIVERSIDADE NO BRASIL

O Instituto Brasileiro da Biodiversidade, através de seus associados, formará uma extensa coleção de biodiversidade química, a partir da qual executará atividades de bioprospecção, com finalidades tanto científicas quanto comerciais. O Instituto buscará junto ao CGEN/MMA as licenças necessárias a essa operação, que será complexa por ser multicêntrica. Enquanto Coordenação Central, o Instituto e seu Sistema de Controle de Qualidade proporão ao CGEN um grupo de normas operacionais, descritas em nível de POP (Procedimento Operacional Padrão) para cada tarefa a ser executada na cadeia de inovação que vai do acesso ao patrimônio genético até o seu licenciamento para a indústria. Em cada caso de inovação industrial, o Instituto dará assistência técnica ao cliente empresarial para a aprovação de seus procedimentos e contratos de Repartição e Utilização de Benefícios (CRUB) junto ao CGEN/MMA.

Para que os produtos da biodiversidade brasileira possam alcançar o mercado nacional e mercados internacionais, torna-se necessário o seu licenciamento para empresas industriais de porte, capazes de fazer os investimentos necessários para o desenvolvimento final, o licenciamento e a comercialização globalizada dos produtos inovadores. Será necessário dar aos parceiros industriais e investidores a garantia básica representada pela Propriedade Intelectual ou Industrial sobre os produtos, desde as invenções fundamentais (*breakthroughs* técnico-científicos) até o seu formato comercial final.

Há ainda no Brasil problemas de impedimento legal a serem resolvidos nessa área. A legislação brasileira da Propriedade Industrial apresenta obstáculos formais à proteção comercial dos produtos de nossa biodiversidade, trabalhando em contramarcha das políticas declaradas de transformar biodiversidade em riqueza nacional. O principal obstáculo localiza-se na proibição de se considerar invenção qualquer produto obtido de uma planta ou parte de planta, ou ainda de seu genoma ou germoplasma. É também vedada a proteção por patente de quaisquer seres vivos, naturais ou não, excetuados micro-organismos resultantes da engenharia genética. Decorre da interpretação estrita da Lei que não é possível patentear quaisquer derivados de plantas ou animais, mesmo que sejam inovadores no seu conteúdo inventivo e não estejam isoladamente presentes na natureza na forma que se pretenda proteger.

Será sem dúvida necessário remover tais entraves legais para que a biotecnologia como um todo e o seu uso na explotação da biodiversidade possam ser uma opção séria de riqueza e desenvolvimento socioeconômico no Brasil. Um primeiro passo nesse sentido foi dado pelo Projeto do deputado Mendes Thame (PL nº 4.961/2005), que admite a concessão de patente de invenção aos derivados de produtos naturais que obedeçam aos demais critérios internacionais de patenteabilidade (novidade, atividade inventiva e aplicação industrial). O projeto tem pareceres favoráveis dos relatores nas Comissões pertinentes e acha-se em fase final de apreciação pela Câmara, dependendo apenas de vontade política para ser votado ainda em 2011.

Patentes de invenção submetidas ao INPI e ao PCT (Patent Cooperation Treaty) pelo Instituto e seus parceiros industriais resultarão, caso concedidas, em benefícios aos cientistas inventores, na própria empresa e nas instituições de pesquisa associadas. Asseguram também o pagamento de royalties aos detentores da terra que acordaram com a provisão de amostras do patrimônio genético que comporão o grande Banco Brasileiro de Biodiversidade Química.

REFERÊNCIAS BIBLIOGRÁFICAS

Capobianco J. P. et al. *Biodiversidade na Amazônia Brasileira*. Coeditores ISA — Instituto Socioambiental e Estação Liberdade, 2001.

Dossiê Biotecnologia — Revista *Estudos Avançados* nº 70, IEA-USP, set.-dez. 2010, p. 7-164.

O impasse da biodiversidade. Revista *Brazil Sempre*, (edição espeical). CEBDS — Conselho Empresarial Brasileiro para o Desenvolvimento Sustentável, jan.-mar. 2001.

Paes de Carvalho, A. (2006). Bioprospecção e o quadro da convenção sobre diversidade biológica: empreendendo no Brasil, *apud* N. Bensusan et al. (2006), Biodiversidade: para comer, vestir ou passar no cabelo? São Paulo e Petrópolis: Instituto Internacional de Educação do Brasil, p. 145-152.

____. (2010). *Regulatory Environment for Access to Genetic Resources and Benefit Sharing in Brazil: Role of a Local Company Dealing in Research, Development and Innovation* — WIPO Intergovernmental Committee Meeting on Intellectual Property in Genetic Resources, Traditional Knowledge and Folklore, maio /2010. Disponível em: ⟨http://www. ifpma.org/iipt/fileadmin/templates/ IPP/GPF/GPF_ABS/WIPO-IGC_ Paes_de_Carvalho_Presentation. pdf⟩

Rouhi, A. M (2003). *Rediscovering Natural Products*. Chem. & Eng. News 81(41):77-78, 82-83, 86, 88-91.

Eletrônica orgânica em direção ao chip orgânico: sua importância para o Brasil

*Roberto Mendonça Faria**

---

* Coordenador do Instituto Nacional de Eletrônica Orgânica, USP-SC.

INTRODUÇÃO

NOS ÚLTIMOS CINCO anos, o Brasil tem sido considerado por muitos fóruns internacionais como um dos principais países emergentes da primeira metade do século XXI. As razões para essa constatação vêm, entre outros fatores, da estabilidade política alcançada pelo país nos últimos vinte e cinco anos, dos admiráveis avanços da área econômica, das conquistas sociais e do amadurecimento do capitalismo brasileiro. Além disso, o Brasil é um país abençoado pela generosidade da natureza, que lhe proporciona abundância de recursos hídricos e minerais, terras cultiváveis em quantidade e um clima ensolarado e nada inóspito. Entretanto, se é pretensão do Brasil destacar-se entre os países do BRIC e, nas próximas décadas, tornar-se uma potência econômica e social emergente, terá de cumprir rapidamente duas missões essenciais. A primeira, de concordância uníssona, é a de melhorar a qualidade da educação oferecida à sua população. A segunda missão, que está ligada ao título deste estudo, é a de estabelecer um parque industrial de alta e de média-alta intensidade tecnológica, de forma robusta e sustentável. Esse segundo ponto é de vital importância, visto que, nos últimos anos, a fração industrial da balança comercial brasileira tem se mostrado muito preocupante. A participação dos segmentos industriais de média, média-alta e alta intensidade tecnológica vem sendo deficitária (Gráfico 1) e, entre janeiro e março de 2011, seu desempenho foi ainda pior, sendo responsável por um déficit de quase US$ 18 bilhões,[1] o que significou um aumento de mais de US$ 5 bilhões em relação ao mesmo período de 2010 e o dobro dos ocorridos em 2008 e 2009.

---

[1] Disponível em: https://conteudoclippingmp.planejamento.gov.br/cadastros/noticias/2011/4/15/balanca -comercial-de-industria-de-media-e-alta-tecnologia-tem-pior-deficit-em-22-anos. João Villaverde, Valor Econômico, 15/4/2011.

Gráfico 1

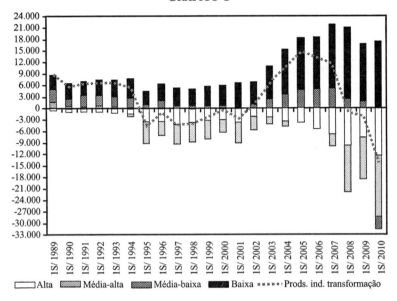

O documento da Política Industrial, Tecnológica e de Comércio Exterior (PITCE),[2] lançado em março de 2004 por diversos ministérios e órgãos do governo brasileiro, teve a lucidez de eleger algumas áreas como opções estratégicas ao desenvolvimento industrial do país (semicondutores, software, fármacos e medicamentos e bens de capital). As razões para tal escolha consideravam que essas áreas promoviam o adensamento do tecido produtivo, abriam novas oportunidades de negócios, eram responsáveis por parcelas expressivas dos investimentos internacionais em Pesquisa e Desenvolvimento e tinham um dinamismo crescente e sustentável. Aquele documento seminal poderia ter alavancado ações para o desenvolvimento industrial do Brasil naquele momento, mas, por motivos inexplicáveis, isso não ocorreu e as ideias ali plantadas sublimaram com o tempo. No entanto, essas opções continuam válidas, sobretudo a de semicondutores, que preferimos aqui identificar como de semicondutores e eletrônica. Qualquer análise mais detalhada dos malogros recentes da participação da indústria de alta tecnologia no comércio exterior,

---

[2] http://www.abdi.com.br

por exemplo, vai identificar a ausência quase total do setor de eletrônica na pauta de exportações, contrastando com o montante desfavorável e sempre crescente das importações.

SITUAÇÃO ATUAL DO BRASIL E A ELETRÔNICA NO SÉCULO XXI

As razões que levaram a indústria eletrônica e de semicondutores do Brasil ao fraco desempenho vivido até hoje são bem conhecidas. Recuperar os efeitos deletérios de ações e estratégias equivocadas não é mais pauta de nossa discussão. No final de 2008, foi criada a empresa Ceitec S.A.,[3] localizada no Rio Grande do Sul e ligada ao Ministério da Ciência e Tecnologia. Essa empresa tem por objetivo criar bases para o desenvolvimento da indústria eletrônica brasileira. Sua unidade fabril usa *wafers* de silício de seis polegadas e uma capacidade de produzir mais de 50 milhões de chips por ano. Os projetos em andamento visam aplicações na agricultura, na área de transporte, de telecomunicações e de multimídia digital. Essa iniciativa é louvável, principalmente porque ainda há muito espaço para a eletrônica do silício e muitos nichos de mercado poderão ser explorados com sucesso. Por outro lado, o panorama global da evolução da indústria de semicondutores e da eletrônica previsto para um futuro não muito distante é bem diferente do atual. Hoje essa área está vivenciando uma grande metamorfose e deverá, em poucos anos e décadas, sofrer mudanças consideráveis. Essas mudanças ocorrerão sob a sombra das descobertas de novos materiais semicondutores, por um lado, e do advento da nanotecnologia, por outro. Esse novo panorama, que já se torna perceptível, propiciará muitas novas oportunidades de mercado em todo o planeta. O setor industrial da eletrônica ampliará muito sua oferta de produtos, incorporará novos processos em suas linhas de produção e indústrias de novos materiais semicondutores serão criadas. Os países que estiverem capacitados e ousarem enfrentar esses

---

[3] http://www.ceitec-sa.com

novos desafios deverão lucrar muito por várias décadas, alavancando seu desenvolvimento através do fortalecimento de seu parque industrial e, consequentemente, de sua Balança Comercial. É importante ressaltar que o conhecimento agregado na área da eletrônica é vital à sustentabilidade de outros segmentos industriais, como o de Bens de Capital, Automotivo e da Linha Branca, por exemplo. É um setor importante também ao agronegócio porque, através de dispositivos e equipamentos, auxilia a produção de alimentos, tanto no aspecto quantitativo quanto qualitativo. Além disso, uma forte indústria eletrônica contribui com a área da saúde, da educação e da segurança nacional, tanto militar quanto territorial.

Muitos desses novos materiais pertencerão ao domínio dos inorgânicos, destacando-se, dentre eles, os compostos à base dos elementos III-V e II-VI da Tabela Periódica, tendo como principais exemplos o arsenieto de gálio (GaAs) e o óxido de zinco (ZnO), respectivamente. Entretanto, a maior novidade da eletrônica do século XXI surge com os semicondutores orgânicos — moléculas orgânicas com propriedades semicondutoras — que hoje já revelam um mercado cobiçável de novos dispositivos eletrônicos e optoeletrônicos. Esses dispositivos terão presença comercial garantida no ramo da eletrônica de miniaturização e no da eletrônica de grandes áreas. O primeiro exemplo de dispositivos no ramo da miniaturização é o de telas de matriz ativa (*displays*) de Oleds (*Organic Light-Emitting Diodes*), que são aplicadas a câmeras fotográficas, celulares, monitores de vídeo, televisores, IPods, IPads etc. Nesse caso, a miniaturização vem do fato de que cada pixel da tela, que lhe confere a qualidade e a resolução da imagem, é constituído por um Oled de dimensões micrométricas. Ao lado da tecnologia de áreas grandes, a aplicação que se encontra em estágio mais avançado é a da iluminação, seguida pelos painéis de conversão fotovoltaica da luz solar em energia elétrica. A iluminação por Oled já é uma realidade e o Brasil conta com uma iniciativa concreta nesse setor. Recentemente, a Fundação Centros de Referência em Tecnologias Inovadoras (Certi), de Santa Catarina, e a Philips firmaram um convênio de cooperação para executar um projeto denominado EMO (*Emerging Marketing* Oled), que tem como objetivo desenvolver projetos de iluminação de ambientes.[4] Entretanto, há o temor de que o conhecimento tecnológico fundamental que é ligado ao dispositivo emissor de luz seja todo importado.

ELETRÔNICA ORGÂNICA

Como mencionado acima, a Eletrônica Orgânica (EO) é construída a partir de determinadas moléculas orgânicas, ou seja, moléculas estruturadas a partir de átomos de carbono que apresentam, ao longo de sua cadeia, ligações químicas duplas alternadas a ligações simples entre os átomos de carbono. Essa alternância das ligações químicas é o efeito científico que confere a essas moléculas propriedades elétricas e óticas diferenciadas e as torna matéria-prima semicondutora fundamental à EO. A EO é dividida entre as chamadas moléculas pequenas e as macromoléculas poliméricas. Em ambas, as tecnologias usadas pertencem à de filmes finos, ou seja, a camada ativa do dispositivo é uma película orgânica de poucas dezenas de nanômetros de espessura (um nanômetro é igual a um milionésimo de milímetro), que são fabricadas a partir das moléculas semicondutoras. Por essa razão, a tecnologia envolvida é denominada nanotecnologia. A formação dessas películas, no caso das moléculas pequenas, é feita por evaporação a vácuo. Já a fabricação dos filmes poliméricos se dá por diferentes técnicas de deposição, sempre fazendo uso de uma solução contendo as moléculas eletrônicas. Por esse motivo, a eletrônica dos polímeros é também conhecida por eletrônica molhada. Além dos diodos emissores de luz (Oleds), as tecnologias dos diodos fotovoltaicos orgânicos (OPVs — *Organic Photovoltaics*), também conhecidos por células solares, e dos transistores por efeito de campo (Ofets — *Organic Field-Effect Transistors*) estão em franca evolução e são dispositivos candidatos a inúmeras aplicações, como será relatado a seguir.

Hoje são catalogadas cerca de uma centena de moléculas eletrônicas que foram sintetizadas nos últimos anos e décadas. Muitas outras, certamente, serão criadas nos laboratórios de química dedicados a essa área de pesquisa. Cada nova molécula melhora uma propriedade específica do composto, ou gera uma nova propriedade. Dessa versatilidade

---

[4] http://www.certi.org.br/noticias/santa-catarina-podera-sediar-fabrica-de-oled-da-philips.html

estrutural pode-se concluir que a área da EO deverá progredir muito ainda. Outra categoria de moléculas orgânicas que certamente terá muitas aplicações é a dos sistemas naturais. Essa área da eletrônica, que já mostra avanços surpreendentes, está inserida na biotecnologia, e suas primeiras aplicações estão relacionadas a sensores aplicados à medicina. Para completar o quadro dos materiais orgânicos de propriedades eletrônicas, não podemos deixar de citar os novos alótropos do carbono: os fulerenos, os nanotubos de carbono e o grafeno. Esses novos materiais são nanoestruturas de carbono que apresentam propriedades muito variadas, as quais dependem de modificações em sua conformação estrutural. Certamente esses alótropos terão muitas aplicações tecnológicas na área de dispositivos eletrônicos e optoeletrônicos, de armazenagem de energia (baterias), nanossondas etc.

A eletrônica orgânica mostra que atuará em duas tecnologias distintas: a de grandes áreas, e a de miniaturização (Figura 1). A eletrônica de grandes áreas certamente terá sucesso no campo da iluminação de ambientes, tendo como elemento eletrônico fundamental os diodos emissores de luz branca (*White Oleds*), e no campo da conversão de energia solar em elétrica, onde o dispositivo básico é o OPV. O ramo da miniaturização atuará na fabricação de pixels de displays de computadores e de televisores, que apresentam alta resolução de imagem, e caminha para a tecnologia de circuitos integrados, ou seja, o chip orgânico.

FIGURA 1
DOIS RAMOS DA ELETRÔNICA ORGÂNICA:
MINIATURIZAÇÃO E GRANDES ÁREAS

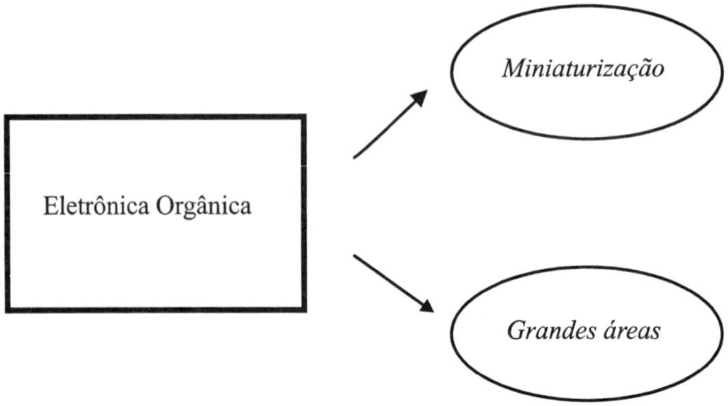

Dispositivos emissores de luz (Oleds)

Os diodos emissores de luz orgânicos (Oleds) são os dispositivos que estão em estágio mais avançado do ponto de vista tecnológico devido a inúmeras iniciativas que houve desde os anos 1990. A primeira empresa que investiu no desenvolvimento dessa tecnologia foi a Kodak (EUA), seguida pela Philips (Holanda), pela Sony (Japão), pela Cambridge Display Technology (UK), entre outras. As pesquisas dividiram-se em dois ramos principais: o de fabricação de *displays* de alta resolução e o de fabricação de Oleds para iluminação. Os Oleds para *displays* seguem a tecnologia de miniaturização e encontram-se hoje em estágio bem avançado, com produtos já lançados no mercado. Empresas como a LG e a Samsung já colocaram no mercado produtos com *displays* de Oleds (câmeras fotográficas, 3D *Play Station* etc.). A Sony lançou no mercado, há dois anos, um televisor Oled, em caráter experimental.[5] Esse televisor de 11 polegadas e resolução de 960 por 540 pixels impressionou pela qualidade de seu contraste 1.000.000:1, de sua leveza e espessura (apenas 3mm) (Figura 2). Hoje, além da Sony, outras empresas (LG e Samsung) anunciam para breve lançamentos de televisores de Oleds, com dimensões superiores a 50 polegadas.

A área de iluminação é outro grande mercado a ser desbravado a partir dos próximos anos. O grande apelo desse mercado é o da economia de energia. As lâmpadas incandescentes alcançam hoje uma eficiência próxima a 15 lúmens por watt (lm/W) e as fluorescentes compactas, em torno de 50lm/W. Os resultados mais recentes na área dos Oleds que emitem a cor branca chegaram a 100lm/W. Por esse motivo, a iluminação por Oleds vem sendo chamada de "iluminação por luz fria", pois reduz enormemente a perda de energia elétrica por calor. Não há dúvida de que, em futuro próximo, o mercado de iluminação de ambientes terá uma participação majoritária da tecnologia Oled e que essa tecnologia deverá também ocupar espaço na iluminação externa (Figura 3). Tal previsão se justifica pelo fato de não ser poluidora como as fluorescentes, além de proporcionar uma economia brutal no consumo

---

[5] http://www.oled-tv.asia/sony-xel-1

de energia. Além disso, essa nova iluminação possibilitará a integração arquitetônica dos painéis de iluminação aos ambientes, abrindo espaço a empresas na área de decorações de ambientes.

As grandes empresas da área de iluminação (Osram, Philips, GE etc.) já estão com projetos industriais em estágio avançado. No Brasil, como mencionado acima, há um projeto da Certi, em parceria com a Philips, para a montagem de uma unidade fabril no Brasil. Por outro lado, essa tecnologia abrirá espaço para empresas de pequeno e médio portes, já que esse será um mercado muito amplo e variado.

Figura 2
TELEVISOR DE OLED SONY COM TELA DE 3MM DE ESPESSURA, LANÇADO EXPERIMENTALMENTE NO MERCADO

Figura 3
ARRANJOS DECORATIVOS COM ILUMINAÇÃO POR OLED DE LUZ BRANCA

Dispositivos fotovoltaicos (células solares orgânicas)

Um dos grandes problemas globais da atualidade é o da geração de energia elétrica. As matrizes energéticas tradicionais ou estão em fase de esgotamento, ou apresentam sérios problemas de agressão ao meio ambiente. A energia produzida pelas tecnologias eólica e solar desponta como promissora ao longo do século XXI por pertencer à classe das "energias limpas". O Brasil, apesar de ser um dos países mais privilegiados em termos de insolação, que é bem distribuída por seu imenso território, não possui um projeto de aproveitamento da energia solar. Todos os países do mundo desenvolvido têm um projeto na área de aproveitamento da energia solar, inclusive os do norte da Europa, o Canadá e o Japão, onde a insolação é bem inferior à do Brasil. Entre as tecnologias de aproveitamento de energia solar, a dos dispositivos fotovoltaicos destaca-se entre as mais promissoras. Há muitos materiais semicondutores que concorrem a essa tecnologia, destacando-se o silício mono e policristalino, os semicondutores amorfos, os dispositivos à base de elementos III-V e II-VI etc. Apesar do alto rendimento hoje obtido por várias células fotovoltaicas, o impedimento de seu uso em larga escala é o custo do Watt-hora (Wh) produzido. Nesse sentido, as células solares orgânicas começam a despontar como solução a esse problema, porque seu custo de produção deverá ser muito inferior às demais tecnologias. Hoje as melhores células orgânicas apresentam rendimento de 6%, o que contrasta com os rendimentos de até 40% das células de silício. Por outro lado, vários estudos demonstram que células orgânicas de rendimento de 10% já serão competitivas na produção de energia elétrica e a aposta nessa tecnologia é cada vez mais aceita.

Nos últimos anos, várias empresas voltadas ao desenvolvimento da tecnologia de células fotovoltaicas orgânicas foram criadas, destacando-se, entre elas, a Konarka (EUA), a Solarmer (EUA) e a Plextronics (EUA-Japão).[6] Praticamente todas elas investem na fabricação de painéis solares flexíveis fabricados através do processamento *Roll-to-Roll*. Com esse processamento é possível fabricar painéis flexíveis e facilmente

---

[6] http://www.konarka.com; http://www.solarmer.com; http://www.plextronics.com

moldáveis sobre superfícies irregulares (Figura 4). O Brasil certamente será um grande mercado consumidor dessa tecnologia. A pergunta é: Por que não um país produtor e exportador?

FIGURA 4
PAINEL FLEXÍVEL DE CÉLULA FOTOVOLTAICA ORGÂNICA

TRANSISTORES ORGÂNICOS

Até bem pouco tempo atrás, as pesquisas em dispositivos transistores feitos com materiais orgânicos despertavam somente a atenção dos pesquisadores acadêmicos e não se acreditava que essa tecnologia pudesse prosperar. Um dos motivos para isso, além da fragilidade química dos seus compostos quando em contato com o oxigênio, repousava no fato de que a mobilidade dos portadores elétricos (elétrons) era muito inferior à observada nos materiais inorgânicos. A eletrônica envolvendo os transistores requer respostas rápidas, principalmente a eletrônica usada na área de comunicação em geral (telecomunicações, computadores etc.). Entretanto, nos últimos anos, vários materiais orgânicos que apresentam alta mobilidade têm sido sintetizados e o quadro está mudando rapidamente. Com o enorme esforço das pesquisas voltadas a essa área, a mobilidade desses portadores, em poucos anos, aumentou em cerca de dez mil vezes. A expectativa é de que, nos próximos anos, as mobilidades alcancem valores próximos aos dos materiais hoje usados nos transistores comerciais. Entretanto, mesmo com mobilidades baixas, os transistores orgânicos apresentam aplicações que terão grandes nichos de mercado. Cartões inteligentes flexíveis, cartões identificadores de radiofrequência (Radio Frequency Identification Card — RFIDs), sensores de fluídos (gases e líquidos), sensores de luz e de radiação, entre outras aplicações, terão um mercado muito amplo, e certamente haverá espaço para pequenas e médias empresas.

Os transistores são os elementos de circuito mais importantes na área da eletrônica pelas variadas funções que oferecem. Existe uma família desses dispositivos, cada um deles com uma função específica. Pode ser usado como fonte de tensão, fonte de corrente, sistema chaveador, em circuito diferenciador ou integrador etc. A eletrônica não existiria sem o transistor. Por isso, para que a EO vingue como tecnologia competitiva, ela tem de oferecer transistores de qualidade e que operem as diversas funções exigidas num circuito integrado, por exemplo.

Circuitos integrados e memórias (chips)

Um circuito integrado (CI) é um circuito eletrônico miniaturizado composto de diversos elementos: resistores, capacitores, diodos e transistores. O CI foi a conquista tecnológica que proporcionou a revolução do mundo da eletrônica que usufruímos hoje. O silício é o grande imperador no mundo dos CIs e deverá ser por algum tempo ainda. Por outro lado, o adensamento nos chips de alta densidade, que vem respeitando a famosa Lei de Moore,[7] parece estar se esgotando. Ou seja, a microeletrônica chegou ao seu limite. Daqui para a frente, inicia-se a era da nanoeletrônica. A nanoeletrônica trará novos processos tecnológicos, alguns dos quais já em uso. Entretanto, o grande desafio será o de manipular a matéria em escala nanométrica, chegando à manipulação de moléculas. Com isso, o processamento de um simples sinal não envolverá bilhões de átomos, como ocorre no interior de um chip de última geração, mas apenas poucos átomos. Com isso, prevê-se que a velocidade e a capacidade de processamento de sinais aumentarão enormemente, eliminando as dificuldades enfrentadas pela tecnologia atual, sobretudo a do aquecimento do CIs. Atualmente, cir-

---

[7] http://en.wikipedia.org/wiki/Moore's_law

cuitos integrados orgânicos de mais de uma centena de bits têm sido fabricados com excelente performance, sendo aplicados em leitores de cartões identificadores de radiofrequência (Figura 5).

Um passo importante para a tecnologia de CIs e memórias orgânicas foi dado com os resultados "obtidos por um grupo de pesquisadores da Universidade de Princeton, o qual produziu um transistor polimérico com comprimento de canal de 70nm usando técnicas litográficas de nanoimpressão.[8] Outro trabalho recente, numa revista conceituada de física, apresentou um chip polimérico com 326 transistores e um código gerador de 15 bits. Pode parecer um chip modesto, mas, sem dúvida, é um passo importante para o desenvolvimento dessa nova tecnologia. Hoje, podem ser encontrados na literatura especializada centenas de trabalhos científicos e tecnológicos sobre memórias orgânicas voláteis e não voláteis e de diodos e transistores constituídos por um só segmento molecular. Essa última tecnologia, chamada de "eletrônica molecular", deverá sofrer um grande avanço nas próximas décadas.[9]

FIGURA 5
ORGANIC CHIP FOR RFID

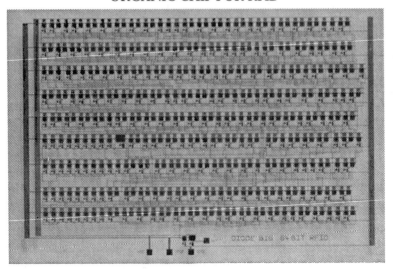

---

[8] Austin, M. D. e Chou, S. Y. *Applied Physics Letters* 81, 4431 (2002). Disponível em: http://apl.aip.org/resource/1/applab/v81/i23/p4431_s1?isAuthorized=no
[9] http://en.wikipedia.org/wiki/Molecular_electronics

Técnicas de processamento industrial

No momento, as técnicas de deposição dos filmes eletronicamente ativos, tanto a vácuo quanto por solução, encontram-se em estágio pré-industrial e muitas empresas já iniciam a fabricação de equipamentos dedicados à produção de dispositivos orgânicos. Os processamentos de filmes nanométricos a partir de soluções levam o nome de eletrônica molhada e são aplicados principalmente aos materiais poliméricos. As técnicas principais de processamento por impressão que vêm sendo usadas para a eletrônica de grandes áreas e de miniaturização são a de *Roll-to-Roll* e a de *Inkjet Printer*, respectivamente. A *Roll-to-Roll* dispensa a exigência de alta resolução, mas tem a vantagem de baratear os custos de produção graças à rapidez de processamento. Por isso, ela deverá ser usada para a fabricação de dispositivos de grandes áreas, como a de painéis fotovoltaicos (flexíveis) e de painéis de iluminação.[10] A *Inkjet Printer*[11] deverá dominar a produção de dispositivos que exige alta resolução, como a da confecção de pixels micrométricos de telas usadas em televisores e monitores de vídeo em geral. Essa técnica, que é bem complexa devido aos efeitos relacionados à fabricação de cada pixel micrométrico, é candidata à fabricação da primeira geração de circuitos integrados orgânicos (chips). No entanto, a versatilidade dessas duas técnicas de processamento certamente as levará a um uso mais amplo do que o previsto hoje. É bom ressaltar que há outras, como a de flexogravura e de *silk screen,* em franco desenvolvimento, para serem também aplicadas à EO.

O princípio de impressão de *Inkjet Printer* é exatamente o mesmo de uma impressora de mesa para papel A4. Na eletrônica orgânica, a tinta é composta de uma solução que contém as moléculas eletrônicas e, logo após a projeção de uma gota sobre o substrato, rígido ou flexível, o solvente evapora e um pixel do dispositivo, ou do circuito previamente projetado num computador, é formado. Para a eletrônica de miniaturização, cada gota conterá um volume da ordem de picolitros e

---

[10] http://www.printedelectronicsworld.com/articles/roll-to-roll-system-to-deposit-cigs-thin-film-cells- 00003438.asp

[11] http://en.wikipedia.org/wiki/Printed_electronics

a dimensão de cada pixel será de poucos micrômetros. Essa tecnologia é também usada para a eletrônica de grandes áreas e, nesse caso, com menor resolução. O processamento *Roll-to-Roll* é mais usado para impressão de grandes áreas e para produção de maior volume, seguindo o princípio utilizado nas indústrias gráfica e têxtil. Além dessas duas tecnologias, outras técnicas vêm sendo desenvolvidas para a eletrônica impressa, destacando-se, dentre elas, a de flexogravura e a de *silk screen*. Nos últimos anos, várias indústrias produtoras de equipamentos de impressão voltadas à eletrônica impressa vêm sendo criadas. Esse é um mercado muito promissor, apesar de novo, e o Brasil, pela força de sua engenharia mecânica, pode explorá-la com sucesso.

MERCADO DA ELETRÔNICA ORGÂNICA

Algumas pesquisas de mercado mostram que o mercado da EO deverá crescer muito a partir dos próximos anos. Um estudo da conceituada empresa de pesquisa de tecnologias emergentes, a IDTechEX,[12] mostra que o mercado global de EO em 2015 deverá atingir a casa dos US$ 30 bilhões. Mercado este que era nulo no ano 2000 e que atingiu um faturamento de US$ 650 milhões em 2005. A empresa Global Industry Analysts, Inc.[13] prevê, para o mesmo ano (2015), um mercado semelhante (US$ 34 bilhões). Todas as análises de mercado futuro levam à conclusão de que esse mercado deverá crescer continuamente por várias décadas ao longo do século XXI. Um mercado que deverá se expandir muito nos próximos anos será o da Eletrônica Flexível (EF) e da Eletrônica Impressa,[14] nela, a EO terá um papel de destaque. A EF envolve a do papel eletrônico (*eletronic paper*), das embalagens eletrônicas, do livro eletrônico (*electronic book*), dos cartões flexíveis etc. Outro grande protagonista da EF serão os painéis solares orgânicos. Esse mercado poderá ser um dos mais promissores, sobretudo se vingar

---

[12] http://www.idtechex.com
[13] http://www.strategyr.com
[14] http://www.printedelectronicsworld.com/articles/organic_and_printable_electronics_2010_and _2025_00000261.asp?sessionid=1

a sua aplicação em geração de energia para residências e empresas. A aplicação de painéis solares já existe em alguns países, como na Alemanha, onde 1% de todo o seu consumo de energia elétrica já é de origem solar, mas, com o barateamento dos custos, essa tecnologia deverá disseminar-se por todo o planeta.

Outra área de mercado quase que certa é a de revestimento eletrônico de superfícies sólidas. Prevê-se que, no futuro, todas as superfícies de uso doméstico e profissional (mesas, escrivaninhas, carteiras, espelhos, vidros de repartições interna e externa, portas de aparelhos domésticos etc.) sejam telas de computadores, sistemas eletrônicos de comunicação, ou controladores de iluminação. Portanto, a eletrônica de novos materiais e, nela, a de EO, abrirá novas aplicações e o mercado da eletrônica será muito mais amplo e diversificado. Com isso, espera-se que, já na década de 2020, esse mercado alcance a casa dos trilhões de dólares.

O INSTITUTO NACIONAL DE CIÊNCIA E TECNOLOGIA DE ELETRÔNICA ORGÂNICA (INEO)

O Instituto Nacional de Ciência e Tecnologia de Eletrônica Orgânica (Ineo)[15] foi criado em 2009 e, em parte, é continuidade do Instituto do Milênio de Materiais Poliméricos (IMMP), que teve início em 2002. Ele é um dos INCTs criados pelo Ministério da Ciência e Tecnologia e constitui parte importante do Sistema Nacional de Ciência e Tecnologia. O Ineo é uma rede de pesquisa na área multidisciplinar de EO e conta com 35 grupos de pesquisa localizados em vários estados da Federação, a maioria de universidades públicas. Um dos laboratórios pertence ao Inmetro, e o Ineo conta também com a participação da CSEM-Brasil, uma instituição privada que opera na área de transferência de tecnologia. No total, o Ineo tem cerca de 60 pesquisadores de formação diversa (físicos experimentais, físicos teóricos, físico-químicos, químicos orgânicos, engenheiros de materiais e engenheiros eletrônicos) e mais de 200 estudantes de mestrado e doutoramento. O objeto das pesquisas dentro

---

[15] http://www.ineo.ifsc.usp.br

da rede cobre desde a síntese e purificação de moléculas eletrônicas, até a fabricação e caracterização de dispositivos eletrônicos e optoeletrônicos orgânicos. As metas gerais do Ineo são: 1) consolidar a rede de pesquisadores em eletrônica orgânica, a partir da experiência prévia no IMMP, com a criação do Instituto; 2) colocar o Brasil em boa posição com relação à pesquisa básica e de aplicações em eletrônica orgânica; 3) criar e manter uma boa infraestrutura de laboratórios na área de EO com equipamentos modernos e sofisticados, produzindo pesquisa de fronteira na área, alcançando a tecnologia de pesquisa em dispositivo de uma só molécula; 4) fortalecer programas de pós-graduação nas instituições participantes do Instituto, especialmente com a incorporação de disciplinas específicas para eletrônica orgânica e aplicações; 5) difundir a importância da eletrônica orgânica junto à sociedade, principalmente para alunos e professores do ensino médio, com programas de palestras, iniciação científica júnior e infraestrutura de informática; e 6) trabalhar em parceria com os setores público e privado para desenvolver inovações tecnológicas em eletrônica orgânica.

Em seu primeiro ano de atividades, o Ineo produziu 155 artigos em revistas indexadas (alguns recebendo destaque como a capa da revista), um livro e dois capítulos de livros e cinco patentes depositadas. Nesse período, foram formados 16 doutores e 32 mestres na área de EO.

CONCLUSÃO

Tem sido comentário geral o de que o Brasil "patina" na área da eletrônica. A tradução desse comentário refere-se ao fato de que, em nenhum momento propício, o país soube aproveitar as oportunidades para alavancar uma indústria no setor. É compreensível que o presidente Rodrigues Alves não tenha dado apoio à solicitação do padre cientista Roberto Landell de Moura para que este pudesse levar adiante suas excelentes e pioneiras descobertas na área de telecomunicações. Afinal, o Brasil da época tinha uma economia rudimentar sustentada por uma monocultura e um índice de analfabetismo alarmante. Hoje o quadro é diferente e o Brasil tem a oportunidade de se firmar como uma das nações mais influentes do planeta. Para isso, entretanto, tem de fortalecer sua indústria de tecnologia de base e, entre elas, uma das mais importantes é a da eletrônica e de semicondutores. Nesse momento, com o surgimento dos novos materiais aplicados à eletrônica, orgânicos e inorgânicos, e do evento de processamentos na área da nanotecnologia, abrem-se muitas oportunidades, mas, para aproveitá-las, há de se elaborar um projeto industrial vigoroso e ousado, bem-dirigido e orquestrado. Caso contrário, estaremos fadados à eterna lamúria do "perdemos o bonde mais uma vez".

Um plano diretor para o desenvolvimento da pequena empresa moderna

Paulo Roberto Feldmann*

---

* Professor da Faculdade de Economia da USP e presidente do Conselho da Pequena Empresa da Fecomercio-SP.

INTRODUÇÃO

A ECONOMIA MUNDIAL neste início de século XXI está rapidamente se oligopolizando e como consequência assiste-se hoje a uma intensificação da competição e da rivalidade entre as grandes empresas levando a uma concentração cada vez maior do domínio em cada setor. Isso obriga essas grandes empresas a estarem permanentemente em busca de um crescimento ainda maior e da consequente necessidade de obter economias de escala reduzindo seus custos — na maioria das vezes cortando inclusive a própria folha de pagamentos. Dessa forma, cresce o número de desempregados e o de pessoas fora do mercado de trabalho. Para esses, a alternativa é criar o próprio negócio. Esta é uma das razões pelas quais o número de micro e pequenas empresas tem crescido de forma tão significativa nos últimos anos. No entanto, a maior parte dessas micro e pequenas empresas vive hoje totalmente à sombra das grandes, e o que lhes resta é serem prestadoras de serviços, atuando como terceiras, em um modelo em que elas são meros satélites.

Como veremos adiante, alguns países têm conseguido dar um papel de destaque às suas pequenas empresas, e não apenas o de coadjuvantes.

Não é o caso do Brasil, onde centenas de milhares de pequenas empresas são criadas todos os anos mas apenas cerca de 25% delas sobrevivem completados cinco anos da sua instalação.

E justamente em países como o Brasil, onde sociedade e governo têm o desafio de gerar um enorme número de novos empregos todos os anos, apoiar a micro e a pequena empresa acaba sendo de extrema importância e deveria ser uma de suas prioridades. No Brasil, somente nos próximos cinco anos, há que se incorporar ao mercado de trabalho cerca de 50 milhões de jovens. Isso acontecerá em um momento em que a grande maioria das grandes empresas estará preocupada em reduzir custos e consequentemente eliminar mão de obra. Uma forma inteligente para se resolver esse dilema é estimular a capacidade empreendedora do brasileiro dando-lhe condições de criar e manter o próprio negócio, evitando que ele vá tentar se colocar como empregado nas grandes ou médias empresas. Mas para isso muita coisa precisa mudar no mundo das micro e pequenas empresas.

Aliás, algo muito errado está acontecendo com o universo de 5,8 milhões de micro e pequenas empresas — 99,1% do total de empresas registradas no Brasil —, pois, apesar de gerarem 53 milhões de empregos, são responsáveis por menos de 20% do nosso Produto Interno Bruto (PIB). Esse índice é um dos mais baixos do mundo. Na grande maioria dos países, as micro e pequenas empresas, têm uma participação muito maior — na Itália e na Espanha, por exemplo, respondem por mais da metade dos respectivos PIBs.

Mesmo na América Latina, a média é de 35%. Se observarmos a sua participação nas nossas exportações, os números são ainda piores: enquanto na Itália as micro e pequenas empresas respondem por 43% das exportações, no Brasil elas são responsáveis por apenas 1,2%.

ONDE ESTÁ O PROBLEMA? MAIS UM DIAGNÓSTICO?

Onde está o problema? Diagnóstico sobre a situação das pequenas empresas é o que não falta em nosso país. Mas todos convergem à conclusão de que a maioria dos problemas deriva da baixa produtividade dessas empresas. No entanto, isso é consequência de vários aspectos que afetam não apenas as pequenas, mas também a totalidade das empresas. Bons exemplos de causas para a baixa produtividade tanto das grandes como das pequenas empresas são a taxa de juros ou a alta carga tributária, sem contar nossas conhecidas deficiências e os problemas existentes na infraestrutura do país.

No presente relatório vamos focar nos fatores que afetam a produtividade mas são específicos e afetam primordialmente as micro e pequenas empresas. São basicamente os fatores:

1. A pequena empresa é pouco inovadora.
2. Se a união faz a força, então se consegue entender a fraqueza das micro e pequenas empresas.
3. O que mais falta é informação e capacitação em gestão.
4. A enorme economia informal.

A PEQUENA EMPRESA É POUCO INOVADORA

O primeiro destes fatores é o baixo nível de inovação proveniente da pequena empresa. Isto se deve ao fato de que os brasileiros, em sua maioria, optam por estabelecer atividades em negócios já testados e com baixo nível de inovação tecnológica. Em outros países, é comum, o empreendedor, quando abre um negócio, tentar introduzir uma inovação tecnológica no mercado, enquanto no Brasil isso é raro acontecer. A grande maioria do empreendedor brasileiro abre um negócio não porque teve uma ideia inovadora, mas porque precisa sobreviver. Há também que se considerar que para se ter inovação é necessário investir em pesquisa. Mas para as pequenas empresas, que lutam pela sua sobrevivência no seu dia a dia, é quase impossível pensar em alguma pesquisa, inclusive porque pesquisa é atividade de alto risco, em que boa parte das iniciativas pode não dar certo, e a pequena empresa não pode se dar a esse luxo.

Há mais de trinta anos Galbraith (1978) já apontava para o fato de que as grandes empresas estariam sempre aumentando sua supremacia e poderio sobre a economia porque só elas teriam condições de sustentar as despesas exigidas pela inovação. "A pequena empresa não tem condições de sustentar as despesas exigidas pela inovação", dizia Galbraith em *O novo Estado industrial*. Na sua forma irônica e didática de analisar os grandes problemas da economia, o autor apontava que o inimigo do sistema de mercado não era a ideologia mas sim o engenheiro, pois este estava cada vez mais trabalhando a favor das grandes empresas e, assim, gerando inovações em processos e produtos que contribuíam cada vez mais para aumentar a diferença entre as grandes e as pequenas empresas. Em seus livros Galbraith salientava as vantagens da grande organização: "A grande organização pode tolerar a incerteza do mercado, o que não se dá com uma firma menor. Pode escapar por meio de contratos, o que a firma menor não pode fazer... Todos, à exceção dos patologicamente românticos, reconhecem agora que esta não é a era dos pequenos."

Galbraith destacava:

> A maior parte da inovação exige que exista capital para cobrir o período de desenvolvimento e incubação e para pagar o investimento necessário. A empresa que está no sistema de mercado não possui tais recursos;... Não há nenhum desenvolvimento técnico dos tempos recentes que seja produto do inventor individual do sistema de mercado. Os indivíduos continuam a ter ideias. Mas — com raras exceções — só a grande organizações podem fazer passar das ideias a prática.

Mais recentemente, Stiglitz (2003), prêmio Nobel de Economia de 2001, explicitava um pouco mais as razões pelas quais a inovação tecnológica é cada vez mais um assunto restrito à grande empresa. Ao comentar a proximidade entre mudança tecnológica e competição imperfeita, Stiglitz aponta quatro razões que dificultam a atuação de empresas pequenas na geração de tecnologia:

> Primeiro, para que os gastos com pesquisa e desenvolvimento sejam compensados, e assim estimular a inovação, as invenções são protegidas da competição através de patentes. As patentes se destinam especificamente a limitar a competição. Segundo, as indústrias em que a mudança tecnológica é importante, normalmente têm elevados custos fixos. Isso implica que o custo médio é decrescente até níveis de produção bastante elevados — outra característica que limita a concorrência. Terceiro, as indústrias que se caracterizam pela rápida mudança tecnológica são também aquelas em que as vantagens de uma experiência cada vez maior com as novas técnicas de produção podem levar a custos rapidamente decrescentes. Finalmente, por que os bancos em geral não se dispõem a financiar pesquisa & desenvolvimento, é difícil levantar fundos para empresas novas e pequenas. Tudo isso dificulta a entrada e reduz a competição no sentido definido pelo modelo básico de concorrência.

Apesar das ideias expostas acima, tanto as de Galbraith como as de Stiglitz, que mostram claramente quais são as principais dificuldades para que pequenas empresas sejam inovadoras, não podemos esquecer que existem casos muito interessantes de países onde parece acontecer o contrário. Um dos melhores exemplos é o de Israel, país de apenas 7,5 milhões de habitantes mas com renda per capita de US$ 30 mil, e com uma das maiores taxas mundiais de produção de patentes por habitante. O que há para se destacar em Israel é que essa altíssima produção de patentes é quase toda gerada por pequenas empresas, as famosas *start up*. Recentemente foi lançado em português o livro *Nação empreendedora*, de Saul Singer e Dan Senor, que oferece algumas explicações sobre o fato de, em Israel, as pequenas empresas conseguirem tanta importância. Além do forte estímulo ao empreendedorismo, há que se destacar também a excelente relação entre as universidades e as empresas locais.

É fato notório que um dos grandes problemas brasileiros, que também afeta a grande empresa, é a péssima relação entre o mundo acadêmico e o mundo das empresas.

SE A UNIÃO FAZ A FORÇA, ENTÃO SE CONSEGUE ENTENDER A FRAQUEZA DAS MICRO E PEQUENAS

O segundo fator importante é de ordem cultural e está relacionado ao fato de o pequeno empresário brasileiro enxergar no seu concorrente um inimigo que deva ser abatido, mas nunca um possível aliado para, por exemplo, em conjunto, realizarem exportações que seriam muito difíceis para quem atua sozinho. A união é a razão do sucesso da microempresa italiana, onde a existência dos *clusters*, os agrupamentos industriais, promove a cooperação e incentiva as empresas a se unirem para, por exemplo, buscar mercados externos, lançar uma nova marca, ou investir, juntas, em Pesquisa & Desenvolvimento (P&D), mas isso não existe no Brasil. Na Itália, a legislação prevê a figura do consórcio de microempresas que é um grande estímulo para que elas se unam. Com isso, elas respondem por 42% das exportações do país. Vergonhosamente, no Brasil, esse número é de 1,2%. Todo o apoio que se dá às exportações no Brasil é voltado para a grande empresa. Na Espanha, com frequência, as microempresas de um determinado setor se unem e criam, por exemplo, um centro de pesquisas que as atenda e as beneficie, ou então se associam em uma *trading company* que será responsável pelas exportações de todas, em conjunto. As pequenas empresas brasileiras sempre enxergaram seus concorrentes locais como um perigoso inimigo, contribuindo para criar um espírito de desconfiança dentro de cada setor que sempre aniquilou qualquer possibilidade de cooperação. Essa ausência de cooperação empresarial também explica o pequeno número de *clusters* na região. Lindsay e Fairbanks (2000) afirmam: "...notamos uma profunda ausência de *clusters* de setores correlatos ou de apoio, e uma correspondente falta de inovação: empresas que não cooperam entre si não são capazes de aprender umas com as outras."

No livro *Arando o mar* Lindsay e Fairbanks descrevem sua vivência de dez anos na América do Sul tentando descobrir o que caracteriza a forma de gestão predominante em nosso continente, e relacionam dez aspectos nos quais a América do Sul é bastante diferente dos Estados Unidos e da Europa. O número um dessa lista é justamente a falta de espírito de colaboração entre empresas concorrentes que predomina em nosso continente.

O QUE MAIS FALTA É INFORMAÇÃO E CAPACITAÇÃO EM GESTÃO

Finalmente, o terceiro fator refere-se à falta de informação do pequeno empresário. Todas as pesquisas e diagnósticos constatam que a grande maioria desconhece desde a existência de linhas de financiamento especiais até cursos de capacitação gratuitos. Não se pode pretender que com esse alto nível de desinformação a respeito de questões do seu próprio ambiente o pequeno empresário vá atuar em ambientes internacionais em busca de informações onde, certamente, terá muito mais dificuldade. Esta falta de informação abrange também o desconhecimento de aspectos básicos necessários para se administrar uma empresa. Apesar da criação do Sebrae há mais de 20 anos ter sido saudada como algo positivo, não há como avaliar positivamente a atuação desse organismo que fez neste período um trabalho importante mas atingiu uma parte muito pequena do universo das micro e pequenas empresas.

Várias pesquisas qualitativas feitas junto a micro e pequenos empresários comprovam que a grande maioria nunca ouviu falar em Sebrae.

Informação é a matéria-prima mais importante do mundo moderno, no entanto, o pequeno empresário brasileiro desconhece até os aspectos mais básicos, sem os quais sua empresa não conseguirá sobreviver. São raros os pequenos empresários que sabem montar um fluxo de caixa primário de sua atividade ou realizar um estudo de mercado que lhe aponte para onde caminhar. É urgente que se dê a ele esse tipo de assistência técnica que, inclusive, era uma das missões do Sebrae quando foi concebido nos anos 1980.

A ENORME ECONOMIA INFORMAL

O Banco Interamericano de Desenvolvimento (BID) estima que a economia informal no Brasil atinja hoje cerca de 40% do PIB. A quase totalidade dos informais são pequenos empresários que competem com seus equivalentes formais. Pela sua própria característica, torna-se extremamente difícil avaliarmos qual seria o número de micro e pequenas empresas informais, mas as projeções asseguram que elas correspondem a um número maior que o das 5,8 milhões de empresas formais hoje existentes. Evidentemente há um grande desestímulo para se tornar uma empresa formal que registre devidamente seus empregados e que arque com toda a carga tributária brasileira, que não é pequena. A economia informal está em toda parte, basta sairmos às ruas para encontrar desde os tradicionais "camelôs" até os shoppings especializados em vender produtos "contrabandeados". Não resta dúvida de que o comércio formal é o maior prejudicado por esta situação.

OS PILARES QUE VÃO FORTALECER A PEQUENA EMPRESA BRASILEIRA

Considerando os quatro aspectos mencionados no diagnóstico retratado, vamos agora apontar aqueles que a nosso ver são os pilares fundamentais de um futuro modelo de desenvolvimento que permita reverter a situação. São pontos que não podem ficar de fora de um plano diretor efetivo que contribua para resolver os problemas e colocar as micro e pequenas empresas brasileiras em um papel de destaque na economia, como o que acontece em países europeus, onde elas são realmente as protagonistas. São também quatro os pilares que julgamos essenciais e que serão a seguir enumerados. No entanto, há um pressuposto básico e anterior aos demais sem o qual o resultado efetivo sempre deixará a desejar. Esse pressuposto, que é talvez a medida mais importante que deva ser adotada, é o combate ao informal. Claro que para isso o papel do governo é fundamental, e não apenas do Governo Federal, mas também, o dos governos estaduais e municipais. Há que se iniciar uma cruzada que beneficie toda a sociedade e que poderá ser a melhor forma de se reduzir a enorme carga tributária brasileira: paga-se menos impostos quando todos pagam. Essa cruzada deve ser de toda a sociedade e de todos os brasileiros. O papel do governo é vital não só pelo seu poder de fiscalização mas por que ele pode, através da mídia, mobilizar a sociedade para esse objetivo. Feito este pressuposto básico, os quatro pontos restantes que compõem os pilares que vão fortalecer a pequena empresa são:

1. Facilitar a união das pequenas empresas via consórcio.
2. Uma Embrapa para as micro e pequenas empresas.
3. Mudanças no ensino médio para o jovem apreender conhecimentos básicos de gestão.
4. Estímulo ao empreendedorismo via microcrédito.

FACILITAR A UNIÃO DAS PEQUENAS VIA CONSÓRCIO

Como podemos esperar que uma pequena empresa, que na maioria das vezes possui menos que cinco empregados, consiga destrinchar as enormes complexidades do comércio exterior e vender seus produtos em outros países? Ou como podemos esperar que essa mesma pequena empresa, que passa o dia preocupada com sua própria sobrevivência, possa almejar ser inovadora e desenvolver novos produtos ou serviços e processos? A única forma de superar esses obstáculos é através da união. Mas como frisamos anteriormente, uma das grandes dificuldades para a união e associação entre as pequenas empresas é de ordem cultural. Por isso há que se criar um estímulo legal para essa união. E nesse ponto entra a proposta da criação da figura legal/jurídica do "consórcio" de empresas. Este seria um mecanismo pelo qual a associação de empresas com uma finalidade clara como exportar ou pesquisar novas tecnologias, por exemplo, receberia incentivos fiscais. Em outras palavras, as pequenas empresas que compõem o consórcio teriam alíquotas inferiores para pagamento de impostos seja na importação de matérias-primas, seja na sua folha de pagamentos, ou em outras formas de atuação dentro da cadeia de exportação, por exemplo.

UMA EMBRAPA PARA AS MICRO E PEQUENAS EMPRESAS

Temos um bom modelo baseado em ajudar a quem é pequeno e que funciona muito bem em nossa agricultura, que é o modelo da Empresa Brasileira de Pesquisa Agropecuária (Embrapa). Nossa agricultura é uma das mais eficientes do mundo, em boa parte graças a essa empresa, criada há 38 anos. O modelo adotado tem como base a realização pela própria Embrapa, de pesquisa necessária, desenvolvimento de tecnologia e disseminação desse conhecimento para os agricultores. Mas não é justamente isso que precisa ser feito para as micro e pequenas empresas? Evidentemente não seria necessário criar uma nova estatal, basta identificar qual das inúmeras instituições que já atuam ligadas a micro e pequenas empresas poderia melhor desempenhar esse papel.

MUDANÇAS NO ENSINO MÉDIO PARA O JOVEM
APREENDER CONHECIMENTOS BÁSICOS DE GESTÃO

O ensino médio no Brasil precisa ser adequado aos novos tempos e considerar que hoje é raro o profissional que pode dispensar conhecimentos de gestão ou de administração de empresas. Até mesmo médicos ou pedagogos, apenas como exemplo, acabam necessitando ao longo de suas respectivas carreiras de conhecimentos mínimos sobre como administrar um hospital ou uma escola. Então, por que não incluímos no currículo mínimo do ensino médio disciplinas que darão ao jovem uma formação básica em assuntos como contabilidade, realização de estudos de mercado, gestão de RH, conceitos de liderança e empreendedorismo?

Nossos jovens deveriam sair do ensino médio estimulados a criar suas próprias empresas e já tendo adquirido os conceitos mínimos para tal. Isto é comum em muitos países europeus com Espanha, Grécia ou Itália.

ESTÍMULO AO EMPREENDEDORISMO VIA MICROCRÉDITO

Alguém ainda acredita que seria possível gerar empregos para todos os excluídos que queremos incorporar à nossa economia? A saída está em desenvolver o empreendedorismo. Isso significa eliminar a burocracia, facilitar o acesso ao crédito, reduzir taxas de juros e, principalmente, educar e capacitar essa imensa massa de brasileiros desvalidos para que possam ter e administrar o próprio empreendimento.

Capacidade empreendedora tem tudo a ver com pequenas empresas, pois o indivíduo que é dono de uma boa ideia se dirige ao mercado inicialmente criando a sua própria empresa. Outro modelo vem sendo empregado por países da Europa: com apoio do Estado, a grande empresa fornece ao cidadão desempregado equipamentos para que ele possa desenvolver o próprio negócio. Há exemplos interessantes de tecelagens em que os teares foram doados a cidadãos miseráveis que graças a isso passaram a ter o próprio negócio e vender para aquela empresa que lhes beneficiou. Até mesmo o governo cubano, que recentemente demitiu 500 mil funcionários, está propondo a estes que passem a ser empreendedores, e para isso está oferecendo incentivos, a maioria baseada no microcrédito.

CONSIDERAÇÕES FINAIS

O ambiente empresarial brasileiro avançou muito nos últimos anos e essa é uma das razões pelas quais nosso país tem sido tão comentado e admirado nos círculos internacionais. Conseguimos construir um mercado consumidor expressivo que atrai multinacionais de todos os setores e países. Essa é a hora de fortalecermos as pequenas empresas brasileiras. Como uma criança ou um jovem adolescente, elas precisam de amparo até que cresçam e se tornem maduras.

Ajudar a pequena empresa brasileira a ser inovadora, facilitar a realização de consórcios entre elas e disseminar informações importantes que melhorem sua gestão são os fatores que vão criar as condições fundamentais para que elas possam superar a crônica baixa produtividade. Só com um segmento de micro e pequenas empresas produtivo e competitivo poderemos atingir o almejado desenvolvimento sustentado.

Como apontamos anteriormente, o que não faltam são problemas, e os desafios são enormes, mas não intransponíveis. Existem também questões culturais a serem superadas, o que torna o tema muito mais complexo. Mas precisamos olhar para outras nações com ambientes parecidos e que conseguiram transformar o que aparentemente eram deficiências em fatores alavancadores de sucesso. Há inúmeros exemplos nessa linha. A Itália é apenas um deles, com a sua vocação para a microempresa familiar baseada no forte apego que os italianos têm pela família. Claro que existem a Fiat, a Pirelli e outras grandes empresas italianas, mas o modelo econômico privilegia a pequena empresa e por isso ela responde por 60% do PIB italiano enquanto no Brasil por apenas 20%. Poderíamos citar vários outros países que conseguiram basear suas economias nas micro e pequenas empresas. É isso que queremos para o Brasil. Além de ser muito mais democrático, um modelo econômico que estimule a capacidade empreendedora do brasileiro, que certamente é um povo dotado de imensa criatividade, vai ao encontro de nossos valores e de nossa cultura.

Este livro foi impresso nas oficinas da
DISTRIBUIDORA RECORD DE SERVIÇOS DE IMPRENSA S.A.
Rua Argentina, 171 - Rio de Janeiro, RJ
para a
EDITORA JOSÉ OLYMPIO LTDA.
em setembro de 2011
*
79º aniversário desta Casa de livros, fundada em 29.11.1931